国家级精品课程配套教材
中央高校教育教学改革项目研究成果

Exercises and Analysis of Advanced Financial Accounting

高级财务会计
习题与解析

施先旺 李盈超 主 编
盖卫东 雷洪莉 副主编

东北财经大学出版社
Dongbei University of Finance & Economics Press
大连

图书在版编目（CIP）数据

高级财务会计习题与解析 / 施先旺，李盈超主编．—大连：东北财经大学出版社，2020.7（2021.12重印）
（业财合一·流程管控系列）
ISBN 978-7-5654-3869-1

Ⅰ．高… Ⅱ．①施… ②李… Ⅲ．财务会计-习题集 Ⅳ．F234.4-44

中国版本图书馆CIP数据核字（2020）第085892号

东北财经大学出版社出版
（大连市黑石礁尖山街217号 邮政编码 116025）
网 址：http：//www.dufep.cn
读者信箱：dufep@dufe.edu.cn
大连永盛印业有限公司印刷 东北财经大学出版社发行

幅面尺寸：185mm×260mm 字数：440千字 印张：19
2020年7月第1版 2021年12月第2次印刷

责任编辑：李 栋 周 慧 责任校对：何 莉
封面设计：冀贵收 版式设计：钟福建

定价：43.00元

教学支持 售后服务 联系电话：（0411）84710309

如有印装质量问题，请联系营销部：（0411）84710711

前　　言

由施先旺、马荣贵两位老师主编的《高级财务会计》于2020年3月经东北财经大学出版社出版后，得到了广大读者的普遍认可和好评。应读者的要求，中南财经政法大学会计学院“财务会计学”课程组联合国内部分高校会计老师一起编写了本书。

作为“高级财务会计”课程的学习辅导用书，本书的主要特点体现如下：

1.按教学知识点设计习题

与目前习题集按章节设计不同，本书全部按照一个个知识点来独立设计习题。每一个知识点对应相应的单选、多选、判断、业务等题型的习题。这一方面可以方便老师布置作业，老师讲了某一个知识点，就可以布置该知识点所对应的练习题；另一方面也便于学生主动学习，学生学习了某一个知识点，就可以做该知识点对应的习题。

2.习题内容与题型体现了传统与改革的融合

一方面，本习题集习题的题型与内容和传统的会计学习保持一致。这样，学生通过本习题集的使用，依然可以掌握传统会计学习所应该包含的全部内容，可以参与目前所有的学历学习考试、后续培训考试和职场证书考试。

另一方面，本习题集习题的题型和内容又体现了“业财合一、流程管控”的会计改革思想。通过本习题集的学习，可进一步搞懂业务，搞懂业务流程，搞懂企业的资金运动；进一步提升学生的财务管理与控制理念；进一步提升学生对企业全局业务、流程与资金流动的把控，全面提升其综合素质。

本书由施先旺（中南财经政法大学）、李盈超（河南财政金融学院）担任主编，盖卫东（武汉学院）、雷洪莉（四川工商学院）担任副主编。各章编写人员及分工如下：第一章由郝继伟（洛阳师范学院）编写；第二章由施先旺编写；第三章由盖卫东编写；第四章由李盈超编写；第五章由万仁新（安徽财经大学）编写；第六章由雷洪莉编写；第七章由王云莉（太原理工大学）编写；第八章由王惠清（重庆交通大学）编写；第九章由张军（四川工商学院）编写；第十章由马荣贵（河南财政金融学院）编写；第十一章由向俊（武汉学院）编写。

本书是中南财经政法大学2018年中央高校教育教学改革项目“基于综合素质培养的会计课程体系建设与会计教育方法研究”（2020年持续资助）的重要成果，是2015年湖北省高等学校省级教学研究项目“基于职业判断能力培养的会计课程体系建设与会计教育方法研究”（项目编号2015160）的重要成果。

本书在编写的过程中得到很多专家、学者的帮助，在此一并表示感谢。同时，还要感谢东北财经大学出版社的李栋编辑对本书出版付出的辛苦努力。

由于编者水平所限，本书的疏漏之处在所难免，期待广大读者批评指正，以助其不断完善。请将您的宝贵意见与建议告知课程组联系人（微信号：shixw2000）。

欢迎观注“施教授会计大讲堂”微信公众号：

施教授会计大讲堂

欢迎观注“财大的施会计”个人空间：

财大的施会计

编　者

2020年5月

目 录

第一章　企业合并

一、知识点：企业合并概述

企业合并概述
1-5

1.【单项选择题】下列有关业务的表述中，错误的是（　　）。

A.业务是企业内部生产经营活动或资产负债的组合

B.该组合具有投入、加工处理和产出能力

C.该组合能够独立计算其成本费用或所产生的收入

D.该组合一般构成一个企业，或者具有某一具体的法律形式

2.【单项选择题】下列各项中，不属于企业合并准则中所界定的企业合并的是（　　）。

A.甲公司通过发行股票自乙公司原股东处取得乙公司的全部股权，交易事项发生后，乙公司仍维持其独立法人资格持续经营

B.甲公司以其资产作为出资投入乙公司，取得对乙公司的控制权，交易事项发生后，乙公司仍维持其独立法人资格继续经营

C.甲公司通过支付对价取得乙公司全部净资产，交易事项发生后乙公司失去法人资格

D.甲公司购买乙公司45%的股权，能对乙公司的生产经营决策产生重大影响

3.【单项选择题】假设甲公司（合并方）和丙公司合并，下列有关该项合并的表述错误的是（　　）。

A.通过合并，甲公司有可能取得了丙公司的大部分股权

B.通过合并，甲公司必然成为丙公司的母公司

C.通过合并，甲公司有可能取得了丙公司的有关资产和负债

D.通过合并，甲公司有可能要确认长期股权投资

4.【单项选择题】同一控制下的企业合并中提到的“控制非暂时性”是指，参与合并各方在合并前、后较长时间内受同一方或多方控制的时间通常在（　　）。

A.3个月以上　　　　B.6个月以上

C.12个月以上　　　　D.12个月以上（含12个月）

5.【多项选择题】按照合并方式不同，企业合并包括（　　）。

A.吸收合并　　　　B.控股合并

C.同一控制下的合并　　　　D.新设合并

6.【多项选择题】下列有关“资产组合或资产负债组合是否构成业务的判断”的表述正确的有（　　）。

A.不以该组合在出售方手中如何经营为判断标准

B.不以购买方购入该组合后准备如何使用为判断标准

C.要在正常的市场条件下，从一定的商业常识和行业惯例等出发，看该组合能否以具有内在关联度的生产经营目的整合起来使用

D.要保持对该组合判断的客观性

企业合并概述
6-10

7.【多项选择题】购买行为是否会构成业务，会导致会计处理产生差异。下列关于处理差异的表述正确的有（　　）。

A.购买行为构成业务的，应按照企业合并准则进行处理；购买行为不构成业务的，应按照单个（或一组）项目进行处理

B.购买行为构成业务的，如合并成本需要调整，则应单独确认为商誉或购买利得

C.购买行为不构成业务的，如需要根据支付的对价进行调整，应调整所取得的资产或负债的价值，不会产生商誉或购买利得

D.购买行为不构成业务的，应将交易费用费用化，计入当期损益；购买行为构成业务的，应将交易费用资本化，作为合并成本的组成部分

8.【多项选择题】下列有关同一控制下的企业合并，表述正确的有（　　）。

A.参与合并的企业在合并前后均受同方或相同的多方最终控制且该控制并非暂时的

B.同一控制下的企业合并一般发生在企业集团内部，如集团内母子公司之间、子公司与子公司之间等

C.该控制是非暂时的，一般来说，其受控制的时间在1年以上（不含1年）

D.同受国家控制的企业之间发生的合并，也属于同一控制下的企业合并

9.【判断题】在企业合并业务中，如果合并方确认了长期股权投资，则该合并必然是控股合并。（　　）

10.【判断题】在企业合并业务中，如果合并方确认了取得的资产和负债，则该合并必然是吸收合并或新设合并。（　　）

二、知识点：企业合并日合并方单个主体投资业务的会计处理

1.【单项选择题】20×5年12月31日，甲公司董事会做出决议，准备购买乙公司股份；20×6年1月1日，甲公司取得乙公司20%的股份，能够对乙公司施加重大影响；20×7年7月1日，甲公司又取得乙公司35%的股份，从而能够对乙公司实施控制；20×8年1月1日，甲公司又取得乙公司5%的股份，其持股比例达到60%。甲公司和乙公司无关联方关系，根据上述甲公司对乙公司进行的股权交易资料判断，购买日为（　　）。

合并日合并主体投资业务
1-3

A.20×5年12月31日　B.20×6年1月1日　C.20×7年7月1日　D.20×8年1月1日

2.【单项选择题】甲公司和乙公司为同一集团下的两个子公司。20×7年4月1日，甲公司以一项无形资产为对价取得乙公司70%的股权，另外企业合并支付了审计咨询等费用20万元。甲公司该项无形资产原值为600万元，预计使用年限为10年，至购买股权当日已经使用了4年，无预计净残值，采用直线法计提摊销，当日该无形资产的公允价值为500万元，增值税税率为6%；另约定若乙公司20×7年度的盈利超过1 000万元，则甲公司需另向乙公司原股东支付50万元。同日，乙公司所有者权益账面价值总额为620万元（其在最终控制方

合并财务报表中，净资产的账面价值为600万元），公允价值为750万元，甲公司预计乙公司20×7年度的盈利很可能达到1 200万元，假定甲公司和乙公司采用的会计政策及会计期间均相同，则甲公司取得该项长期股权投资时应确认的资本公积为（　　）万元。

A.增加20　　B.增加10　　C.减少20　　D.减少10

3.【单项选择题】下列关于同一控制下吸收合并的会计处理方法中，不正确的是（　　）。

A.合并方对同一控制下的吸收合并中取得的资产、负债应当按照相关资产、负债在被合并方的原账面价值入账

B.以发行权益性证券方式进行的，所确认的净资产入账价值与发行股票面值总额的差额，应计入资本公积，资本公积余额不足冲减的，相应冲减盈余公积和未分配利润

C.以支付现金、非现金资产方式进行的，所确认的净资产的入账价值与支付的现金、非现金资产账面价值的差额，相应调整资本公积，资本公积余额不足的，应冲减盈余公积和未分配利润

D.合并方为进行企业合并发生的审计费用、评估费用、法律费用等，应当于发生时计入合并成本

4.【单项选择题】20×8年1月1日，甲公司通过向乙公司股东定向增发1 500万股普通股（每股面值为1元，市场价格为6元），取得乙公司80%的股权并控制乙公司。另外，甲公司还以银行存款支付财务顾问费300万元。甲乙双方约定，如果乙公司未来3年平均净利润增长率超过8%，甲公司需要额外向乙公司股东支付100万元的合并对价。合并当日，甲公司预计乙公司未来3年平均净利润增长率很可能达到10%。发生该项交易前，甲公司与乙公司以及乙公司的控股股东之间不存在关联关系。不考虑其他因素，甲公司该项企业合并成本是（　　）。

A.9 000万元　　B.9 100万元　　C.9 300万元　　D.9 400万元

5.【多项选择题】控制权的转移（即合并日的形成）必须同时满足的条件有（　　）。

A.企业合并合同或协议已获股东大会等内部权力机构通过，需要通过国家有关主管部门批准的，应已获得相关部门的批准

B.参与合并各方已办理了必要的财产权交接手续

C.购买方已支付了购买价款的大部分（一般应超过50%），并且有能力支付剩余款项

D.购买方实际上已经控制了被购买方的财务和经营政策，并享有相应的收益和风险

合并日合并主体投资业务 4-7

6.【多项选择题】在控股合并的情况下，下列有关同一控制下企业合并日合并方单个主体业务处理的表述正确的有（　　）。

A.付出的对价不需要考虑其公允价值（在计算增值税的情况下除外）

B.初始投资成本一般以所获得的被投资方所有者权益的账面价值的份额为准

C.初始投资成本与所付出的对价（含所涉及的增值税和预计负债等）的差额，一般应调整资本公积等；资本公积不够的，应调整留存收益

D.从严格意义上讲，同一控制的合并并不是一个公平交易，只是集团内部的一个非市场化的交易，因此不需要考虑合并所产生的损益

7.【多项选择题】在控股合并的情况下，下列有关非同一控制下企业合并日合并方单个主体业务处理的表述正确的有（　　）。

A.企业付出的对价需要考虑其公允价值以及相应的增值税税额

B.初始投资成本一般以所付出的对价的公允价值、该对价所涉及的增值税税额和可能发生的预计负债金额等为准

C.企业对所付出的对价的公允价值与其账面价值的差额要分不同情况进行确认。涉及固定资产、无形资产的，要通过营业外收入或支出来反映；涉及股票（权益性证券）的，要通过资本公积来反映；涉及金融资产的，要通过投资收益等项目来反映

D.从严格意义上讲，非同一控制的合并是一个公平交易，因此需要考虑对价的公允价值，进而需要考虑由此而产生的公允价值与其原账面价值的差额处理等

8.【多项选择题】下图是甲企业在同一控制下的合并所引起的单个主体投资业务资金运动流程图，甲企业持股比例为60%，该企业的增值税税率为13%。下列描述正确的有（　　）。

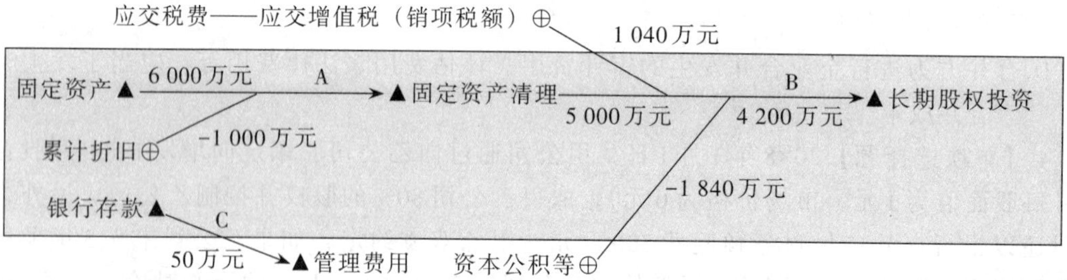

A.从图中可以推测出被合并方所有者权益净额在最终控制方的合并财务报表中的账面价值为7 000万元

合并日合并主体投资业务 8-10

B.从图中可以推断该固定资产的公允价值为8 000万元

C.从图中可知，甲企业付出的对价由两部分构成：一部分是固定资产的公允价值5 000万元；另外一部分是代收但未收的增值税销项税额1 040万元。该对价与初始投资成本4 200万元的差额应调减甲企业的资本公积1 840万元，资本公积不足的，调减留存收益

D.从C段资金运动可以推测，该段资金运动反映企业在合并中发生的合并费用50万元，该费用应该直接计入当期损益

9.【多项选择题】下图是甲企业在同一控制下的合并所引起的单个主体投资业务资金运动流程图，甲企业持股比例为60%，该股票每股面值1元。下列有关下图资金运动所反映的经济业务的描述正确的有（　　）。

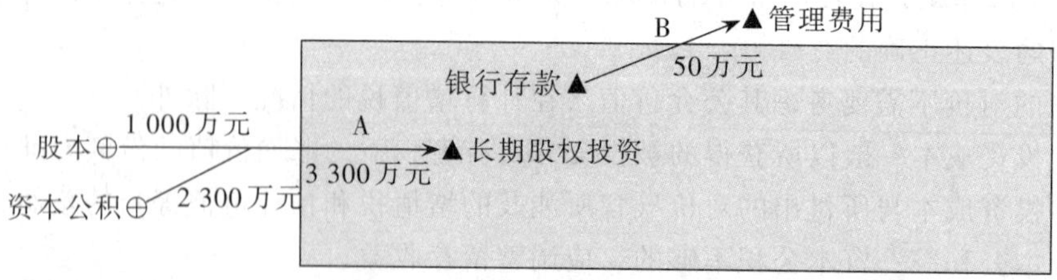

A.从股本1 000万元和资本公积2 300万元可知，该股票的公允价值为每股3.3元，共计3 300万元，溢价为2 300万元，该溢价的金额即为资本公积的金额

B.该项投资的初始投资成本3 300万元是根据所付出的股票的公允价值3 300万元确定的

C.长期股权投资成本3 300万元，是根据甲公司所获得的被合并方净资产在最终控制方的合并财务报表中的账面价值的份额算出来的。由于持股比例为60%，由此可以推断，被合并方净资产在最终控制方的合并财务报表中的账面价值为5 500万元

D.根据初始投资成本3 300万元与所付出的股票的账面价值1 000万元的差额，调增甲企业的资本公积2 300万元，资本公积2 300万元是倒轧出来的

10.【多项选择题】下图是同一控制下的吸收合并所引起的资金运动。甲公司是合并方，乙公司是被合并方，甲公司股票每股面值为1元。下列描述正确的有（　　）。

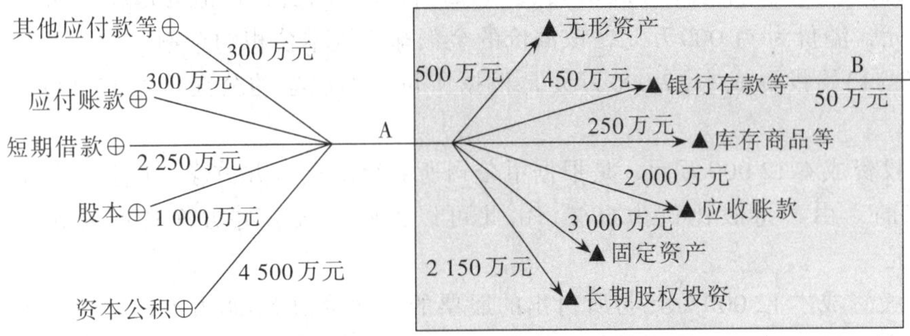

A.从图中可知，乙公司资产的账面价值总计8 350万元，其负债的账面价值总计2 850万元，由此可知乙公司在合并前的净资产的账面价值为5 500万元

B.从图中可知，甲公司吸收合并所付出的对价为本公司的股票1 000万股，每股面值为1元

C.从图中可知，甲公司所发行的股票每股公允价值为5.5元，共计5 500万元，溢价4 500万元作为资本公积处理。由此可见，股票的公允价值刚好等于乙公司净资产的账面价值

D.从图中可知，甲公司付出的对价（股票）的账面价值为1 000万元，其所获得的乙公司净资产账面价值为5 500万元，两者之差调整（调增）资本公积4 500万元

11.【多项选择题】下图是某企业控股合并所引起的资金运动流程图。下列有关描述正确的有（　　）。

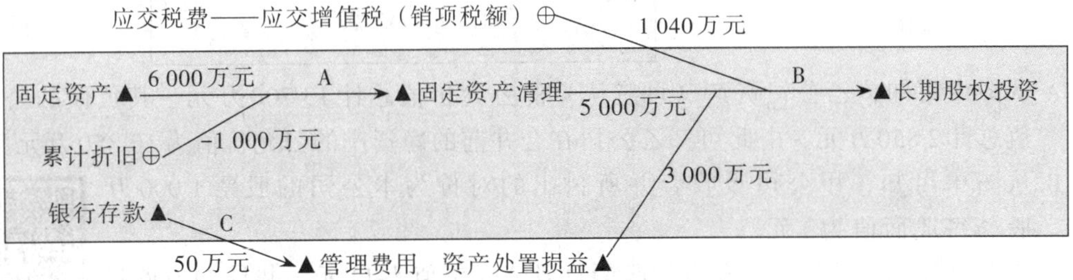

A.从图中可知，该固定资产账面价值为5 000万元，其公允价值为8 000万元

B.从图中可知，该固定资产作为合并对价，其增值税的处理采用的是简易计税方式

C.从图中可知，其初始合并成本由两部分构成：一个是固定资产的公允价值8 000万元；另一个是应代收但未收的增值税销项税额1 040万元，总额为9 040万元。该金额即为长期股权投资的金额

D.综合前面的分析，可以推断出该控股合并属于同一控制下的企业合并

12.【多项选择题】下图是甲企业在非同一控制下的合并所引起的单个主体投资业务资金流程图，甲企业持股比例为60%，该股票每股面值为1元。下列描述正确的有（　　）。

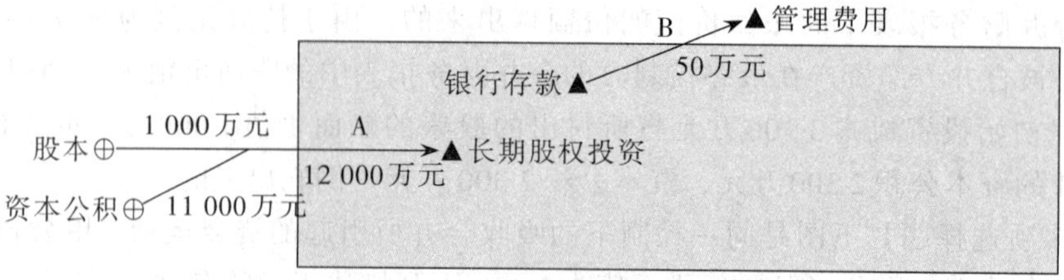

A. 从股本1 000万元和资本公积11 000万元可知，该股票的公允价值为每股12元，共计12 000万元，溢价为11 000万元，该溢价的金额即为资本公积的金额

B. 该项投资的初始投资成本12 000万元是根据所付出的股票的公允价值12 000万元确定的

C. 长期股权投资成本12 000万元，是根据甲公司所获得的被合并方净资产公允价值的份额算出来的。由于持股比例为60%，由此可以推断，被合并方净资产公允价值为20 000万元

D. 对于初始投资成本12 000万元与所付出的股票的账面价值1 000万元的差额，调增甲企业的资本公积11 000万元，即资本公积11 000万元是倒轧出来的

13.【多项选择题】下图是非同一控制下的吸收合并所引起的资金运动。甲公司是合并方，乙公司是被合并方。甲公司所付出的股票每股面值为1元。乙公司在被合并前没有商誉。下列描述正确的有（　　）。

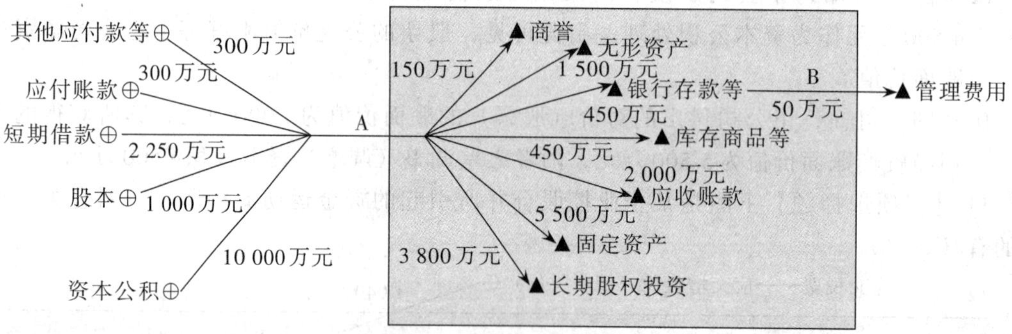

A. 从图中可知，乙公司资产（可辨认）的公允价值总计13 700万元，其负债的公允价值总计2 850万元，由此可知乙公司在合并前的净资产的公允价值为10 850万元

B. 从图中可知，甲公司吸收合并所付出的对价为本公司的股票1 000万股，每股面值为1元

C. 从图中可知，甲公司所发行的股票每股公允价值为11元，共计11 000万元，溢价10 000万元作为资本公积处理

D. 从图中可知，甲公司付出的对价（股票）的公允价值为11 000万元，其所获得的乙公司净资产（可辨认）的公允价值为10 850万元，两者之差150万元确认为商誉

合并日合并主体投资业务
11-13

14.【多项选择题】甲公司20×8年1月1日对同一集团内乙公司进行吸收合并，支付的

合并对价为银行存款80万元和账面价值为200万元、公允价值为250万元的无形资产。合并日，乙公司资产的账面价值为2 100万元、公允价值为2 200万元，其差额是由乙公司一项固定资产的公允价值与账面价值不一致造成的；负债的账面价值为1 800万元，等于其公允价值。不考虑其他因素，下列表述不正确的有（　　）。

A.甲公司应确认由无形资产所带来的资产处置损益50万元

B.甲公司吸收合并业务取得净资产的入账价值为400万元

C.甲公司吸收合并业务影响所有者权益的金额为20万元

D.甲公司吸收合并业务影响当期损益的金额为70万元

15.【多项选择题】20×8年4月1日，甲公司与乙公司股东签订协议，采用定向增发普通股的方式对乙企业进行控股合并，并取得乙企业75%的股份。20×8年5月30日，甲公司向乙公司的股东定向增发3 000万股普通股（每股面值1元）对乙企业进行控股合并，公允价值为每股4元，并于当日办理好相关法律手续，取得了乙公司75%的股权。被购买方乙公司在20×8年5月30日可辨认净资产的账面价值为16 000万元，公允价值为17 000万元。甲公司与乙公司股东之间没有关联方关系。不考虑其他因素，下列表述正确的有（　　）。

A.该项合并属于非同一控制下的控股合并

B.购买日为20×8年5月30日

C.购买日合并成本为12 000万元

D.购买日甲公司个别资产负债表确认资本公积500万元

合并日合并主体投资业务 14–17

16.【判断题】在同一控制下的企业控股合并中，合并方应以被合并方在其最终控制方的合并财务报表中的净资产的份额作为初始投资成本。这句话体现了合并财务报表编制中母子公司会计政策会计区间等的一致性。（　　）

17.【判断题】在非同一控制下的企业合并中，如果在购买日或合并当期期末，因某种因素无法合理确定企业合并成本，购买方应以暂时确定的价值为基础对企业合并交易或事项进行核算。（　　）

三、知识点：合并日合并方合并财务报表编制

1.【单项选择题】20×8年1月1日，甲公司以其一台生产用设备作为对价从乙公司的原股东处取得乙公司70%的股权，能够控制乙公司的生产经营决策。当日，乙公司可辨认净资产的账面价值为7 600万元，公允价值为8 300万元；甲公司作为对价的生产设备原价为5 150万元，已累计提取折旧800万元，未计提减值准备，当日的公允价值为5 200万元，增值税税额为676万元。甲公司为进行该项企业合并另支付资产评估、审计费等50万元。相关资产所有权转移手续和股权过户手续于20×8年1月1日办理完毕。甲公司和乙公司在此之前不存在任何关联方关系。假定，该项交易前甲公司和乙公司采用的会计政策相同，不考虑所得税影响。20×8年1月1日，甲公司合并资产负债表中应确认的商誉的金额为（　　）万元。

A.116　　B.66　　C.–784　　D.–734

2.【单项选择题】20×8年1月1日，甲公司以其一台生产用设备作为对价从乙公司的原股东处取得乙公司70%的股权，能够控制乙公司的生产经营决策。当日，乙公司可辨

认净资产的账面价值为7 600万元，公允价值为9 000万元；甲公司作为对价的生产设备原价为5 150万元，已累计提取折旧800万元，未计提减值准备，当日的公允价值为5 200万元，增值税税额为676万元。甲公司为进行该项企业合并另支付资产评估、审计费等50万元。相关资产所有权转移手续和股权过户手续于20×8年1月1日办理完毕。甲公司和乙公司在此之前不存在任何关联方关系。甲公司盈余公积的提取比例为20%，假定该项交易前甲公司和乙公司采用的会计政策相同，不考虑所得税影响。20×8年1月1日，甲公司在编制合并资产负债表时需要对合并成本进行处理，下列有关合并成本处理的表述正确的有（　　）。

A.调增合并成本424万元，同步调增营业外收入424万元

B.调减合并成本424万元，同步调减营业外收入424万元

C.调增合并成本424万元，同步调增留存收益424万元（其中，盈余公积增加84.8万元，未分配利润增加339.2万元）

D.调减合并成本424万元，同步调减留存收益424万元（其中，盈余公积减少84.8万元，未分配利润减少339.2万元）

3.【单项选择题】对于非同一控制下的控股合并，因未来存在不确定性事项而发生的或有对价，下列会计处理正确的是（　　）。

A.购买方应该将合并协议约定的或有对价作为企业合并对价的一部分，将其在购买日的公允价值计入企业合并成本

B.购买日后出现对购买日已存在情况的新的或者进一步的证据而需要调整或有对价的，应当予以确认并对原计入合并商誉的金额进行调整

C.自购买日起12个月以后出现对购买日已存在情况的新的或者进一步的证据而需要调整或有对价的，应当予以确认并对原计入合并商誉的金额进行调整

D.自购买日起12个月内出现对购买日已存在情况的新的或者进一步的证据而需要调整或有对价的，如果或有对价属于权益性质，不进行会计处理

4.【单项选择题】甲公司以定向增发的方式购买同一集团内乙企业持有的丙公司70%的股权。为取得该股权，甲公司增发了3 000万股普通股，每股面值1元，每股公允价值4元；支付承销商佣金80万元。取得该股权投资时，丙公司净资产账面价值（相对于最终控制方而言）为10 000万元、公允价值为15 000万元。假定甲公司和丙公司采用的会计政策和会计期间一致，甲公司取得该股权时个别报表与合并财务报表相关处理正确的是（　　）。

A.甲公司个别报表应确定资本公积80万元

B.甲公司个别报表应确认长期股权投资初始成本7 000万元

C.甲公司在编制的合并财务报表中应确认合并成本12 000万元

D.甲公司个别财务报表中应确认管理费用80万元

合并日合并方合并财务报表编制
1-4

5.【单项选择题】甲公司以定向增发的方式购买同一集团内乙企业持有的丙公司70%的股权。为取得该股权，甲公司增发了3 000万股普通股，每股面值1元，每股公允价值4元；支付承销商佣金80万元。取得该股权投资时，丙公司净资产账面价值（相对于最终控制方而言）为10 000万元（其中，盈余公积金3 000万元，未分配利润4 000万元）、公允价值为15 000万元。甲公司在未进行本笔合并业务之前，其资本公积的金额为贷方490万元。假定

甲公司和丙公司采用的会计政策和会计期间一致。甲公司在编制合并资产负债表时需要对丙公司的留存收益予以恢复，下列有关丙公司留存收益恢复的表述正确的是（　　）。

A.甲公司在合并资产负债表中应恢复丙公司盈余公积3 000万元和未分配利润4 000万元

B.甲公司在合并资产负债表中应恢复丙公司盈余公积2 100万元和未分配利润2 800万元

C.甲公司在合并资产负债表中应恢复丙公司盈余公积1 800万元和未分配利润2 610万元

D.甲公司在合并资产负债表中应恢复丙公司盈余公积1 890万元和未分配利润2 520万元

6.【单项选择题】20×8年4月1日，甲公司与乙公司股东签订协议，采用定向增发普通股的方式对乙企业进行控股合并，并取得乙企业70%的股份。20×8年5月30日，甲公司向乙公司的股东定向增发3 000万股普通股（每股面值1元）对乙企业进行控股合并，公允价值为每股4元，并于当日办理好相关法律手续，取得了乙公司70%的股权。被购买方乙公司在20×8年5月30日可辨认净资产的账面价值为16 000万元，公允价值为17 000万元，其差额为被合并方的一项固定资产公允价值大于账面价值的差额1 000万元。甲和乙的所得税税率为25%，甲公司与乙公司股东之间没有关联方关系。在合并中，乙公司相关资产、负债的计税基础等于其以历史成本计算的账面价值，需要考虑合并中产生的递延所得税负债和递延所得税资产。合并方甲公司在购买日合并资产负债表中应确认的合并商誉为（　　）。

A.100万元　　B.125万元　　C.200万元　　D.275万元

7.【多项选择题】下列关于同一控制下企业在合并日编制合并财务报表的表述中，正确的有（　　）。

A.被合并方的财务报表不需要按公允价值进行调整，而是直接以其账面价值纳入合并财务报表之中

B.由于代表合并成本的长期股权投资金额与被合并方的所有者权益账面价值的份额完全对等，因此企业合并成本也不需要调整

C.由于属于同一控制，两者的合并视同期初就一直存在，因此被合并方的留存收益应予以恢复

D.在合并日，合并企业只需要编制合并资产负债表

8.【多项选择题】下列关于非同一控制下企业在合并日编制合并财务报表的表述中，正确的有（　　）。

A.被合并方的资产负债表应按照公允价值进行调整，进而以调整之后的净资产公允价值纳入合并方的合并资产负债表之中

B.由于合并成本取决于合并方所付出的对价的公允价值，该合并成本可能与被合并方净资产的公允价值份额存在差异，因此，合并成本需要调整。合并成本大于合并取得的可辨认净资产公允价值份额的差额，应作为合并商誉在合并资产负债表中列示；合并成本小于合并取得的可辨认净资产公允价值份额的差额，应作为合并营业外收入在合并利润表中列示

合并日合并方合并财务报表编制
5-8

C.在合并日，合并企业的合并业务主要包括三部分：将被合并方净资产的账面价值调整为公允价值，调整合并成本，冲销股权投资与对方权益

D.在合并日，合并企业应编制合并资产负债表、合并利润表和合并现金流量表

9.【多项选择题】下图是同一控制下合并方在合并日合并业务所引起的资金运动流程图。下列有关该图资金运动所表示的经济业务的描述正确的有（　　）。

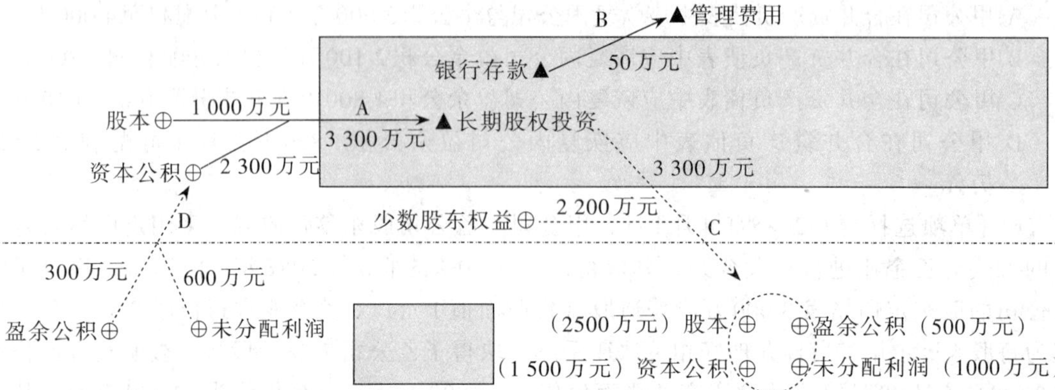

A. 从图中可知，被合并方净资产的账面价值为5 500万元，合并成本（即长期股权投资的金额）为3 300万元。由于是同一控制，由此可以推断，合并方持有被合并方60%的股权，少数股东持股40%的股权

B. C段资金运动反映股权投资与被合并方权益相抵。相抵后，被合并方的资产和负债全部按账面价值纳入合并资产负债表中，其纳入的金额为5 500万元（全部资产账面价值减去全部负债的账面价值）；与此同时，合并财务报表中长期股权投资减少3 300万元，少数股权权益增加2 200万元

C. D段资金运动反映的是按60%的持股比例恢复被合并方的留存收益，被合并方原有的留存收益总额为1 500万元（其中，盈余公积500万元，未分配利润1 000万元），恢复了900万元

D. 从图中可知，合并方在上图资金运动所反映的经济业务发生之前，其资本公积的余额一定不小于-1 500万元

10.【多项选择题】下图是非同一控制下合并方在合并日合并业务所引起的资金运动流程图。假设不考虑所得税等因素的影响。下列有关该图资金运动所表示的经济业务的描述正确的有（　　）。

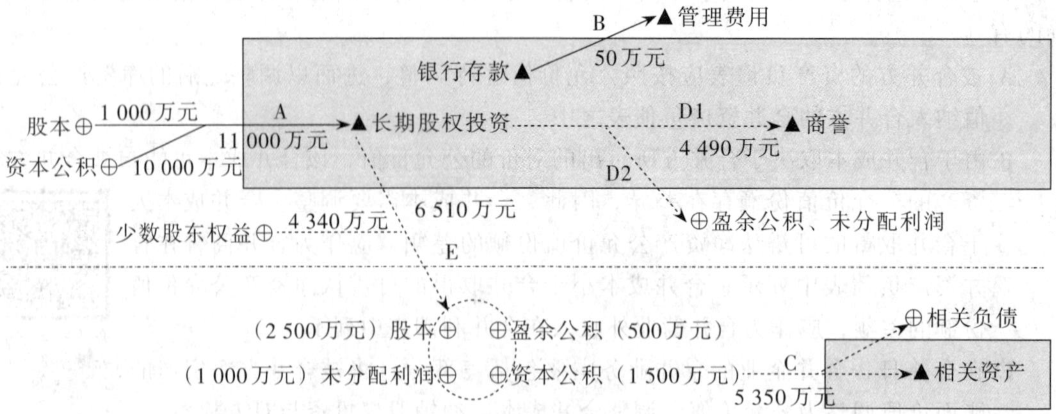

A. 从图中可知，被合并方净资产的账面价值为5 500万元。通过C段运动可知，将被合

并方净资产的账面价值全部调整为公允价值，净资产价值总计调高5 350万元。被合并方净资产公允价值为10 850万元，该金额将纳入合并方的合并资产负债表之中

B.从图中可知，合并成本为11 000万元（即长期股权投资金额）。从D1段运动可知，由于该合并成本11 000万元大于所获得的被合并方净资产份额的公允价值，其差额4 490万元确认为商誉。由此可以推断，合并方持有被合并方70%的股权，少数股东持有30%的股权

C.E段资金运动反映股权投资与被合并方权益相抵。相抵后，被合并方的资产和负债全部按公允价值纳入合并资产负债表中，其纳入的金额为10 850万元（全部资产公允价值减去全部负债的公允价值）；与此同时，合并财务报表中长期股权投资减少6 510万元，少数股权权益增加4 340万元

D.从图中D2段资金运动可知，如果该合并成本小于企业获得的被合并方净资产的公允价值，其差额4 490万元应确认为留存收益。在这种情况下，D2段资金运动的流量应该是4 490万元

11.【多项选择题】甲公司与乙公司均属于丙公司的子公司。20×9年4月1日，甲公司以银行存款1 000万元和一项无形资产（专利权）作为对价，从丙公司手上取得乙公司60%的股权，能够对乙公司实施控制。当日，该项无形资产的账面价值为700万元，公允价值为800万元；乙公司相对于丙公司而言的所有者权益账面价值为2 400万元，其可辨认净资产的公允价值为2 500万元。关于甲公司对上述业务的处理，下列表述正确的有（　　）。

A.甲公司在合并财务报表中应确认商誉300万元

B.编制合并财务报表时，甲公司应以其资本公积为限，将乙公司合并前实现的留存收益中归属于甲公司的部分予以恢复

C.甲公司在合并日编制合并财务报表时，不需要编制合并利润表和合并现金流量表

D.甲公司与乙公司在20×9年1月1日至合并日之间发生的业务，应当按照合并财务报表的有关原则予以抵销

12.【多项选择题】非同一控制下的企业合并中关于企业合并成本大于合并中取得的被合并方可辨认净资产公允价值的差额的处理，下列表述正确的有（　　）。

A.在控股合并的情况下，购买方应在其账簿和个别财务报表中确认商誉

B.在吸收合并的情况下，购买方应在合并财务报表中列示商誉

C.在控股合并的情况下，购买方应在合并财务报表中列示商誉

D.在吸收合并的情况下，购买方应在其账簿和个别财务报表中确认商誉

合并日合并方合并财务报表编制
9-12

13.【业务题】甲公司、乙公司20×6年度有关交易或事项如下：

（1）20×5年10月，甲公司与乙公司控股股东丙公司签订协议，协议约定：甲公司向乙公司控股股东丙公司定向增发本公司普通股股票1 400万股，每股面值为1元，以取得丙公司持有的乙公司70%的股权。甲公司定向发行的股票按规定确定为每股13元，双方确定的评估基准日为20×5年9月30日。

（2）甲公司该并购事项于20×5年12月10日经监管部门批准，作为对价定向发行的股票于20×5年12月31日发行，当日收盘价为每股15元，已实现对乙公司财务和经营决策的控制，交易后丙公司拥有甲公司发行在外普通股的5%。甲公司为定向增发普通股股票，支付

券商佣金及手续费300万元；为核实乙公司资产价值，支付资产评估费20万元；相关款项已通过银行支付。

（3）当日，乙公司净资产账面价值为24 000万元，其中：股本6 000万元、资本公积5 000万元、盈余公积1 500万元、未分配利润11 500万元；乙公司可辨认净资产的公允价值为27 000万元（不考虑递延所得税因素）。乙公司可辨认净资产账面价值与公允价值的差额系以下两项资产所致：①一批库存商品，成本为8 000万元，未计提存货跌价准备，公允价值为8 600万元；②一栋办公楼，成本为20 000万元，累计折旧6 000万元，未计提减值准备，公允价值为16 400万元。上述库存商品于20×6年12月31日前全部实现对外销售；上述办公楼预计自20×6年1月1日起剩余使用年限为10年，预计净残值为零，采用年限平均法计提折旧。上述资产均未计提减值，其计税基础与按历史成本计算确定的账面价值相同。

甲公司与乙、丙公司在此项交易前不存在关联方关系。有关资产在该项交易后预计使用年限、预计净残值、折旧和摊销方法保持不变。

（4）其他有关资料：本题中各公司适用的所得税税率均为25%，除所得税外，不考虑其他因素；甲公司与乙公司均以公历年度作为会计年度，采用相同的会计政策。

合并日合并方合并财务报表编制13

要求：

（1）根据资料，确定甲公司合并乙公司的类型，并说明理由；确定该项企业合并的合并日或购买日，计算确定其合并成本，并编制甲公司个别报表中购买日或合并日的相关会计分录。

（2）根据资料，计算合并中取得可辨认净资产公允价值及合并中应予确认的商誉或计入当期损益的金额，并编制合并工作底稿中合并日或购买日调整分录及母公司长期股权投资与子公司所有者权益抵销的会计分录。

14.【业务题】甲公司和乙公司同属于丙公司的子公司。甲公司以一项固定资产作为对价获得乙公司70%的股份。该固定资产账面价值为4 000万元（其中，原值为6 000万元），公允价值为5 000万元，增值税税率为13%。甲公司在合并前的资本公积为2 000万元。乙公司所有者权益的账面价值为7 000万元（其在丙公司合并财务报表中的净资产账面价值也是7 000万元），其中股本为1 000万元，资本公积为3 000万元，盈余公积为2 000万元，未分配利润为1 000万元；其公允价值为10 000万元。甲公司发生合并费用30万元（该费用为合并过程中的间接费用），并已用银行存款支付。

要求：

（1）对甲公司取得乙公司的股权投资的相关业务进行会计处理。

（2）对合并日甲公司编制合并资产负债表的相关业务进行会计处理。

合并日合并方合并财务报表编制14

四、知识点：反向收购的会计处理

1.【单项选择题】甲公司为上市公司，于20×7年9月30日通过定向增发本公司普通股对乙企业进行合并，以2股换1股的比例自乙企业股东处取得了乙企业全部股权（非同一控制下企业合并）。合并前甲公司有流通股1 200万股，20×7年9月30日甲公司普通股的公允价值为15元/股，可辨认净资产账面价值为15 000万元，公允价值为17 000万元；合并前乙企业可辨认净资产账面价值为30 000万元，其中股本1 600万元，每股面值1元，留存收益28 400万元。以下合并报表中有关项目不正确的是（　　）。

A.合并日股本为2 200万元　　B.合并日留存收益为28 400万元

C.合并日资本公积为17 400万元　　D.合并日商誉为3 000万元

2.【单项选择题】甲公司是一家规模较小的上市公司，乙公司为大型的未上市公司。甲公司和乙公司的股本金额分别为400万元和1 500万元。甲公司于20×8年5月31日通过向乙公司原股东定向增发500万股普通股股票取得乙公司全部的1 500万股普通股。甲公司普通股股票每股公允价值为30元，乙公司普通股每股公允价值为10元。甲、乙两公司普通股股票的面值均为1元。假定不考虑所得税的影响，甲、乙公司并购前不存在任何关联方关系。该项业务购买方的合并成本为（　　）。

A.15 000万元　　B.45 000万元　　C.12 000万元　　D.20 000万元

3.【单项选择题】甲公司是一家规模较小的上市公司，乙公司为大型的未上市公司。甲公司和乙公司的股本金额分别为400万元和1 500万元。甲公司于20×8年9月30日通过向乙公司原股东定向增发500万股普通股股票取得乙公司全部的1 500万股普通股。甲公司普通股股票每股公允价值为30元，乙公司普通股每股公允价值为10元。甲、乙两公司普通股股票的面值均为1元。甲和乙形成的合并主体全年净利润为2 400万元。假定不考虑所得税的影响，甲乙公司并购前不存在任何关联方关系。20×8年度，合并每股收益的金额是（　　）。

反向收购的会计处理1-3

A.5.25元　　B.1.85元　　C.4元　　D.3.1万元

4.【多项选择题】下图是一个反向购买业务所引起的资金运动流程图。甲、乙两公司的普通股股票每股面值1元。本笔业务没有考虑所得税的影响。下列有关下图资金运动所反映的经济业务的描述正确的有（　　）。

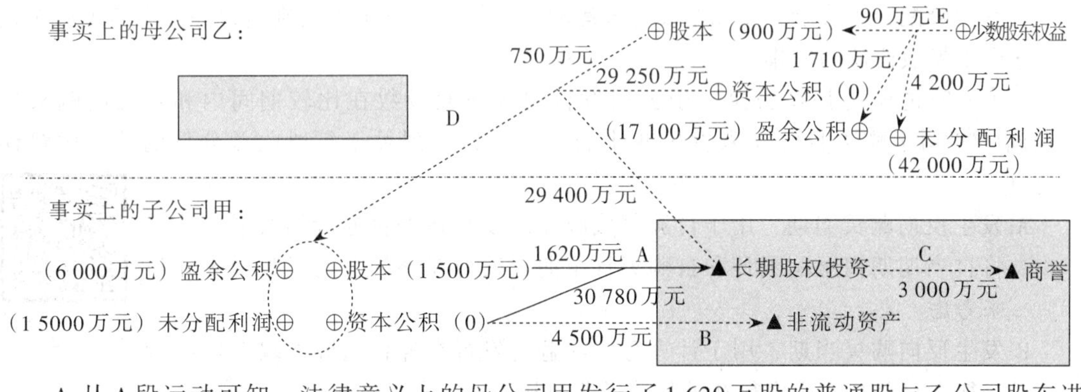

A.从A段运动可知，法律意义上的母公司甲发行了1 620万股的普通股与乙公司股东进行交换，该股票的公允价值为32 400万元

B.从B段运动可知，甲公司可辨认净资产的公允价值比账面价值高出4 500万元。在不考虑所得税的情况下，甲公司可辨认净资产的公允价值为27 000万元

C.从D段运动可知，该合并成本为法律意义上的子公司乙公司发行的750万股普通股的公允价值，该股每股公允价值为40元，其公允价值共计30 000万元。结合前面的分析可知，应确认3 000万元的合并商誉，其所引起的资金运动如图中C段运动所示

D.从E段运动可知，在反向购买中，购买方乙公司原有30%的股东没有换股，从而形成合并主体的少数股东，其少数股东权益的金额为合并前乙公司净资产账面价值的30%，即6 000万元

5.【多项选择题】下列是反向购买业务所引起的资金运动流程图。甲、乙两公司的普通股股票每股面值1元。本笔业务没有考虑所得税的影响。如果考虑所得税的影响，考虑合并过程中账面价值与计税基础的差异，假设所得税税率为25%，下列有关下图资金运动所反映的经济业务的描述正确的有（　　）。

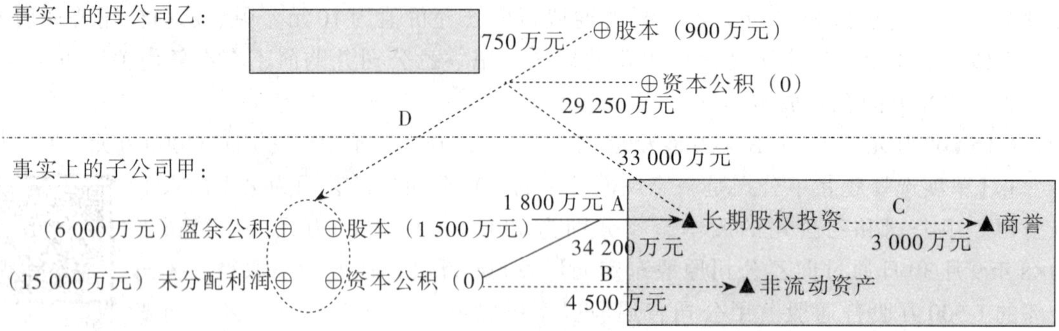

A.从B段运动可知，在考虑所得税影响的情况下，甲公司非流动资产增加4 500万元，将会导致合并报表中递延所得税负债增加1 125万元，资本公积增加3 375万元

B.从B段运动可知，在考虑所得税影响的情况下，甲公司可辨认净资产的公允价值将比账面价值增加3 375万元，达到25 875万元

C.在考虑所得税的影响下，该项合并业务的合并成本依然为30 000万元，合并主体应调整合并成本，确认合并商誉4 125万元，即C段运动的流量应该为4 125万元

D.若不考虑所得税，对影响合并过程中被合并方净资产的公允价值以及后续的合并成本的分配，不影响A段和D段资金运动。此外，从图中无法判断合并方有多少股东接受了换股协议的安排

6.【多项选择题】在法律上子公司发行的普通股股数在比较期间内和自反向购买发生期间的期初至购买日之间未发生变化的情况下，下列关于每股收益分母的计算中错误的有（　　）。

A.发生反向购买当期，用于计算每股收益的发行在外普通股加权平均数应将自当期期初至购买日和自购买日至期末发行在外的普通股数量区分开来考虑

反向收购的会计处理4-6

B.发生反向购买当期，用于计算每股收益的发行在外普通股加权平均数为法律上母公司实际发行在外的普通股数量

C.发生反向购买当期，用于计算每股收益的发行在外普通股加权平均数为法律上母公司向法律上子公司股东发行的普通股数量

D.比较合并财务报表的基本每股收益，应以在反向购买中法律意义上的子公司向法律意义上的母公司股东发行的普通股股数计算确定

7.【多项选择题】非上市公司购买上市公司股权实现间接上市的，交易发生时，上市公司未持有任何资产、负债或仅持有现金、交易性金融资产等不构成业务的资产或负债的，上

市公司在编制合并财务报表时，下列会计处理正确的有（　　）。

A.购买企业应按照权益性交易的原则进行处理

B.企业合并成本与取得的上市公司可辨认净资产公允价值份额的差额不得确认商誉

C.企业合并成本与取得的上市公司可辨认净资产公允价值份额的差额不得确认当期损益

D.企业合并成本与取得的上市公司可辨认净资产公允价值份额的差额应当确认为商誉或计入当期损益

8.【多项选择题】下列关于反向购买情况下合并报表金额填列的表述中，正确的有（　　）。

A.非流动资产=被购买方非流动资产公允价值（含长期股权投资）+购买方非流动资产账面价值

B.股本数量反映被购买方股票数量

C.流动负债=被购买方流动负债公允价值+购买方流动负债账面价值

D.股本=购买方合并前发行在外的股份面值×被购买方持有购买方股份比例+假定购买方在确定该项企业合并过程中新发行的权益工具的面值

反向收购的会计处理7-11

9.【多项选择题】下列有关反向收购的表述正确的有（　　）。

A.发行权益性证券一方因其生产经营决策在合并后被参与合并的另一方所控制的，发行权益性证券一方虽然为法律意义上的母公司，但其为会计上的被购买方，该类企业合并通常称为“反向购买”

B.反向购买中，购买方（法律意义上的子公司）的企业合并成本是指其如果以发行权益性证券的方式为获取在合并后报告主体的股权比例，应向被购买方（法律上母公司）的股东发行的权益性证券数量与其公允价值计算的结果

C.被购买方（法律上母公司）的有关可辨认资产、负债在并入合并财务报表时，应以其在购买日确定的公允价值进行合并，企业合并成本大于合并中取得的被购买方（法律上母公司）可辨认净资产公允价值的金额应确认为商誉，小于合并中取得的被购买方（法律上母公司）可辨认净资产公允价值的金额确认为合并当期损益

D.合并财务报表中的权益性工具的金额应当反映购买方（法律意义上的子公司）合并前发行在外的股份面值以及假定在确定该项企业合并成本过程中新发行的权益性工具的金额。但是，在合并财务报表中的权益结构应当反映被购买方（法律意义上的母公司）的权益结构，即法律上母公司发行在外权益性证券的数量和种类。股本的金额以事实上的母公司股本为准，股份的结构以事实上的子公司股份结构为准（因为该股份已按《公司法》登记注册）

10.【判断题】反向购买中，在换股合并的情况下，无论会计上的购买方有多少股东愿意换股，会计上的购买方的合并成本都是一样的。（　　）

11.【判断题】在企业控股合并中，合并成本一般都通过“长期股权投资”项目呈现出来，在反向购买中也是如此。（　　）

12.【业务题】甲公司为境内上市公司，专门从事能源设备生产。20×5年，甲公司发生的企业合并及相关交易或事项如下：

（1）20×5年2月20日，甲公司召开董事会，审议通过了以换股方式购买专门从事新能源开发业务的乙公司80%的股权的议案。20×5年3月10日，甲公司、乙公司及其控股股东丙公司各自内部决策机构批准了该项交易方案。20×5年6月8日，证券监管机构核准了甲公司以换股方式购买乙公司80%股权的方案。

20×5年6月30日，甲公司以3：1的比例向丙公司发行6 000万股普通股，取得乙公司80%的股权，有关股份登记和股东变更手续已于当日完成；同日，甲公司、乙公司的董事会进行了改选，丙公司开始控制甲公司，甲公司开始控制乙公司。甲公司、乙公司普通股每股面值均为1元，20×5年6月30日，甲公司普通股的公允价值为每股3元，乙公司普通股公允价值为每股9元。

20×5年7月16日，甲公司向会计师、律师、评估师等支付为实施上述换股合并而发生的费用350万元，支付财务顾问费1 200万元。

（2）甲公司和乙公司的资产、负债等情况如下：

20×5年6月30日，甲公司账面资产总额为17 200万元，其中，固定资产账面价值4 500万元，无形资产账面价值1 500万元；账面负债总额为9 000万元；账面所有者权益合计8 200万元，其中股本5 000万元（每股面值1元），资本公积1 200万元，盈余公积600万元，未分配利润1 400万元。20×5年6月30日，乙公司除一项无形资产外，其他资产、负债的公允价值与其账面价值相同，该无形资产为一项商标权，账面价值为1 000万元，公允价值为3 000万元，按直线法摊销，预计尚可使用5年，预计净残值为零。

20×5年6月30日，乙公司账面资产总额为34 400万元，其中固定资产账面价值8 000万元，无形资产账面价值3 500万元；账面负债总额为13 400万元；账面所有者权益合计21 000万元，其中股本2 500万元（每股面值1元），资本公积500万元，盈余公积1 800万元，未分配利润16 200万元。20×5年6月30日，乙公司除一项固定资产外，其他资产、负债的公允价值与其账面价值相同，该固定资产为一栋办公楼，账面价值为3 500万元，公允价值为6 000万元，按直线法摊销，预计尚可使用20年，预计净残值为零。

（3）其他有关资料如下：

合并前，丙公司、丁公司分别持有乙公司80%和20%的股权，甲公司与乙公司、丙公司、丁公司不存在任何关联方关系。

甲公司和乙公司均按照年度净利润的10%计提法定盈余公积金，不计提任意盈余公积金。企业合并后，甲公司和乙公司没有向股东分配利润。

甲公司和乙公司适用的所得税税率均为25%。甲公司以换股方式购入乙公司80%的股权的交易适用特殊税务处理规定，即收购企业、被收购企业的原有各项资产和负债的计税基础保持不变，甲公司和乙公司合并前的各项资产、负债的账面价值与其计税基础相同，不存在其他涉及未确认暂时性差异所得税影响的事项。甲公司和乙公司预计未来年度均有足够的应纳税所得额用以抵扣该暂时性差异。

除所得税外，不考虑增值税及其他相关税费，不考虑其他因素。

要求：

（1）根据资料（1）、（2）及其他相关资料，判断该项企业合并的类型及会计上的购买方和被购买方，并说明理由。

（2）根据资料（1）、（2）及其他相关资料，确定该项企业合并的购买日，并说明理由。

（3）根据资料（1）、（2）及其他相关资料，计算甲公司取得乙公司80%股权投资的成本，并编制相关会计分录。

（4）根据资料（1）、（2）及其他相关资料，计算该项企业合并的合并成本和合并商誉（如有）。

（5）对合并日合并业务进行会计处理。

（6）根据资料（1）、（2）及其他相关资料，计算甲公司购买日合并资产负债表中固定资产、无形资产、递延所得税资产（或负债）、盈余公积和未分配利润的列报金额。

反向收购的会计处理12

第二章　合并财务报表

一、知识点：合并财务报表的合并理论

1.【单项选择题】我国和世界上大多数国家编制合并财务报表所采用的合并理论为（　　）。

A.母公司理论　　B.实体理论　　C.所有权理论　　D.比例合并法理论

企业合并财务报表编制理论

2.【多项选择题】下列有关合并财务报表编制的母公司理论的说法正确的有（　　）。

A.合并财务报表主要是为母公司的股东和债权人服务的，为母公司现实的和潜在的投资者服务的，强调的是母公司投资者的利益

B.对于子公司少数股东的权益，在合并资产负债表中通常视为一项负债

C.对于企业集团内部销售收入的抵销，需要考虑销售的顺销（母公司将商品销售给子公司）和逆销（子公司将商品销售给母公司）两种情况。对于顺销，编制合并财务报表时只抵销子公司中母公司持有股权相对的份额，即多数股东股权的份额，而对于少数股东股权相对应的份额，则视为实现销售处理，不需要进行抵销处理

D.母公司理论忽视了母公司股东以外的少数股东的利益和信息需要

3.【多项选择题】下列有关合并财务报表编制的实体理论的表述正确的有（　　）。

A.它强调的是企业集团中所有成员企业所构成的经济实体，它对构成企业集团的持有多数股权的股东和拥有少数股权的股东一视同仁、同等对待，认为只要是企业集团成员股东，无论是拥有多数股权，还是拥有少数股权，都是共同组成经济实体的股东

B.对于少数股东权益，通常视为股东权益的一部分，在合并资产负债表的股东权益部分列示和反映

C.无论是顺销还是逆销，其实现的内部销售损益（该资产尚未销售到集团之外）对于由成员企业全体股东构成的企业集团来说都是未实现内部销售损益，均属于抵销的范围

D.采用实体理论编制的合并财务报表，有利于企业集团内部管理人员从整体上把握企业集团经营活动的情况，进而能更好地满足企业集团内部管理人员对财务信息的需要

4.【多项选择题】下列与合并财务报表编制相关的所有权理论表述正确的有（　　）。

A.该理论既不强调企业集团中存在的法定控制关系，也不强调企业集团各成员企业所构成的经济实体，而是强调编制合并财务报表的企业对另一企业的经济活动和财务决

策具有重大影响的所有权

B.如某企业的全部股权由两个投资企业投资形成，它们各拥有其50%的股权，即共同控制企业。在这种情况下，其中任何一个投资企业都不能对该投资实施控制，根据母公司理论和实体理论都很难确定该企业的财务报表由哪一个投资企业合并。因为在这种情况下，既没有单一的母公司，也没有少数股权的股东；既不存在法定支配权，也不存在单一的经济主体

C.在采用所有权理论的情况下，对于其拥有所有权的企业的资产、负债和当期实现的净损益，均按照其持股比例合并计入合并财务报表

D.所有权理论是一些国家合并财务报表相关准则规定比例合并法的理论基础

二、知识点：合并范围的确定

合并范围的确定
1-3

1.【单项选择题】下列关于合并范围的说法中，错误的是（　　）。

A.在判断投资方是否拥有被投资方的权利时，应仅考虑投资方和其他方享有的实质性权利

B.在判断投资方是否拥有被投资方的权利时，应考虑投资方和其他方享有的保护性权利和实质性权利

C.实质性权利通常是当前可行使的权利，但某些情况下目前不可行使的权利也可能是实质性权利

D.投资方仅仅持有保护性权利不能对被投资方实施控制，也不能阻止其他方对被投资方实施控制

2.【单项选择题】下列有关合并范围的确定的表述，不正确的有（　　）。

A.母公司一般应将其全部子公司（包括母公司所控制的被投资方可分割部分、结构化主体）纳入合并范围

B.如果母公司是投资性主体，则只应将为投资性主体的投资活动提供相关服务的子公司纳入合并范围，其他子公司不应该予以合并

C.如果一个投资性主体的母公司本身不是投资性主体，则应当将其控制的全部主体，包括投资性主体以及通过投资性主体间接控制的主体纳入合并范围

D.如果母公司是投资性主体，则为投资性主体的投资活动提供服务的子公司不纳入合并范围，其他子公司应予以合并

3.【单项选择题】下列关于投资方是否拥有对被投资方权利的判断中，正确的是（　　）。

A.甲公司持有乙公司46%的投票权，剩余投票权由数千名投资者持有，但没有股东持有超过1%的投票权，没有任何股东与其他股东达成协议或能够做出共同决策，以其持有的股权的绝对规模和其他股东持有股权的相对规模为基础，甲公司不拥有对乙公司的权利

B.甲公司持有丙公司40%的投票权，其他12位股东各持有丙公司5%的投票权，若要改变协议，必须获得3/2的多数股东表决权同意，甲公司拥有对丙公司的权利

C.甲公司持有丁公司40%的投票权，其他12位股东各持有丁公司5%的投票权，股东协

议授予甲公司任免负责相关活动的管理人员及确定其薪酬的权限，若要改变协议，必须获得2/3的多数股东表决权同意；由于甲公司确定股东协议条款赋予其任免管理人员及确定其薪酬的权利，足以说明甲公司拥有对丁公司的权利

D.甲公司持有戊公司45%的投票权，其他两位股东各持有26%的投票权，剩余股权由其他三位股东持有，各占1%，不存在影响决策的其他安排，则甲公司拥有对戊公司的权利

4.【多项选择题】下列各项中，不应当纳入母公司合并财务报表合并范围的有（　　）。

A.已被清理整顿的原子公司

B.联营企业

C.已宣告破产的原子公司

D.母公司拥有其半数以下表决权，但根据协议有权决定被投资单位的财务和经营政策的被投资单位

5.【多项选择题】下列被投资企业中，假设甲公司持有该企业50%以上的表决权即可获得对该企业的控制，不考虑其他特殊因素，则以下应当纳入甲公司合并财务报表合并范围的有（　　）。

A.甲公司在报告年度购入其57%的股份的境外被投资企业

B.甲公司持有其40%的股份，且甲公司受托代管的B公司持有其30%的股份的被投资企业

C.甲公司持有其43%的股份，且甲公司的子公司（A公司）持有其8%的股份的被投资企业

D.甲公司持有其40%的股份，且甲公司的母公司（乙公司）持有其11%股份的被投资企业

6.【多项选择题】下列有关投资性主体的说法中，正确的有（　　）。

A.如果母公司是投资性主体，则只应该将那些为投资性主体的投资活动提供服务的子公司纳入合并范围

B.当母公司由非投资性主体改为投资性主体时，应将不为其投资活动提供相关服务的子公司纳入合并范围

C.当母公司由投资性主体改为非投资性主体时，原未纳入合并财务报表范围的子公司应将转换日的公允价值视为购买的交易价格，按照非同一控制下企业合并的会计处理方法进行会计处理

D.当母公司由投资性主体改为非投资性主体时，应将原未纳入合并财务报表范围的子公司于转换日纳入合并财务报表范围

7.【多项选择题】下列该项中，满足控制条件的有（　　）。

A.拥有对被投资方的权力

B.通过参与被投资方的相关活动而享有可变回报

C.有能力运用对被投资方的权力影响其可变回报

D.参与被投资方的财务和生产经营决策

合并范围的确定
4-7

三、知识点：合并财务报表编制原则、前期准备事项及程序

合并报表编制基础等

1.【单项选择题】甲公司拥有对四家公司的控制权，其下属子公司的会计政策和会计估计均符合会计准则的规定，不考虑其他因素，甲公司在编制合并财务报表时，对其子公司进行的下列调整中，正确的有（　　）。

A.将子公司（乙公司）产品质量保证费的计提比例由3%调整为与甲公司相同的提取比例5%

B.对该年度通过同一控制下企业合并取得的子公司（丁公司），将固定资产、无形资产的折旧和摊销年限按照与甲公司相同的期限进行调整

C.将子公司（丙公司）投资性房地产的后续计量由成本模式调整为与甲公司相同的公允价值模式

D.将子公司（戊公司）闲置不用但没有明确处置计划的机器设备由固定资产调整为持有待售非流动资产并相应调整后续计量模式

2.【多项选择题】企业编制合并财务报表的前期准备事项应该包括（　　）。

A.统一母子公司的会计政策。如果实在不能统一，则需要在合并财务报表附注中加以说明

B.统一母子公司的会计估计

C.统一母子公司的资产负债表日和会计期间。如子公司实在不能与母公司在会计期间和资产负债表日保持一致，则应要求子公司按照母公司的会计期间和资产负债表日重新编制其个别财务报表，或者由母公司按照其自身的会计期间和资产负债表日对子公司的资产负债表日和会计期间进行调整，并在此基础上编制合并财务报表

D.对子公司以外币表示的财务报表进行折算

3.【多项选择题】在合并报表编制过程中进行合并业务处理时，下列有关表述正确的有（　　）。

A.可以用“营业收入”替代“主营业务收入”“其他业务收入”，可以用“营业成本”替代“主营业务成本”“其他业务成本”

B.可以用“固定资产”替代“固定资产（原值）”“累计折旧”“固定资产减值准备”，可以用“无形资产”替代“无形资产（原值）”“累计摊销”“无形资产减值准备”

C.可以用“存货”替代“库存商品”“原材料”“存货跌价准备”；根据“坏账准备”的明细项目，可以用“应收账款”“应收票据”“其他应收款”替代“坏账准备”

D.涉及对以前年度损益进行调整时，需要用“年初未分配利润”项目来替代

四、知识点：长期股权投资与所有者权益的合并处理（同一控制下企业合并）

1.【单项选择题】甲公司持有乙公司70%的股权，取得日乙公司净资产账面价值为2 000万元，公允价值为2 300万元，甲公司取得乙公司股权属于同一控制下的企业合并。截至20×8年12月31日，乙公司净资产账面价值为2 750万元，公允价值为3 000万元。假设母子公司（含甲公司、乙公司和最终控制方）的会计政策、会计期间完全一致。甲公司在20×8年合并报表中编制长期股权投资和乙公司所有者权益抵销处理时的长期股权投资的金额是（　　）。

A.980万元　　B.945万元　　C.2100万元　　D.1925万元

2.【单项选择题】甲公司20×5年1月1日用银行存款3 200万元购入其母公司持有的乙公司80%有表决权的股份，合并当日乙公司相对于最终控制方而言的所有者权益账面价值为3 500万元，假定最终控制方合并报表时未确认商誉。20×5年5月8日乙公司宣告分派20×4年度现金股利300万元。20×5年度乙公司实现净利润500万元。20×6年乙公司实现净利润700万元。此外乙公司20×6年购入的以公允价值计量且其变动计入其他综合收益的金融资产公允价值上升导致其他综合收益增加100万元。不考虑其他因素的影响，则在20×6年年末甲公司编制合并财务报表调整分录时，长期股权投资按权益法调整后的余额为（　　）万元。

同一控制下股权投资与权益合并 1-2

A.3 200　　B.2 800　　C.3 600　　D.4 000

3.【多项选择题】下图是同一控制下，企业合并当年年末合并业务所引起的资金运动流程图。下列有关下图C段资金运动所反映的合并业务的表述正确的有（　　）。

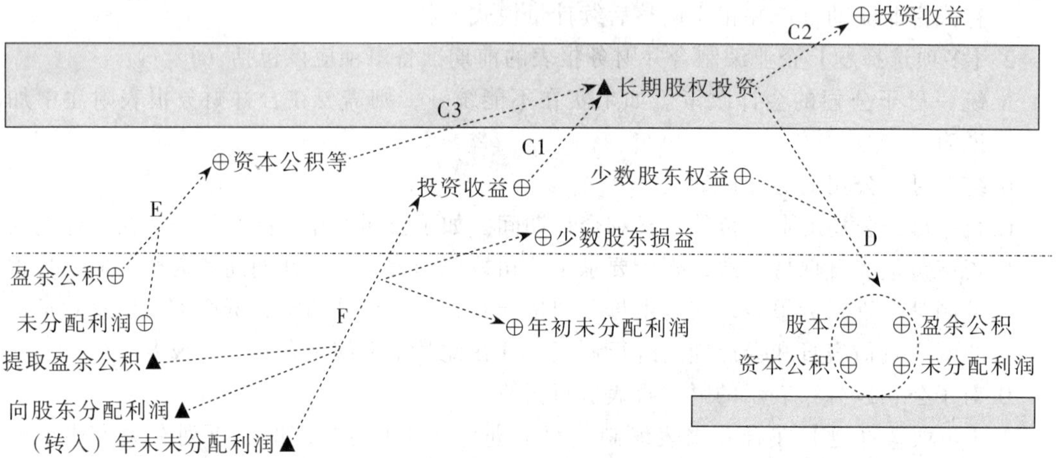

A.C2段资金运动反映将已确认的投资收益予以冲销，即将按成本法核算所确认的投资收益予以冲销。其结果就相当于投资方未对被投资企业任何净资产的变化进行会计处理

B.C1段资金运动反映合并方按权益法确认因被投资方净损益的变化而应确认的投资收益

C. C3段资金运动反映合并方按权益法确认因被投资方其他事项导致净资产发生变动而应确认的部分，其资金运动的起点除了资本公积外，还可能是“其他综合收益”项目

D.将C1、C2、C3三段结合起来看，C段资金运动的最终目的就是按权益法对被投资企业净资产的变动进行处理，以确保合并方长期股权投资项目的金额与所持有的被合并方所有者权益账面价值份额的部分完全对等，从而为股权投资与权益对冲（即D段运动）做好准备

4.【多项选择题】下图是同一控制下，企业合并当年年末合并业务所引起的资金运动流程图。下列有关下图F段资金运动所反映的合并业务的表述正确的有（　　）。

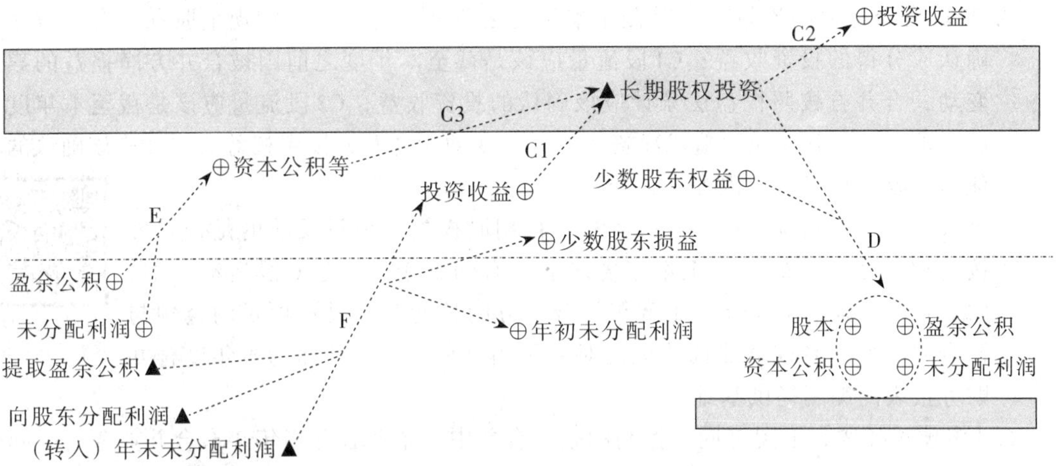

A.其终点项目反映的是被合并方本期可供分配利润总额，包括期初未分配利润、本期实现的利润（即合并方应分得的投资收益和少数股东应分得的少数股东损益）

B.其起点项目反映的是被合并方本期利润的实际分配情况，包括提取的盈余公积、向股东分配利润和年末未分配完的利润

C.F段资金运动反映将被合并方的利润分配予以冲销。因为站在合并主体的角度看，被合并方的利润分配是合并主体的一项内部业务，应予以抵销

D.F段资金运动的起点项目“向股东分配利润”，只包括分配给股东的现金股利，不包括分配给股东的股票股利

5.【多项选择题】下图是企业第2年及以后年度恢复前期调整业务资金运动流程图。下列有关该图资金运动所反映的恢复调整业务的描述正确的有（　　）。

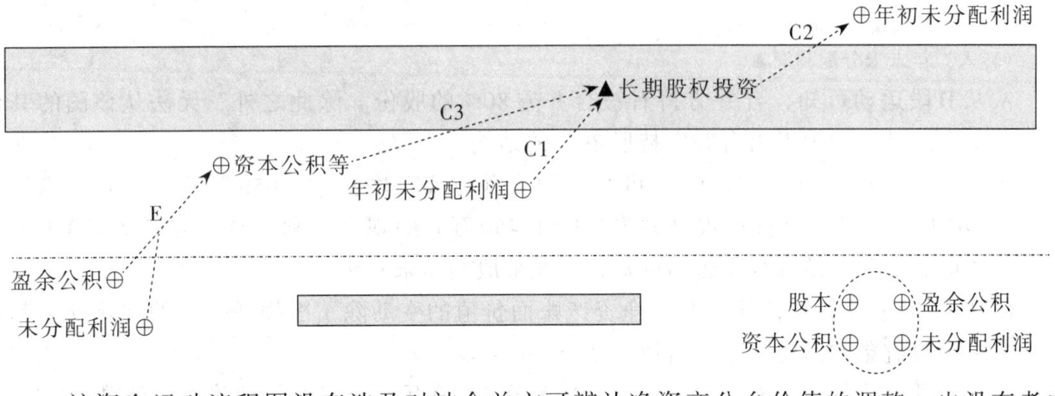

A.该资金运动流程图没有涉及对被合并方可辨认净资产公允价值的调整，也没有考虑这些调整对当期损益的影响，再结合E段运动所反映的对被合并方留存收益的恢复，可以得出，该资金运动流程图反映的应该是同一控制下的企业合并

B.C段资金运动（C1，C2，C3）中的“年初未分配利润”项目，是用于替代恢复调整业务时所涉及的相关损益类项目，以本题为例，由于C段运动（C1，C2，C3）是将长期股权投资的成本法核算转换为权益法核算，因此，“年初未分配利润”项目所替代的是“投资收益”项目

C. C2段资金运动的流量应该是截至本年度之前因被合并方分配现金股利，合并方累计确认应分得的投资收益；C1段流量应该是截至本年度之前因被合并方净损益的累计变动，合并方按照权益法累计应该确认的投资收益；C3段流量应该是截至本年度之前因被合并方其他原因造成净资产的累计变动，合并方按照权益法累计应该确认的其他综合收益和资本公积等

D. 通过C段资金运动（C1，C2，C3），长期股权投资项目反映的是合并方按照权益法核算的、截至本年度之前应有的金额。通过C段运动（C1，C2，C3），确保在本合并年度年初合并方的长期股权投资项目的金额与被合并方所有者权益账面价值的对应份额完全一致，从而为本年度合并财务报表的编制提供基础

同一控制下股权投资与权益合并 3-5

6.【多项选择题】下图是同一控制的企业合并中，企业合并当年年末合并业务所引起的资金运动流程图。下列有关该图资金运动反映的合并业务的描述正确的有（　　）。

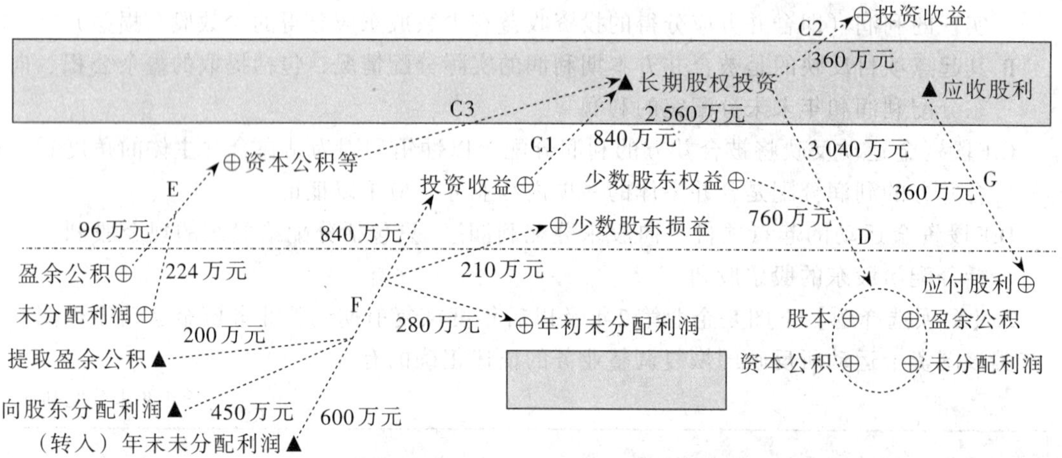

A. 从D段运动可知，合并方持有被合并方80%的股份。除此之外，无法从该图的其他资金运动流程中得出合并方持股80%的结论

B. 从C段运动（C1，C2，C3）可知，被合并方实现净损益1 050万元，合并方确认了840万元的投资收益；被合并方分配了450万元的现金股利，合并方确认了360万元的应收股利，结合G段运动可知，该现金股利尚未支付

C. 从C3段运动可知，被合并方净资产账面价值的变动除了净损益带来的变化外，其他事项没有影响净资产账面价值总额

D. 从F段运动可知，被合并本身实现净利润1 050万元（其中，合并方应分得840万元，少数股东应分得210万元），该金额加上年初未分配利润280万元，即为1 330万元，该金额就是本期可供分配利润总额。这1 330万元的可分配利润总额，提取了盈余公积200万元，向股东分配利润450万元（但无法区分其中的现金股利和股票股利），还有600万元留待以后再分配

7.【多项选择题】下图是同一控制下企业第二年及以后年度恢复前期调整业务资金运动流程图。假设合并方持有被合并方60%的股份。下列有关该图资金运动所反映的恢复调整

业务的描述正确的有（　　）。

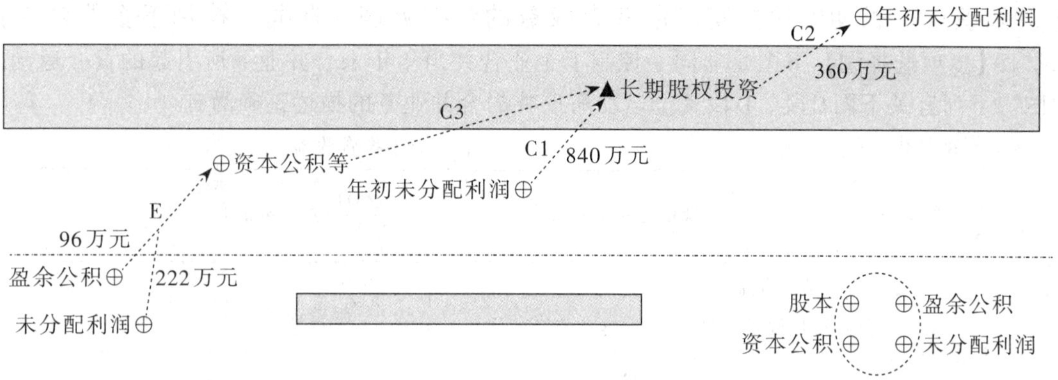

A. C1段资金运动的流量为840万元，反映截至本合并年度之前因被合并方净损益的累计变动，合并方按照权益法累计应该确认的投资收益；由此可以推断，被合并方截至本合并年度之前累计实现的净收益为1 400万元

B. C2段资金运动流量为360万元，反映截至本年度之前因被合并方分配现金股利，合并方累计确认应分得的现金股利；由此可以推断，被合并方截至本年度之前累计分配的现金股利为600万元

C. C3段资金运动的流量为0，反映截至本年度之前因被合并方其他原因造成的净资产的累计变动，合并方按照权益法累计应该确认的其他综合收益和资本公积项目的金额；由此可以推断，被合并方截至本年度之前除净损益之外没有影响净资产的其他事项

D. E段资金运动的流量为318万元，反映在同一控制下被合并方留存收益的恢复；由此可以推断被合并方在本年度的期初留存收益为503万元

8.【多项选择题】甲公司与乙公司均为A公司设立的子公司。20×7年1月1日，甲公司取得乙公司80%的股权，能够对乙公司实施控制。取得投资时，乙公司所有者权益的账面价值为3 000万元，公允价值为3 200万元，其差额是因一项无形资产而形成的，该项无形资产的账面价值为500万元，公允价值为700万元，预计尚可使用年限为5年，预计净残值为0，采用直线法摊销。假设甲公司、乙公司与A公司所采用的会计政策、会计期间一致，20×7年度甲公司与乙公司之间未发生内部交易，不考虑其他因素的影响，则下列说法中，不正确的有（　　）。

A. 甲公司在编制合并财务报表时，应以乙公司的个别财务报表为基础，不需要进行调整

B. 甲公司在编制合并财务报表时，应对乙公司的个别财务报表进行调整，使乙公司的个别财务报表反映为在购买日的公允价值

C. 甲公司在编制合并财务报表时，应将乙公司的无形资产调整为公允价值，借记“无形资产”账户，贷记“资本公积”账户

D. 甲公司在编制20×7年年末合并财务报表时，应调增乙公司个别报表中无形资产的价值160万元

同一控制下股权投资与权益合并 6-8

五、知识点：长期股权投资与所有者权益的合并处理（非同一控制下企业合并）

1.【多项选择题】下图是非同一控制下企业合并当年年末合并业务所引起的资金运动流程图。下列有关下图C段、D段资金运动所反映的合并业务的描述正确的有（　　）。

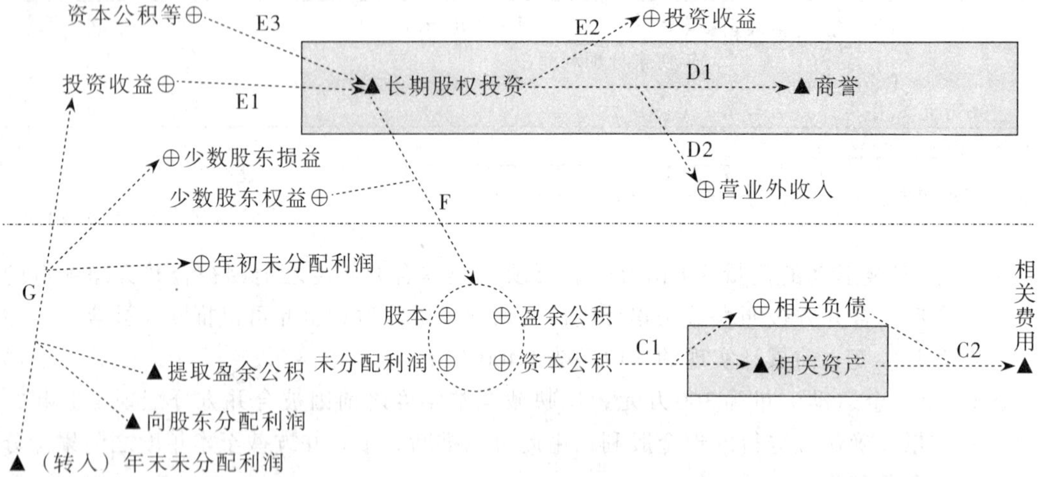

A. C1段资金运动反映在合并当年年末，合并方需要对被合并方在合并日可辨认净资产的账面价值按公允价值进行调整，并同步调整资本公积。通过C1段运动，确保被合并方资产负债表上的各个资产、负债项目全部按公允价值进行计量，以便后续的各项合并业务在此基础上展开，最终这些项目的余额将被纳入合并资产负债表

B. C2段资金运动反映将根据被合并方经过公允价值调整后的资产、负债项目的金额相应地调整本期损益项目，以确保本期损益项目的计量都是基于公允价值并最终纳入合并利润表

C. 由于C1段资金运动，可能导致合并资产负债表中相关资产、负债的账面价值与其计税基础不一致，从而产生可抵扣或应纳税暂时性差异，进而导致需要在合并资产负债表中确认递延所得税资产或递延所得税负债

D. D段资金运动（D1，D2）反映在合并当年年末，合并方需要对合并日当时的合并成本进行分配，即需要考虑合并日当时的合并成本与被合并方可辨认净资产的公允价值份额之间存在的差额。若前者大于后者，应确认为合并商誉；若前者小于后者，则应确认为合并营业外收入。这种处理与合并日编制合并报表时分配合并成本的做法是完全一样的

2.【多项选择题】下图是非同一控制下企业合并中，合并第二年及以后年度恢复调整业务所引起的资金运动流程图。下列有关该资金运动所反映的恢复调整业务的表述正确的有（　　）。

A. C1段资金运动反映在合并第二年及以后年度，合并方需要对被合并方在合并日可辨认净资产的账面价值按公允价值进行调整，并同步调整资本公积。通过C1段运动，确保被合并方资产负债表上的各个资产、负债项目全部按公允价值进行计量，以便后续的各项合并业务在此基础上展开，最终这些项目的余额将被纳入合并资产负债表

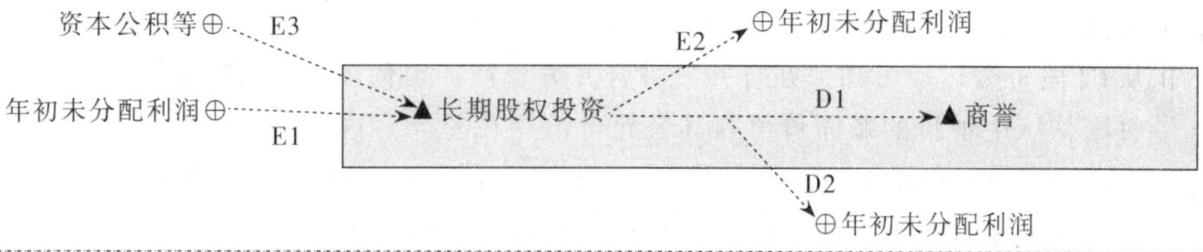

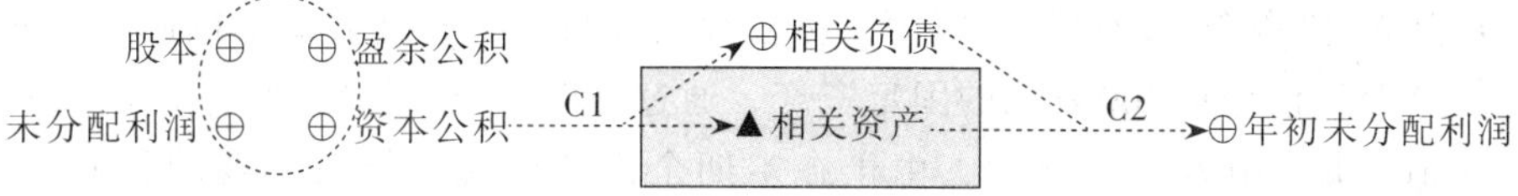

B. C2段资金运动反映将根据被合并方经过公允价值调整后的资产、负债项目的金额相应地调整相关损益项目截至本年度之前的累计金额，以确保相关损益项目截至本年度之前的累计金额是建立在公允价值计量的基础之上的。这样就为本年度合并报表的编制提供了基础和前提

C. D段资金运动（D1，D2）反映在合并第2年及以后年度，合并方需要对合并日当时的合并成本进行分配，确认为商誉或计入年初未分配利润之中

D. E段资金运动反映合并方将对被合并方的股权投资由成本法核算调整为权益法核算。其中E2段运动的流量反映从合并日到本年度之前，合并方按成本法确认的累计投资收益金额；E1段运动的流量反映从合并日到本年度之前，合并方因被合并方净损益的变化，在进行调整的基础上按照权益法确认的投资收益累计金额；E3段运动的流量反映从合并日到本年度之前，合并方因被合并方除净损益之外其他事项造成净资产变化而按权益法确认的资本公积累计金额、其他综合收益累计金额

E. 之所以要对以前的调整业务进行恢复，就是为了确保合并主体在本年度合并报表编制之前的所有相关合并业务都得到正确的处理，本年度的合并报表业务的处理就是在此基础上（即过去的合并业务都已经得到了正确处理）延续而展开的

非同一控制下股权投资与权益合并1-2

3.【多项选择题】下图是非同一控制下的企业合并业务所引起的资金运动流程图，未考虑所得税的影响。下列有关下图资金运动所反映的合并业务的表述正确的有（　　）。

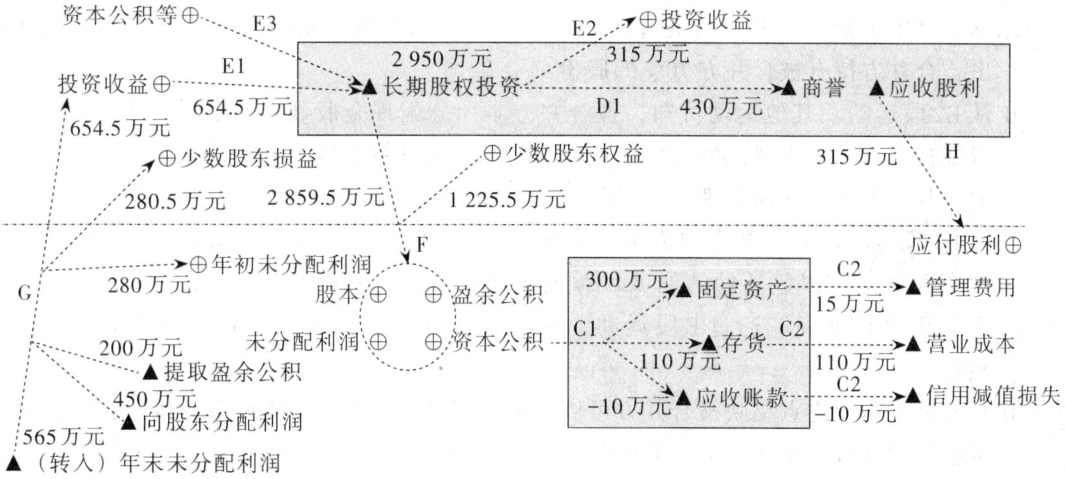

A.从图中无法判断该合并业务发生的时点是合并当年年末还是第二年及以后年度

B.从C1段资金运动可知，在合并日被合并方资产、负债项目中有固定资产、存货和应收账款三个项目的账面价值与其公允价值存在差异。这三个项目需要按公允价值计量，固定资产应调增300万元，存货应调增110万元，应收账款应调减10万元。相应的，在不考虑所得税的情况下，资本公积应调增400万元

C.从C2段资金运动可知，需要根据按照公允价值调整之后的金额调整本期损益。其中，公允价值增加300万元的固定资产，通过折旧导致本期管理费用调增15万元；公允价值增加110万元的存货，由于在本期全部被处置，导致本期的营业成本调增110万元；公允价值减少10万元的应收账款，由于本期收回，导致本期的信用减值损失减少10万元。三个项目合计导致本期利润减少115万元

D.从D1段资金运动可知，合并日合并成本大于被合并方可辨认净资产公允价值份额430万元，该金额应确认为合并商誉

4.【多项选择题】下图是非同一控制下的企业合并业务所引起的资金运动流程图，未考虑所得税的影响。下列有关下图资金运动所反映的合并业务的表述正确的有（　　）。

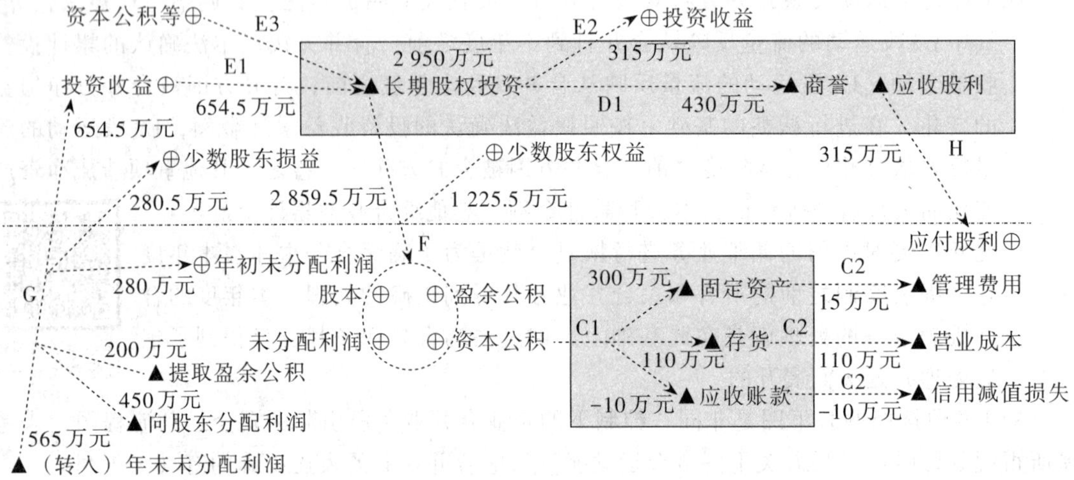

A.从F段资金运动以及G段资金运动中投资收益和少数股东损益的关系，都可以推测出，合并方持有被合并方70%的股份

B.从E2段运动及其他运动可知，被合并方本期分配现金股利450万元，该现金股利已以银行存款予以支付。通过该段运动，将成本法核算予以冲销，就相当于对被合并方的净收益未进行任何处理

C.从E1段运动可知，被合并方本期实现净收益935万元。E3段运动的流量为0，说明被合并方除净损益外的其他项目对被合并方净资产的影响为0，相应的，合并方也不需要进行处理。通过E段运动，确保合并方对被合并方的股权投资采用权益法核算

D.G段资金运动终点反映被合并方可供分配利润总额，其主要由两部分构成：经合并方调整后的净收益935万元和年初未分配利润280万元，共计1 215万元。G段资金运动

的起点反映被合并方本期的利润分配情况：提取盈余公积200万元，分配现金股利450万元，剩余565万元留待以后分配

非同一控制下股权投资与权益合并3-4

5.【多项选择题】下图是企业第2年及以后年度恢复调整业务资金运动流程图，未考虑所得税的影响。下列有关资金运动所反映的合并业务表述正确的有（　　）。

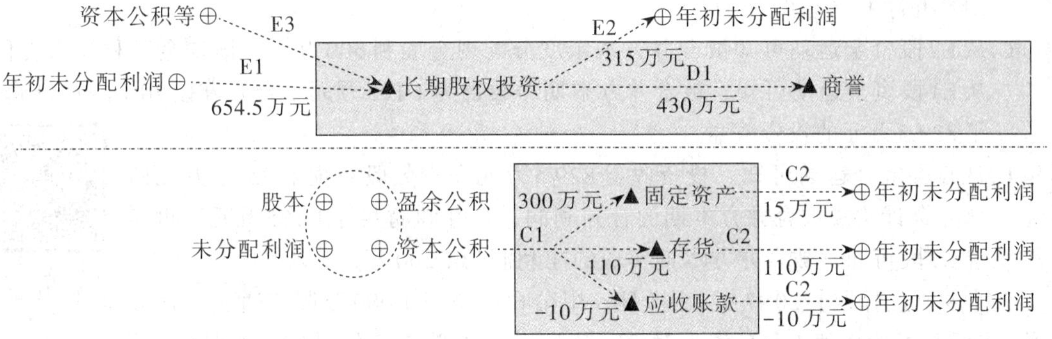

A. C1段资金运动反映将合并日被合并方可辨认净资产账面价值按公允价值进行恢复，其中固定资产应调增300万元，存货应调增110万元，应收账款应调减10万元；应相应调增资本公积400万元

B. C2段资金运动反映，将从合并日到本年度之前，因被合并方在合并日相关项目按公允价值进行的调整而对损益产生的累计影响予以恢复，即累计调增费用115万元，同时应调减年初未分配利润115万元

C. E2段资金运动反映，合并方将截至本年度之前按成本法确认的累计投资收益315万元全部予以冲销

D. E1段资金运动反映，合并方将截至本年度之前按权益法应确认的累计投资654.5万元予以确认。该金额=截至本年度之前被合并方累计实现的净利润×持股比例

6.【多项选择题】下图是非同一控制下企业合并所引起的资金运动流程图，未考虑所得税的影响。下列有关下图资金运动所反映的合并业务表述正确的有（　　）。

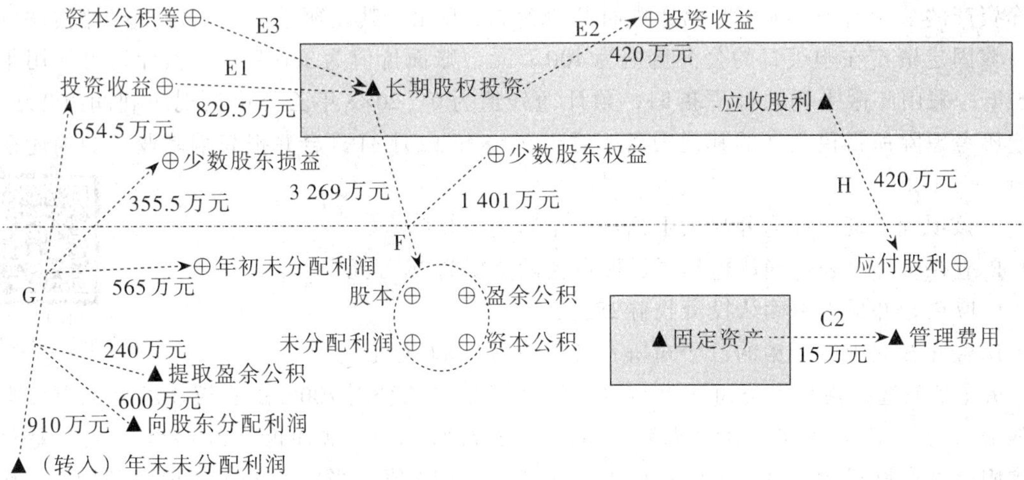

A.从F段资金运动可知，合并方持有被合并方70%的股份。从图中只有C2段而没有C1段可知，该图所反映的合并业务只是当年度整个合并业务的一部分，而之前的恢复调整业务则没有展现在图中

B.从C2段资金运动可知，合并当初经过公允价值调整后的项目就只有固定资产这一个项目。当初固定资产公允价值的调整导致本期的管理费用增加15万元，进而导致本期合并净利润减少15万元

C.从E2段资金运动可知被合并方本年度分配现金股利600万元，该现金股利尚未支付。从E1段资金运动可知，被合并方本期净收益为1 185万元，合并方按70%的比例确认了829.5万元的投资收益

D.从G段资金运动可知，投资收益829.5万元和少数股东损益355.5万元两部分合计构成被合并方本期的合并利润，合并利润共计1 185万元。再结合C2段可知，被合并方本期实现的净利润为1 200万元

非同一控制下股权投资与权益合并 5-6

7.【多项选择题】20×7年1月1日，甲公司以增发1 000万股普通股（每股市价1.5元，每股面值1元）作为对价，从W公司处取得乙公司80%的股权，能够对乙公司实施控制，另用银行存款支付审计费、咨询费等80万元。当日，乙公司可辨认净资产账面价值为1 600万元，公允价值为1 800万元，差额为乙公司一项固定资产所引起，该项固定资产的账面价值为300万元，公允价值为500万元。甲公司与W公司不具有关联方关系；假定该项企业合并符合《关于企业重组业务企业所得税处理若干问题的通知》中关于特殊性税务处理的有关规定，有关各方采用免税处理。假定甲、乙公司适用的所得税税率是25%，所得税均采用资产负债表债务法核算。在合并日，下列有关合并业务的描述正确的有（　　）。

A.应调增合并固定资产价值200万元

B.应确认合并递延所得税负债50万元和合并资本公积150万元

C.应确认合并商誉100万元

D.合并报表中应抵销的乙公司所有者权益为1 750万元

8.【多项选择题】甲公司和乙公司没有关联方关系。甲公司20×8年1月1日以银行存款1 000万元购入乙公司100%股权（交易后乙公司仍保留独立的法人资格），当日乙公司可辨认净资产的公允价值为800万元，账面价值为700万元，其差额系一项固定资产评估增值所致。该固定资产在购买日的公允价值为400万元，账面价值为300万元，预计尚可使用年限为5年，采用年限平均法计提折旧，预计净残值为0。20×8年乙公司实现净利润300万元。假定不考虑除所得税之外的其他因素，对于20×8年12月31日合并报表编制业务的描述正确的有（　　）。

A.该项固定资产在合并报表上列示的金额为240万元

B.应在合并报表中确认递延所得税负债的金额为20万元

C.应在合并报表中确认投资收益285万元

D.合并报表中应抵销的乙公司所有者权益为1 060万元

非同一控制下股权投资与权益合并 7-8

9.【多项选择题】甲公司于20×8年6月30日取得乙公司100%的股权。乙公司当日所有者权益公允价值为2 000万元（未剔除递延所得税的影响），账面价值为1 800万元，差额由一项固定资产所引起，该固定资产尚可使用5年，无残值。当年乙公司实现净利润800万元

（假设利润是均衡实现的），取得股权至年末，乙公司因其他债权投资公允价值变动计入其他综合收益的金额为100万元（已剔除所得税影响）。甲、乙公司在合并前没有任何关联方关系。假设乙公司各项资产、负债的账面价值与计税基础相等，两公司适用的所得税税率为25%，不考虑其他因素。下列有关甲公司编制合并日和合并当年年末合并报表的合并业务的表述正确的有（ ）。

A.该项固定资产公允价值调增200万元，导致本年度合并财务报表中需要调增折旧费用20万元

B.递延所得税负债在合并日合并报表中列示的金额为50万元，而在本年度末合并报表中列示的金额为45万元

C.由于合并日乙公司可辨认净资产的公允价值的调整导致合并利润表中折旧费应调增20万元，所得税费用应调减5万元，共计调增费用15万元，从而导致子公司合并利润表的净利润为385万元，进而导致甲公司应在合并报表中确认385万元的投资收益

D.在合并日抵销的乙公司所有者权益为2 000万元，而在本年度末抵销的乙公司所有者权益为2 435万元

10.【多项选择题】20×5年1月1日，甲公司从非关联方购入乙公司80%的股权，能够对乙公司的财务和经营政策实施控制。除乙公司外，甲公司无其他子公司。20×5年度，乙公司以购买日可辨认净资产公允价值为基础计算实现的本年净利润为2 000万元，无其他所有者权益变动。20×5年年末，甲公司合并财务报表中少数股东权益为800万元。20×6年度，乙公司以购买日可辨认净资产公允价值为基础计算的净亏损为4 500万元，无其他所有者权益变动。20×6年年末，甲公司个别财务报表中所有者权益总额为8 000万元。不考虑其他因素，下列各项关于合并财务报表列报的表述中，正确的有（ ）。

A.20×5年度少数股东损益为400万元

B.20×6年度少数股东损益为-900万元

C.20×6年12月31日少数股东权益为0

D.20×6年12月31日归属于母公司的股东权益为4 400万元

非同一控制下股权投资与权益合并 9-10

六、知识点：内部商品交易的合并处理

1.【单项选择题】甲公司是乙公司的母公司。甲公司当期销售一批产品给乙公司，销售成本为100万元，销售收入为150万元。截至当期期末，乙公司已对外销售该批存货的60%，期末结存的存货的可变现净值为45万元。不考虑所得税等其他因素的影响，甲公司在当期期末编制合并财务报表时应抵销的存货跌价准备的金额为（ ）。

A.15万元　　B.20万元　　C.0万元　　D.50万元

2.【单项选择题】丙公司为甲公司和乙公司的母公司。20×7年6月1日，甲公司将本公司生产的一批产品出售给乙公司，售价为1 200万元（不含增值税，下同），成本为700万元。至20×7年12月31日，乙公司已对外售出该批存货的60%，售价为820万元。不考虑其他因素，20×7年12月31日在合并财务报表中因该事项列示的营业成本为（ ）万元。

A.0　　B.280　　C.420　　D.820

3.【多项选择题】下图是合并主体内部购进与销售的合并业务资金运动流程图。下列有关下图资金运动所反映的合并经济业务表述正确的有（　　）。

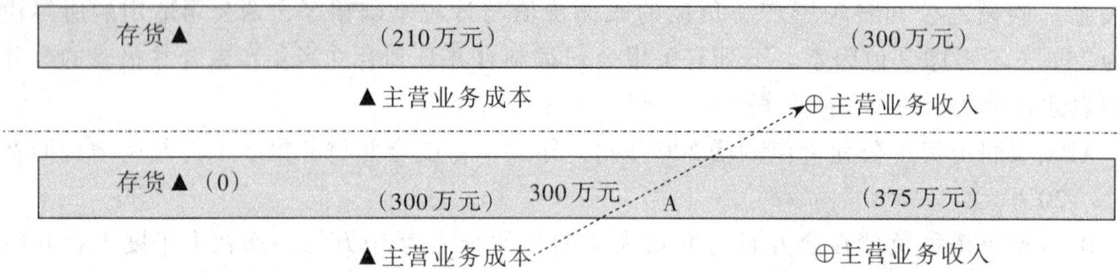

A.从图中可知，母公司210万元的存货以300万元的价格销售给子公司，因此母公司确认了210万元的营业成本和300万元的营业收入

B.从图中可知，子公司以300万元的价格购得该存货，并以375万元的价格全部对外销售，因此子公司确认了300万元的营业成本和375万元的营业收入

C.从母、子公司所形成的合并主体角度看，应该只确认一次收入，即最后子公司对外销售所取得的375万元营业收入；应该只确认一次费用，即最初母公司购买该商品所导致的营业成本210万元

D.从母、子公司所形成的合并主体来看，应该冲销内部重复确认的营业收入300万元和营业成本300万元，即图中A段资金运动所反映的合并业务

4.【多项选择题】下图是合并主体内部购进合并业务资金运动流程图。下列有关下图资金运动所反映的合并业务表述正确的有（　　）。

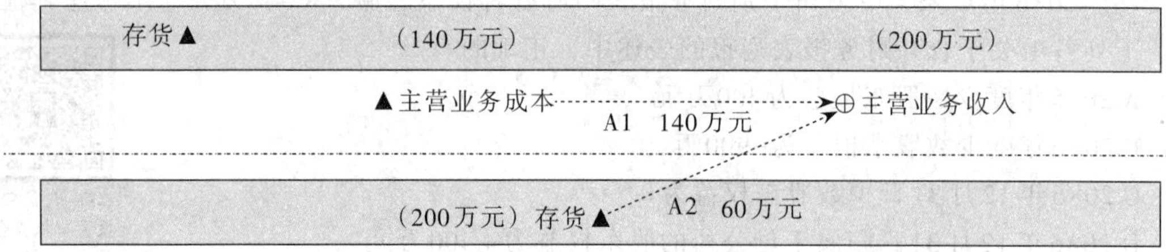

A.从图中可知，母公司140万元的存货以200万元的价格销售给子公司，因此母公司确认了140万元的营业成本和200万元的营业收入

B.从图中可知，子公司以200万元的价格购得该存货，但截至资产负债表日，该存货尚未对外销售

C.从母、子公司所形成的合并主体角度看，该存货并没有对外销售。从合并主体来看，既不能确认营业收入，也不能确认营业成本。因此，应冲销内部销售成本与销售收入，其所引起的资金运动如图中A1段运动所示

内部商品交易的合并处理
1-4

D.从母、子公司所形成的合并主体来看，存货不能因为位置发生变化而产生价值变动，仍应该按其在母公司的价格（140万元）计量，因此应冲销存货中由于内部销售所增加的60万元价值，其所引起的资金运动如图中A2段运动所示

5.【多项选择题】下图是合并主体内部购销合并业务资金运动流程图。下列各项中，对下图资金运动所反映的业务表述正确的有（　　）。

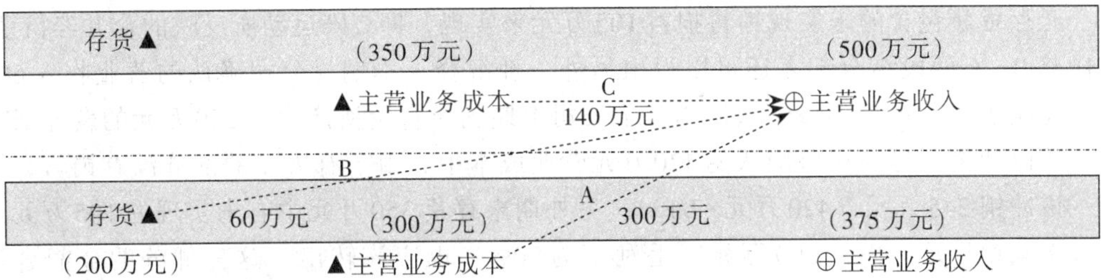

A.从图中可知，母公司350万元的存货以500万元的价格销售给子公司，因此母公司确认了350万元的营业成本和500万元的营业收入

B.从图中可知，子公司以500万元的价格购得该存货。截至资产负债表日，该存货已销售60%，即300万元，售价为375万元；剩下的40%存货（即200万元），尚未销售

C.从合并主体的角度来看，应将最终子公司对外销售的375万元确认为营业收入，应将最初母公司确认的350万元的60%（即210万元）确认为营业成本，子公司所确认的营业成本300万元和母公司多确认的40%的成本（即140万元），都应该与内部销售收入对冲，其所引起的资金运动如图中A、C段运动所示

D.从母、子公司所形成的合并主体来看，存货不能因为位置发生变化而产生价值变动，仍应该按其在母公司的价格140万元（350万元×40%）计量，因此应冲销存货中由于内部销售所增加的60万元，其所引起的资金运动如本题图中B段运动所示。

6.【多项选择题】下图是合并主体内部购销合并业务资金运动流程图。假设子公司有200万元（包括未实现的销售损益60万元）上期购进的存货于本期销售，取得销售收入250万元，发生销售成本200万元。下列有关下图资金运动所反映的合并业务表述正确的有（　　）。

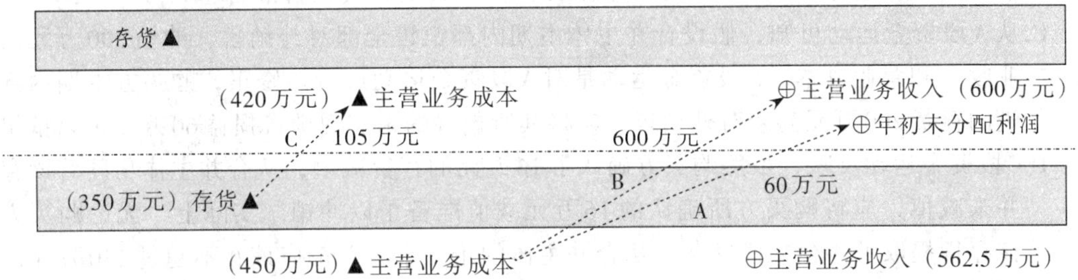

A.从合并主体的角度看，期初存货中所包含的销售收益60万元不是在上期实现的，而是在本期实现的，因此应通过调减年初未分配利润来调减去年的销售收益，通过调减本年的主营业务成本来调增本年的销售收益，即A段资金运动所反映的合并经济业务

B.从图中可知，母公司420万元的存货以600万元的价格销售给子公司。因此，母公司确认了420万元的营业成本和600万元的营业收入。子公司将本期从母公司购进的存货部分予以销售，确认营业收入312.5万元（562.5万元-250万元），确认营业成本250万元（450万元-200万元）。还有350万元的存货尚未销售

C.从图中可知，假设母子公司本期将内部销售全部转为对外销售，因此应冲销600万元的营业收入和营业成本，即B段运动所反映的合并经济业务。但是，实际上本期购买的存货中，还有350万元的存货尚未对外销售，因此需要对B段运动进行调整，其具体调整就是通过冲销这350万

内部商品交易的合并处理
5-6

元存货所包含的未实现销售损益105万元来实现，即C段运动所反映的合并经济业务

D.将B、C两段结合起来还可以得出另外一种解释。本期母公司确认的营业收入600万元应予以冲销。那该怎么冲销？子公司本期销售存货所产生的250万元的营业成本应予以冲销。母公司所确认的420万元营业成本中，由于有7/12的部分没有销售，也应该冲销245万元（420万元×7/12）。另外期末存货350万元中有未实现的105万元（成本420万元，售价600万元，毛利率为30%）也应该转出。这三部分的金额合计为600万元，该金额正好可以冲销营业收入600万元

E.上述选项中，C与D是对同一业务从不同的角度进行描述。选项C的描述是对选项D描述的一个简化处理

7.【多项选择题】下图是合并主体内部购销及存货减值合并业务所引起的资金运动流程图，未考虑所得税的影响。下列有关下图资金运动所反映的合并业务的描述正确的有（　　）。

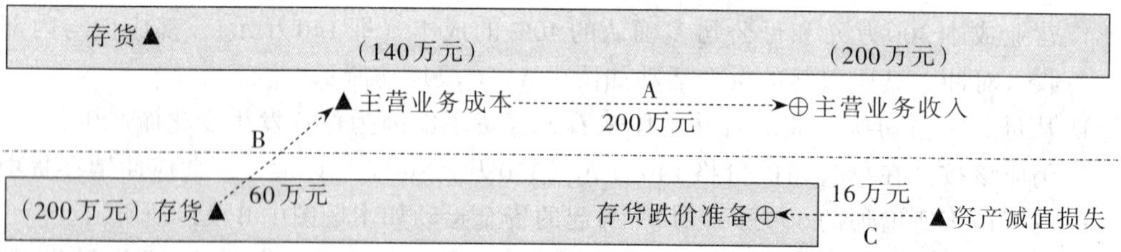

A.从图中可知，出售方将140万元的存货以200万元的价格予以出售

B.从图中可知，购买方以200万元购进的存货截至资产负债表日尚未销售，鉴于该存货的可变现净值为184万元，购买方确认了16万元的存货跌价准备

C.从A段资金运动可知，假设合并主体本期内部销售全部对外销售，冲销200万元的营业收入和营业成本。B段资金运动是对A段资金运动进行的修正，购买方本期内部购进的存货200万元尚未对外销售，应将其所包含的未实现销售损益60万元予以抵销

D.C段资金运动反映，虽然购买方确认了16万元的存货减值，从合并主体角度看该存货并未减值，应将购买方所确认的16万元减值准备予以冲销。实际上，无论购买方就该存货提取了多少减值准备，从合并主体的角度来看，都应该在不超过140万元的范围内予以冲销

8.【多项选择题】下图是合并主体内部购销及存货减值合并业务所引起的资金运动流程图，未考虑所得税的影响。下列有关下图资金运动所反映的合并业务的描述正确的有（　　）。

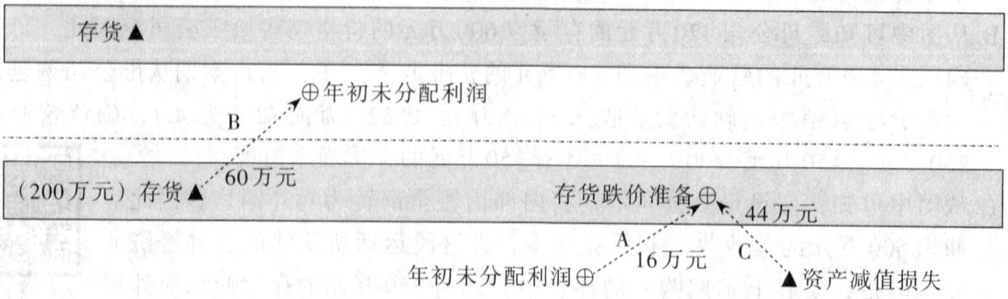

A.A.从B段资金运动可知，子公司期末200万元的存货中有部分存货是上期母公司销售

给子公司的，该部分存货包含了未实现的内部销售损益60万元。通过B段资金运动，将该部分存货中包含的未实现销售损益60万元予以冲销。

B. 从A段资金运动可知，购买方该存货在上期确认了16万元的存货跌价准备，但从合并主体的角度来看，该存货并未发生减值，应将上期所提取的减值准备16万元予以冲销

C. 从C段资金运动可知，该存货在本期末并未销售，截至资产负债表，购买方为该存货又提取了减值准备。但是，从合并主体的角度来看，不仅上期提取的16万元要冲回，本期还应冲回44万元

内部商品交易的合并处理7-8

D. 结合A段和C段资金运动来看，购买方个别报表中为该存货提取了60万元的存货跌价准备

9.【多项选择题】下图是连续编制合并财务报表时企业内部销售业务合并处理资金运动流程图。其中，企业上期内部购进的存货200万元（包含未实现的销售损益60万元）已在本期销售，确认营业收入250万元和营业成本200万元，购买方上期期末为该存货确认了16万元的减值准备。不考虑所得税的影响。下列有关下图所反映的业务描述正确的有（　　）。

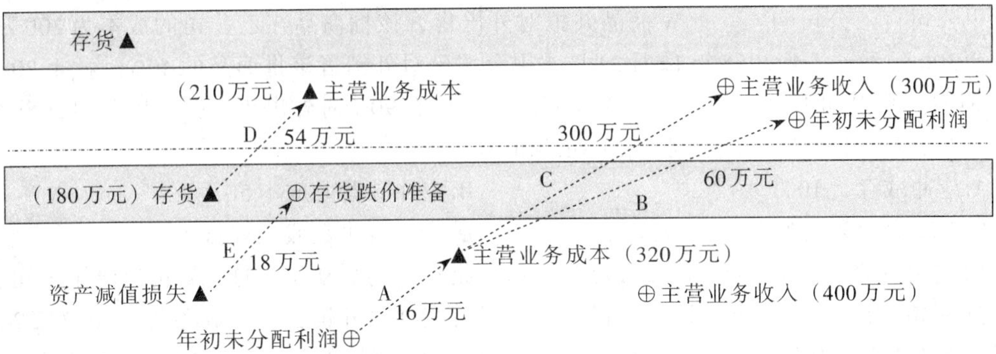

A. 从图中可知，本期出售方210万元的存货以300万元的价格销售。购买方将购进的300万元存货销售了40%，确认了120万元的营业成本和150万元的营业收入；还有180万元的购入存货尚未销售

B. A段资金运动反映，将上期存货所确认的减值准备损失16万元予以冲销，增加本期合并年初未分配利润16万元。B段资金运动反映将上期存货中包含的未实现销售损益60万元予以冲销，减少合并年初未分配利润60万元

C. C段资金运动反映，假设本期的内部销售全部对外销售，冲销内部重复确认的营业收入300万元和营业成本300万元。D段资金运动将对C段资金运动进行修正，本期只销售了40%，还有60%没有销售，形成期末存货180万元，因此应将期末180万元中所包含的未实现销售损益54万元予以冲销

内部商品交易的合并处理9

D. E段资金运动反映，虽然购买方确认了18万元的存货减值，从合并主体角度看，该存货并未减值，应将购买方所确认的18万元减值准备予以冲销。实际上，无论购买方就该存货提取了多少减值准备，从合并主体的角度来看，都应该在不超过36万元的范围内予以冲销

10.【多项选择题】甲公司20×7年1月1日从集团外部取得乙公司80%的股份，能够对乙公司实施控制。20×7年1月1日，乙公司除一项固定资产外，其他资产、负债的公允价值与账面价值相等，该固定资产账面价值为500万元，公允价值为600万元，尚可使用年限为10年，采用年限平均法计提折旧，预计净残值为0。20×7年甲公司实现净利润2 000万元，乙公司实现净利润600万元。20×7年乙公司向甲公司销售一批A商品，该批A商品售价为100万元，成本为60万元，至20×7年12月31日，甲公司将上述商品对外出售60%。20×7年甲公司向乙公司销售一批B商品，该批B商品售价为200万元，成本为100万元，至20×7年12月31日，乙公司将上述商品对外出售80%。甲公司和乙公司适用的所得税税率均为25%。则下列有关20×7年合并报表编制的业务描述正确的有（　　）。

A.就两笔销售业务而言，应在合并利润表中确认的营业成本为116万元

B.就合并主体视角而言，乙公司20×7年年度实现的合并净利润为580.5万元

C.在合并处理中，甲公司应确认合并投资收益464.4万元

D.甲公司20×7年合并利润表中归属于母公司的净利润为2 449.4万元

内部商品交易的合并处理10

11.【多项选择题】甲公司拥有乙公司80%的股权，能够对乙公司实施控制。20×5年8月，甲公司自乙公司购入一批W商品并拟对外出售，该批商品在乙公司的成本为200万元，售价为300万元，截至20×5年12月31日，甲公司已对外销售该批商品的40%，截至20×6年12月31日，甲公司原自乙公司购入的W商品累计已有90%对外出售。关于甲公司20×6年度合并财务报表的会计处理，下列项目中正确的有（　　）。

A.应冲减存货10万元　　B.应冲减营业成本50万元

C.应减少少数股东损益10万元　　D.应减少少数股东权益2万元

12.【多项选择题】20×6年12月母公司将一批成本为240万元的产品销售给子公司，销售价格为300万元。至年末，该产品仍有50%没有实现对外销售，形成存货。20×7年2月母公司又将成本为150万元的同类商品以180万元的价格销售给子公司，20×7年12月子公司将上述存货部分对外销售，销售价格为275万元，销售成本为210万元，其余没有实现对外销售，子公司采用先进先出法对发出存货进行核算。不考虑所得税等其他因素的影响，20×7年年末企业编制合并财务报表时，下列抵销分录中正确的有（　　）。

A.借：未分配利润——年初　　300 000

　　贷：营业成本　　300 000

B.借：营业收入　　1 800 000

　　贷：营业成本　　1 800 000

C.借：营业成本　　200 000

　　贷：存货　　200 000

D.借：营业收入　　1 500 000

　　贷：营业成本　　1 500 000

内部商品交易的合并处理11-12

七、知识点：内部债权债务的合并处理

1.【多项选择题】下图是企业内部债权债务及坏账准备合并业务所引起的资金运动流程图，未考虑所得税的影响。下列有关下图资金运动所反映的业务描述正确的有（　　）。

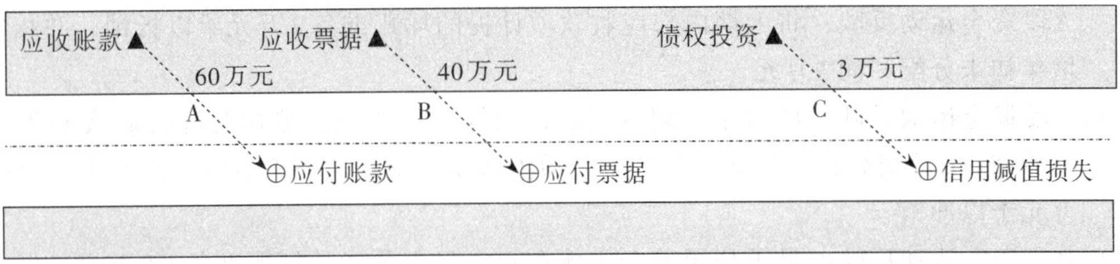

A. A段资金运动反映将母子公司内部存在对应关系的应收账款与应付账款60万元予以冲销

B. B段资金运动反映将母子公司内部存在对应关系的应收票据和应付票据40万元予以冲销

C. C段资金运动反映将母子公司内部存在的应收款项所提取的坏账准备3万元予以冲销

D. 在C段资金运动中，应将坏账准备项目按照其明细项目予以拆分，并可分别采用应收账款、应收票据等项目替代坏账准备

2.【多项选择题】下图是连续编制企业合并报表内部债权债务及坏账准备合并业务所引起的资金运动流程图，未考虑所得税的影响。下列有关下图资金运动所反映的合并业务描述，正确的有（　　）。

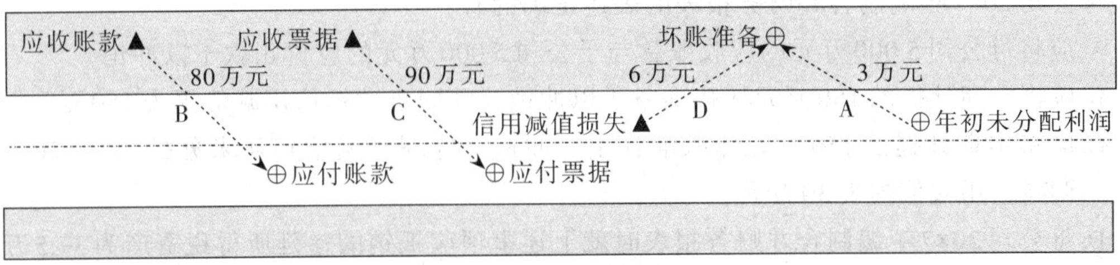

A. A段资金运动反映：将上期内部应收款项计提的坏账准备3万元予以抵销，并相应调增年初未分配利润3万元

B. B段资金运动反映：将母子公司内部存在对应关系的应收账款与应付账款80万元予以冲销。C段资金运动反映：将母子公司内部存在对应关系的应收票据和应付票据90万元予以冲销

C. D段资金运动反映：将母子公司内部存在的应收款项所补提的坏账准备6万元予以冲销。由此可见，母子公司单个主体在期末坏账准备的余额为6万元

D. 在A段、D段资金运动中，应将坏账准备项目按照其明细项目予以拆分，并可分别采用应收账款、应收票据等项目替代坏账准备

3.【多项选择题】下图是连续编制企业合并报表内部债权债务及坏账准备合并业务所引起的资金运动流程图，未考虑所得税的影响。下列有关下图资金运动所反映的业务描述，正确的有（　　）。

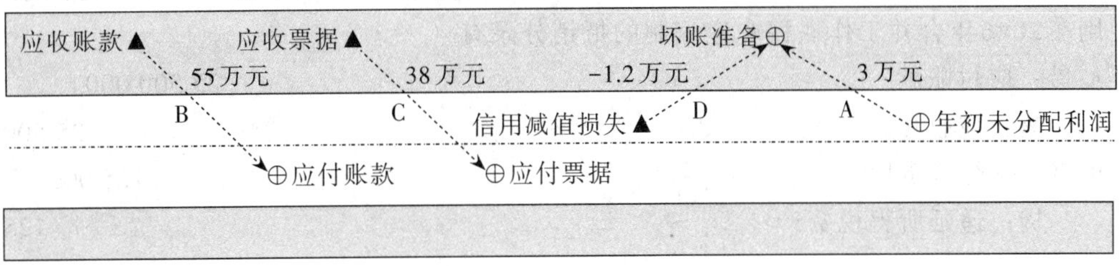

A. A段资金运动反映：将上期内部应收款项计提的坏账准备3万元予以抵销，并相应调增年初未分配利润3万元

B. B段资金运动反映：将母子公司内部存在对应关系的应收账款与应付账款55万元予以冲销。C段资金运动反映：将母子公司内部存在对应关系的应收票据和应付票据38万元予以冲销

C. D段资金运动反映：母子公司单个主体在年末只需要确认坏账准备1.8万元，但此时坏账准备的余额为3万元，因此不仅不提取坏账准备，还要冲销1.2万元。因此，从合并主体的角度来看，应该将这冲销的1.2万元坏账准备予以还原

D. 在A段、D段资金运动中，应将坏账准备项目按照其明细项目予以拆分，并可分别采用"应收账款""应收票据"等项目替代坏账准备

内部债权债务的合并处理 1-3

4.【多项选择题】某企业集团母子公司坏账准备计提比例均为应收账款余额的3%，所得税税率均为25%。20×6年年末母公司对其子公司内部应收账款余额为4 000万元（假定在此之前母公司对其子公司的应收款项余额为0），20×7年年末，该余额增至5 000万元。下列有关母公司20×7年编制合并财务报表的表述正确的有（　　）。

A. 应将母公司5 000万元的应收账款与子公司5 000万元的应付账款予以冲销

B. 应将本期计提的150万元坏账准备予以冲销，并同步冲销信用减值损失150万元

C. 应将本期计提的150万元坏账准备予以冲销，并同步调增年初未分配利润120万元，调减信用减值损失30万元

D. 母公司20×7年编制合并财务报表时就上述事项应抵销的递延所得税资产为37.5万元

5.【多项选择题】甲公司为乙公司的母公司，20×9年年末，甲公司应收乙公司2 000万元款项，甲公司按照应收账款余额的10%计提坏账准备。假设该内部应收账款之前没有提取过坏账准备，内部坏账准备的余额为0，则下列甲公司合并报表会计分录中，正确的有（　　）。

A. 借：应付账款2 000万元，贷：应收账款2 000万元

B. 借：所得税费用50万元，贷：递延所得税资产50万元

C. 借：信用减值损失 200万元，贷：应收账款——坏账准备200万元

D. 借：应收账款——坏账准备200万元，贷：信用减值损失200万元

6.【多项选择题】甲公司为乙公司的母公司，甲公司20×6年个别资产负债表中对乙公司内部应收账款账面价值与20×5年相同，仍为2 500万元，坏账准备余额仍为50万元。20×6年，与企业内部应收账款对应的坏账准备计提比例未发生增减变化。乙公司个别资产负债表中应付账款2 550万元系20×5年向甲公司购入商品发生的应付购货款。不考虑其他因素的影响，则在20×6年合并工作底稿中应编制的抵销分录有（　　）。

A. 借：应付账款　　25 500 000
　　贷：应收账款　　25 500 000

B. 借：所得税费用　　125 000
　　贷：递延所得税资产　　125 000

C.借：应收账款——坏账准备　　500 000

　　贷：信用减值损失　　500 000

D.借：应收账款——坏账准备　　500 000

　　贷：未分配利润——年初　　500 000

内部债权债务的合并处理 4-6

八、知识点：内部固定资产交易的合并处理

1.【多项选择题】下图是母子公司内部固定资产交易并当期计提折旧抵销业务资金运动流程图。假设图中固定资产预计净残值为0，按年限平均法计提折旧。下列有关下图资金运动所反映的合并业务描述，正确的有（　　）。

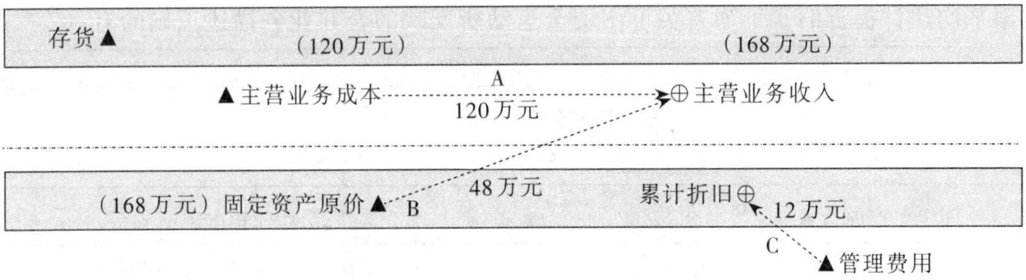

A.从图中可知，母公司120万元的库存商品以168万元的价格出售给子公司。子公司以168万元取得该项资产，并将其作为固定资产处理

B.根据所给的资料，无法推测出子公司所购买的固定资产的预计使用年限

C.A段和B段资金运动反映：站在合并主体的角度，由于是母子公司之间的交易，不能确认收入168万元和费用120万元，也不能因此而增加该项资产的账面价值48万元，因此需要将这些已确认的项目予以冲销

D.C段资金运动反映：站在合并主体的角度，该项交易导致相关资产增加48万元，进而导致固定资产折旧费增加12万元，因此，应将由此而增加的折旧费12万元予以冲销

2.【多项选择题】下图是母子公司内部固定资产交易并当期计提折旧抵销业务资金运动流程图。假设图中固定资产预计净残值为0，按年限平均法计提折旧。下列有关下图资金运动所反映的合并业务描述，正确的有（　　）。

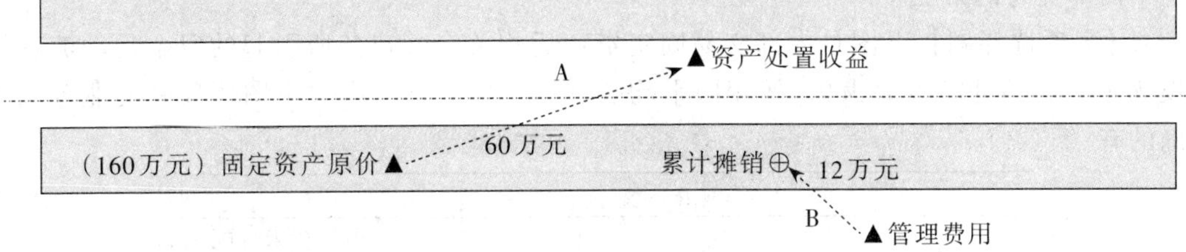

A.从图中可知，母公司100万元的库存商品以160万元的价格出售给子公司。子公司以160万元取得该项资产，并将其作为固定资产处理

B.从图中可知，母公司原值100万元的固定资产以160万元的价格出售给子公司。子公司以160万元取得该项资产，并将其作为固定资产处理

C.由于其净残值为0，且按年限平均法计提折旧，根据图中A段和B段运动的流量可知，子公司所购固定资产的原始价值为160万元，预计使用寿命为5年，每年折旧费为32万元

D.A段资金运动反映：站在合并主体的角度，由于是母子公司之间的交易，不能确认资产处置净收益60万元，也不能因此而增加该项资产的账面价值60万元，因此需要将其予以冲销。B段资金运动反映：站在合并主体的角度，该项交易导致相关资产增加60万元，进而导致固定资产折旧费增加12万元，因此应将由此而增加的折旧费12万元予以冲销

3.【多项选择题】下图是企业内部固定资产取得后至处置前期间合并业务所引起的资金运动流程图。假设该资产在母公司的账面价值为200万元，图中固定资产预计净残值为0，按年限平均法计提折旧。下列有关下图资金运动所反映的合并业务描述正确的有（　　）。

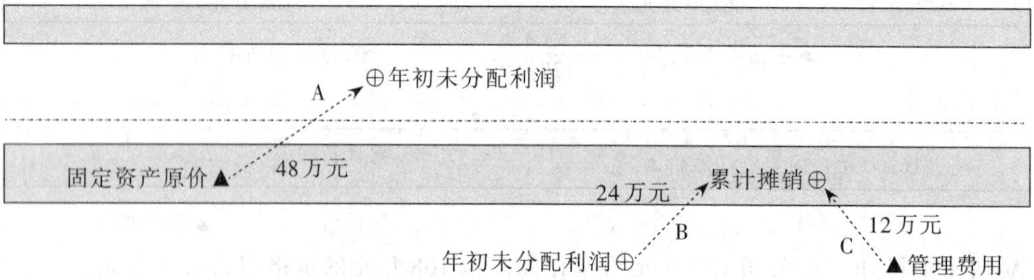

A.从图中可知，在交易的当初，母公司将200万元的库存商品以248万元的价格出售给子公司，由此导致母子公司内部产生了48万元的内部销售收益，并同步导致资产的价值增加48万元

B.从图中可知，在交易的当初，子公司以248万元的价格取得该项资产，并将其确认为固定资产，该固定资产预计可使用4年，预计每年的折旧费用为62万元

C.A段资金运动反映：由于母子公司内部交易产生的48万元销售损益是通过折旧的形式分期分量实现的，因此应将交易当初产生的内部销售损益48万元予以冲销，即一方面冲减年初未分配利润48万元，另一方面冲减固定资产48万元

D.资金运动B段反映：将子公司前2年因内部交易而累计多提的折旧费24万元予以冲销。资金运动C段反映：将子公司本年度因内部交易而多提的12万元折旧费予以冲销。由此可以判断，该合并业务发生在固定资产内部交易的第三年

内部固定资产交易的合并处理1-3

4.【多项选择题】下图是内部交易固定资产后相关合并业务所引起的资金运动流程图。假设固定资产预计净残值为0，按年限平均法计提折旧。下列有关下图所反映的业务描述，正确的有（　　）。

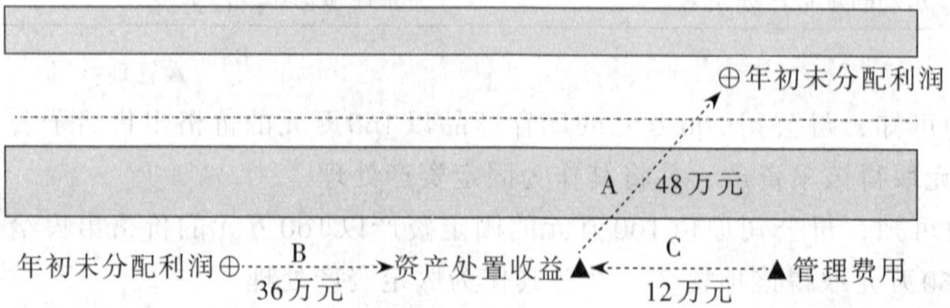

A.由于图中没有出现固定资产、累计折旧等项目，而只有资产处置损益，这说明该项固定资产处于清理状态。因为在进行固定资产清理时，固定资产、累计折旧等项目需要用资产处置损益项目予以替代

B.由于该项固定资产净残值为0，采用年限平均法计提折旧，结合A、B、C三段资金运动流量可知，该固定资产的预计使用寿命为4年，实际使用年限也为4年，因此该清理应属于固定资产使用期满的清理

C.A段资金运动反映：将母子公司当初内部交易所产生的销售收益48万元予以冲销。B段资金运动反映：将子公司前3年因内部交易而累计多计提的折旧费36万元予以冲销。C段资金运动反映：将子公司本年度因内部交易而多计提的折旧费12万元予以冲销

D.将A、B、C三段资金运动结合起来，站在合并主体的角度看，母公司因当初内部交易而确认的48万元销售收益，在交易的当初没有实现，而是在交易后的4年内通过调整折旧费用的方式分期、分量实现，即通过调整折旧费用的方式每年实现12万元，4年共实现48万元

5.【多项选择题】下图是企业内部交易固定资产后相关合并业务所引起的资金运动流程图。假设固定资产预计净残值为0，按年限平均法计提折旧。下列有关下图所反映的业务描述，正确的有（　　）。

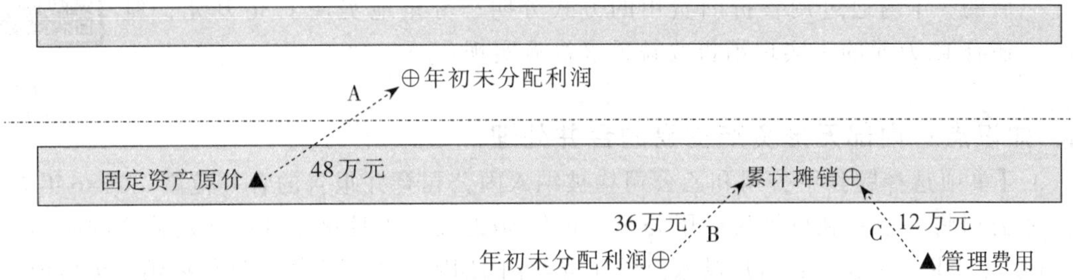

A.由于该项固定资产净残值为0，采用年限平均法计提折旧，结合A、B、C三段资金运动流量可知，该固定资产的预计使用寿命为4年，截至本年末已实际使用了4年

B.虽然该固定资产使用期已满，但图中并没有用资产处置损益项目替代固定资产、累计折旧等项目，这说明该固定资产并没有期满清理，而是要超期使用

C.A段资金运动反映：将交易当初未实现的内部销售收益48万元予以冲销。B段、C段资金运动反映交易当初未实现的销售收益在随后的4年内通过调整折旧费用的方式分期、分量地予以实现

D.可以推测，在超期使用的年度，子公司将不再提取折旧，也不存在因内部交易而需要调整折旧的情况，因此没有C段资金运动；B段资金运动的流量将为48万元，A段资金运动及其流量将保持不变

6.【多项选择题】下图是企业内部交易固定资产后相关合并业务所引起的资金运动流程图。假设其固定资产预计净残值为0，按年限平均法计提折旧。下列有关下图所反映的业务描述，正确的有（　　）。

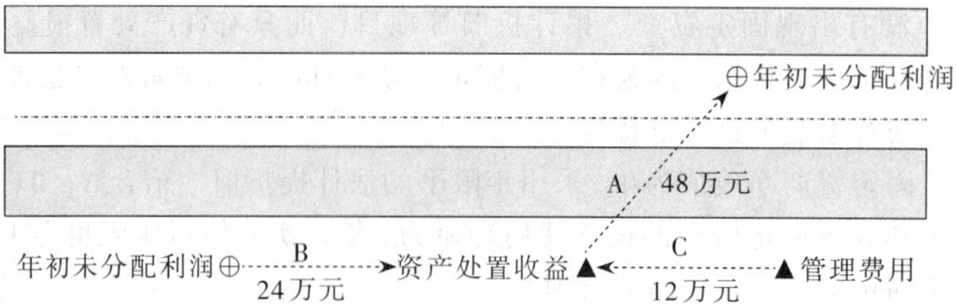

A.由于图中没有出现固定资产、累计折旧等项目，而只有资产处置损益，这说明该项固定资产处于清理状态。因为在进行固定资产清理时，“固定资产”“累计折旧”等项目需要用“资产处置损益”项目予以替代

B.由于该项固定资产净残值为0，采用年限平均法计提折旧，结合A、B、C三段的资金运动流量可知，该固定资产的预计使用寿命为4年，实际已使用年限3年。由于该固定资产已处于清理状态，因此该清理应属于固定资产使用期未满而提前清理

C.A段资金运动反映：将母子公司当初内部交易所产生的销售收益48万元予以冲销。B段资金运动反映：将子公司前2年因内部交易而累计多计提的折旧费24万元予以冲销。C段资金运动反映：将子公司本年度因内部交易而多计提的折旧费12万元予以冲销

D.将A、B、C三段结合起来，站在合并主体的角度看，母公司因当初内部交易而确认的48万元销售收益，在交易当初没有实现，而是在交易后的3年内通过调整折旧费用的方式分期、分量地实现了36万元，但还有12万元的未实现销售收益最终没有实现

内部固定资产交易的合并处理
4-6

九、知识点：内部无形资产交易的合并处理

1.【单项选择题】甲公司和乙公司均被纳入丙公司合并报告的合并范围。20×6年7月1日，乙公司将一项专利权销售给甲公司，售价50万元，当日该专利权在乙公司的账面价值为26万元。甲公司购入后当月投入使用并按4年的期限，采用直线法进行摊销，无残值。丙公司在编制20×7年度合并财务报表时，应调减“无形资产”项目的金额为（　　）万元。

A.3　　B.3.5　　C.9　　D.15

2.【多项选择题】下图是企业内部无形资产交易相关合并业务所引起的资金运动流程图。假设该资产在母公司的账面价值为200万元，图中无形资产预计净残值为0，按年限平均法摊销。有关下图资金运动所反映的合并业务描述正确的有（　　）。

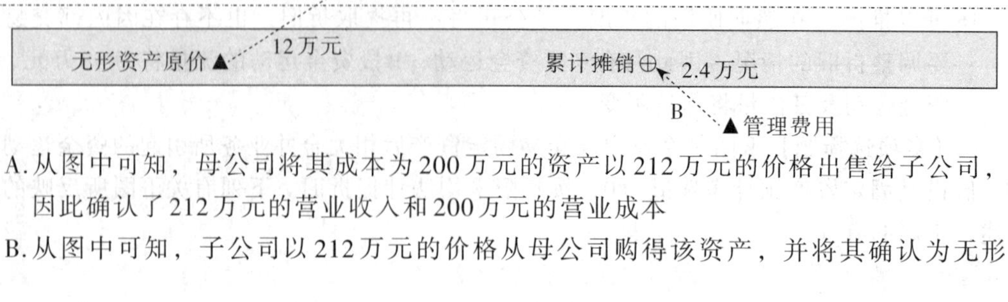

A.从图中可知，母公司将其成本为200万元的资产以212万元的价格出售给子公司，并因此确认了212万元的营业收入和200万元的营业成本

B.从图中可知，子公司以212万元的价格从母公司购得该资产，并将其确认为无形资

产。已知该资产的净残值为0，其价值按使用年限平均摊销，再结合A段、B段运动的流量可知，该无形资产的预计使用寿命为6年

C.从图中可知，母公司将其成本为200万元的无形资产以212万元的价格出售给子公司，并因此确认了12万元的资产处置收益

D.A段资金运动反映：将母子公司因内部交易而产生的未实现损益12万元予以冲销。B段资金运动反映：将子公司因内部交易而多摊销的2.4万元予以冲销。结合A段和B段资金运动可知，母子公司内部交易所产生的12万元交易收益已实现了2.4万元

内部无形资产交易的合并处理 1-2

3.【多项选择题】下图是企业内部无形资产交易相关合并业务所引起的资金运动流程图。假设该资产在母公司的账面价值为100万元，图中无形资产预计净残值为0，按年限平均法摊销。有关下图资金运动所反映的合并业务描述正确的有（　　）。

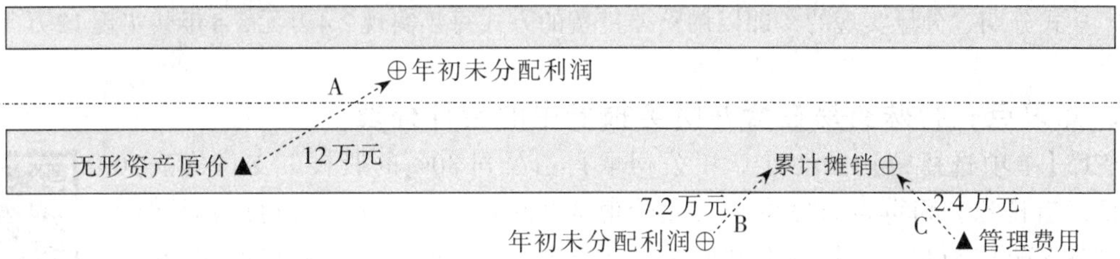

A.从图中可知，母公司将100万元的无形资产以112万元的价格出售给子公司，从而确认了12万元的资产处置收益

B.从图中可知，子公司将以112万元的价格购得的该资产确认为无形资产，该无形资产预计使用寿命为5年，每年的摊销额为22.4万元

C.A段资金运动反映：将母子公司内部交易产生的12万元销售损益予以冲销。B段资金运动反映：将子公司前3年因内部交易而累计多提的摊销费用7.2万元予以冲销。C段资金运动反映：将子公司本年度因内部交易而多提的2.4万元摊销费予以冲销。由此可以判断，该合并业务发生在无形资产内部交易的第四年

D.将A、B、C三段结合起来，站在合并主体的角度看，母公司因当初内部交易而确认的12万元销售收益，在交易的当初是没有实现的；该未实现的收益，通过本调整年度摊销费用2.4万元，通过调整前3年累计摊销费7.2万元，共调整了9.6万元，还有2.4万元的未实现销售收益留待下一年度实现

4.【多项选择题】下图是企业内部无形资产交易相关合并业务所引起的资金运动流程图。假设该资产在母公司的账面价值为300万元，图中无形资产预计净残值为0，按年限平均法摊销。有关下图资金运动所反映的合并业务描述正确的有（　　）。

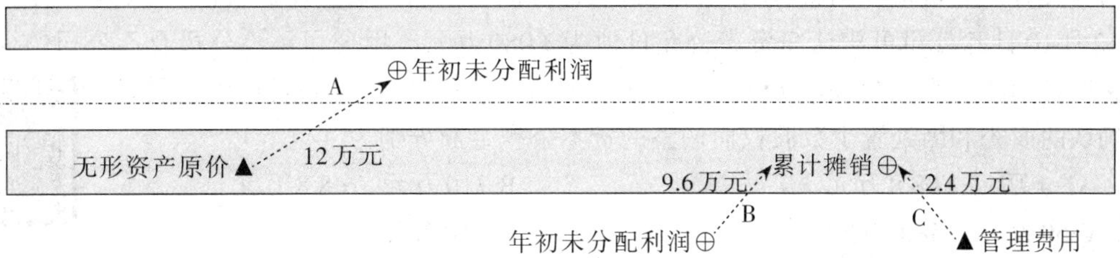

A.由于该项无形资产净残值为0，采用年限平均法摊销，结合A、B、C三段的资金运动流量可知，该无形资产的预计使用寿命为5年，实际使用年限也为5年

B.虽然该无形资产使用期已满，但图中并没有用“资产处置损益”项目替代“无形资产”“累计摊销”项目，这说明该无形资产并没有期满处理，而是超期使用

内部无形资产交易的合并处理3-4

C.A段资金运动反映：将母子公司当初内部交易所产生的销售收益12万元予以冲销。B段资金运动反映：将子公司前4年因内部交易而累计多计提的摊销费9.6万元予以冲销。C段资金运动反映：将子公司本年度因内部交易而多计提的摊销费2.4万元予以冲销

D.将A、B、C三段结合起来，站在合并主体的角度看，母公司因当初内部交易而确认的12万元销售收益，在交易的当初是没有实现的，而是在交易后的5年内以调整摊销费的方式分期、分量实现的，即以调整摊销费的方式每年实现2.4万元，5年共实现12万元

十、知识点：特殊交易在合并财务报表中的会计处理

1.【单项选择题】20×8年，甲公司取得乙公司80%的股权，支付价款700万元，当日乙公司可辨认净资产公允价值为900万元，当年乙公司以购买日净资产公允价值为基础计算的净利润为150万元，当年乙公司自有房产转为公允价值模式的投资性房地产需要确认的其他综合收益为80万元。20×9年1月1日，甲公司出售了乙公司60%的股权，出售价款为720万元，剩余20%的股权的公允价值为240万元。处置股权的业务在合并报表中确认的投资收益金额是（　　）。

特殊交易的合并处理1

A.160万元　　B.100万元　　C.260万元　　D.120万元

2.【单项选择题】甲公司20×7年1月1日以100万元银行存款取得乙公司60%的股权，能够对乙公司实施控制，购买日乙公司可辨认净资产公允价值为180万元；20×8年1月1日甲公司以银行存款15万元取得原少数股东持有的乙公司股权的5%。当日乙公司可辨认净资产公允价值为200万元，乙公司按购买日公允价值开始持续计算的可辨认净资产账面价值220万元，购买日甲公司资本公积的余额为10万元，甲公司和乙公司无关联方关系。则20×8年1月1日合并财务报表应确认的资本公积为（　　）万元。

A.4　　B.-4　　C.5　　D.-5

3.【单项选择题】甲公司于20×6年12月31日以2 800万元取得对乙公司95%的股权，能够对乙公司实施控制，形成非同一控制下的企业合并，购买日乙公司可辨认净资产公允价值总额为2 200万元。20×7年12月10日甲公司处置乙公司5%的股权取得价款220万元。当日乙公司有关资产、负债以购买日公允价值持续计算的可辨认净资产账面价值为3 024万元，20×7年12月10日乙公司可辨认净资产公允价值为3 080万元。甲公司、乙公司及乙公司的少数股东在交易前不存在任何关联方关系。甲公司在编制20×7年的合并资产负债表时，应确认的商誉和因处置少数股权而调整的资本公积金额分别为（　　）。

A.-4万元，68.8万元　　B.710万元，68.8万元

C.60万元，68.6万元　　D.710万元，66万元

特殊交易的合并处理2-3

4.【单项选择题】20×3年1月1日，甲公司支付8 000万元取得乙公司100%

的股权。购买日乙公司可辨认净资产的公允价值为6 000万元，账面价值为5 950万元，差额系一批存货的评估增值产生，该批存货的账面价值为200万元，公允价值为250万元。20×3年1月1日至20×4年12月31日期间，乙公司实现净利润500万元（未分配现金股利），因自用房地产转为以公允价值计量的投资性房地产形成其他综合收益200万元，乙公司该批存货对外出售40%。除上述情况外，乙公司无其他影响所有者权益变动的事项。20×5年1月1日，甲公司转让所持有乙公司70%的股权，取得转让款项7 000万元；甲公司持有乙公司剩余30%的股权，公允价值为3 000万元。转让后，甲公司能够对乙公司施加重大影响。不考虑所得税等其他因素，甲公司因转让乙公司70%的股权在20×5年度合并财务报表中应确认的投资收益为（　　）万元。

特殊交易的合并处理4

A.930　　　B.1 130　　　C.1 400　　　D.1 520

5.【单项选择题】20×7年1月1日，甲公司以银行存款260万元，取得乙公司25%的股权。乙公司可辨认净资产的公允价值为1 000万元，其账面价值为900万元，产生差额的原因是一项固定资产价值增加了100万元，该固定资产采用直线法计提折旧，预计可使用5年，预计净残值为0，不考虑所得税的影响。乙公司20×7年度实现净利润200万元，乙公司还有一项资产导致其他综合收益增加了40万元。

20×8年1月1日，甲公司再次取得乙公司55%的股权，支付价款770万元，当日乙公司可辨认净资产公允价值为1 300万元。原25%股权的公允价值为330万元。当年乙公司按照购买日净资产公允价值为基础计算的净利润为300万元，当年乙公司自有房产转为公允价值模式的投资性房地产需要确认的其他综合收益为80万元。20×9年1月1日甲公司出售了乙公司60%的股权，出售价款为1 200万元，剩余20%的股权的公允价值为400万元。处置股权的业务在合并报表中确认的投资收益金额是（　　）。

特殊交易的合并处理5

A.330万元　　　B.270万元　　　C.320万元　　　D.260万元

6.【多项选择题】下图是母公司购买子公司少数股东股权及合并业务资金运动流程图。母公司第一次购买取得子公司60%的股份（如图中A段运动所示），第二次从少数股东处又购得乙公司15%的股份（如图中B段运动所示）。母公司与乙公司原有股东没有关联方关系。下列有关该图资金运动所反映的业务描述正确的有（　　）。

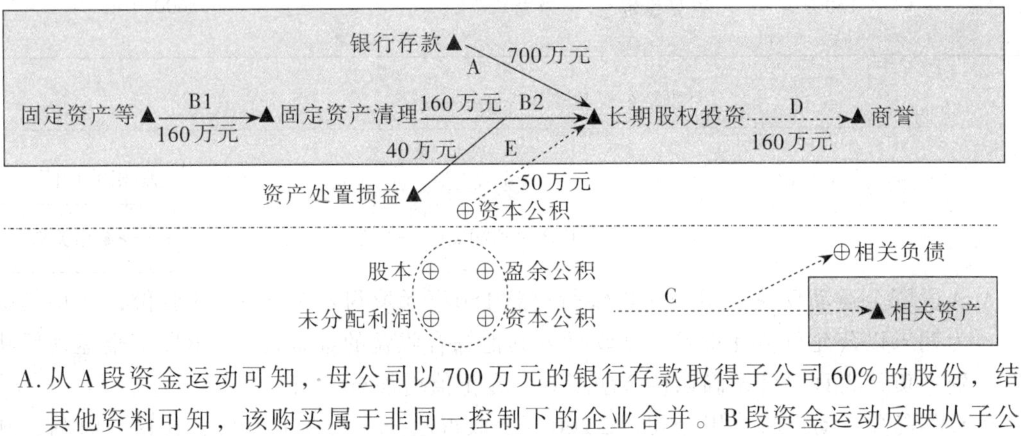

A.从A段资金运动可知，母公司以700万元的银行存款取得子公司60%的股份，结合其他资料可知，该购买属于非同一控制下的企业合并。B段资金运动反映从子公司

少数股东手里购买15%的股份；这次购买所支付的对价为固定资产，该固定资产账面价值为160万元，公允价值为200万元，母公司为此确认了40万元的资产处置收益；由于母公司与出售股权的少数股东之间没有关联方关系，这次股权投资依然视同非同一控制下的购买处理

B. 从图中D段资金运动可知，在合并日母公司确认了160万元的合并商誉，由此反推用于冲销子公司权益的股权投资金额为540万元；再结合持有子公司60%的股份，由此可以推断合并日子公司可辨认净资产的账面价值为900万元

C. 从E段资金运动可知，在购买子公司少数股东股权时，其合并处理应视同同一控制下的企业合并进行。由于第二次付出的对价为200万元，合并主体确认了-50万元的资本公积，由此可以推断，在此次购买日子公司有关资产负债以合并日的公允价值持续计算的可辨认净资产的账面价值为1 000万元

特殊交易的合并处理6

D. 从图中可以看出，母公司的第一次投资行为属于非同一控制下的企业合并，第二次虽然只取得了15%的股份，但由于出售方与母公司没有关联方关系，该投资行为应视同非同一控制下的企业合并处理。在合并业务的处理中，第一次购买日的合并处理应作为非同一控制下企业合并处理，需要对被合并方可辨认净资产按公允价值进行调整，并在此基础上确认合并商誉或确认留存收益；其第二次购买处理应作为同一控制下的企业合并进行处理，所获得的被合并方净资产账面价值的相应份额与股权投资的差额作为合并资本公积处理

7.【多项选择题】下图是企业因追加投资等形成非同一控制下的企业合并业务所引起的资金运动流程图。假设甲公司第一次取得乙公司5%的股份（如图中A段运动所示），第二次取得55%的股份（如图中C段运动所示），两次购买不构成一揽子交易。甲乙两公司不存在任何关联方关系。下列有关下图资金运动所反映的业务描述正确的有（　　）。

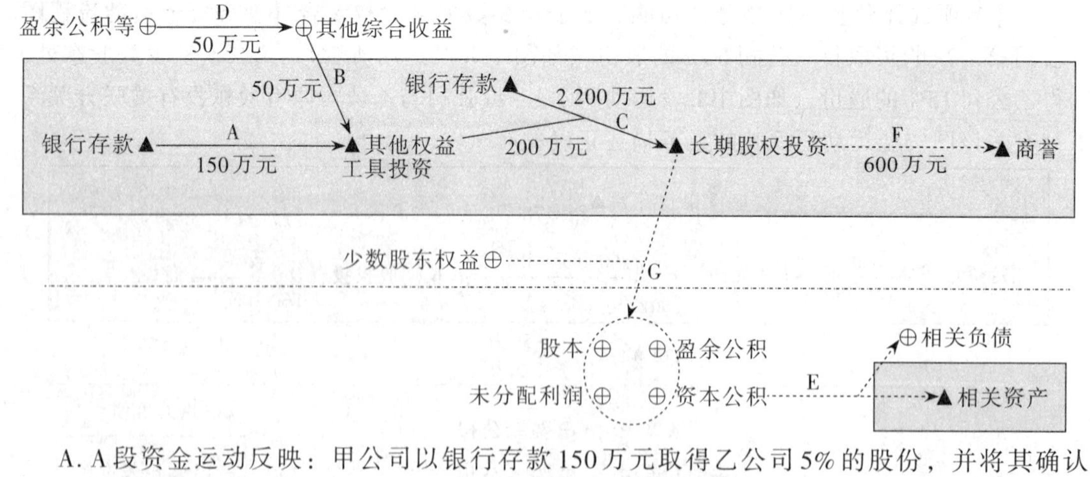

A. A段资金运动反映：甲公司以银行存款150万元取得乙公司5%的股份，并将其确认为期末以公允价值计量且其变动计入其他综合收益的金融资产。B段资金运动反映在资产负债表日甲公司确认该金融工具公允价值增加50万元

B. C段资金运动反映：甲公司以2 200万元取得乙公司55%的股份；在这一时刻，其他

权益工具投资的公允价值为200万元，这样甲公司持有乙公司60%的股份，形成非同一控制下的企业合并，其合并成本为2 400万元

C. 由于甲公司持有乙公司60%的股份，甲公司需要将对乙公司的投资重新确认为长期股权投资，并采用成本法进行后续核算。因此，必须将其所确认的其他综合收益50万元转入留存收益，从而导致甲公司留存收益增加50万元，即D段资金运动所反映的经济业务

特殊交易的合并处理7

D. F段资金运动反映甲公司在合并日的合并业务处理中确认了600万元的合并商誉，从而导致长期股权投资剩余金额为1 800万元，进而可知在合并日乙公司可辨认净资产的公允价值为3 000万元；在此基础上可知，在G段资金运动中应确认1 200万元的少数股东权益

8.【多项选择题】下图是企业因追加投资等形成非同一控制下的企业合并业务所引起的资金运动流程图。假设甲公司20×8年1月1日第一次取得乙公司20%的股份（如图中A段资金运动所示），20×9年1月1日第二次取得35%的股份（如图中C段运动所示），两次购买不构成一揽子交易。两公司不存在任何关联关系。下列有关下图资金运动所反映的业务描述正确的有（　　）。

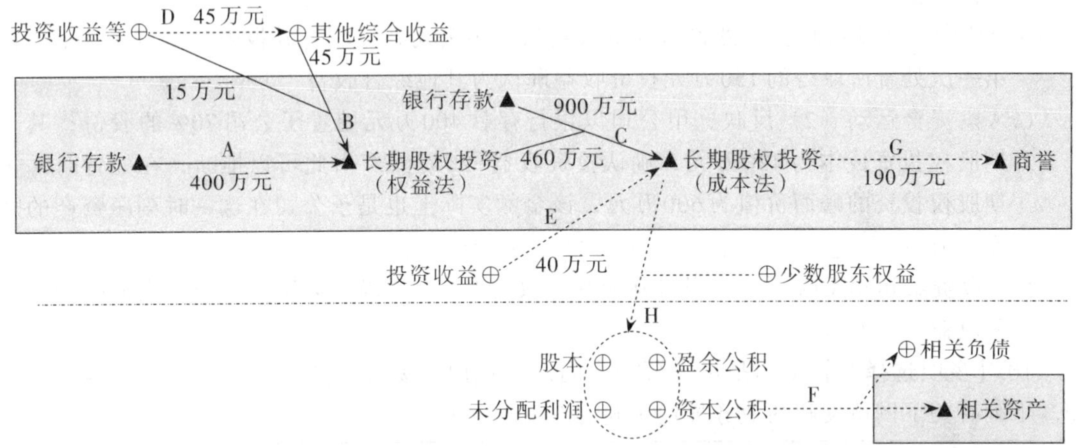

A. A段资金运动反映甲公司以银行存款400万元取得乙公司20%的股份，并对该项投资的后续业务采用权益法核算。由此可以推测出，乙公司在此刻可辨认净资产的公允价值应该不超过2 500万元

B. B段资金运动反映甲公司在年末按权益法确认了投资收益15万元和其他综合收益45万元，此时长期股权投资的账面价值为460万元。C段资金运动反映企业以900万元的银行存款又取得乙公司35%的股份，从而形成了非同一控制下的企业合并。与此同时，D段资金运动反映将其他综合收益45万元确认为合并投资收益

C. E段资金运动反映，在合并日确认合并成本时，需要对原采用权益法核算的长期股权投资按公允价值重新进行计量，以确保在合并日甲公司支付的对价全部是按公允价值计量的。E段资金运动确认了40万元的合并投资收益，由此可以推断该长期股权投资的公允价值为500万元。这样，甲企业最终的合并成本为1 400万元

特殊交易的合并处理8

D. G段资金运动反映甲公司在合并日确认了190万元的合并商誉，从而导致合并成本（长期股权投资）还剩下1 210万元。由于持股比例为55%，由此可以推断在合并日乙公司可辨认净资产的公允价值为2 200万元

9.【多项选择题】下图是甲公司“一揽子交易”处置全资子公司合并业务所引起的资金运动流程图。甲公司第一次处置所持有子公司股份的30%，第二次处置所持有子公司股份的70%。下列有关下图资金运动所反映的业务描述正确的有（　　）。

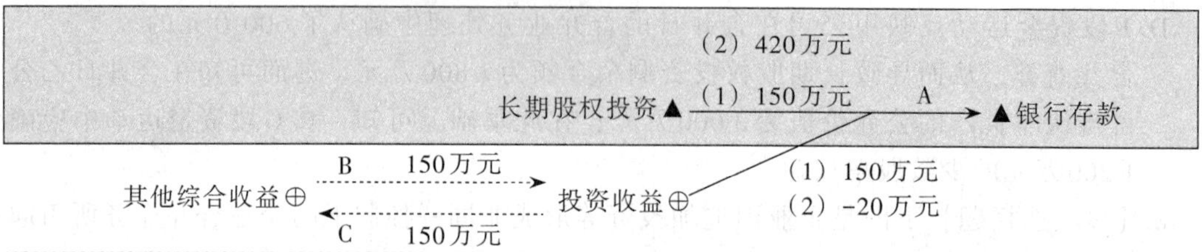

A. A段资金运动（1）反映：甲公司以银行存款300万元处置子公司30%的股份，其长期股权投资成本为150万元，确认投资收益150万元。由此可以推断，在处置时刻，长期股权投资的账面价值为500万元，该金额实际上也是子公司在这一时刻净资产的账面价值

B. B段资金运动反映：在处置30%的股份后，甲公司在编制合并报表时，需要将甲公司第一次处置所取得的150万元投资收益确认为其他综合收益

C. A段资金运动（2）反映，甲公司以银行存款400万元处置子公司70%的股份，其长期股权投资成本为420万元，确认投资收益-20万元。由此可以推断，在处置时，长期股权投资的账面价值为600万元，该金额实际上也是子公司在这一时刻净资产的账面价值

D. C段资金运动反映：甲公司将其他综合收益150万元确认为第二次处置当期的合并投资收益

10.【多项选择题】下图是母子公司之间发生逆向交易合并业务所引起的资金运动流程图。下列有关下图所反映的业务描述正确的有（　　）。

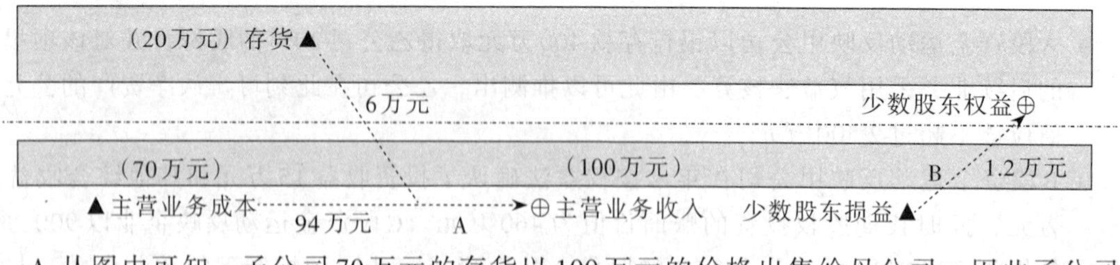

A. 从图中可知，子公司70万元的存货以100万元的价格出售给母公司，因此子公司确认了100万元的营业收入和70万元的营业成本

B. 母公司以100万元的价格取得该存货。在本年度内销售了80万元的存货，还有20万元的存货尚未出售

C. A段资金运动反映，将母子公司内部交易所重复确认的营业收入100万元、营业成本94万元以及期末存货中所包含的未实现损益6万元予以冲销

特殊交易的合并处理9-10

D. 资金运动B段反映：将子公司内部交易未实现的6万元损益中归属于少数股东的1.2

万元冲减少数股东权益

11.【多项选择题】下图是通过多次交易分步实现同一控制的企业合并相关资料。在20×1年1月1日甲公司和无关联关系的丙公司共同出资成立乙公司。甲公司为丁公司的全资子公司。20×2年1月1日，丁公司从丙公司手中取得70%的股权时，乙公司可辨认净资产账面价值与其公允价值完全相等。下列有关下图所反映的业务描述正确的有（　　）。

	20×1年1月1日	20×2年1月1日	20×3年1月1日	20×3年3月1日
乙公司股权结构	甲公司30% 丙公司70%	甲公司30% 丁公司70%	甲公司30% 丁公司70%	甲公司100%
乙公司盈利情况	—— 800万元 ——	—— 600万元 ——	—— 100万元 ——	
乙公司净资产	2 000万元	2 800万元	3 400万元	3 500万元

A.从图中可知，甲公司控股合并乙公司的合并日为20×3年3月1日；甲公司编制合并报表的重溯日为20×2年1月1日

B.在编制重溯日20×2年1月1日的合并报表时，其合并成本为2 800×30%=840（万元），也就是长期股权投资的账面价值。由于乙公司账面价值为2 800万元，在股权投资与乙公司权益对冲时，需要确认合并资本公积1 960万元

C.在重溯20×3年1月1日的合并报表时，其合并成本为3 400×30%=1 020（万元），也就是甲公司长期股权投资的账面价值。由于乙公司的账面价值为3 400万元，在股权投资与乙公司权益对冲时，需要确认合并资本公积2 380万元

D.在合并日20×3年3月1日，长期股权投资的账面价值为3 500万元。为保持后续合并报表编制的一致性，甲公司需要将原采用权益法确认的业务予以冲销，其中应冲销本年度确认的投资收益30万元，应冲销上一年度确认的投资收益180万元（通过年初未分配利润项目进行）。在此基础上，甲公司3 290万元的股权投资与3 500万元的乙公司权益对冲，其差额210万元确认为资本公积

特殊交易的合并处理11

12.【多项选择题】甲公司20×5年6月30日以12 000万元取得乙公司60%的股权，能够对乙公司实施控制。20×6年6月30日甲公司又以4 800万元取得原少数股东持有的乙公司20%的股权，20×5年6月30日乙公司可辨认净资产公允价值为18 000万元（假设与账面价值相同），其中股本为1 200万元，资本公积为10 800万元，留存收益为6 000万元，20×6年6月30日乙公司自购买日开始按公允价值持续计算的可辨认净资产价值为21 000万元，差额均为留存收益的增加。甲公司与乙公司合并前不存在关联方关系，不考虑其他因素的影响，在20×6年6月30日合并财务报表中，以下表述正确的有（　　）。

A.购买日合并报表商誉为1 200万元

B.甲公司取得20%的股权时合并商誉为600万元

C.合并财务报表中资本公积调减总额为11 400万元

D.合并财务报表中少数股东权益为4 200万元

特殊交易的合并处理12

13.【多项选择题】甲公司于20×6年12月29日以1 000万元取得对乙公司80%的股权，能够对乙公司实施控制，形成非同一控制下的企业合并。合并当日乙公司可辨认净资产公允价值总额为900万元。20×7年12月25日甲公司处置了乙公司10%的股权，收到价款150万元，交易日乙公司有关资产、负债以购买日开始持续计算的金额（对母公司的价值）为1 050万元。甲公司、乙公司及乙公司的少数股东在交易前不存在任何关联方关系。不考虑其他因素，下列说法中正确的有（　　）。

A.甲公司个别报表20×7年12月31日长期股权投资的账面价值为875万元

B.20×7年度甲公司个别报表因处置10%的股权投资应确认投资收益25万元

C.20×7年12月31日合并报表中列示的商誉为280万元

D.20×7年12月31日合并报表调整分录中贷方记入“资本公积——股本溢价”45万元

特殊交易的合并处理13

14.【多项选择题】下列有关处置子公司股权投资直至丧失控制权的各项交易属于一揽子交易的表述中，正确的有（　　）。

A.应当将各项交易作为一项处置子公司并丧失控制权的交易进行会计处理

B.在个别财务报表中，在丧失控制权之前，每一次处置价款与处置长期股权投资部分账面价值的差额都应被确认为投资收益

C.在丧失控制权之前，每一次处置价款与处置投资对应的享有该子公司自购买日公允价值开始持续计算的净资产份额的差额，在合并财务报表中都应被确认为资本公积（股本溢价或资本溢价）

D.在丧失控制权之前，每一次处置价款与处置投资对应的享有该子公司自购买日公允价值开始持续计算的净资产份额的差额，在合并财务报表中都应被确认为其他综合收益

15.【多项选择题】企业在报告期内出售子公司，报告期末编制合并财务报表时，下列表述中正确的有（　　）。

A.不调整合并资产负债表的期初数

B.应将被出售子公司年初至出售日的现金流量纳入合并现金流量表

C.应将被出售子公司年初至出售日的相关收入和费用纳入合并利润表

D.应将被出售子公司年初至出售日的净利润计入合并利润表

16.【多项选择题】下列关于母子公司交叉持股在合并财务报表上的会计处理，表述正确的有（　　）。

A.母公司持有子公司的股权，应当抵销母公司的长期股权投资和子公司的所有者权益

B.子公司持有母公司的股权，应当按照子公司取得母公司股权之日所确认的长期股权投资的初始投资成本，将其转为合并财务报表中的资本公积

C.子公司持有母公司的股权，应当按照子公司取得母公司股权之日所确认的长期股权投资的初始投资成本，将其转为合并财务报表中的库存股

D.子公司相互之间持有长期股权投资的，应当比照母公司对子公司的股权投资的抵销方法，将长期股权投资和与其对应的子公司所有者权益中所享有的份额相互抵销

特殊交易的合并处理14–16

17.【多项选择题】甲公司于20×8年1月1日，以一项公允价值为1 400万元的固定资产

对乙公司投资，取得乙公司80%的股份，购买日乙公司可辨认净资产的公允价值为1 600万元（与账面价值相等）。20×8年乙公司实现净利润为500万元，无其他所有者权益变动。20×9年1月2日，甲公司以450万元的价款出售乙公司20%的股份，出售20%的股权后甲公司持有乙公司60%的股权，仍能对乙公司实现控制。甲公司与乙公司在交易前没有任何关联方关系。下列关于甲公司的会计处理，正确的有（　　）。

A.甲公司个别报表中应确认股权处置损益100万元

B.甲公司个别报表中剩余股权投资应该依旧按成本法核算

C.甲公司合并财务报表中不确认股权的处置损益

D.甲公司合并报表中应调整增加的资本公积金额为30万元

特殊交易的合并处理 17-18

18.【多项选择题】母公司在报告期内增减子公司在合并财务报表中涉及的相关金额，下列有关说法中正确的有（　　）。

A.因同一控制下企业合并增加的子公司，在编制合并现金流量表时，应当将该子公司自取得控制权日至报告期末的现金流量纳入合并现金流量表

B.因非同一控制下企业合并增加的子公司，在编制合并现金流量表时，应当将该子公司自取得控制权日至报告期末的现金流量纳入合并现金流量表

C.母公司在报告期内处置子公司，应当将该子公司自期初开始至丧失控制权之日为止的现金流量纳入合并现金流量表

D.因同一控制下企业合并增加的子公司，在编制合并资产负债表时，应当调整合并资产负债表相关项目的期初数

19.【多项选择题】在通过多次交易分步实现的非同一控制下的企业合并中（不属于一揽子交易），下列有关合并主体在购买日与其个别财务报表相关的业务处理表述正确的有（　　）。

A.对于购买日之前持有的被购买方的股权，合并方不需要进行任何处理

B.对于本次投资，按所付出的对价的公允价值进行计量

C.原有投资的账面价值加上本次购买所支付的对价的公允价值之和，构成合并日合并主体个别投资的总成本

D.对于原权益法核算所确认的其他综合收益和资本公积等，应不做任何处理，直到该项投资处置时才一并处理

特殊交易的合并处理 19-20

20.【多项选择题】在通过多次交易分步实现的非同一控制下的企业合并中（不属于一揽子交易），下列有关合并主体在购买日的相关合并业务处理表述正确的有（　　）。

A.对于购买日之前持有的被购买方的股权，应当按照该股权在购买日的公允价值进行重新计量，公允价值与其账面价值之间的差额计入合并当期的投资收益

B.购买日之前持有的被购买方的股权涉及权益法核算下的其他综合收益以及除净损益、其他综合收益和利润分配外的其他所有者权益变动的，与其相关的其他综合收益、资本公积应当转为购买日所属合并当期的投资收益，由于被投资方重新计量设定受益计划净负债或净资产变动而产生的其他综合收益除外

C.在购买日，其合并成本为原有股权的公允价值与本次股权投资的公允价值之和

D.如果该交易属于“一揽子交易”，那应该将各项交易作为一项取得子公司控制权的交易进行处理

21.【业务题】甲公司于20×6年3月1日以银行存款1 000万元取得乙公司20%的股权，当日乙公司可辨认净资产公允价值为4 000万元（与账面价值相等）。取得投资后甲公司派人参与乙公司的生产经营决策。

20×6年3月1日至20×6年12月31日，乙公司实现净利润2 000万元，自用房地产转换为以公允价值计量的投资性房地产，确认其他综合收益500万元。当年，乙公司未宣告发放现金股利或利润，无其他权益变动。

20×7年1月1日，甲公司又以银行存款3 000万元进一步取得乙公司40%的股权，至此，甲公司合计持有乙公司股权的比例为60%，能够对乙公司实施控制。

购买日乙公司可辨认净资产的公允价值为7 000万元（与账面价值相等），甲公司之前取得的乙公司的20%的股权于购买日的公允价值为1 650万元。

乙公司20×7年1月1日账面股东权益总额为7 000万元，其中股本为2 000万元，资本公积为900万元、其他综合收益为500万元、盈余公积为1 000万元、未分配利润为2 600万元。

乙公司20×7年实现净利润1 000万元，未发生其他计入所有者权益变动的交易和事项。

假定：（1）甲公司和乙公司均按净利润的10%这一比例计提盈余公积，甲公司和乙公司在投资前无关联方关系。（2）不考虑其他因素的影响。

要求：

（1）编制甲公司20×6年个别财务报表的相关会计分录，并计算20×6年年末个别财务报表中该项长期股权投资的账面价值。

（2）编制甲公司20×7年度购买日个别财务报表的相关会计分录，并计算20×7年年末个别财务报表中对乙公司长期股权投资的账面价值。

（3）计算20×7年1月1日购入乙公司40%股权对合并财务报表中投资收益的影响金额。

（4）计算购买日在合并资产负债表中列示的商誉金额。

（5）编制甲公司20×7年合并财务报表的相关调整抵销分录。

特殊交易的合并处理21

十一、知识点：与所得税会计相关的合并处理

1.【单项选择题】20×8年，母公司销售一批产品给子公司，销售成本为300万元，售价为400万元。子公司购进存货后，向集团外销售50%，取得销售收入250万元，其余50%形成期末存货，未计提存货跌价准备。母子公司适用的所得税税率均为25%，假设不考虑其他因素，下列关于母公司编制20×8年合并财务报表的处理，不正确的有（　　）。

A.抵销未实现内部销售利润50万元

B.合并资产负债表中存货确认为150万元

C.合并资产负债表中确认递延所得税负债12.5万元

D.合并利润表中确认递延所得收益12.5万元

与所得税相关的合并处理1-2

2.【单项选择题】甲公司拥有乙公司80%的有表决权的股份，能够控制乙公司的财务和经营决策。20×7年6月1日，甲公司将本公司生产的一批产品出售给乙公司，售价为3 200万元（不含增值税），成本为2 000万元。至20×7年12月31日，乙公司已对外售出该批存货的40%，当日，剩余存货的可变现净值为1 000万元。甲公司、乙公司均采用资产负债表债

务法核算其所得税，适用的所得税税率均为25%。不考虑其他因素，对上述交易进行抵销后，20×7年12月31日，在合并财务报表层面因该业务应列示的递延所得税资产为（　　）万元。

A.50　　B.190　　C.200　　D.230

3.【多项选择题】下图是母、子公司内部应收应付款项及其所得税的合并业务处理。下列有关下图资金运动所反映的合并业务描述正确的有（　　）。

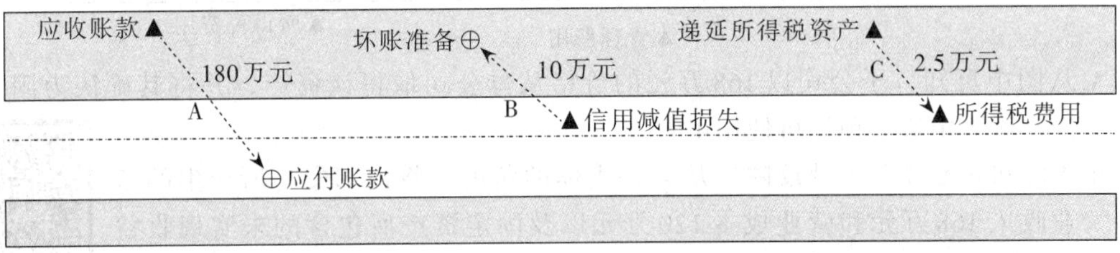

A.从图中可知，母公司有一笔180万元的内部应收款项，并就该应收款项提取了10万元的减值准备，同时母公司还确认了与此相关的递延所得税资产2.5万元

B.A段资金运动反映：从合并主体的角度，将内部产生的应收账款与应付账款180万元予以冲销

C.B段资金运动反映：从合并主体的角度，将内部应收款所确认的减值准备10万元予以冲销

D.C段资金运动反映：从合并主体的角度，将因提取内部减值准备而确认的递延所得税资产2.5万元予以冲销

4.【多项选择题】下图是母、子公司内部存货交易相关合并业务资金运动流程图。下列有关下图资金运动所反映的业务描述正确的有（　　）。

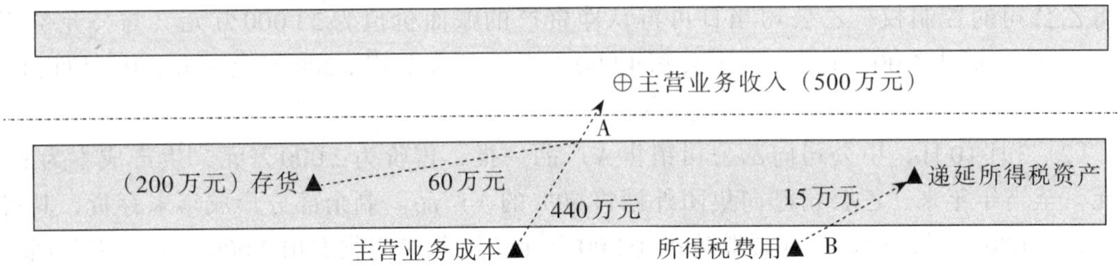

A.从图中可知，母公司300万元的存货以500万元的价格出售给子公司

B.从图中可知，子公司以500万元购得该存货。至期末，该批存货已销售300万元，还有200万元的存货尚未销售

C.A段资金运动反映，从合并主体的角度，将内部销售所重复确认的500万元营业收入和440万元的营业成本以及存货中所包含的未实现内部损益60万元予以冲销

D. B段资金运动反映，从合并主体角度，因为合并报表中存货的账面价值140万元和计税基础200万元之间所存在的暂时性差异60万元，所以应确认递延所得税资产15万元

5.【多项选择题】下图是母子公司内部存货交易及相关合并业务资金运动流程图。假设子公司取得的固定资产净残值为0，按年限平均法提取折旧。下列有关下图资金运动所反映

的合并业务描述正确的有（　　）。

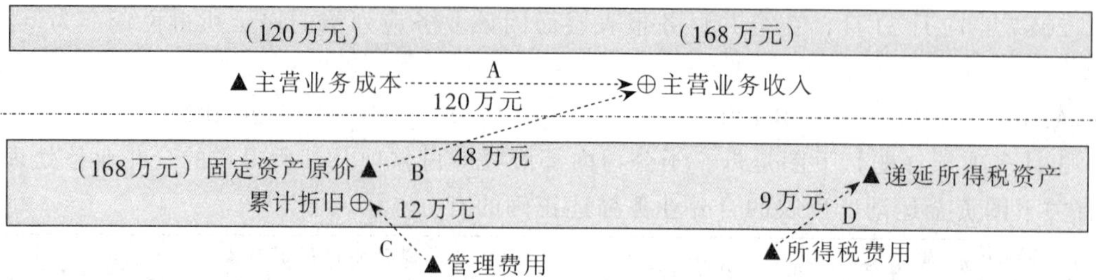

A.从图中可知，子公司以168万元的价格从母公司取得该资产，并将其确认为固定资产，该固定资产预计可使用4年

B. A段和B段资金运动反映：从合并主体的角度，将内部交易所产生的营业收入168万元和营业成本120万元以及固定资产所包含的未实现收益48万元予以抵销

与所得税相关的合并处理 3-5

C. C段资金运动反映：从合并主体的角度，将因内部交易导致多提取的折旧费12万元予以抵销

D. D段资金运动反映：从合并主体的角度，因合并报表中固定资产账面价值120万元与计税基础156万元之间存在36万元的暂时性差异，应确认递延所得税资产9万元

6.【业务题】甲公司和乙公司采用的会计政策和会计期间相同，两公司20×6年至20×7年有关长期股权投资及其内部交易或事项如下：

资料一：20×6年度资料

（1）1月1日，甲公司以银行存款18 400万元自非关联方购入乙公司80%的有表决权的股份。交易前，甲公司不持有乙公司的股份且与乙公司不存在关联方关系；交易后，甲公司取得乙公司的控制权。乙公司当日可辨认净资产的账面价值为23 000万元（与公允价值相等），其中，股本6 000万元，资本公积4 800万元、盈余公积1 200万元、未分配利润11 000万元。

（2）3月10日，甲公司向乙公司销售A产品一批，售价为2 000万元，生产成本为1 400万元。至当年年末，乙公司已向集团外销售60%的A产品。剩余部分形成年末存货，其可变现净值为600万元，计提了存货跌价准备200万元；甲公司应收款项2 000万元尚未收回，计提坏账准备100万元。

（3）7月1日，甲公司将其一项专利权以1 200万元的价格转让给乙公司，款项于当日收存银行。甲公司该专利权的账面价值为1 000万元，预计使用年限为10年、无残值，采用直线法进行摊销，至转让时已摊销5年，未计提减值准备。乙公司取得该专利权后作为管理用无形资产核算，预计尚可使用5年，无残值。采用直线法进行摊销。

（4）乙公司当年实现的净利润为6 000万元，提取法定盈余公积600万元，向股东分配现金股利3 000万元；因自用房地产转换为以公允价值计量的投资性房地产而影响乙公司当期其他综合收益的金额为400万元。

与所得税相关的合并处理 6-1

资料二：20×7年度资料

20×7年度，甲公司与乙公司之间未发生内部购销交易。至20×7年12月31日，乙公司上年自甲公司购入的A产品剩余部分全部向集团外售出；乙公司支付了上年所欠甲公司货款2 000万元。

甲、乙公司采用资产负债表债务法核算所得税，适用的所得税税率25%；且假定不考虑所得税以外的相关税费及其他因素。

与所得税相关的合并处理6-2

要求：

（1）编制甲公司20×6年12月31日合并乙公司财务报表时按照权益法调整长期股权投资的调整分录，以及与该项投资直接相关的（含甲公司内部投资收益）抵销分录。

（2）编制甲公司20×6年12月31日合并乙公司财务报表时与内部购销交易相关的抵销分录。（不要求编制与合并现金流量表相关的抵销分录）

（3）编制甲公司20×7年12月31日合并乙公司财务报表时与内部购销交易相关的抵销分录。（不要求编制与合并现金流量表相关的抵销分录）

十二、知识点：合并现金流量表的编制

1.【单项选择题】甲公司只有一家子公司——乙公司，20×7年度甲公司和乙公司个别现金流量表中“销售商品、提供劳务收到的现金”项目的金额分别为300万元和350万元。20×7年甲公司向乙公司销售商品收到现金35万元，不考虑其他因素，甲公司编制的合并现金流量表中“销售商品、提供劳务收到的现金”项目的金额为（　　）万元。

A.650　　B.685　　C.615　　D.300

2.【多项选择题】20×7年，甲公司与其子公司——乙公司发生的有关交易或事项如下：（1）甲公司收到乙公司分派的现金股利600万元；（2）甲公司将其所生产的产品出售给乙公司用于对外销售，收到价款及增值税565万元；（3）乙公司偿还上一年度自甲公司购买产品的货款900万元；（4）乙公司将土地使用权及其地上厂房出售给甲公司用于生产，收到现金3 500万元。下列各项关于甲公司上述交易或事项在编制合并现金流量表中应予抵销的表述，正确的有（　　）。

合并现金流量表的编制1-2

A.甲公司投资活动收到的现金900万元与乙公司筹资活动支付的现金900万元抵销

B.甲公司经营活动收到的现金1 465万元与乙公司经营活动支付的现金1 465万元抵销

C.甲公司投资活动支付的现金3 500万元与乙公司投资活动收到的现金3 500万元抵销

D.甲公司投资活动收到的现金600万元与乙公司筹资活动支付的现金600万元抵销

3.【业务题】甲公司为上市公司，持有乙公司80%的股权，对乙公司具有控制权；同时持有丙公司30%的股权，对其具有重大影响。

（1）20×6年6月8日甲公司将其自产汽车以600万元的总价格出售给乙公司，其总成本为480万元。20×6年12月31日，因货款尚未收到，甲公司计提了30万元的坏账准备；20×7年9月2日，甲公司将上述款项全额收回。乙公司将上述汽车作为行政管理部门的固定资产于当月投入使用，采用直线法计提折旧，预计使用6年，预计净残值为零。

（2）丙公司20×6年将其持有的成本为400万元的商品以500万元的价格出售给甲公司，货款于当日收付完毕。甲公司于20×6年将其持有丙公司的存货对集团外出售50%，剩余50%于20×7年全部对外售出。丙公司个别报表上20×6年实现的净利润为3 000万元，20×7年实现的净利润为3 500万元。

（3）甲公司20×6年8月1日，以9 000万元的价格取得丁公司70%的股权，购买日丁公司可辨认净资产的公允价值为12 000万元，除一项无形资产公允价值评估增值1 200万元（丁公司个别报表未确认该资产），其余各项资产和负债的公允价值和账面价值相同。上述无形资产系一项商标权，采用直线法摊销，预计使用10年，预计无残值。甲公司根据企业会计准则的规定将购买日确定为20×6年8月1日。20×6年8月1日，丁公司个别报表中货币资金为3 500万元（现金流量表中的现金），所有者权益金额为10 800万元（其中，实收资本10 000万元，盈余公积80万元，未分配利润720万元）。丁公司20×6年8月至12月实现的净利润为180万元，20×7年全年实现净利润400万元。

（4）甲公司所涉及的销售或购买行为均为公允价值，20×6年以前，甲公司与子公司及子公司之间无关联关系。假设甲公司按10%提取盈余公积，不提取任意盈余公积。甲公司及其子公司、联营企业在各自的个别报表中已按规定进行会计处理，不考虑所得税等税费及其他因素。

合并现金流量表的编制3

要求：

（1）计算甲公司个别报表20×6年与20×7年应确认的投资收益；

（2）计算甲公司取得丁公司股权时产生的商誉；

（3）说明业务事项（3）中甲公司支付现金在20×6年合并现金流量表中列示的项目名称及金额；

（4）说明甲公司在20×6年合并财务报表应披露的关联方名称，分别就不同类型的关联方简述需要披露的相关信息；

（5）编制甲公司20×7年年末资产负债表日合并资产负债表及利润表的合并抵销调整分录。

4.【业务题】甲公司为境内上市公司且属于增值税一般纳税人。20×5年和20×6年，甲公司发生的有关交易或事项如下：

（1）20×5年6月30日，甲公司以2 400万元购入乙公司26%的股权，能够对乙公司施加重大影响，采用权益法核算；款项已通过银行转账支付，股权过户登记手续于当日办理完成。当日，乙公司可辨认净资产公允价值为10 000万元，各项可辨认资产、负债的公允价值与账面价值相同。

20×5年9月30日，甲公司出售其生产的丙产品给乙公司，增值税专用发票上注明的销售价款为2 000万元，增值税税额为260万元。截至20×5年12月31日，乙公司已对外出售所购丙产品的50%。甲公司生产该批丙产品的成本为1 300万元。

（2）20×5年11月20日，甲公司与丁公司签订购买乙公司股权的协议，该协议约定，以20×5年10月31日经评估确定的乙公司可辨认净资产公允价值14 800万元为基础，甲公司以4 800万元购买丁公司持有的乙公司30%的股权。上述协议分别经交易各方内部决策机构批准，并于20×5年12月31日经监管机构核准。

20×6年1月1日，交易各方办理了乙公司股权过户手续。当日，甲公司对乙公司的董事会进行改组，改组后的董事会由9名董事构成，其中甲公司派出6名董事。乙公司章程规定，所有重大的经营、财务和分配等事项须经董事会2/3及以上表决通过后方可实施。

20×6年1月1日，乙公司账面所有者权益构成为：实收资本10 000万元、资本公积1 200万元、盈余公积800万元、其他综合收益700万元、未分配利润500万元；乙公司可辨认净资产公允价值为15 000万元，除一块土地使用权增值1 800万元外（该土地使用权属于乙公司办公用房所占土地，尚可使用30年，预计无残值，按直线法摊销），其他各项可辨认资产和负债的公允价值与账面价值相等。甲公司原持有乙公司26%股权的公允价值为3 900万元。

（3）20×5年，乙公司按照其净资产账面价值计算实现的净利润为2 200万元，其中7至12月份实现的净利润为1 200万元；20×5年7至12月份，乙公司其他综合收益增加700万元。

20×6年，乙公司20×5年向甲公司购买的丙产品已全部实现对外销售。20×6年，乙公司按其净资产账面价值计算实现的净利润为2 500万元，其他综合收益增加650万元。

其他有关资料：

第一，甲公司适用的所得税税率为25%，甲公司购入乙公司股权按照实际成本作为计税基础，甲公司预计未来有足够的应纳税所得额用以抵扣可抵扣暂时性差异。乙公司的各项资产、负债按照取得的成本作为计税基础；涉及企业合并的，以购买日的账面价值作为计税基础，其中因企业合并产生的商誉在处置合并资产时可税前扣除。甲公司拟长期持有乙公司的股权。

第二，甲公司投资乙公司之前，甲公司、乙公司、丁公司不存在关联方关系。

第三，乙公司除实现净利润、其他综合收益外，无其他权益变动事项；乙公司按照其实现的净利润的10%提取法定盈余公积金，没有进行其他分配。

第四，假设不考虑除所得税之外的其他税费以及其他因素。

合并现金流量表的编制4

要求：

（1）计算20×5年12月31日甲公司持有的乙公司股权在其个别财务报表中列报的长期股权投资金额，编制与甲公司取得及持有乙公司投资相关的会计分录。

（2）计算合并日合并业务所导致的合并财务报表投资收益的列报金额。

（3）判断甲公司持有乙公司30%股权的交易类型，并说明理由；确定甲公司对乙公司的企业合并成本，如判断属于非同一控制下的企业合并，计算应予确认的商誉金额；判断乙公司应于何时纳入甲公司合并财务报表的范围，并说明理由。

（4）编制甲公司20×6年年末与其合并财务报表相关的调整或抵销分录。

5.【业务题】甲公司为一家上市集团公司，原持有乙公司30%的股权，能够对乙公司施加重大影响。甲公司20×3年和20×4年发生的相关交易事项如下：

（1）20×3年1月1日，甲公司从乙公司的控股股东——丙公司手中受让乙公司50%的股权，受让价格为13 000万元，款项已用银行存款支付，并办理了股东变更登记手续。购买日，乙公司可辨认净资产的账面价值为18 000万元，公允价值为20 000万元（含原未确认的无形资产公允价值为2 000万元），除原未确认的无形资产外，其他各项可辨认资产和负债的账面价值和公允价值相同。上述无形资产系一项商标权，自购买日开始尚可使用10年，预计净残值为零，采用直线法摊销。

甲公司受让乙公司50%的股权后，共计持有乙公司80%的股权，能够对乙公司实施控制。甲公司受让乙公司50%的股权时，所持乙公司30%股权的账面价值为5 400万元，其中投资成本为4 500万元，损益调整870万元，其他权益变动30万元；该项股权的公允价值为6 200万元。

（2）20×3年1月1日，乙公司个别财务报表中的所有者权益为18 000万元，其中实收资本为15 000万元，资本公积为100万元，盈余公积为290万元，未分配利润为2 610万元。

20×3年度，乙公司个别财务报表实现净利润500万元，因其他债权投资公允价值变动产生的其他综合收益为60万元。

（3）20×4年1月1日，甲公司向丁公司转让其所持乙公司70%的股权，转让价格为20 000万元，款项已经收到，并办理了股东变动登记手续。出售日，甲公司所持乙公司剩余10%股权的公允价值为2 500万元。转让乙公司70%的股权后，甲公司不能对乙公司实施控制、共同控制或施加重大影响。

其他相关资料：

甲公司与丙公司、丁公司于交易发生前无任何关联关系。甲公司受让乙公司50%的股权后，甲公司与乙公司无任何关联方交易。

乙公司按照净利润的10%计提法定盈余公积，不提取任意盈余公积金。20×3年度及20×4年度，乙公司未向股东分配利润。不考虑相关税费及其他因素。

要求：

（1）根据资料（1），计算甲公司20×3年个别财务报表中受让乙公司股权后长期股权投资的初始投资成本，并编制与取得该股权投资相关的会计分录。

（2）根据资料（1），计算甲公司20×3年度合并财务报表中因购买乙公司发生的合并成本及应列报的商誉。

（3）根据资料（1），计算甲公司20×3年度合并财务报表中因购买乙公司50%的股权而应确认的投资收益。

（4）根据资料（1）和资料（2），编制与甲公司20×3年度合并资产负债表和合并利润表相关的调整及抵销分录。

（5）根据上述资料，计算甲公司20×4年度个别财务报表中因处置70%的股权而应确认的投资收益，并编制相关的会计分录。

（6）根据上述资料，计算甲公司20×4年度合并财务报表中因处置70%的股权而应确认的投资收益。

合并现金流量表的编制5

6.【业务题】甲公司为增值税一般纳税人，其适用的增值税税率为13%。20×7年至20×9年发生的对外投资业务资料如下：

（1）20×7年6月29日，甲公司以一批存货为对价再次取得对A公司25%的股权投资，形成非同一控制下的企业合并。甲公司于当日开出增值税专用发票，注明价款为3 284.96万元，增值税额427.04万元。该存货的成本为2 600万元，未提取减值准备。

7月1日，甲公司对A公司的董事会进行改组。购买日，A公司可辨认净资产的公允价值为14 000万元，账面价值为14 300万元（其中股本为5 000万元，资本公积为3 500万元，其他综合收益为1 200万元，盈余公积为460万元，未分配利润为4 140万元），该差异由一项固定资产造成。该固定资产的剩余使用年限为5年，采用年限平均法计提折旧，预计净残值为零。

原来的45%的股权投资为甲公司于20×6年1月1日，以一项固定资产自A公司的原股东处取得，自当日起能够对A公司产生重大影响。当日，A公司可辨认净资产公允价值为12 000万元（等于账面价值）。该固定资产为一栋办公楼，其公允价值为5 000万元。该办公楼的原值为3 200万元，已计提折旧400万元，未计提减值准备。此前，甲公司和A公司不具有任何关联方关系。假定不考虑固定资产相关增值税。

购买日，甲公司持有A公司45%股权的市场价格为7 520万元。

（2）20×8年9月，甲公司因投资失败产生财务危机。为应对该财务危机，减少其产生的损失，甲公司于20×8年12月31日与丙公司签订协议，约定甲公司将以10 000万元的价格将其持有的对A公司65%的股权出售给丙公司，相关手续于20×9年4月30日办理完成。甲公司对A公司剩余股权不构成控制、共同控制，也无法施加重大影响，且该股权投资改为非交易性权益工具投资，剩余5%的股权的公允价值为720万元。

（3）其他资料：假定上述公司均按净利润的10%计提盈余公积。投资期间均未发生内部交易。

①20×6年1月1日到20×7年7月1日，A公司累计实现净利润2 500万元（各期均衡实现），实现其他综合收益300万元（各期均衡实现，其均可以在满足条件时重分类进损益）；20×7年3月30日，A公司宣告分配现金股利500万元。

②20×7年7月1日至年末，A公司实现净利润1 000万元，未发生其他所有者权益变动。

③20×8年A公司累计实现净利润3 000万元，实现其他综合收益1 200万元（均可以在满足条件时重分类进损益）。20×8年3月1日，A公司宣告分配现金股利800万元。

④20×9年1月1日至4月30日，A公司实现净利润500万元，未发生其他权益变动。不考虑所得税等其他因素。

要求：

（1）计算20×7年甲公司个别报表中取得A公司股权投资的初始投资成本，编制个别财务报表中与增资相关的会计分录。

（2）计算购买日该股权投资的企业合并成本及合并商誉，编制甲公司合并日合并报表涉及的相关分录。

（3）根据上述资料，编制甲公司20×8年年末合并报表涉及的调整抵销分录（不考虑追加投资日重新计量的分录）。

（4）根据资料（2），说明甲公司20×8年对A公司股权投资在个别报表中的列报项目，并说明原因。

（5）根据上述资料，计算甲公司20×9年处置该股权投资的在个别报表中确认的处置投资收益，并编制会计分录。（答案中金额单位用万元表示）

合并现金流量表的编制6

第三章　外币折算

一、知识点：记账本位币

1.【单项选择题】下列各项关于企业记账本位币的表述中，不正确的是（　　）。

A.企业的记账本位币一经确定，不得改变

B.企业因经营所处的主要经济环境发生重大变化，确需变更记账本位币的，应当采用变更当日的即期汇率将所有项目折算为变更后的记账本位币，折算后的金额作为新的记账本位币的历史成本

C.企业变更记账本位币时需要在附注中进行披露

D.企业记账本位币发生变更的，其比较财务报表应当以可比当日的即期汇率折算所有资产负债表和利润表项目

2.【单项选择题】下列各项中，甲公司在选择其记账本位币时，不应该考虑的因素是（　　）。

A.主要影响商品和劳务销售价格的货币

B.主要影响商品和劳务所需人工成本的货币

C.融资活动获得的货币

D.缴纳增值税时使用的货币

记账本位币
1-3

3.【单项选择题】国内的甲公司超过90%的营业收入来自于向其他国家的出口，其商品一般以美元计价和结算，主要受美元影响；其人工成本、原材料及相应的厂房设施、机器设备等95%以上在国内采购并以人民币计价。甲公司在国外取得的收入在汇回国内时可以自由兑换成人民币，且甲公司对所有以外币结算的资金往来业务都进行了套期保值操作，下列说法正确的是（　　）。

A.甲公司应该以美元作为记账本位币，因为美元在其日常经营活动（主要涉及收入）中起主要作用

B.甲公司应该以美元作为记账本位币，因为美元在国际结算中风险较低

C.甲公司应该以人民币作为记账本位币，因为人民币在其日常经营活动（主要涉及支出）中起主要作用

D.甲公司应该以人民币作为记账本位币，因为人民币在其日常经营活动（主要涉及支出）中起主要作用，而且其已经对外币交易进行了套期保值操作

4.【多项选择题】甲公司的记账本位币是欧元，其发生的下列交易中属于外币交易的有（　　）。

A.买入以人民币计价的库存商品

B.买入以美元计价的债券作为以公允价值计量且其变动计入其他综合收益的金融资产

C.买入以欧元计价的无形资产

D.借入以人民币计价的长期借款

5.【多项选择题】下列项目中，属于境外经营或视同境外经营的有（　　）。

A.企业在境外的分支机构

B.采用相同于企业记账本位币的、在境内的子公司

C.采用不同于企业记账本位币的、在境内的合营企业

D.采用不同于企业记账本位币的、在境内的分支机构

6.【多项选择题】下列关于记账本位币的说法，正确的有（　　）。

A.企业记账本位币一经确定，不得随意变更，除非企业经营所处的主要经济环境发生重大变化

记账本位币
4-7

B.在我国，可以采用外币作为记账本位币

C.记账本位币变更时不会产生汇兑差额

D.企业确定记账本位币时应从收入、支出、融资活动或经营活动的角度进行考虑

7.【多项选择题】关于企业选定境外经营记账本位币的说法正确的有（　　）。

A.如果境外经营产生的现金流量可以直接影响企业的现金流量，而且汇回不受限制，则应根据其所处的主要经济环境确定其记账本位币

B.如果将企业境外经营所从事的活动视同企业经营活动的延伸，则应选择与企业相同的货币作为记账本位币

C.如果境外经营与企业的交易在境外经营活动中所占的比例较高，则其应选择与企业相同的货币作为记账本位币

D.如果境外经营活动产生的现金流量在企业不提供资金的情况下，可以偿还其现有债务和正常情况下可预期的债务，则其应该选择与企业相同的货币作为记账本位币

二、知识点：外币交易的会计处理

1.【单项选择题】甲公司记账本位币为人民币，外币业务采用交易发生日的即期汇率折算，每季度末计提利息和计算汇兑损益。20×5年1月1日，为购建某项固定资产，甲公司从金融机构借入专门借款1 000万美元，期限为1年，年利率为8%，到期一次还本付息，借入时即期汇率为1美元=6.25元人民币，3月31日即期汇率为1美元=6.3元人民币，6月30日即期汇率为1美元=6.32元人民币。不考虑其他因素的影响，则20×5年6月30日甲公司应确认的该项专门借款的汇兑收益为（　　）万元人民币。

A.20.4　　B.-20.4　　C.-20　　D.-20.8

2.【单项选择题】甲公司记账本位币为人民币，其外币交易采用交易日的即期汇率折算。20×8年1月2日，甲公司将货款2 000万欧元兑换为人民币，当日的即期汇率为1欧元=9.25元人民币，银行当日的欧元买入价为1欧元=9.2元人民币，欧元卖出价为1欧元=9.31元人民币。不考虑其他因素，甲公司该项兑换业务影响当期损益的金额为（　　）万元人民币。

A.-100　　B.-120　　C.0　　D.-110

3.【单项选择题】甲公司的记账本位币为人民币，对外币交易采用交易日的即期汇率折算。根据其与外商签订的投资合同，外商将分两次投入外币资本，投资合同约定的汇率为1英镑=9.5元人民币。20×7年4月1日，甲公司收到外商第一次投入资本50万英镑，当日即期汇率为1英镑=9.6元人民币；20×7年10月1日，收到外商第二次投入资本80万英镑，当日即期汇率为1英镑=9.65元人民币；20×7年12月31日的即期汇率为1英镑=9.8元人民币。假设甲公司没有其他外币投资。则甲公司20×7年12月31日资产负债表中反映的外商投入的实收资本金额为（　　）万元人民币。

外币交易处理
1-3

A.1 252　　B.1 235　　C.1 274　　D.1 268

4.【单项选择题】甲公司以人民币为记账本位币，其外币交易采用交易日的即期汇率折算，按月计算汇兑损益。20×5年5月31日的即期汇率为1欧元=9.43元人民币。6月1日，甲公司收回5月20日产生的应收账款600万欧元，当日的即期汇率为1欧元=9.55元人民币。不考虑其他因素，则甲公司因该项交易计入财务费用的金额为（　　）万元人民币。

A.0　　B.5 730　　C.72　　D.−72

5.【单项选择题】企业收到投资者以外币投入的资本，应当采用（　　）进行折算。

A.合同约定的汇率

B.实际收到款项当日的即期汇率

C.采用系统而合理的方法确定的、与交易发生日即期汇率近似的汇率

D.资产负债表日的即期汇率

外币交易处理
4-6

6.【单项选择题】甲公司以人民币作为记账本位币，对外币业务采用业务发生时的即期汇率折算，按月结算汇兑损益。20×8年3月20日，该公司自银行购入300万美元，银行当日的美元卖出价为1美元=6.56元人民币，当日市场汇率为1美元=6.51元人民币。20×8年3月31日的市场汇率为1美元=6.52元人民币。甲公司购入的该300万美元于20×8年3月所产生的汇兑损失为（　　）万元人民币。

A.15　　B.18　　C.12　　D.3

7.【单项选择题】甲公司以人民币作为记账本位币，对外币业务采用业务发生时的即期汇率折算，按季结算汇兑损益。20×8年甲公司发生的外币业务如下：1月20日对外销售产品产生应收账款500万美元，当日的市场汇率为1美元=6.7元人民币。3月31日的市场汇率为1美元=6.75元人民币；6月1日的市场汇率为1美元=6.68元人民币；6月30日的市场汇率为1美元=6.76元人民币。7月10日收到该应收账款，当日的市场汇率为1美元=6.7元人民币。该应收账款6月份应当确认的汇兑收益为（　　）万元人民币。

外币交易处理
7-8

A.30　　B.20　　C.10　　D.5

8.【单项选择题】甲公司记账本位币为人民币，采用交易发生日的即期汇率折算外币业务。20×8年甲公司外购商品有关业务如下：（1）11月10日进口A商品100件，每件售价为15万美元，交易发生日的即期汇率为1美元=6.58元人民币，货款已付，另用人民币支付进口关税1 867.5万元人民币。（2）国内市场仍无A产品供应，12月31日A产品在国际市场的价格已降为9.8万美元/件。至年末累计售出A产品60件，12月31日的即期汇率

为1美元=6.31元人民币。不考虑其他因素，20×8年12月31日A产品应计提的存货跌价准备为（　　）万元。

A.2 115.64　　B.2 059.48　　C.2 221.48　　D.1 474.48

9.【单项选择题】国内甲公司记账本位币为人民币，采用交易发生日的即期汇率折算外币业务。20×8年1月1日，甲公司支付1 000万美元购买美国发行的4年期A公司债券，甲公司将其划分为以公允价值计量且其变动计入其他综合收益的金融资产。该债券面值为1 000万美元，票面利率为6%，于每年12月31日支付本年利息，实际利率为6%，当日汇率为1美元=6.83元人民币。12月31日，该债券的公允价值为1 100万美元，当日汇率为1美元=6.84元人民币。甲公司因该债券投资期末产生的汇兑差额（收益）为（　　）万元人民币。

A.0　　B.10　　C.694　　D.684

外币交易处理
9-10

10.【单项选择题】甲公司记账本位币为人民币，对外币交易采用交易发生日的即期汇率，按月计算汇兑损益。20×8年3月16日，向乙公司出口销售商品100万美元，当日的即期汇率为1美元=6.62元人民币，货款尚未收到；3月26日甲公司收到该笔货款并送存银行，当日的即期汇率为1美元=6.6元人民币；3月末的即期汇率为1美元=6.64元人民币。不考虑相关税费，甲公司因该项交易影响3月份汇兑损益（收益）的金额为（　　）万元人民币。

A.0　　B.2　　C.-2　　D.4

11.【多项选择题】下列各项外币资产因汇率变动产生的影响中，计入当期损益的有（　　）。

A.应收账款

B.以公允价值计量且其变动计入当期损益的金融资产

C.以公允价值计量且其变动计入其他综合收益的非交易性权益工具

D.以摊余成本计量的金融资产

12.【多项选择题】甲公司的记账本位币为人民币，对外币业务采用交易发生日的即期汇率进行折算，按月计算汇兑损益。20×6年1月20日甲公司出口销售产品一批，价款为120万美元，货款尚未收到，当日的即期汇率为1美元=6.25元人民币。1月31日即期汇率为1美元=6.40元人民币；2月28日即期汇率为1美元=6.46元人民币。货款于3月25日收回，当日即期汇率为1美元=6.48元人民币。不考虑增值税等其他因素，则下列处理中正确的有（　　）。

A.该外币债权2月份产生的汇兑收益为25.2万元人民币

B.该外币债权2月份产生的汇兑收益为7.2万元人民币

C.该外币债权3月25日结算时产生的汇兑收益为9.6万元人民币

D.该外币债权3月25日结算时产生的汇兑收益为2.4万元人民币

13.【多项选择题】当期末市场汇率上升时，下列项目中会产生汇兑损失的有（　　）。

A.应付账款　　B.盈余公积　　C.应收账款　　D.长期借款

14.【多项选择题】下列各项属于货币性项目的有（　　）。

A.预收账款　　B.应付债券　　C.应收账款

D.以公允价值计量且其变动计入当期损益的金融资产

外币交易处理
11-14

15.【业务题】甲公司为国内注册的公司，以人民币作为记账本位币，其收入主要来源于向国外销售，甲公司销售商品通常以美元结算，其外币业务按照交易发生日的即期汇率折算，按月计算损益。20×8年10月31日，应收账款余额为400万美元，折合成人民币为2 704万元。20×8年11月，甲公司发生以下外币业务：

（1）11月5日，甲公司收到A公司所欠货款400万美元，存入银行。当日的即期汇率为1美元=6.75元人民币。

（2）11月18日，甲公司进口商品一批，货款为300万美元，尚未支付。当日的即期汇率为1美元=6.85元人民币。

（3）11月25日，甲公司购入普通股股票200万股，市场价格为每股2.4美元，作为交易性金融资产核算，当日的即期汇率为1美元=6.80元人民币。11月30日，该股票价格为每股2.60美元。

（4）11月26日，甲公司向美国客户销售一批产品，价格为200万美元，当日即期汇率为1美元=6.78元人民币，货款尚未收到。

（5）11月28日，甲公司以人民币偿还11月18日进口产生的应付账款300万美元，当日的即期汇率为1美元=6.85元人民币，银行的卖出价为1美元=6.90元人民币。

（6）11月30日，以外币银行存款向外国公司支付生产线安装费用100万美元。当日的即期汇率为1美元=6.91元人民币。

外币交易处理
15

（7）不考虑交易过程中发生的增值税等相关税费。

要求：

计算20×8年11月甲公司上述事项对营业利润的影响金额并编制相关会计分录。

16.【业务题】甲公司为增值税一般纳税人。甲公司以人民币作为记账本位币，外币业务采用交易发生日的即期汇率折算，按季度计算汇兑损益。

外币交易处理
16

（1）甲公司有关外币账户20×6年12月31日的余额如下：

甲公司外币账户余额表

20×6年12月31日

外币账户	外币账户余额（万美元）	汇率	折算人民币账户余额（万元人民币）
银行存款	400	7.56	3 024
应收账款	500	7.56	3 780
应付账款	300	7.56	2 268
长期借款	1 000	7.56	7 560

（2）甲公司20×7年第1季度发生的有关外币交易或事项如下：

①1月5日，用人民币从银行兑换30万美元。当日即期汇率为1美元=7.9元人民币，当日银行美元买入价为1美元=7.88元人民币，银行美元卖出价为1美元=7.92元人民币。

②1月10日，从国外购入一批原材料，货款总额为500万美元（不含增值税）。该原材料已验收入库，货款尚未支付。当日即期汇率为1美元=7.92元人民币。另外，以银行存款

支付该原材料的进口关税620万元人民币，增值税税额为778.6万元人民币。

③2月14日，出口销售商品300件，销售合同规定的销售价格为每件2.5万美元，货款尚未收到。当日即期汇率为1美元=7.93元人民币。假设不考虑增值税等相关税费。

④2月20日，收到应收账款300万美元，款项已存入银行。当日即期汇率为1美元=7.93元人民币。该应收账款系20×6年企业因出口而发生的。

⑤3月31日，计提长期借款第一季度发生的利息。该长期借款系20×6年12月31日从中国银行借入，专门用于购买建造某生产线的专用设备，借入款项已于当日支付给该专用设备的外国供应商。该生产线的在建工程已于20×6年12月开工。该外币借款金额为1 000万美元，期限为2年，年利率为5%，按季计提借款利息，到期一次还本付息。该专用设备于3月20日验收合格并投入安装。至20×7年3月31日，该生产线尚处于建造过程中。

⑥3月31日，出口销售商品的货款仍未收到，当日即期汇率为1美元=7.98元人民币。

要求：

（1）编制甲公司20×7年第1季度外币交易或事项相关的会计分录。

（2）填列甲公司20×7年3月31日外币账户发生的汇兑损益（汇兑收益以“+”号表示，汇兑损失以“-”号表示），并编制与汇兑损益相关的会计分录。

汇兑损益表　　单位：万元人民币

外币账户	3月31日汇兑差额
银行存款（美元户）	
应收账款（美元户）	
应付账款（美元户）	
长期借款（美元户）	

三、知识点：外币财务报表折算

1.【单项选择题】某公司记账本位币为人民币，其一家境外子公司的记账本位币为美元。本期期末汇率为1美元=6.65元人民币，当期即期汇率的近似汇率（采用平均汇率确定）为1美元=6.43元人民币。假定该子公司利润表采用平均汇率折算。子公司资产负债表中“盈余公积”项目期初余额为2 500万美元，折合人民币16 250万元，本期所有者权益变动表“提取盈余公积”项目的金额为800万美元，则子公司资产负债表“盈余公积”项目的期末余额经折算后的金额为（　　）万元人民币。

A.21 945　　B.21 394　　C.21 570　　D.16 250

2.【单项选择题】甲公司需要编制合并财务报表，对其持有70%股份的境外经营子公司的财务报表进行折算，该外币报表折算后资产合计为3 200万元人民币，负债合计为2 150万元人民币，所有者权益合计为981万元人民币，合并资产负债表上因外币报表折算差额导致“其他综合收益”项目应列示的金额是（　　）万元人民币。

A.48.3　　B.69　　C.-48.3　　D.-69

3.【单项选择题】甲公司的记账本位币为人民币，对外币交易采用交易发生日的即期汇率折算。甲公司拥有乙公司60%的股权。乙公司在美国注册，在美国生产产品并全部在当地销售，生产所需原材料直接在美国采购。20×2年年末，甲公司应收乙公司长期款项600万美元，该长期应收款实质上构成对乙公司净投资的一部分，20×2年12月31日折算的人民币金额为4 680万元。不考虑其他因素，关于甲公司应收乙公司的600万美元于资产负债表日产生的汇兑差额在合并财务报表如何列示，下列说法中正确的是（　　）。

A.转入合并利润表的投资收益项目

B.转入合并利润表的财务费用项目

C.转入合并资产负债表的“其他综合收益”项目

D.单设“合并报表汇兑差额”项目反映

外币报表折算 1-3

4.【单项选择题】甲公司以人民币作为记账本位币。20×7年发生的有关外币交易或事项如下：（1）收到外币美元资本投入，合同约定的折算汇率与投入美元资本当日的即期汇率不同；（2）支付应付美元货款，支付当日的即期汇率与应付美元货款的账面汇率不同；（3）年末折算汇率与其他各外币货币性项目交易发生时的账面汇率不同。不考虑应予资本化的金额及其他因素。下列各项关于甲公司20×7年上述外币交易或事项会计处理的表述中，正确的是（　　）。

A.收到外币美元资本投入时按合同约定的折算汇率折算的人民币记账

B.偿还美元应付账款时将应付账款项目按偿还当日的即期汇率折算为人民币记账

C.各外币货币性项目按年末汇率折算的人民币金额与其账面人民币金额的差额计入当期损益

D.外币美元资本应于年末按年末汇率折算的人民币金额调整其账面价值

5.【单项选择题】下列各项关于外币财务报表折算的会计处理中，正确的有（　　）。

A.合并财务报表中各子公司之间存在实质上构成对另一子公司净投资的外币货币性项目，其产生的汇兑差额应由少数股权承担

B.在合并财务报表中对境外经营子公司产生的外币报表折算差额应在归属于母公司的所有者权益中单列外币报表折算差额项目反映

C.以母、子公司记账本位币以外的货币反映的实质上构成对境外经营子公司净投资的外币货币性项目，其产生的汇兑差额在合并财务报表中应转入当期财务费用反映

D.以母公司记账本位币反映的实质上构成对境外经营子公司净投资的外币货币性项目，其产生的汇兑差额在合并财务报表中应转入其他综合收益

6.【单项选择题】企业对境外经营的财务报表进行折算时，产生的外币财务报表折算差额应当（　　）。

A.在所有者权益项目下单独列示　　B.作为递延收益列示

C.在相关资产项目下列示　　D.在资产负债表中无须反映

外币报表折算 4-6

7.【单项选择题】关于外币折算的说法中，不正确的有（　　）。

A.企业处置其境外经营时，在包含境外经营的财务报表中，应将已列入所有者权益的外币报表折算差额中与境外经营相关的部分，自所有者权益项目转入处置当期损益

B.对于企业个别财务报表中的外币非货币性项目，资产负债表日不应该改变其原记账本位币金额

C.如果部分处置境外经营，则应当按照处置的比例计算处置部分的外币报表折算差额，转入处置当期损益

D.实质上构成对子公司净投资的外币货币性项目以母、子公司记账本位币以外的货币反映，应将母、子公司此项外币货币性项目产生的汇兑差额相互抵销，差额转入其他综合收益

8.【多项选择题】甲公司为境内注册的公司，其30%的收入来自出口销售，其余收入来自国内销售；生产产品所需原材料有30%需要进口，出口产品和进口原材料通常以欧元结算。20×5年12月31日，甲公司应收账款余额为200万欧元，折算的人民币金额为2 000万元；应付账款余额为350万欧元，折算的人民币金额为3 500万元。20×6年，甲公司出口产品形成应收账款1 000万欧元，按交易日的即期汇率折算的人民币金额为10 200万元；进口原材料形成应付账款650万欧元，按交易日的即期汇率折算的人民币金额为6 578万元。20×6年12月31日，欧元与人民币的汇率为1：10.08。甲公司拥有乙公司80%的股权。乙公司在美国注册，在美国生产产品并全部在当地销售，生产所需原材料直接在美国采购。20×5年年末，甲公司对乙公司长期应收款1 000万美元实质上构成对乙公司净投资的一部分，20×5年12月31日折算的人民币金额为8 200万元。20×6年12月31日，美元与人民币的汇率为1:7.8。下列项目中表述正确的有（　　）。

A.合并资产负债表中归属于乙公司少数股东的外币报表折算差额应计入其他综合收益

B.“应收账款——欧元”账户产生的汇兑损失为104万元人民币

C.“应付账款——欧元”账户产生的汇兑损失为2万元人民币

D.“长期应收款——美元”账户产生的汇兑损失为400万元人民币

外币报表折算 7-8

9.【多项选择题】下列各项关于外币报表折算的表述中，正确的有（　　）。

A.资产负债表中的资产和负债项目，采用资产负债表日的即期汇率折算

B.资产负债表中的所有者权益项目，采用交易发生时的即期汇率折算

C.利润表中的收入和费用项目，采用交易发生日的即期汇率或即期汇率的近似汇率折算

D.产生的外币财务报表折算差额，在编制合并财务报表时，应在合并资产负债表中所有者权益项目下的“其他综合收益”中列示

10.【多项选择题】对境外经营的财务报表进行折算时，利润表中的收入和费用项目，可以采用的折算汇率有（　　）。

A.交易发生日的即期汇率　　B.资产负债表日的即期汇率

C.当期的平均汇率　　D.交易发生日即期汇率的近似汇率

11.【多项选择题】甲公司的记账本位币为人民币，其外币交易采用交易发生日的即期汇率折算。20×6年1月2日，甲公司与某外商签订投资合同，当日收到外商投入资本5 000万美元，当日的即期汇率为1美元=6.35元人民币，其中25 000万元人民币作为注册资本的组成部分。假定投资合同约定的汇率为1美元=6.5元人民币，20×6年12月31日的即期汇率为1美元=6.21元人民币。不考虑其他因素，则下列表述中不正确的有（　　）。

A.甲公司收到资本时应确认“银行存款——美元”账户的金额为32 500万元人民币

外币报表折算 9-11

B.甲公司收到资本时应确认的实收资本的金额为25 000万元人民币

C.甲公司收到资本时应确认的资本公积的金额为7 500万元人民币

D.20×6年年末甲公司应调整资本公积的金额为-700万元人民币

12.【多项选择题】下列关于境外经营处置的说法中，正确的有（　　）。

A.企业可能通过出售、清算、返还股本或放弃全部或部分权益等方式处置其在境外经营中的利益

B.企业处置全部境外经营时，应当将资产负债表中所有者权益项目下列示的、与该境外经营有关的外币财务报表折算差额（其他综合收益），自所有者权益项目转入处置当期损益

C.企业部分处置境外经营的，应当按处置的比例计算处置部分的外币财务报表折算差额（其他综合收益），转入处置当期损益

D.企业部分处置境外经营的，应当将资产负债表中所有者权益项目下列示的、与该境外经营有关的外币财务报表折算差额（其他综合收益），全部自所有者权益项目转入处置当期损益

13.【多项选择题】甲公司是我国境内公司，日常核算应以人民币作为记账本位币。甲公司在英国和加拿大分别设有子公司，负责当地市场的运营，子公司的记账本位币分别为英镑和加拿大元。甲公司在编制合并财务报表时，下列各项关于境外经营财务报表折算所采用汇率的表述中，正确的有（　　）。

A.英国公司的固定资产采用购入时的历史汇率折算为人民币

B.英国公司持有的作为其他权益工具投资的金融资产采用期末汇率折算为人民币

C.加拿大公司的未分配利润采用报告期平均汇率折算为人民币

D.加拿大公司的加拿大元收入和成本采用报告期平均汇率折算为人民币

外币报表折算
12–13

14.【多项选择题】下列各项中，在对境外经营财务报表进行折算时选用的有关汇率符合会计准则规定的有（　　）。

A.股本采用股东出资时的即期汇率折算

B.其他债权投资采用资产负债表日即期汇率折算

C.未分配利润项目采用报告期平均汇率折算

D.当期提取的盈余公积采用当期平均汇率折算

15.【多项选择题】以下关于外币交易的处理，说法正确的有（　　）。

A.以历史成本计量的外币非货币性项目，按交易发生日当日即期汇率折算，不产生汇兑差额

B.如存货的可变现净值以外币确定，确定存货的期末价值时，首先要将可变现净值折算为记账本位币，可变现净值小于存货成本的差额计入资产减值损失

C.以外币计量的交易性金融资产，由于汇率变动所引起的价值变动计入公允价值变动损益

D.对境外经营财务报表进行折算时，外币利润表中的收入和费用项目，采用资产负债表日的即期汇率折算

外币报表折算
14–16

16.【多项选择题】企业在对外币财务报表进行折算时，应当采用期末资产负债表日的

即期汇率进行折算的有（　　）。

A.盈余公积　　B.未分配利润　　C.长期股权投资　　D.交易性金融资产

17.【业务题】甲公司为境内注册的公司，其30%的收入来自出口销售，其余收入来自国内销售；生产产品所需原材料有30%为进口，出口产品和进口原材料通常以欧元结算。20×3年12月31日，甲公司应收账款余额为200万欧元，折算的人民币金额为1 900万元；应付账款余额为350万欧元，折算的人民币金额为3 283万元。

（1）20×4年甲公司出口产品形成应收账款1 000万欧元，按交易日的即期汇率折算的人民币金额为9 510万元；进口原材料形成应付账款650万欧元，按交易日的即期汇率折算的人民币金额为5 999.5万元。20×4年12月31日即期汇率为1欧元=9.35元人民币。

（2）20×4年12月1日，甲公司取得乙公司80%的股权，对乙公司形成控制。乙公司在美国注册，在美国生产产品并全部在当地销售，生产所需原材料直接在美国采购。20×4年年末，甲公司应收乙公司款项1 000万美元（假定是因一笔交易产生的），该长期应收款实质上构成对乙公司净投资的一部分，假定该笔长期应收款项发生时折算的人民币金额为7 200万元。20×4年12月31日即期汇率为1美元=7.8元人民币。

外币报表折算
17

假定少数股东按份额承担内部交易产生的外币报表折算差额。

要求：

（1）根据资料（1）和资料（2），计算甲公司20×4年度因汇率变动产生的汇兑损失。

（2）请分析甲公司应收乙公司的1 000万美元于资产负债表日产生的汇兑差额在合并财务报表中应如何列示，并计算列示的金额。

（3）请分析归属于乙公司少数股东的外币报表折算差额在甲公司合并资产负债表中应如何列示，并计算列示的金额。

18.【业务题】甲公司为大型集团公司，其在美国、英国和法国等国设立了多家子公司。20×8年，甲公司发生的有关交易或事项如下：

（1）20×8年2月1日，甲公司从美国子公司采购M产品200万件，每件价格为3.3美元，当日的即期汇率为1美元=6.72元人民币，款项以美元支付。该子公司为运回该产品发生关税221.76万元人民币，产生的增值税进项税额为643.24万元人民币。至年末，甲公司有100万件M产品尚未对外销售，该产品的国际市场价格为每件2.8美元，预计销售剩余产品将发生的销售费用合计0.2万美元。已知20×8年年末即期汇率为1美元=6.59元人民币。

（2）20×8年3月1日，甲公司进口一台设备，购买价款为250万美元，货款至年末尚未支付。当日的即期汇率为1美元=6.68元人民币，甲公司为取得该设备发生关税83.5万元人民币，缴纳进口增值税242.21万元人民币，设备到港后发生装卸、运输费共2万元人民币。

由于该设备属于国际先进设备，甲公司聘请培训讲师对公司内部员工进行培训，以银行存款支付培训费20万元人民币，同时报销培训讲师的差旅费1.8万元人民币。

（3）20×8年5月1日，甲公司以每股12港元的价格购得乙公司H股10万股，甲公司将其指定为其他权益工具投资，当日的即期汇率为1港元=0.92元人民币，款项已支付。20×8年年末，由于市价波动，甲公司购入的乙公司H股市价为每股15港元，当日的即期汇率为1港元=0.89元人民币。

（4）甲公司收到海外子公司分回的利润总计4 000万美元，甲公司当日将其兑换为人民币，银行当日美元买入价为1美元=6.6元人民币，中间价为1美元=6.63元人民币，卖出价为1美元=6.66元人民币。

（5）甲公司因以前年度对英国境外子公司——丙公司销售货物而形成长期应收款100万英镑，甲公司对于该款项短期内暂无收回的计划。20×8年年底，甲公司针对该款项确认了汇兑损失20万元人民币。

（6）甲公司持有丙公司80%的股权，在将丙公司20×8年财务报表折算为记账本位币的过程中产生外币报表折算差额600万元人民币。

（7）其他资料：甲公司以人民币作为记账本位币，采用交易发生日的即期汇率折算外币业务，甲公司属于一般纳税人。假设不考虑其他因素的影响。

要求：

（1）根据资料（1）至资料（5），编制甲公司的相关会计处理。

（2）根据资料（5）和资料（6），计算甲公司在合并财务报表中应确认的外币报表折算差额，并编制与合并财务报表相关的调整抵销分录。

外币报表折算
18

第四章　资产减值

资产减值概述+减值确认与计量1-3

一、知识点：资产减值概述

【单项选择题】下列资产发生减值需要根据资产减值准则进行处理的是（　　）。

A.存货　　B.固定资产、无形资产

C.债权投资　　D.应收账款

二、知识点：资产可收回金额的计量、资产减值损失的确认与计量

1.【单项选择题】下列说法中，错误的是（　　）。

A.以前报告期间的计算结果表明，资产可收回金额远高于其账面价值，之后没有发生消除这一差异的交易或事项，企业在资产负债表日可以不需要重新估计该资产的可收回金额

B.资产的公允价值减去处置费用后的净额与资产预计未来现金流量的现值，必须都超过资产的账面价值，才表明资产没有发生减值

C.资产的公允价值减去处置费用后的净额如果无法估计，应当以该资产预计未来现金流量的现值作为其可收回金额

D.以前报告期间的计算与分析表明，资产可收回金额对于资产减值准则中所列示的一种或多种减值迹象不敏感，在本报告期间又发生了这些减值迹象的，在资产负债表日企业可以不需因为上述减值迹象的出现而重新估计该资产的可收回金额

2.【单项选择题】20×7年12月31日，甲企业对其拥有的一台机器设备进行减值测试时发现，该资产如果立即出售可以获得950万元，发生的处置费用预计为20万元；如果继续使用，至该资产使用寿命终结时的预计现金流量现值为918万元。该资产目前的账面价值是960万元，20×7年12月31日甲企业该项固定资产的可收回金额为（　　）万元。

A.950　　B.930　　C.918　　D.960

3.【单项选择题】某公司于20×6年1月1日购入一项无形资产，初始入账价值为300万元。该无形资产预计使用年限为10年，采用直线法摊销，无残值。20×6年12月31日该无形资产出现减值迹象，预计可收回金额为261万元。假定该公司于资产负债表日出现减值迹象时进行减值测试，计提无形资产减值准备，计提减值准备后该无形资产原预计使用年限及摊销方法不变。20×6年12月31日无形资产应计提的减值准备为（　　）万元。

A.39　　B.9　　C.0　　D.261

4.【单项选择题】下列各项资产计提的减值准备，在相关减值因素消失时可以转回的是（　　）。

A.固定资产减值准备　　　　　　　　　B.债权投资减值准备

C.商誉减值准备　　　　　　　　　　　D.长期股权投资减值准备

5.【单项选择题】甲公司采用期望现金流量法估计未来现金流量，20×8年年末对A设备进行减值测试，发现如果当时处置则可得到净收益65万元；如继续经营，则在可测算的5年内每年产生的不包含筹资费用的现金净流量均为28万元，与之相关的筹资费用为5万元，每年的付现费用为3万元。已知此设备账面价值为75万元，已经计提的减值准备为5万元，适用的年金现值系数为3.604。20×8年年末此设备在资产负债表中列示的金额为（　　）万元。

减值确认与计量 4-6

A.75　　　　B.82.8　　　　C.72　　　　D.80

6.【单项选择题】甲公司以人民币作为记账本位币，其有一辆货车，专门从事国际货物运输，该货车的收入和费用全部以美元计价。至20×8年年末，甲公司对该汽车确认的预计未来现金流量现值为500万美元，当日的汇率为1美元=6.15元人民币。该货车对外出售将取得价款520万美元，同时将发生处置费用50万美元。该国际货物运输车辆的可收回金额为（　　）万元人民币。

A.2 767.5　　　　B.3 198　　　　C.3 075　　　　D.2 890.5

7.【单项选择题】20×8年年末，甲公司对其所持有的一项固定资产进行减值测试，该项固定资产的原值为500万元，至20×8年年末已经提取折旧费160万元，计提减值准备50万元。甲公司预计在20×8年该资产会为企业带来现金流入200万元，将发生维护支出20万元；同时为提高该资产的使用性能准备对该资产进行更新改造，预计会发生改造支出100万元，改造完毕后预计会多为企业带来现金流入300万元。不考虑其他因素，则此项固定资产在20×8年年末的预计未来现金流量为（　　）万元。

A.180　　　　B.80　　　　C.380　　　　D.480

8.【单项选择题】甲公司账上有一项无形资产，其账面原值为1 500万元，至20×8年年末已摊销600万元，已计提减值准备100万元。由于市场环境发生变化，甲公司在20×8年年末预计该无形资产会发生减值。根据现有资料和市场情况，甲公司预计其未来现金流量现值为680万元，该无形资产当时的市场售价为730万元，预计若将其处置则会发生处置费用15万元。假定不考虑其他因素，甲公司在20×8年年末对该无形资产应计提的减值准备为（　　）万元。

A.120　　　　B.85　　　　C.0　　　　D.70

9.【多项选择题】下列资产中，每年年末必须进行减值测试的有（　　）。

减值确认与计量 7-9

A.使用寿命有限的无形资产

B.使用寿命不确定的无形资产

C.企业合并过程中合并成本大于被购买方可辨认净资产公允价值份额的部分

D.企业合并过程中合并成本小于被购买方可辨认净资产公允价值份额的部分

10.【多项选择题】下列各项中，能表明固定资产可能发生减值的有（　　）。

A.资产已经或者将被闲置、终止使用或计划提前处置

B.市场利率或者其他市场投资报酬率在当期已经降低，从而影响企业计算资产预计未来

现金流量现值的折现率，导致资产可收回金额大幅度降低

C.有证据表明资产已经陈旧过时或者其实体已经损坏

D.企业内部报告的证据表明资产的经济绩效已经低于或者将低于预期

11.【多项选择题】在估计资产的可收回金额时，下列表述正确的有（　　）。

A.资产的公允价值减去处置费用后的净额与资产预计未来现金流量的现值，只要有一项超过了资产的账面价值，就表明资产没有发生减值，不需再估计另一项金额

B.资产的公允价值减去处置费用后的净额如果无法可靠估计，应当以该资产预计未来现金流量的现值作为其可收回金额

C.有确凿证据表明，资产预计未来现金流量现值显著高于其公允价值减去处置费用后的净额的，可以将资产预计未来现金流量现值视为资产的可收回金额

D.没有确凿证据或者理由表明，资产预计未来现金流量现值显著高于其公允价值减去处置费用后的净额的，可以将资产的公允价值减去处置费用后的净额视为资产的可收回金额

12.【多项选择题】关于资产的公允价值减去处置费用后的净额的确定，下列说法中正确的有（　　）。

减值确认与计量 10-12

A.应当根据公平交易中销售协议价格减去可直接归属于该资产处置费用的金额确定

B.在不存在销售协议但存在资产活跃市场的情况下，应当按照该资产的市场价格减去处置费用后的金额确定，资产的市场价格通常应当根据资产的卖方价格确定

C.在不存在销售协议和资产活跃市场的情况下，应当以可获取的最佳信息为基础，估计资产的公允价值减去处置费用后的净额，该净额可以参考同行业类似资产的最近交易价格或者结果进行估计

D.无法可靠估计资产的公允价值减去处置费用后的净额的，应当以该资产的预计未来现金流量的现值作为其可收回金额

13.【多项选择题】在计算资产公允价值减去处置费用后的净额时，处置费用一般包括（　　）。

A.搬运费　　B.包装费　　C.财务费用　　D.所得税费用

14.【多项选择题】关于预计未来现金流量，下列说法中不正确的有（　　）。

A.预计资产未来现金流量时不应当考虑内部转移价格

B.预计资产未来现金流量时不应当包括筹资活动和所得税收付产生的现金流量

C.预计资产未来现金流量时不应当考虑与将来可能发生的、尚未做出承诺的重组事项或者与资产改良有关的预计未来现金流量

D.如果未来现金流量以外币结算时，在以记账本位币反映未来现金流量折现值时，应当采用未来期间的即期汇率进行折算

15.【多项选择题】企业使用资产收到的未来现金流量如果是以外币计量的，那么下列说法中正确的有（　　）。

A.首先应当以该资产所产生的未来现金流量的结算货币为基础预计其未来现金流量，并按照该货币适用的折现率计算资产预计未来现金流量的现值

B.首先应当以该资产所产生的未来现金流量按各个时点的即期汇率折算其预计未来现金流量，并按照适用的折现率计算资产预计未来现金流量的现值

C.然后将该外币现值按照计算资产未来现金流量现值当日的即期汇率进行折算，从而折算成按照记账本位币表示的资产未来现金流量的现值

D.然后将该外币现值按照计算资产未来现金流量现值当期期初汇率进行折算，从而折算成按照记账本位币表示的资产未来现金流量的现值

16.【多项选择题】甲公司20×8年年末对下列资产进行了减值测试，相关资料如下：（1）一项固定资产期末计提减值准备前的账面价值为80万元，确认其预计未来现金流量的现值为70万元，公允价值减去处置费用后的净额为75万元；本年年初固定资产减值准备的账户余额为3万元。（2）一项库存商品账面价值为30万元，期末可变现净值为33万元，本年年初存货跌价准备的余额为5万元。（3）一项无形资产期末提取减值准备之前的账面价值为95万元，确认其预计未来现金流量为100万元，无法可靠估计其公允价值减去处置费用后的净额；本年年初无形资产减值准备余额为2万元；假设不考虑其他因素。甲公司下列处置不正确的有（　　）。

A.期末对固定资产计提减值准备2万元

B.期末对存货转回存货跌价准备3万元

C.期末对无形资产转回减值准备5万元

D.上述业务对企业"资产减值损失"项目的影响金额为2万元

减值确认与计量
13-16

17.【业务题】甲公司从20×2年开始研发一项管理用新专利技术，20×2年1月至8月共发生各项研究、调查、试验等支出400万元，相关款项以银行存款支付。20×2年8月末，该项专利技术进入开发阶段，20×2年9月至12月领用材料100万元、发生人工支出50万元（均满足资本化条件）。

20×3年1月至7月领用原材料200万元、发生人工支出100万元、以银行存款支付其他费用50万元（均满足资本化条件）。20×3年7月15日该项专利技术完工，达到了预定可使用状态。

该项专利技术的法律保护年限为10年，乙公司承诺将会在第4年年末以100万元的价格购买该项专利技术。甲公司对该项专利技术采用直线法摊销。

20×4年度由于市场上更先进的专利技术出现，导致甲公司的该项专利技术出现了减值迹象。20×4年12月31日，甲公司经减值测试，结果表明其公允价值减去处置费用后的净额为260万元，预计未来现金流量现值为240万元。减值后，无形资产的预计使用年限、净残值以及摊销方法均未发生改变。

20×7年7月初，甲公司将该项专利技术以100万元的价格出售给乙公司，增值税税率为6%。

假设不考虑除增值税外的其他因素的影响，按年度做出相关会计处理。

要求：编制甲公司上述经济业务的会计分录。

减值确认与计量
17

三、知识点：资产组认定与减值处理

1.【单项选择题】下列说法中，不正确的是（　　）。

A.资产组是指企业可以认定的最小资产组合，其产生的现金流量应当基本上独立于其他资产或资产组产生的现金流量

B.资产组的账面价值通常不应当包括已确认负债的账面价值，但如不考虑该负债金额就无法确定资产组可收回金额的除外

C.资产组产生的现金流量是外币的，应当以该资产组所产生的未来现金流量的结算货币为基础预计其未来现金流量，并按照该货币适用的折现率计算资产的现值

D.资产组的可收回金额应当按照该资产组的账面价值减去处置费用后的净额与其预计未来现金流量的现值两者之间较高者确定

2.【单项选择题】甲公司属于矿业生产企业，法律要求业主必须在完成开采后将该地区恢复原貌。恢复费用包括表土覆盖层的复原，因为表土覆盖层在矿山开发前必须搬走。表土覆盖层一旦移走，甲公司就必须确认一项负债，有关费用计入矿山成本，并在矿山使用寿命内计提折旧。假定甲公司为恢复费用目前确认的预计负债的账面金额为2 000万元。20×7年12月31日，该公司对矿山进行减值测试，矿山的资产组是整座矿山。甲公司已经收到愿意以4 500万元的价格购买该矿山的合同，该价格已经考虑了复原表土覆盖层的成本。矿山预计未来现金流量的现值为6 600万元，未考虑恢复费用；矿山的账面价值为7 000万元（未扣除恢复山体原貌的预计负债）。该资产组20×7年12月31日应计提的减值准备为（　　）万元。

资产值认定与减值处理1-3

A.600　　B.400　　C.200　　D.500

3.【单项选择题】甲公司在20×7年1月1日与A公司进行合并，甲公司以2 500万元吸收合并了A公司，取得A公司100%的股权，取得投资前甲公司与A公司无关联方关系。合并当日A公司可辨认净资产公允价值为2 100万元，甲公司将A公司认定为一个资产组。20×7年12月31日A资产组可辨认净资产按照购买日公允价值持续计算为1 800万元，A资产组包括商誉在内的全部资产的可收回金额为2 000万元，则甲公司20×7年12月31日与A资产组相关的合并商誉账面价值为（　　）万元。

A.0　　B.200　　C.400　　D.300

4.【单项选择题】甲制造企业有A、B、C三个生产车间和D销售部门，A车间专门生产零件，B车间专门生产部件，该零、部件不存在活跃市场，A、B车间生产完成后由C车间负责组装产品，再由独立核算的D销售部门负责销售。D销售部门除销售该产品外，还负责销售其他产品。甲企业正确的资产组划分为（　　）。

A.将A、B、C车间和D销售部门认定为一个资产组

B.A、B车间构成一个资产组，C车间和D销售部门构成一个资产组

C.A、B车间构成一个资产组，将C车间认定为一个资产组，将D销售部门认定为一个资产组

D.将A、B、C车间认定为一个资产组，将D销售部门认定为一个资产组。

5.【单项选择题】下列关于总部资产的说法中，正确的是（　　）。

A.总部资产的显著特征是虽然难以脱离其他资产或资产组产生独立现金流入，但账面价值可以归属于某一资产组

B.相关总部资产难以按照合理和一致的基础分摊至各资产组的，应直接对总部资产进行

减值测试

C.相关总部资产能按照合理和一致的基础分摊至各资产组的，应将其分摊至各资产组，再据以比较资产组账面价值和可收回金额，并汇总得出总部资产的减值金额

D.总部资产一般不难进行减值测试，所以不需要结合其他相关资产组或资产组组合进行减值测试

6.【单项选择题】甲公司期末对相关资产进行减值测试，发现总部资产（研发中心）和A资产组、B设备出现减值迹象。A资产组包括M、N、K三台设备，三台设备均不能独立产生现金流量，其账面价值分别为500万元、800万元、900万元，剩余使用年限分别为5年、10年、5年。B设备的账面价值为1 000万元，剩余使用年限为10年。总部资产账面价值为2 000万元，能够按照合理和一致的基础分摊至该资产组，假设按照各资产的账面价值与使用年限乘积之和进行分配。不考虑其他因素，A资产组应分摊的总部资产的金额为（　　）万元。

资产值认定与减值处理4-6

A.1 200　　B.200　　C.800　　D.640

7.【多项选择题】甲企业生产某单一产品，并且只拥有A、B、C三家工厂。三家工厂分别位于三个不同的国家，而三个国家又位于三个不同的洲。工厂A生产一种组件，由工厂B或者C进行组装，最终产品由工厂B或者C销往世界各地，工厂B的产品可以在本地销售，也可以在C所在洲销售（如果将产品从工厂B运到C所在洲更加方便的话）。工厂B和C的生产能力合在一起尚有剩余。工厂B和C生产能力的利用程度依赖于甲企业对于销售产品在两地之间的分配。假定工厂A生产的产品（即组件）存在活跃市场，下列说法中不正确的有（　　）。

A.应将工厂B和C认定为一个资产组

B.应将工厂A、B和C认定为一个资产组

C.应将工厂A认定为一个单独的资产组，以内部转移价格确定其未来现金流量的现值

D.应将工厂A、B和C认定为三个资产组

8.【多项选择题】下列属于总部资产显著特征的有（　　）。

A.总部资产难以脱离其他资产或者资产组产生独立的现金流入

B.总部资产的账面价值难以完全归属于某一资产组

C.总部资产可以产生独立的现金流量

D.总部资产通常可以单独进行减值测试

9.【多项选择题】关于资产组的认定，下列说法中正确的有（　　）。

A.应当以资产组产生的主要现金流入是否独立于其他资产或者资产组的现金流入为依据

B.应当考虑企业管理层管理生产经营活动的方式

C.应当考虑对资产的持续使用或者处置的决策方式

D.资产组确定后，在以后的会计期间可以随意变更

资产值认定与减值处理7-9

10.【业务题】甲公司20×4年12月30日购入一条生产线，实际支付价款1 100万元，当日达到预定可使用状态。甲公司预计该生产线可以使用10年，预计净残值为0，采用年数总和法计提折旧。20×7年，由于市场上替代产品出现，导致甲公司由该生产线生产的产品销

量锐减。20×7年12月31日，甲公司对该生产线进行减值测试，结果表明其公允价值减去处置费用后的净额为300万元，预计未来现金流量现值为350万元。计提减值后，该生产线的预计使用年限、预计净残值和折旧方法均未发生变化。

20×8年1月1日，甲公司为了扭转企业的经营形势，决定对该生产线进行更新改造以适应另一种产品的生产。更新改造过程中替换一个重要部件，被替换部件的原价为400万元（被替换部件无使用价值，也无转让价值），新部件的成本为300万元，用银行存款支付。另发生人工支出50万元，领用原材料成本100万元，领用本企业的产品成本为150万元。20×8年4月30日更新改造完毕，达到预定可使用状态，投入使用。新生产线的预计剩余使用年限为6年，预计净残值为0，采用年限平均法计提折旧。

假定甲公司20×8年1月生产线及设备均不计提折旧，且不考虑相关税费的影响。

要求：

（1）计算20×7年12月31日该生产线的可收回金额和应计提的减值金额，并做出相应的会计分录。

（2）计算20×8年4月30日更新改造完成后，新生产线的账面价值，并做出与更新改造相关的会计分录。

资产值认定与减值处理10

四、知识点：商誉减值测试与处理

1.【单项选择题】下列有关商誉减值的说法中，不正确的是（　　）。

A.商誉不能够单独产生现金流量

B.商誉不能独立存在，商誉应分摊到相关资产组后进行减值测试

C.测试商誉减值的资产组的账面价值应包括分摊的商誉的价值

D.商誉应与资产组内的其他资产一样，按比例分摊减值损失

2.【单项选择题】乙公司在20×7年1月1日以900万元的价格收购了甲公司80%的股权，此前乙公司与甲公司不存在关联方关系。在购买日，甲公司可辨认净资产的公允价值为1 000万元，账面价值为900万元，没有负债和或有负债。假定甲公司所有资产被认定为一个资产组。甲公司20×7年年末按购买日公允价值持续计算的可辨认净资产的账面价值为1 050万元，负债账面价值为0。资产组（甲公司）在20×7年年末的可收回金额为800万元。则20×7年年末合并财务报表上应当确认的资产组（甲公司）减值金额为（　　）万元。

A.250　　B.350　　C.375　　D.300

3.【单项选择题】下列有关资产组减值的说法中，正确的是（　　）。

A.在可确定单项资产可收回金额和资产组可收回金额的情况下，应该按照资产组计提减值

B.企业难以对单项资产的可收回金额进行估计的，应当以该资产所属的资产组为基础确定资产组的可收回金额

C.资产组组合，是指由若干个资产组组成的任何资产组组合

D.资产组减值损失金额应当直接冲减资产组内的各项资产

商誉减值测试与处理1-3

4.【单项选择题】甲公司在A、B、C三地拥有三家分公司，其中，C分公司是上年吸收合并的公司。由于A、B、C三家分公司均能产生独立于其他分公司的现金流入，所以该公

司将这三家分公司确定为三个资产组。20×7年12月31日，企业经营所处的技术环境发生了重大不利变化，出现减值迹象，需要进行减值测试。减值测试时，C分公司资产组的账面价值为680万元（含合并商誉80万元）。该公司计算的C分公司资产的预计未来现金流量现值为480万元，无法估计其公允价值减去处置费用后的净额。假定C分公司资产组中包括甲设备、乙设备和一项无形资产，其账面价值分别为280万元、180万元和140万元。假定不考虑其他因素的影响，有关甲公司的下列说法中，不正确的是（　　）。

A.C资产组20×7年12月31日计提减值后的账面价值为480万元

B.C资产组中甲设备20×7年12月31日资产负债表中列示的金额为224万元

C.C资产组中乙设备20×7年12月31日资产负债表中列示的金额为144万元

D.C资产组中无形资产20×7年12月31日资产负债表中列示的金额为144万元

5.【多项选择题】20×6年年末，甲公司某个资产组（均为非金融长期资产）存在减值迹象，经减值测试，预计资产组的未来现金流量现值为4 000万元，公允价值减去处置费用后的净额为3 900万元；该资产组的账面价值为5 500万元，其中商誉的账面价值为300万元。20×7年年末，该资产组的账面价值为3 800万元，预计未来现金流量现值为5 600万元，公允价值减去处置费用后的净额为5 000万元。该资产组在20×6年以前未计提减值准备，不考虑其他因素，下列各项关于甲公司对该资产组减值会计处理的表述中，正确的有（　　）。

A.20×6年年末应计提资产组减值准备1 500万元

B.20×7年年末资产组的账面价值为3 800万元

C.20×6年年末应对资产组中的商誉计提300万元的减值准备

D.20×7年年末资产组中商誉的账面价值为300万元

商誉减值测试与处理4-5

6.【多项选择题】下列关于商誉的会计处理中，正确的有（　　）。

A.商誉应该结合与其相关的资产组或资产组组合进行减值测试

B.商誉于资产负债表日不存在减值迹象的，无须对其进行减值测试

C.有关商誉的资产组或资产组组合存在减值迹象的，应当首先对不包含商誉的资产组或资产组组合进行减值测试

D.与商誉有关的资产组或资产组组合的减值损失应首先抵减分摊至资产组或资产组组合中商誉的账面价值

7.【多项选择题】下列关于资产组的认定以及减值处理的表述中正确的有（　　）。

A.相关总部资产能够按照合理和一致的基础分摊至各资产组的，应将其分摊至资产组，再据以比较资产组的账面价值和可收回金额，并汇总得出总部资产减值金额

B.为进行减值测试，对于因企业合并形成的商誉的账面价值，企业应该自购买日起按照合理的方法将其分摊至企业相关的资产组或资产组组合

C.为进行减值测试，对于因企业合并形成的商誉的账面价值，企业应该自购买日起按照合理的方法将其分摊至企业所有的资产组或资产组组合

D.资产组的认定，应当以资产组产生的主要现金流入是否独立于其他资产或者资产组的现金流入为基础

8.【多项选择题】甲公司20×8年发生业务如下：（1）1月1日，甲公司以2 500万元取得

乙公司100%的控股权，购买日乙公司的可辨认净资产的公允价值为2 400万元（假定仅存在资产）。至年末，乙公司可辨认净资产持续计算的账面价值为3 000万元，其可收回金额为2 800万元。假定甲公司与乙公司在交易前没有关联方关系。（2）甲公司自身拥有一条生产线，由A、B两台设备构成，年末账面价值分别为2 500万元、5 000万元。甲公司该生产线组成一个资产组，年末出现减值迹象，确定可收回金额为6 900万元，A、B设备的可收回金额均不能可靠取得。假定不考虑其他因素，则下列有关甲公司应确认的减值准备金额的表述正确的有（　　）。

A.应确认商誉减值准备100万元

B.应确认A设备资产减值准备200万元

C.应确认B设备资产减值准备400万元

D.应确认乙公司可辨认净资产减值准备0

商誉减值测试与处理6-8

9.【业务题】甲公司20×8年年末有关资产组、总部资产和商誉的资料如下：

（1）甲公司在A、B、C三地拥有三家分公司，其中C分公司是上年吸收合并的公司，这三家分公司的经营活动由一个经营总部负责营运；同时，由于A、B、C三家分公司均能产生独立于其他分公司的现金流入，所以该公司将这三家分公司确定为三个资产组，将经营总部确认为总部资产。

（2）20×8年12月31日，企业经营所处的技术环境发生了重大不利变化，企业各项资产出现减值迹象，需要进行减值测试。假设总部资产的账面价值为3 000万元，能够按照各资产组账面价值的相对比例进行合理分摊。

（3）A资产组的账面价值为1 500万元，预计尚可使用年限为15年，甲公司预计20×8年年末A资产组（包括分配的总部资产）的可收回金额为3 000万元。

（4）B资产组的账面价值为2 250万元，其中无形资产B1的账面价值为1 350万元、固定资产B2的账面价值为900万元。甲公司预计B资产组尚可使用年限为10年。甲公司预计20×8年年末B资产组（包括分配的总部资产）的可收回金额为3 189万元，其中无形资产B1的公允价值减去处置费用后的净额为1 300万元，固定资产B2无法确定其公允价值减去处置费用后的净额，无形资产B1、固定资产B2的未来现金流量现值无法确定。

（5）C资产组（包括商誉）的账面价值为3 000万元，其中固定资产C1为1 000万元、固定资产C2为1 000万元、固定资产C3为775万元、合并商誉为225万元。预计C资产组尚可使用年限为5年。甲公司预计20×8年年末C资产组（包括分配的总部资产）的可收回金额为2 575.6万元，其中固定资产C1、C2、C3均无法确定未来现金流量的现值，固定资产C1、C2无法确定公允价值减去处置费用后的净额，固定资产C3的公允价值减去处置费用后的净额为700万元。

要求：

（1）计算20×8年年末将总部资产分配至各资产组的金额；

（2）计算20×8年年末分配总部资产后各资产组的账面价值（包含总部资产）；

（3）20×8年年末对A资产组进行减值测试，如减值，计算资产组（包括总部资产）减值损失；

（4）计算20×8年年末B资产组包含的各项资产的减值损失，以及总部资产应分摊的减值损失；

（5）计算20×8年年末C资产组包含的各项资产的减值损失，以及总部资产应分摊的减值损失；

（6）计算20×8年年末总部资产应分摊的减值损失总额，并编制20×8年年末甲公司计提资产减值损失的会计分录。

商誉减值测试与处理9

第五章　会计政策、会计估计及其变更和差错更正

一、知识点：会计政策、会计估计及其变更概述、两者的划分

会计政策等概述

1.【单项选择题】下列项目中，不属于会计政策变更的是（　　）。

A.分期付款购买资产由应付价款总额改为应付价款总额现值计价

B.对子公司投资由权益法核算改为成本法核算

C.将借款费用由资本化改为费用化

D.无形资产使用寿命由不确定改为确定

2.【单项选择题】下列关于会计政策变更、会计估计变更的说法中，不正确的是（　　）。

A.在计量分期付款购买固定资产入账价值时，原来采用历史成本计量，现改为公允价值计量，由于计量属性发生了变更，所以属于会计政策变更

B.低值易耗品的摊销由一次摊销法变更为分次摊销法，既不属于会计政策变更，也不属于会计估计变更

C.研发费用原来确认为管理费用，现在按照准则的规定将符合资本化条件的部分确认为无形资产，由于列报项目发生了变更，所以属于会计政策变更

D.投资性房地产的后续计量在满足一定条件时，由公允价值模式转换为成本模式属于会计政策变更

3.【多项选择题】下列属于会计估计变更的有（　　）。

A.应收账款计提坏账比例由5%调整到10%

B.固定资产的预计净残值由20万元调整到40万元

C.以公允价值计量且其变动计入当期损益的金融资产期末的公允价值由100万元调整到200万元

D.投资性房地产由公允价值模式转换为成本模式进行处理

4.【多项选择题】下列关于会计政策、会计估计及其变更的表述中，正确的有（　　）。

A.会计政策是企业在会计确认、计量和报告中所采用的原则、基础和会计处理方法

B.会计估计以最近可利用的信息或资料为基础，不会削弱会计确认和计量的可靠性

C.企业应该在会计准则允许的范围内选择适于本企业情况的会计政策，但一经确定，不得随意变动

D.会计估计变更应按照变更后的会计估计对以前各期追溯计算其产生的累计影响数

5.【多项选择题】下列项目中，属于会计估计变更的有（　　）。

A.坏账准备的提取方法由账龄分析法改为余额百分比法

B.存货期末由成本法核算改为成本与可变现净值孰低法核算

C.坏账准备的提取比例由2%改为5%

D.企业所得税税率由33%降为25%

二、知识点：会计政策和会计估计变更的会计处理

1.【单项选择题】甲公司原为执行小企业会计制度的公司，因企业规模扩大和企业组织形式的变更，经董事会批准于20×8年1月1日首次执行企业会计准则，对有关会计政策和会计估计作如下变更，对子公司股权投资的后续计量由权益法改为成本法。甲公司对子公司的股权投资20×8年年初账面余额为4 500万元，其中，投资成本为4 000万元，损益调整为500万元，未发生减值。变更日该投资的计税基础为4 000万元，假定甲公司计划长期持有对子公司的股权投资。甲公司采用资产负债表债务法核算所得税，适用的所得税税率为25%，甲公司按净利润的10%计提盈余公积，预计在未来期间不会发生变化。甲公司因该事项确认的调减利润分配金额为（　　）万元。

A.50　　B.450　　C.37.5　　D.375

会计政策等变更 1-2

2.【单项选择题】甲公司20×8年1月1日对其以经营租赁方式租出的办公楼的后续计量由成本模式改为公允价值模式。该办公楼20×8年年初账面价值为6 800万元，已计提折旧2 000万元，未发生减值，变更日的公允价值为8 800万元。该办公楼在变更日的计税基础与其原账面价值相同。甲公司采用资产负债表债务法核算所得税，适用的所得税税率为25%，预计在未来期间不会发生变化。甲公司按净利润的10%提取盈余公积，不考虑其他因素，下列关于甲公司的处理错误的是（　　）。

A.确认投资性房地产——成本8 800万元　　B.确认盈余公积150万元

C.确认利润分配——未分配利润1 800万元　　D.确认递延所得税负债500万元

3.【单项选择题】20×4年12月31日，甲公司将一栋办公楼对外出租，并采用成本模式进行后续计量，当日该办公楼账面价值为10 000万元，预计使用年限为20年，预计净残值为0，采用年限平均法计提折旧。20×8年1月1日，甲公司持有的投资性房地产满足采用公允价值模式进行后续计量的条件，甲公司决定采用公允价值模式对该办公楼进行后续计量。当日，该办公楼公允价值为13 000万元；20×8年12月31日，该投资性房地产的公允价值上升为15 500万元。假定不考虑所得税等其他因素，则20×8年甲公司该项投资性房地产影响所有者权益的金额为（　　）万元。

A.2 750　　B.10 000　　C.2 500　　D.7 000

4.【单项选择题】下列关于会计政策变更累计影响数的说法中，正确的是（　　）。

A.是指按照变更后的会计政策对以前各期追溯计算的列报前期最早期初留存收益应有金额与现有金额之间的差额

B.是指按照变更后的会计政策对上期追溯计算的列报前期最早期初留存收益应有金额与现有金额之间的差额

C.是指按照变更后的会计估计对以前各期追溯计算的列报前期最早期初留存收益应有金

额与现有金额之间的差额

D.是指按照变更后的会计政策对以前各期追溯计算的列报前期最早期初盈余公积应有金额与现有金额之间的差额

5.【单项选择题】甲公司20×4年12月20日购入一台管理用设备，入账价值为104万元，原估计使用年限为10年，预计净残值为4万元，按年限平均法计提折旧。由于该设备所含经济利益预期消耗方式的改变和技术因素的原因，甲公司于20×7年1月1日将设备的折旧方法改为双倍余额递减法，将设备的折旧年限由原来的10年改为8年，预计净残值不变。甲公司所得税采用资产负债表债务法核算，适用的所得税税率为25%。则该估计变更对甲公司20×7年净利润的影响金额为（　　）万元。

会计政策等变更
3-4

A.0　　B.-7.5　　C.-13.5　　D.-23.5

6.【单项选择题】甲公司一台从20×5年1月1日开始计提折旧的设备，原值为6 000万元，预计使用年限为10年，预计净残值为300万元，采用双倍余额递减法计提折旧。从20×7年起，该公司将该固定资产的折旧方法改为年限平均法，设备的预计使用年限由10年改为8年，设备的预计净残值由300万元改为240万元。该设备20×7年的折旧额为（　　）万元。

A.600　　B.640　　C.768　　D.450

7.【单项选择题】下列各项中，应采用追溯调整法进行会计处理的是（　　）。

会计政策等变更
5-6

A.采用公允价值计量模式的投资性房地产公允价值变动

B.无形资产由使用寿命不确定变更为使用寿命可合理确定

C.投资性房地产后续计量方法由成本模式变更为公允价值模式

D.因管理业务模式变更导致由以摊余成本计量的金融资产重分类为以公允价值计量且其变动计入其他综合收益的金融资产

8.【单项选择题】甲公司自20×9年1月1日起开始执行新会计准则体系，将所得税核算方法由应付税款法改为资产负债表债务法，适用的所得税税率为25%。考虑到技术进步因素，自20×9年1月1日起将一套管理设备的使用年限由12年改为8年；同时折旧方法由年限平均法改为年数总和法。按税法的规定，该设备的使用年限为20年，按年限平均法计提折旧，净残值为0。该设备原价为900万元，已计提折旧3年，净残值为0。甲公司的下列会计处理中，不正确的是（　　）。

A.所得税核算方法的变更应追溯调整

B.应确认递延所得税资产22.5万元

C.应确认递延所得税费用22.5万元

D.20×9年改按年数总和法计提的折旧额为225万元

会计政策等变更
7-8

9.【多项选择题】甲公司20×4年12月20日购入一台管理用设备，原值为1 000万元，预计使用年限为10年，预计净残值为40万元，按双倍余额递减法计提折旧。假定税法有关该项固定资产折旧的规定与会计上述规定一致。由于固定资产所含经济利益预期消耗方式的改变和技术因素的原因，已不能继续按原定的折旧方法、折旧年限计提折旧。甲公司于20×7年1月1日将设备的折旧方法改为年限平均法，将设备的折旧年限由原来的10年改为8年，预计净残值仍为40万元。甲公司适用的所得税税率为25%。不考虑其他因素，下列有关甲公司上述会计估计变更的会计处理中，表述正确的有（　　）。

A.该管理用设备20×7年应计提的折旧额为100万元

B.该项会计估计变更影响20×7年资产负债表“应交税费”项目的金额为7万元

C.因该项会计估计变更20×7年应确认递延所得税资产7万元

D.该项会计估计变更影响20×7年利润表“净利润”项目的金额为21万元

10.【多项选择题】关于会计政策变更的追溯调整法和未来适用法，下列表述中正确的有（　　）。

A.追溯调整法，是指对某项交易或事项变更会计政策，视同该项交易或事项初次发生时即采用变更后的会计政策，并以此对财务报表相关项目进行调整的方法

会计政策等变更 9-10

B.未来适用法，是指将变更后的会计政策应用于变更日及以后发生的交易或者事项，或者在会计估计变更当期和未来期间确认会计估计变更影响数的方法

C.未来适用法一定不会影响变更当期期初的留存收益

D.追溯调整法，应对前期已对外报出的财务报表进行调整

11.【多项选择题】甲公司有一项使用寿命不确定的无形资产，该无形资产的成本为2 000万元，至20×6年年末，该无形资产已使用2年，可收回金额为1 600万元，20×7年年初该项无形资产的使用寿命得以确定，该无形资产的尚可使用寿命为8年，预计净残值为0，采用直线法进行摊销。假定不考虑所得税等相关因素的影响，下列说法正确的有（　　）。

A.甲公司20×6年该无形资产摊销金额为200万元

B.甲公司20×6年该无形资产计提减值准备400万元

C.甲公司20×7年该无形资产摊销金额为200万元

D.该会计估计变更对甲公司20×7年的利润总额的影响为-200万元

12.【多项选择题】企业发生会计估计变更时，应在财务报表附注中披露的内容有（　　）。

A.会计估计变更的内容

B.会计估计变更的原因

C.会计估计变更对当期和未来期间的影响数

会计政策等变更 11-12

D.会计估计变更的影响数不能确定的，披露这一事实和原因

13.【多项选择题】下列关于会计估计变更与会计政策变更的说法中，正确的有（　　）。

A.如果会计估计变更既影响变更当期又影响未来期间，有关估计变更的影响应该在当期及以后期间确认

B.会计估计变更应采用追溯调整法进行会计处理

C.对于会计政策变更，无法进行追溯调整的，应说明事实和原因以及开始应用变更后的会计政策的时间、具体应用情况

D.对于会计政策变更，可以进行追溯调整的，不需要进行披露

14.【多项选择题】甲公司专门从事大型设备制造与销售，公司设立后即召开董事会会议，确定有关会计政策与会计估计事项。下列各项关于甲公司董事会确定的事项中，属于会计政策的有（　　）。

A.投资性房地产采用公允价值模式进行后续计量

B.建造合同按照履约进度确认收入

C.将租入的设备作为甲公司的使用权资产进行核算

D.按照生产设备预计生产能力确定固定资产使用寿命

15.【多项选择题】甲公司20×8年经董事会决议做出的下列变更中，属于会计估计变更的有（　　）。

A.将发出存货的计价方法由移动加权平均法改为先进先出法

B.改变离职后的福利核算方法，按照新的会计准则有关设定受益计划的规定进行追溯

C.因车流量不均衡，将高速公路收费权的摊销方法由年限平均法改为车流量法

D.因市场条件变化，将某项采用公允价值计量的金融资产的公允价值确定方法由第一层级转变为第二层级

16.【业务题】甲公司经董事会和股东大会批准，于20×7年1月1日开始对有关会计政策和会计估计做出如下变更（甲公司按净利润的10%计提法定盈余公积，不提取任意盈余公积）：

会计政策等变更 13-15

（1）对子公司投资的后续计量由权益法改为成本法。对子公司的投资20×7年年初账面余额为6 500万元，其中，成本为4 000万元，损益调整为2 500万元，未发生减值。变更日该投资的计税基础为4 000万元。

（2）生产用无形资产的摊销方法由直线法改为产量法。甲公司生产用无形资产20×7年年初账面价值为5 000万元，原每年摊销500万元（与税法规定相同），累计摊销额为1 000万元，未发生减值；按产量法摊销，每年摊销600万元。变更日该无形资产的计税基础与其账面价值相同。

（3）应收账款坏账准备由按照应收账款账面余额的5%计提改按应收账款账面余额的3%计提。甲公司应收账款20×7年年初余额1 000万元，年末余额2 200万元。20×7年坏账准备转销15万元。

（4）应付债券实际利息费用的确认由直线法摊销（与税法规定相同）改为实际利率法摊销。直线法摊销是指利息调整部分在持有年限内平均分摊计入财务费用。甲公司应付债券20×7年年初余额1 109万元，其中面值为1 250万元，利息调整借方余额为141万元。该债券是甲公司于20×6年1月1日发行的5年期债券，发行后实际收到银行存款1 000万元，债券面值总额为1 250万元，票面利率为4.72%，按年支付利息（即每年支付59万元），本金最后一次性支付，实际年利率为10%。

（5）所得税核算采用资产负债表债务法。甲公司适用的所得税税率为25%，预计在未来期间不会发生变化。

要求：

（1）根据给定的资料，不考虑其他因素，判断哪些事项属于会计政策变更，标明序号并编制其追溯调整的会计分录。

（2）根据给定的资料，不考虑其他因素，判断哪些事项属于会计估计变更，标明序号，计算会计估计变更对企业20×7年度净利润的影响额，并编制会计分录。

会计政策等变更 16

三、知识点：前期差错及其更正

1.【单项选择题】下列各项不属于会计差错的是（　　）。

A.企业在期末少计提折旧100万元

B.企业能够合理估计退货可能性且确认与退货相关负债的，但在发出商品时未确认销售收入

C.企业内部研发形成的“三新”无形资产账面价值与计税基础不同，产生可抵扣暂时性差异，期末未确认递延所得税资产

D.企业期末存货采用成本与可变现净值孰低计量

前期差错及其更正1-2

2.【单项选择题】甲公司20×8年3月在上年度财务报告批准报出后，发现20×6年10月购入的专利权摊销金额错误。该专利权20×6年应摊销的金额为240万元，20×7年应摊销的金额为960万元。20×6年和20×7年实际摊销金额均为960万元。甲公司对此重大会计差错采用追溯重述法进行会计处理，适用的所得税税率为25%，按净利润的10%提取盈余公积。甲公司20×8年年初未分配利润应调增的金额是（　　）万元。

A.486　　B.540　　C.648　　D.720

3.【单项选择题】甲公司20×8年12月发现20×7年6月完工并投入使用的某工程项目未转入固定资产核算，该工程账面价值1 600万元（假定该工程达到预定可使用状态后未发生其他支出），预计使用年限8年，采用年限平均法计提折旧，预计净残值为0。甲公司采用资产负债表债务法核算所得税，适用的所得税税率为25%，按净利润的10%提取盈余公积。更正该项前期重大差错使甲公司20×8年资产负债表期末资产总额（　　）。

A.增加1 600万元　　B.增加1 300万元　　C.减少300万元　　D.减少1 600万元

4.【单项选择题】甲公司适用的所得税税率为25%，按照净利润的10%提取盈余公积。甲公司从20×8年3月1日开始自行研究开发一项新产品专利技术，在研究开发过程中发生材料费1 400万元、人工工资500万元，以及用银行存款支付的其他费用100万元，总计2 000万元，20×8年10月15日，该专利技术已经能发挥预定用途，甲公司将发生的2 000万元研发支出全部费用化，计入当期管理费用。经查，上述研发支出中，符合资本化条件的支出为1 200万元，假定形成无形资产的专利技术采用直线法按10年摊销，无残值。假定甲公司20×8年将全部研发支出的150%计入应纳税所得额；此项涉及损益的事项均可调整应交所得税。下列关于更正该项差错的表述中，正确的是（　　）。

A.应调整资产负债表“无形资产”项目1 200万元

B.应调整资产负债表“应交所得税”项目438.75万元

C.应确认递延所得税资产146.25万元

D.差错更正以后20×8年12月31日无形资产计税基础为1 170万元

前期差错及其更正3-4

5.【单项选择题】甲公司20×8年实现净利润8 500万元。假定20×7年报表已于20×8年4月30日批准报出，该公司在20×8年5月至12月发生和发现的下列交易或事项，会影响其20×8年年初未分配利润的是（　　）。

A.发现20×6年少计管理费用4 500万元

B.发现20×7年少提财务费用0.5万元

C.为20×7年售出的设备提供售后服务发生支出100万元

D.因客户资信状况明显改善而将应收账款坏账准备提取比例由10%改为5%

6.【单项选择题】甲公司20×8年1月1日对乙公司投资900万元作为长期股权投资，占乙公司有表决权的30%，达到重要影响。20×9年6月15日甲公司发现该公司对该投资误用成本法核算。甲公司20×8年年报已于20×9年4月12日批准报出。下列说法中正确的是（　　）。

A.按重要差错处理，调整20×8年12月31日的资产负债表的年初数和20×8年度利润表、所有者权益变动表的上年数

B.按重要差错处理，调整20×9年12月31日的资产负债表的年初数和20×9年度利润表、所有者权益变动表的上年数

C.按重要差错处理，调整20×9年12月31日的资产负债表的期末数和20×9年度利润表、所有者权益变动表的本期数

D.按非重要差错处理，调整20×9年12月31日的资产负债表的期末数和20×9年度利润表、所有者权益变动表的本期数

前期差错及其更正5–6

7.【单项选择题】甲公司20×5年2月购置了一栋办公楼，预计使用寿命为40年。因此，该公司20×5年4月30日发布公告称：经公司董事会审议通过《关于公司固定资产折旧年限会计估计变更的议案》，决定调整公司房屋建筑物的预计使用寿命，从原定的20至30年调整为20至40年。不考虑其他因素，下列关于甲公司对该公告所陈述折旧年限调整会计处理的表述中，正确的是（　　）。

A.对房屋建筑物折旧年限的变更应当作为会计政策变更并进行追溯调整

B.对房屋建筑物折旧年限变更应作为会计估计变更并应当从20×5年1月1日起采用未来适用法

C.对20×5年2月购置的办公楼按照新的会计估计40年折旧不属于会计估计变更

D.对因20×5年2月购置的办公楼折旧年限的确定导致对原有房屋建筑物折旧年限的变更应当作为重大会计差错进行追溯重述

8.【单项选择题】下列关于前期差错的说法，不正确的是（　　）。

A.前期差错通常包括计算错误、应用会计政策错误、疏忽或曲解产生的影响等

B.企业应该采用追溯重述法更正重要的前期差错，但确定前期差错累计影响数不切实可行的除外

C.追溯重述法，是指在发现前期差错时，视同该项前期差错从未发生过，从而对财务报表相关项目进行更正的方法

D.确定前期差错累计影响数不切实可行的，可以从追溯重述的最早期间开始调整留存收益的期初余额，财务报表其他相关项目的期初余额也应该一并调整，不得采用未来适用法

9.【多项选择题】甲公司20×4年发生的下列交易或事项应采用未来适用法进行会计处理的有（　　）。

A.20×4年年末发现以前年度的不重要会计差错并予以更正

B.从20×4年1月1日起，无形资产的摊销方法由直线法变更为产量法

C.从20×4年1月1日起，投资性房地产公允价值计量中使用的估值技术由

前期差错及其更正7–9

市场法变更为收益法

D.从20×4年1月1日起，将存货的成本核算方法由现行的实际成本法变更为标准成本法

10.【多项选择题】下列有关会计政策、会计估计及其变更和前期差错的表述中正确的有（　　）。

A.会计政策包括企业采用的会计计量基础

B.企业对应交税费的估计与税务机关的批复不一致，应作为会计差错更正处理

C.前期差错包括应用会计政策错误、疏忽或曲解事实以及舞弊产生的影响

D.如果以前期间的会计估计是错误的，则属于前期差错，按前期差错更正的规定进行处理

11.【多项选择题】下列对会计差错进行报表调整的说法中，正确的有（　　）。

A.本期发现的差错，与以前期间相关的非重大会计差错，只需调整发现当期与前期相同的相关项目

B.企业发现属于当期的会计差错，应当调整当期相关项目

C.本期发生的，属于非日后期间的前期重要差错，应当调整发现当期的期初留存收益和财务报表其他相关项目的期初数

D.本期发现的，属于非日后期间的以前年度非重要会计差错，不调整财务报表相关项目的期初数，应当调整发现当期与前期相关的项目

12.【多项选择题】关于前期差错，下列说法正确的有（　　）。

前期差错及其更正10-12

A.前期差错的金额越大，其重要性水平越高

B.对于前期差错，无论金额是否重大，均应采用追溯重述法进行处理

C.如果前期差错影响财务报表使用者根据财务报表做出的经济决策，那么，该前期差错就是重要的

D.对于不重要的非日后事项前期差错，企业不需调整财务报表相关项目的期初数，应调整发现当期与前期相同的相关项目

13.【多项选择题】甲公司对所得税采用资产负债表债务法核算，适用的所得税税率为25%，按净利润的10%提取盈余公积。20×8年5月20日，甲公司发现在20×7年12月31日计算A库存产品的可变现净值时发生差错，该库存产品的成本为1 000万元，预计可变现净值应为700万元。20×7年12月31日，甲公司误将A库存产品的可变现净值计为900万元。该公司的所得税汇算清缴时间为20×8年5月10日，则甲公司因该差错更正下列处理中，正确的有（　　）。

A.确认递延所得税资产50万元　　B.确认应交所得税50万元

C.确认盈余公积-15万元　　D.确认未分配利润-180万元

14.【多项选择题】下列各项中，应采用未来适用法进行会计处理的有（　　）。

A.会计估计变更

B.滥用会计政策变更

C.本期发现的以前年度重大会计差错

D.无法合理确定累计影响数的会计政策变更

15.【多项选择题】20×8年1月1日发现，20×7年12月31日甲公司应付丙公司账款余额

为100万元，因甲公司发生财务困难，双方进行债务重组，丙公司同意豁免甲公司债务50万元，剩余债务延期一年，但附有一个条件，若甲公司在未来一年获利，则甲公司需另付丙公司25万元。估计甲公司在未来一年很可能获利。甲公司确认营业外收入50万元，冲减应付账款的账面价值100万元，确认应付账款的公允价值50万元。甲公司对所得税采用资产负债表债务法核算，适用的所得税税率为25%，按净利润的10%提取盈余公积。下列关于甲公司的差错更正调整说法正确的有（　　）。

A.调整增加20×8年资产负债表年初预计负债25万元

B.调整减少20×8年利润表当年的营业外收入25万元

C.调整减少20×8年利润表上年的营业外收入25万元

D.调整减少20×8年资产负债表年初盈余公积1.875万元

前期差错及其更正13-15

16.【多项选择题】甲公司自行建造的办公楼已于20×7年6月30日达到预定可使用状态并投入使用。甲公司未按规定在6月30日办理竣工决算及结转固定资产手续。20×7年6月30日，该"在建工程"科目的账面余额为2 000万元。20×7年12月31日该"在建工程"科目账面余额为2 040万元，其中包括建造该办公楼相关的专门借款在20×7年7月至12月期间发生的利息40万元。该办公楼竣工决算的建造成本为2 000万元。甲公司预计该办公楼使用年限为20年，预计净残值为0，采用年限平均法计提折旧。至20×8年1月1日，甲公司尚未办理结转固定资产手续。假定税法计提折旧的方法、折旧年限和预计净残值与会计制度一致。甲公司适用的所得税税率为25%，按净利润的10%计提盈余公积。甲公司对20×7年12月31日的资产负债表中相关项目的处理正确的有（　　）。

A.固定资产项目调增1 950万元　　B.在建工程项目调减2 040万元

C.应交税费项目调减22.5万元　　D.利润分配项目调减60.75万元

17.【多项选择题】下列有关会计政策变更以及会计差错的说法中正确的有（　　）。

A.会计政策变更调账时，资产负债表科目正常调整余额，利润表科目通过"以前年度损益调整"科目进行核算，一般不涉及应交所得税的调整，但有可能涉及递延所得税的调整

B.会计政策变更调整报表时，资产负债表调整变化年度的年初数，利润表调整变化年度的上年数

C.前期重大差错更正调账时，资产负债表科目正常调整余额，利润表科目先通过"以前年度损益调整"科目调整，再转入留存收益。

D.前期重大差错更正调报表时，资产负债表调整当年的年初数，利润表调整上年数

18.【多项选择题】甲公司20×8年度发生的下列交易或事项中，不需要采用追溯调整法或追溯重述法进行会计处理的有（　　）。

A.发现以前期间滥用会计政策变更，但因此导致累计影响数的确定不切实可行的

B.发现以前期间滥用会计估计，将该滥用会计估计形成的秘密准备予以冲销

C.因某项固定资产用途发生变化导致使用寿命下降，将其折旧年限由10年改为5年

D.出售某公司部分股份后对其不再具有控制但具有重大影响，将长期股权

前期差错及其更正16-19

投资由成本法改为权益法核算

19.【判断题】在以前期间的附注中已被披露的前期差错更正信息应在后续期间持续进行披露。（ ）

20.【业务题】甲公司20×7年11月1日在进行内部审计时，发现甲公司的如下交易或事项存在问题：

（1）20×6年12月31日，某生产线的原价为2 000万元，已计提折旧600万元，未计提减值准备。该生产线预计使用年限为10年，已使用3年，预计净残值为0，采用年限平均法计提折旧。当日该生产线公允价值减去处置费用后的净额为1 200万元，预计未来现金流量的现值为1 000万元，甲公司确认的可收回金额为1 000万元，并计提400万元的减值准备。计提减值准备后，该生产线的预计使用年限、预计净残值和折旧方法均未发生变化。20×7年度，该生产线生产的产品已完工但尚未对外出售。

（2）20×6年1月1日，甲公司购入乙公司当日发行的3年期债券，面值为500万元，票面年利率为5%，实际支付486.63万元，实际年利率为6%。甲公司将该债券作为以摊余成本计量的金融资产核算。乙公司于每年1月3日支付上年度利息。甲公司按照面值和票面利率确认应收利息和投资收益。假定甲公司按月确认投资收益。

（3）20×7年1月1日，甲公司经评估确认当地的房地产市场交易条件成熟，遂将其一栋对外出租的办公楼由成本模式变更为公允价值模式。该办公楼原价为2 000万元，已计提折旧800万元，预计使用年限为20年，未计提减值准备，当日该办公楼的公允价值为1 600万元。甲公司在进行会计处理时，将该投资性房地产的公允价值与账面价值之间的差额记入“其他综合收益”账户，并在20×7年度计提折旧100万元。

（4）20×7年1月1日，甲公司经批准发行可转换公司债券100万份，每份面值为100元，票面年利率为2%，该债券期限为5年，每年年末支付本年度利息，无发行费用。甲公司实际收到价款9 638万元，全部记入“应付债券”科目，并按照面值和票面年利率计算利息费用，计入财务费用。假定市场上不附转换权的同类债券的市场年利率为6%。

其他相关资料：

（1）甲公司所得税采用资产负债表债务法核算，适用的所得税税率为25%；进行上述会计差错更正时，不需要考虑20×7年度相应的所得税调整。不考虑除所得税外的其他相关税费。

（2）甲公司按照净利润的10%提取盈余公积。

（3）20×7年11月的相关事项均未进行会计处理。

（4）相关系数如下：（P/A，6%，3）=2.6730；（P/A，6%，5）=4.2124；（P/F，6%，3）=0.8396；（P/F，6%，5）=0.7473。

要求：

（1）逐项分析、判断甲公司的上述处理是否正确，并说明理由，如不正确，请做出相关的更正分录。

（2）计算上述事项对20×7年年初留存收益的影响额。

前期差错及其更正20

第六章　资产负债表日后事项

一、知识点：资产负债表日后事项概述

1.【单项选择题】下列在年度资产负债表日至财务报告批准报出日之间发生的事项，不属于资产负债表日后事项的是（　　）。

资产负债表日后事项概述 1-5

A.发生火灾，造成存货毁损

B.上期销售已确认收入并可以合理估计退货率的商品发生退货

C.支付企业管理人员工资

D.投资性房地产发生严重减值

2.【单项选择题】下列关于资产负债表日后调整事项的表述中，正确的是（　　）。

A.资产负债表日后取得确凿证据，表明某项资产在资产负债表日发生了减值或者需要调整该项资产原先确认的减值金额，属于资产负债表日后调整事项

B.资产负债表日后发生重大诉讼、仲裁、承诺等属于资产负债表日后调整事项

C.如果资产负债表日后事项对资产负债表日的情况提供了进一步的证据，证据表明的情况与原来的估计和判断不完全一致，则按照原来的估计进行会计处理

D.资产负债表日后发现了财务报表舞弊或差错，若金额不重大，那么不作为调整事项处理

3.【单项选择题】甲公司20×7年度财务报告于20×8年3月10日编制完成，所得税汇算清缴日是20×8年3月20日，注册会计师完成审计及签署审计报告的日期是20×8年4月10日，经董事会批准20×7年度财务报告对外公布的日期为20×8年4月20日，20×7年度财务报告实际对外报出日为20×8年4月22日，股东大会召开日期是20×8年5月20日。按照准则的规定，资产负债表日后事项涵盖的期间为（　　）。

A.20×8年1月1日至20×8年3月10日　　B.20×8年3月10日至20×8年4月22日

C.20×8年3月10日至20×8年5月20日　　D.20×8年1月1日至20×8年4月20日

4.【单项选择题】甲公司20×7年度财务报告经董事会批准于20×8年4月20日报出，则甲公司在20×8年1月1日至4月20日之间发生的下列事项中，属于资产负债表日后事项中的调整事项的是（　　）。

A.20×8年3月10日，法院判决某项诉讼败诉，支付赔偿金额80万元，公司在上年年末已经确认预计负债65万元

B.20×8年2月10日发生销售产品退回，该批产品系20×8年1月销售

C.20×8年2月18日董事会提出资本公积转增资本方案

D.20×8年3月18日董事会成员发生变动

5.【单项选择题】甲公司20×7年度财务报告经董事会批准对外公布的日期为20×8年3月30日，实际对外公布日期为20×8年4月3日。该公司20×8年1月1日至3月30日发生的下列事项中，应当作为资产负债表日后事项中的非调整事项的是（　　）。

A.2月1日与乙公司签订的债务重组协议执行完毕，该债务重组协议系甲公司于20×8年1月5日与乙公司签订的

B.3月11日发现20×7年10月接受捐赠获得的一项固定资产尚未入账

C.3月15日甲公司被法院判决败诉，并要求支付赔款1 000万元，对此项诉讼甲公司已于20×7年年末确认预计负债800万元

D.3月25日甲公司因从丙银行借入5 000万元长期借款而签订重大资产抵押合同

6.【单项选择题】下列发生在资产负债表日后期间的事项属于日后非调整事项的是（　　）。

A.报告年度销售的商品发生销售折让　　B.报告期的未决诉讼判决

C.发现以前年度重大会计差错　　D.企业发行巨额债券

7.【单项选择题】下列发生在资产负债表日后期间的各种事项中，属于资产负债表日后调整事项的是（　　）。

A.作为交易性金融资产的股票市价下跌

B.因遭受水灾，上年购入的存货发生毁损

C.董事会提出利润分配方案

D.报告年度的未决诉讼在日后期间判决

资产负债表日后事项概述6-10

8.【多项选择题】下列关于资产负债表日后事项的表述中，正确的有（　　）。

A.财务报告批准报出日是指董事会或类似机构批准财务报告报出的日期

B.财务报告的批准者只能是董事会

C.资产负债表日后事项涵盖的期间是指自资产负债表日次日起至财务报告实际报出日之间的一段时间

D.财务报告批准报出以后、实际报出之前又发生与资产负债表日后事项有关的事项，并由此影响财务报告对外公布日期的，应以董事会或类似机构再次批准财务报告对外公布的日期为截止日期

9.【多项选择题】下列事项均发生在资产负债表日后期间，其中属于非调整事项的有（　　）。

A.发生巨额亏损

B.发现以前年度财务舞弊或差错

C.企业以资本公积转增资本

D.企业分配方案中拟分配的以及经审议批准宣告发放的股利或利润

10.【多项选择题】下列各项中，属于资产负债表日后期间调整事项的有（　　）。

A.资产负债表日后期间发生重大火灾损失

B.资产负债表日后期间发现的不重要的前期差错

C.报告年度暂估入账的固定资产在资产负债表日后期间办理了竣工结算手续

D.前期销售商品在资产负债表日后期间发生的销售退回

二、知识点：调整事项的会计处理

1.【单项选择题】甲公司在20×7年度财务报告批准报出前发现一台管理用固定资产未入账，属于重大差错。该固定资产系20×6年6月接受乙公司捐赠取得，入账价值为2 000万元。根据甲公司的折旧政策，该固定资产20×6年度应计提折旧120万元，20×7年度应计提折旧200万元。所得税税率为25%。甲公司20×7年度资产负债表"固定资产"项目"年初数"应调整的金额为（　　）万元。

A.-320　　B.-200　　C.1 480　　D.1 880

2.【单项选择题】甲公司适用的企业所得税税率为25%，按照净利润的10%提取法定盈余公积。20×7年11月，甲公司因产品质量问题被消费者起诉。20×7年12月31日，法院尚未判决，公司法律顾问认为败诉的可能性很大，如果败诉，甲公司很可能支付罚款300万元。甲公司为此确认了300万元的预计负债。20×8年2月20日，在甲公司20×7年度财务报告对外报出之前，法院判决消费者胜诉，要求甲公司支付赔偿款420万元。甲公司服从判决，不再上诉，并于当日支付了赔偿款。甲公司的所得税汇算清缴时间为20×8年4月20日。不考虑其他因素，甲公司因该判决减少20×7年12月31日未分配利润的金额为（　　）万元。

调整事项的会计处理1-2

A.283.5　　B.120　　C.90　　D.81

3.【单项选择题】甲公司为增值税一般纳税人，增值税税率为13%，适用的所得税税率为25%，按照净利润的10%提取法定盈余公积。甲公司20×7年度的财务报告批准报出日为20×8年3月31日，所得税汇算清缴日为2月28日。20×7年10月20日销售一批商品给乙公司，取得收入120万元（不含增值税）。商品发出时控制权转移，甲公司按照以往经验估计不会发生退货，且已经确认收入不会发生转回，从而确认收入120万元，并结转成本100万元。20×7年12月31日，该笔货款尚未收到，甲公司已经对应收账款计提2%的坏账准备。20×8年3月15日，由于产品质量问题，该批商品被退回，相关退货手续已完成。不考虑其他因素，则该项销售退回对甲公司20×7年度财务报告未分配利润的影响金额为（　　）万元。

A.-12.89　　B.-12.127　　C.-17.19　　D.0

4.【单项选择题】甲公司20×8年12月31日应收乙公司账款2 000万元，按照当时估计已计提坏账准备200万元。20×9年2月20日，甲公司获悉乙公司自20×8年下半年开始出现严重的财务困难，已于20×9年2月18日向法院申请破产。甲公司估计应收的乙公司账款全部无法收回。甲公司按净利润的10%提取法定盈余公积，20×8年度财务报告于20×9年4月20日经董事会批准后对外报出。甲公司所得税税率为25%。甲公司因该资产负债表日后事项减少20×8年12月31日未分配利润的金额是（　　）万元。

调整事项的会计处理3-4

A.180　　B.1 620　　C.1 215　　D.1 800

5.【单项选择题】甲公司20×5年3月20日披露20×4年度财务报告。20×5年3月3日，甲公司收到所在地政府于3月1日发布的通知，规定自20×3年6月1日起，对装机容量在2.5万千瓦及以上有发电收入的水库和水电站，按照上网电量8厘/千瓦时征收库区基金。按照该通知规定的征收范围，甲公司所属已投产电站均需缴纳库区基金。不考虑其他因素，下列关于甲公司对于上述事项会计处理的表述中，正确的是（　　）。

A.作为20×5年发生的事项在20×5年财务报表中进行会计处理

B.作为会计政策变更追溯调整20×4年财务报表的数据并调整相关的比较信息

C.作为重大会计差错追溯重述20×4年财务报表的数据并调整相关的比较信息

D.作为资产负债表日后调整事项调整20×4年财务报表的当年发生数及年末数

6.【单项选择题】甲公司20×3年财务报表于20×4年4月10日对外报出。假设其20×4年发生的下列有关事项均具有重要性，甲公司应该据以调整20×3年财务报表的是（　　）。

A.5月2日，自20×3年9月即已开始策划的企业合并交易获得股东大会的批准

B.4月15日，发现20×3年一项重要交易的会计处理未充分考虑当时情况，导致虚增20×3年利润

C.3月12日，某项于20×3年资产负债表日已存在的未决诉讼结案，由于新的司法解释出台，甲公司实际支付赔偿金额大于原已确认预计负债

D.4月10日，因某客户所在地发生火灾造成重大损失，导致甲公司20×3年资产负债表日应收该客户货款按新的情况预计的坏账高于原预计金额

调整事项的会计处理5-6

7.【单项选择题】甲公司适用的所得税税率为25%，20×6年年度财务报告批准报出日为20×7年4月30日，20×6年度所得税汇算清缴于20×7年4月30日完成。资料如下：甲公司20×6年12月31日前因未履行合同被乙公司起诉，甲公司已确认“预计负债”75万元并确认递延所得税。20×7年3月20日，法院判决甲公司需要赔偿乙公司经济损失80万元。假定税法规定该诉讼损失，应该按照规定的程序和要求向主管税务机关申报后方能在税前扣除，未经申报的损失不得在税前扣除。假定甲公司不再上诉并执行判决，该诉讼损失已经向主管税务机关申报。下列有关甲公司20×7年会计处理的表述中，不正确的是（　　）。

A.作为资产负债表日后事项调整20×6年财务报表

B.冲减20×6年财务报表预计负债75万元

C.冲减20×6年财务报表递延所得税资产18.75万元

D.增加20×7年3月财务报表营业外支出5万元

8.【单项选择题】甲公司与乙公司签订供销合同，合同规定甲公司在20×8年3月供应给乙公司一批货物。由于甲公司未按合同的规定发货，致使乙公司发生重大经济损失。20×8年11月，乙公司通过法律手段要求甲公司赔偿经济损失200万元，该诉讼案在12月31日尚未判决，甲公司预计赔偿100万元的经济损失。20×9年3月2日，经法院一审判决，甲公司需要赔偿乙公司经济损失140万元；甲公司不再上诉，并于当日支付赔偿款。甲公司20×8年度财务报告批准报出日为20×9年4月10日，所得税汇算清缴日为4月20日。甲公司适用的所得税税率为25%，按照净利润的10%提取法定盈余公积。下列关于该日后事项对20×8年报表影响的说法中，不正确的是（　　）。

A.20×8年年末资产负债表其他应付款增加140万元

B.20×8年年末资产负债表银行存款减少140万元

C.20×8年利润表中营业外支出增加40万元

D.20×8年年末未分配利润减少27万元

调整事项的会计处理7-8

9.【多项选择题】下图反映的是甲公司与支付赔款相关的资产负债表日后调整事项所引起的资金运动流程图。甲公司适用的所得税税率为25%，所得税会计处理采用资产负债表债务法。下列有关下图资金运动所反映的业务描述正确的有（　　）。

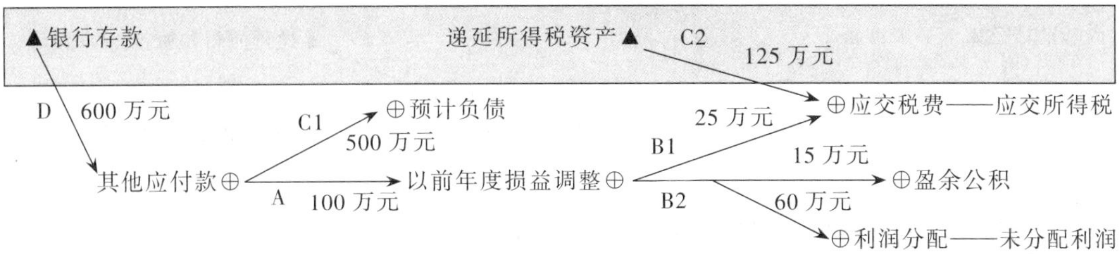

A.从A段资金运动可知，法院判断的应付赔款比甲公司自己预计的要多出100万元。结合B段资金运动可知，该超出的赔款导致企业本期应交所得税减少25万元，留存收益减少75万元。从中可以推测出，甲公司本年度盈余公积的提取比例为15%

B.从C段资金运动可知，企业自身预计应付赔款为500万元，由于该赔款税法不予认可，导致企业确认了125万元的递延所得税资产。由于法院的判决（企业不上诉），导致企业原先的预计负债转换为现实的“其他应付款”，即C1段运动；与此相关的递延所得税资产也转换为抵扣税款的现实权利，即C2段运动

C.从B1段和C2段资金运动可知，在该日后事项发生时，甲公司尚未进行所得税的汇算清缴。如果这笔日后事项发生在所得税汇算清缴之后，那B1段资金运动的终点就应该是递延所得税资产，同时C2段运动也不会发生

D.图中A、B、C、D四段资金运动的结果都应该反映在报告年度的财务报表之中

10.【多项选择题】下图反映的是乙公司与收到赔款有关的资产负债表日后事项相关的资金运动流程图。乙公司适用的所得税税率为25%，所得税会计处理采用资产负债表债务法。下列有关下图资金运动所反映的业务描述正确的有（　　）。

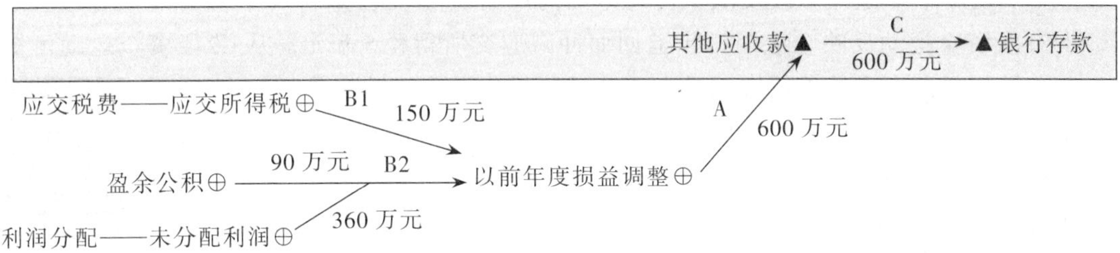

A.A段资金运动反映，乙公司确认了600万元的应收赔款——“其他应收款”。但我们无法准确推测该确认是在资产负债表日及之前乙公司自行估计的，还是在资产负债表日后乙公司根据法院判决做出的

B.B1段资金运动反映企业因该笔赔款所确认的应交所得税为150万元。B2段资金运动反映该笔应收赔款导致企业留存收益增加450万元

C.在B1段资金运动中，“应交税费——应交所得税”也可以用“递延所得税负债”来替代

调整事项的会计处理9-10

D.A段和B段资金运动所反映的经济业务应体现在报告年度的财务报表之中，而C段运动所反映的经济业务应作为报告年度次年的业务进行处理

11.【多项选择题】下图反映的是甲公司与补提坏账准备有关的资产负债表日后事项相关的资金运动流程图。甲公司适用的所得税税率为25%，所得税会计处理采用资产负债表债务法。下列有关下图资金运动所反映的业务描述正确的有（　　）。

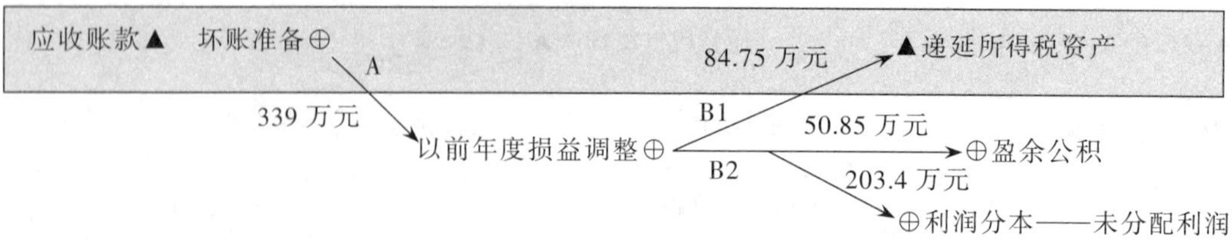

A.A段资金运动反映甲公司补提了339万元的坏账准备

B.B1段资金运动反映甲公司因补提坏账准备导致企业产生84.75万元的可抵扣所得税税款的权利

C.B2段资金运动反映甲公司因补提坏账准备导致留存收益减少254.25万元

D.从B1段资金运动可知，甲公司坏账准备的补提发生在甲公司所得税汇算清缴之后

12.【多项选择题】下图反映的是甲公司与销售退回有关的资产负债表日后事项相关的资金运动流程图。甲公司适用的增值税税率为13%，适用的所得税税率为25%，所得税会计处理采用资产负债表债务法。下列有关下图资金运动所反映的业务描述正确的有（　　）。

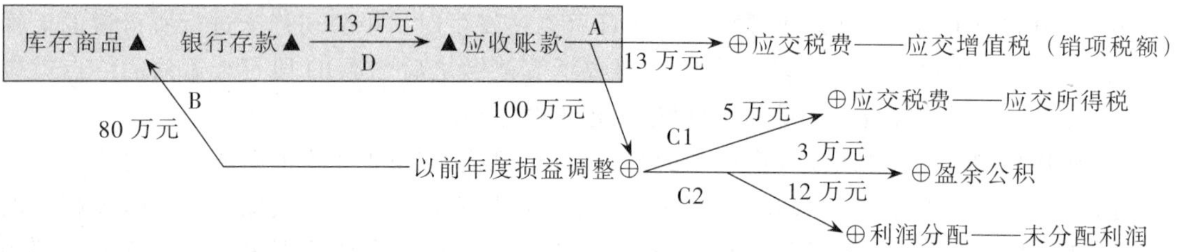

A.A段资金运动反映甲公司冲销报告年度所确认的销售收入100万元和增值税销项税额13万元。资金运动B段反映甲公司退回的产品80万元已重新入库

B.C1段资金运动反映企业因销售退回而冲减应交所得税5万元。从C2段资金运动可知，该销售退回发生的时点应该是在甲公司所得税汇算清缴之前

C.C2段资金运动反映甲公司因销售退回而冲减留存收益15万元。从C2段资金运动可知，甲公司盈余公积的提取比例为20%

D. A、B、C三段资金运动所反映的经济业务应体现在报告年度的报表之中。D段资金运动所反映的经济业务应作为报告年度次年的业务处理

调整事项的会计处理11-12

13.【多项选择题】甲公司为增值税一般纳税人，销售商品适用的增值税税率为13%；所得税采用资产负债表债务法核算，适用的所得税税率为25%，按净利润的10%计提盈余公积。甲公司20×7年度的财务报告批准报出日为20×8年3月30日；20×8年3月10日，甲公司完成了20×7年度所得税汇算清缴工作。资产负债表日后期间两笔应收款项出现如下情况：（1）20×8年1月30日接到通知，债务企业乙企业宣告破产，其所欠甲公司账款400万元预计只能收回30%。甲公司在20×7年12月31日以前已被告知乙企业资不抵债，面临破产，并已经计提坏账准备80万元。（2）20×8年3月15日，甲公司收到丙企业通知，被告知丙企业于20×8年2月13日发生火灾，预计所欠甲公司的300万元货款全部无法偿还。不考虑其他因

素，下列说法中正确的有（　　）。

A.应收乙企业款项的处理应遵循资产负债表日后调整事项原则处理

B.应收丙企业款项的处理应遵循资产负债表日后非调整事项原则处理

C.应调减20×7年12月31日资产负债表应收账款200万元

D.应调增20×7年度利润表资产减值损失500万元

14.【多项选择题】甲公司20×8年2月在20×7年度财务报告批准报出前发现一台管理用固定资产未计提折旧，属于重大差错。该固定资产系20×6年6月接受A公司捐赠取得。根据甲公司的折旧政策，该固定资产20×6年度应计提折旧200万元，20×7年度应计提折旧400万元。该公司按净利润的10%提取法定盈余公积，同时采用资产负债表债务法核算所得税，适用的所得税税率为25%。则该公司下列处理中，正确的有（　　）。

A.甲公司20×7年年末资产负债表“固定资产”年末数应调减600万元

B.甲公司20×7年年末资产负债表“未分配利润”年末数应调减405万元

C.甲公司20×7年度利润表“管理费用”本期金额应调增600万元

D.甲公司20×7年度利润表“净利润”本期金额应调减300万元

调整事项的会计处理13-14

15.【多项选择题】20×7年度甲公司为乙公司的1 000万元债务提供60%的担保，乙公司因到期无力偿还债务被起诉，至20×7年年末，法院尚未做出判决，甲公司根据有关情况预计很可能承担部分担保责任，但金额不能可靠计量，20×8年3月5日甲公司财务报告批准报出之前法院做出判决，甲公司需为乙公司偿还债务的40%，甲公司立即执行了该判决。下列有关甲公司的会计处理说法不正确的有（　　）。

A.20×7年12月31日按照很可能承担的担保责任确认预计负债

B.20×7年12月31日对此预计负债做出披露

C.20×7年12月31日对此或有负债做出披露

D.20×8年3月5日按照资产负债表日后非调整事项处理

16.【多项选择题】甲公司采用资产负债表债务法核算所得税，适用的所得税税率为25%，20×7年度的财务报告批准报出日为20×8年4月30日，所得税汇算清缴的时间是20×8年4月20日。甲公司20×7年12月10日与乙公司签订产品销售合同，合同约定：甲公司向乙公司销售A产品200件，单位成本为220元，单位售价为300元；乙公司应在甲公司发出产品后1个月内支付款项（双方款项均已结算完毕），乙公司收到产品后4个月内如发现质量问题有权退货。甲公司于20×7年12月15日发出相关产品，并开具增值税专用发票。商品发出时控制权转移，甲公司根据以往经验，估计退货率为30%，且已经确认的收入极可能不会发生转回。至20×7年12月31日，上述已销售的产品均未发生退回，甲公司估计退货率仍为30%。至20×8年3月31日，20×7年度出售的A产品发生20%退货。甲公司适用的增值税税率为13%。则甲公司下列处理正确的有（　　）。

A.甲公司20×7年年末资产负债表“存货”年末数应调增8 800元

B.甲公司20×7年年末资产负债表“未分配利润”年末数应调增1 080元

C.甲公司20×7年度利润表“营业成本”本期金额应调增4 400元

D.甲公司20×7年度利润表“营业收入”本期金额应调增6 000元

调整事项的会计处理15-16

17.【多项选择题】甲公司为增值税一般纳税人，适用的增值税税率为13%，20×5年度的财务报告的批准报出日为20×6年的4月10日。20×5年度甲公司实现净利润8 000万元。20×6年4月8日，董事会做出拟分配方案：按照净利润的10%提取法定盈余公积，分派现金股利600万元，并提交股东大会表决。甲公司据此做出了相应的会计处理，调整了20×5年度财务报表的相关数字。该项会计差错在更正时，对20×5年度财务报表造成的影响中，下列说法中正确的有（　　）。

A.调减应付股利600万元　　B.调增未分配利润60万元

C.调增未分配利润500万元　　D.盈余公积项目可调整，也可不调整

18.【多项选择题】下列关于资产负债表日后事项的表述中，正确的有（　　）。

A.调整事项如涉及现金收支项目，均不调整报告年度资产负债表的货币资金项目和现金流量表正表各项目数字

B.调整事项涉及损益的，通过“以前年度损益调整”科目核算，然后将“以前年度损益调整”科目余额转入“本年利润”科目

C.资产负债表日后发生的巨额亏损，属于非调整事项

D.调整事项不涉及损益及利润分配的事项，直接调整相关科目即可

调整事项的会计处理17–18

19.【多项选择题】甲公司20×9年在对20×8年报表进行审计时，发现其20×8年年末库存商品账面余额为305万元。经检查，该批产品的预计售价为270万元，预计销售费用和相关税金为15万元。当时，由于疏忽，将预计售价误记为340万元，未提取存货跌价准备。该公司适用的所得税税率为25%。下列处理中正确的有（　　）。

A.调减20×8年存货项目金额50万元

B.调增20×8年递延所得税资产项目金额12.5万元

C.调减20×8年存货项目金额35万元

D.调增20×8年递延所得税资产项目金额8.75万元

20.【多项选择题】甲公司20×8年财务报表于20×9年4月30日批准对外报出。假定其20×9年发生的下列有关事项具有重要性，甲公司应据以调整20×8年财务报表的有（　　）。

A.3月28日，甲公司计提法定盈余公积100万元

B.3月30日，甲公司股东大会审议批准宣告发放现金股利200万元

C.4月10日，甲公司涉及的诉讼事项判决，甲公司服从法院判决并于当日支付赔款200万元，甲公司已于20×8年确认预计负债120万元

D.5月2日，甲公司的债务人乙公司宣告破产，甲公司预计无法收回全部货款100万元，甲公司已于20×8年确认坏账准备20万元

调整事项的会计处理19–20

21.【业务题】甲公司所得税采用资产负债表债务法核算，适用的所得税税率为25%。甲公司20×7年度的财务报告于20×8年4月30日批准对外报出，20×7年度所得税汇算清缴于20×8年5月10日完成。某注册会计师于20×8年2月20日对该公司20×7年度财务报表进行审计时，对以下交易或事项的会计处理提出疑问：

（1）20×7年4月1日，甲公司与A公司签订资产置换合同，将一项租赁期满作为投资性房地产核算的办公楼与A公司的土地使用权置换，相关资产所有权转移手续于当日办理完毕。投资性房地产的原值为2 000万元，已计提投资性房地产累计折旧100万元，当日公允价值为2 500万元。A公司土地使用权资产置换日的公允价值为2 400万元，另向甲公司

支付补价100万元。甲公司该项资产置换取得的土地使用权作为无形资产入账，采用直线法摊销，预计尚可使用年限为30年，预计净残值为0。假定该项非货币性资产交换具有商业实质。

20×7年度甲公司对上述交易或事项的会计处理如下：

借：无形资产　　18 000 000

　　银行存款　　1 000 000

　　投资性房地产累计折旧　　1 000 000

　贷：投资性房地产　　20 000 000

借：管理费用（18 000 000÷30×9/12）　　450 000

　贷：累计摊销　　450 000

（2）20×7年4月25日，甲公司与B公司签订债务重组协议，约定将甲公司应收B公司货款450万元转为对B公司的投资。经股东大会批准，B公司于4月30日完成股权登记手续，双方当日解除债权债务关系。债务转为资本后，甲公司持有B公司20%的股权，对B公司的财务和经营决策具有重大影响。

甲公司该应收款项系向B公司销售产品形成，至20×7年4月30日甲公司未计提坏账准备。20×7年4月30日，B公司20%股权的公允价值为360万元，B公司可辨认净资产公允价值为2 000万元（含甲公司以债权转增资本增加的价值），除一批库存商品（账面价值为75万元、公允价值为150万元）外，其他可辨认资产和负债的公允价值均与账面价值相同。

20×7年5月至12月，B公司发生净亏损30万元，除所发生的30万元亏损外，未发生其他引起所有者权益变动的交易或事项。甲公司取得投资时B公司持有的上述库存商品中至20×7年年末已出售40%。

20×7年12月31日，因对B公司投资出现减值迹象，甲公司对该项投资进行减值测试，确定其可收回金额为330万元。

假定税法规定，债务重组损失允许税前扣除。甲公司拟长期持有B公司的股权投资，没有计划出售。

甲公司对上述交易或事项的会计处理为：

借：长期股权投资——投资成本　　3 300 000

　　营业外支出　　1 200 000

　贷：应收账款　　4 500 000

借：投资收益　　60 000

　贷：长期股权投资——损益调整　　60 000

调整事项的会计处理21

（3）20×7年12月31日，甲公司的一条生产线发生永久性损害但尚未处置。该生产线原价为3 000万元，累计折旧为2 300万元，之前未计提减值准备，可收回金额为0。该生产线的永久性损害尚未经税务部门认定。20×7年12月31日，甲公司相关业务的会计处理如下：①甲公司按可收回金额低于账面价值的差额计提固定资产减值准备700万元；②甲公司对该生产线账面价值与计税基础之间的差额未确认递延所得税资产。税法规定，企业计提的减值损失在未发生实质性损失前不得税前扣除。

要求：根据上述资料逐项判断甲公司会计处理是否正确；如不正确，简要说明理由，并

编制调整分录。（不要求编制结转以前年度损益调整和调整计提盈余公积的会计分录）

22.【业务题】乙公司系增值税一般纳税人；适用的所得税税率为25%，所得税采用资产负债表债务法核算。除特别说明外，乙公司采用账龄分析法计提坏账准备，3个月以内账龄的应收款项计提坏账准备的比例为5‰。不考虑除增值税、所得税以外的其他相关税费。乙公司按当年实现净利润的10%提取法定盈余公积。

乙公司20×7年度所得税汇算清缴于20×8年2月28日完成，在此之前发生的20×7年度纳税调整事项，均可进行纳税调整。乙公司20×7年度财务报告于20×8年3月31日经董事会批准对外报出。

20×8年1月1日至3月31日，乙公司发生如下交易或事项：

（1）1月14日，乙公司收到甲公司退回的20×7年10月4日从其购入的一批商品，以及税务机关开具的进货退回证明单。当日，乙公司向甲公司开具红字增值税专用发票。该批商品的销售价格为400万元（不含增值税），增值税税额为52万元，销售成本为370万元。假定乙公司销售该批商品时，控制权已经转移，并符合收入确认条件，乙公司已确认了收入并结转了相应的成本。至20×8年1月14日，该批商品的应收账款尚未收回。

（2）2月26日，乙公司获知丙公司被法院依法宣告破产，预计应收丙公司账款250万元（含增值税）收回的可能性极小，应全额计提坏账准备。乙公司在20×7年12月31日已被告知丙公司资金周转困难无法按期偿还债务，因而对丙公司的应收账款单独测试，按应收丙公司账款余额的50%计提了坏账准备。

（3）3月15日，乙公司以5 000万元出售其子公司丁公司80%股权，当日股权过户手续办理完毕。该项股权转让手续完成后，乙公司将不能再对丁公司实施控制。

（4）3月20日，乙公司董事会提议的20×7年度利润分配方案为：提取法定盈余公积620万元，分配现金股利210万元。乙公司根据董事会提议的利润分配方案，将提取的法定盈余公积作为盈余公积，将拟分配的现金股利作为应付股利，并进行账务处理，同时调整20×7年12月31日资产负债表相关项目。

调整事项的会计处理22

要求：

（1）指出乙公司发生的上述事项中哪些属于资产负债表日后调整事项（列明序号即可）。

（2）对于乙公司发生的资产负债表日后调整事项，编制有关调整分录。

（“应交税费”科目要求写出明细科目及专栏名称，“利润分配”科目要求写出明细科目）

三、知识点：非调整事项的会计处理

1.【单项选择题】下列关于资产负债表日后事项的说法中，正确的是（　　）。

A.资产负债表日后事项，如果涉及损益调整，直接在“利润分配——未分配利润”科目进行核算

B.资产负债表日后期间，前期或有事项变为确定的事项，应依据资产负债表日后调整事项准则做出相应处理

C.资产负债表日后调整事项，在调整报表项目相关数字之后，还要在财务报表附注中进行披露

D. 20×8年度的财务报告批准报出前，公司董事会于20×9年3月25日提出现金股利分配方案，该公司调整了报告年度财务报表相关项目的金额

2.【单项选择题】甲公司20×8年度的财务报告于20×9年3月31日批准对外报出。公司发生的下列事项中，不需要在20×8年的财务报表附注中披露的是（　　）。

A.20×9年1月10日，公司对外发行3年期，面值总额为100万元的债券，发行价为120万元

B.20×9年1月31日，公司遭受水灾造成厂房、存货重大毁损5 000万元

C.20×9年2月1日，发现上年应计入财务费用的20万元利息费用误计入在建工程

D.20×9年2月20日，支付8 200万元购入A公司80%的股份，并能够对其进行控制

3.【多项选择题】甲公司采用资产负债表债务法核算所得税，适用的所得税税率为25%，20×8年的财务报告于20×9年4月30日经批准对外报出。20×8年所得税汇算清缴于20×9年4月30日完成。20×9年4月30日前发生下列有关经济业务：（1）20×9年1月3日，法院终审判决甲公司赔偿乙公司损失120万元，当日，赔款已经支付。甲公司在20×8年年末已确认预计负债100万元并确认相关递延所得税资产25万元。（2）20×9年2月16日，收到购货方因商品质量问题退回的商品，并收到了购货方提供的开具红字增值税专用发票申请表，并开具了红字增值税专用发票冲减了销项税额。该商品销售业务于20×8年11月发生，甲公司已确认收入500万元，结转销售成本400万元。（3）20×9年4月2日向社会公众发行公司债券20 000万元。（4）20×9年4月12日以资本公积转增资本5 600万元。对20×9年4月30日前甲公司发生的以上经济业务的会计处理，表述正确的有（　　）。

A.20×9年1月3日，法院终审判决甲公司赔偿乙公司损失属于资产负债表日后调整事项

B.20×9年2月16日，收到退回的商品属于资产负债表日后调整事项

C.20×9年4月2日向社会公众发行公司债券属于资产负债表日后调整事项

D.20×9年4月12日以资本公积转增资本属于资产负债表日后非调整事项

4.【多项选择题】下列各项有关资产负债表日后非调整事项的说法中，正确的有（　　）。

A.重要的资产负债表日后非调整事项应在附注中予以披露

B.重要的资产负债表日后非调整事项应在附注中披露事项的性质

C.重要的资产负债表日后非调整事项应在附注中披露事项的内容

D.重要的资产负债表日后非调整事项应在附注中披露事项对企业财务状况和经营成果的影响

非调整事项的会计处理1-4

5.【业务题】甲公司20×6年度财务报告于20×7年2月28日经董事会批准对外报出，其所得税汇算清缴时间为20×7年4月10日。20×6年，甲公司发生的有关交易或事项如下：

（1）甲公司历来对所售产品实行“三包”服务，根据产品质量保证条款，产品出售后2年内如发生质量问题，甲公司负责免费维修、调换等（不包括非正常损坏）。甲公司20×6年年初与“三包”服务相关的预计负债账面余额为60万元，当年实际发生“三包”服务费用45万元。

按照以往惯例，较小质量问题发生的维修等费用为当期销售产品收入总额的0.5%；较大质量问题发生的维修等费用为当期销售产品收入总额的2%；严重质量问题发生的维修等费用为当期销售产品收入总额的5%。根据产品质量检测及历年发生的“三包”服务等情况，

甲公司预计20×6年度销售产品中的75%不会发生质量问题，20%可能发生较小质量问题，4%可能发生较大质量问题，1%可能发生严重质量问题。甲公司20×6年销售产品收入总额为50 000万元。

（2）20×7年1月20日，甲公司收到其客户丁公司通知，因丁公司所在地于20×7年1月18日发生自然灾害，导致丁公司发生自然灾害，无法偿付所欠甲公司货款1 200万元的60%。甲公司已对该应收账款于20×6年年末计提200万元的坏账准备。

（3）根据甲公司与丙公司签订的协议，甲公司应于20×6年9月20日向丙公司销售一批产品，因甲公司未能按期交货，导致丙公司延迟向其客户交付商品而发生违约损失1 000万元。为此，丙公司于20×6年10月8日向法院提起诉讼，要求甲公司按合同的约定支付违约金950万元以及由此导致的丙公司违约损失1 000万元。

截至20×6年12月31日，双方拟进行和解，和解协议正在商量之中。甲公司经咨询其法律顾问后，预计很可能赔偿金额在950万元至1 000万元之间。为此，甲公司于年末预计975万元损失并确认为预计负债。20×7年2月10日，甲公司与丙公司达成和解，甲公司同意支付违约金950万元和丙公司的违约损失300万元，丙公司同意撤诉。甲公司于20×7年3月20日通过银行转账支付了上述款项。

本题不考虑相关税费及其他因素。

要求：

（1）根据资料（1），说明甲公司与"三包"服务有关的预计负债确定最佳估计数的原则，计算甲公司20×6年应计提的产品"三包"服务费；并计算甲公司20×6年12月31日与产品"三包"服务相关的预计负债年末余额。

（2）根据资料（2）和（3），分别说明与甲公司有关的事项属于资产负债表日后调整事项还是非调整事项，并说明理由；如为调整事项，分别计算甲公司应调整20×6年年末留存收益的金额；如为非调整事项，说明其会计处理方法。

非调整事项的
会计处理5

第七章　股份支付

一、知识点：股份支付概述

股份支付概述+股份支付确认与计量1-2

【单项选择题】20×5年9月10日，甲公司股东大会提议一项股份支付的协议条款，条款内容为：为其100名中层以上管理人员每人授予100份现金股票增值权，这些人员从20×6年1月1日起必须在该公司连续服务3年，即可按照当时股价的增长幅度获得现金，该增值权应在20×8年12月31日之前行使完毕。20×5年11月30日，该协议获得股东大会的批准。20×6年1月1日，甲公司正式授予本公司100名中层以上管理人员每人100份现金股票增值权。20×9年1月5日，假定甲公司上述100名中层以上管理人员无一人离职，并且全部行权，则甲公司这项股份支付协议的等待期为（　　）。

A.20×5年11月30日至20×8年12月31日　　B.20×6年1月1日至20×8年12月31日

C.20×6年1月1日至20×9年1月5日　　D.20×5年11月30日至20×9年1月5日

二、知识点：股份支付的确认和计量

1.【单项选择题】下列关于股份支付的会计处理说法中正确的是（　　）。

A.对于附有市场条件的股份支付，只要职工满足了其他所有非市场条件，企业就应当确认已取得的服务对应的成本费用

B.对于附有市场条件的股份支付，只要职工满足了全部市场条件，无论非市场条件是否满足，均应当确认成本费用

C.股份支付中只要满足服务期限条件，无论市场条件与非市场条件是否得到满足，均应当确认成本费用

D.在等待期内，业绩条件为市场条件的，如果后续信息表明需要调整对可行权情况的估计，应对前期估计进行修改

2.【单项选择题】下列各项有关以权益结算的股份支付的说法中，正确的是（　　）。

A.以权益结算的股份支付换取职工提供服务的，在授予日应当以授予日权益工具的公允价值计量

B.对于以权益结算的股份支付，应当按照每个资产负债表日权益工具的公允价值重新计量，确认成本费用和资本公积

C.对于以权益结算的股份支付，在可行权日之后不再对已确认的成本费用和所有者权益总额进行调整

D.对于以权益结算的股份支付，在可行权日之后不再确认成本费用，负债公允价值的

变动计入当期损益

3.【单项选择题】下列关于等待期内取消或结算授予权益工具（因未满足可行权条件而被取消的除外）的说法中，不正确的是（　　）。

A.将取消或结算作为加速可行权处理，立即确认原本应在剩余等待期内确认的金额

B.在取消或结算时支付给职工的所有款项均应作为权益的回购处理，回购支付的金额高于该权益工具在回购日公允价值的部分，计入所有者权益（资本公积——其他资本公积）

C.如果向职工授予新的权益工具，并在新权益工具授予日认定所授予的新权益工具是用于替代被取消的权益工具的，企业应以与处理原权益工具条款和条件修改相同的方式，对所授予的替代权益工具进行处理

D.如果企业未将新授予的权益工具认定为替代权益工具，则应当将其作为一项新授予的股份支付进行处理

4.【单项选择题】关于集团内涉及不同企业股份支付的会计处理，表述不正确的是（　　）。

A.结算企业是接受服务企业的投资者的，应当按照授予日权益工具的公允价值或应承担负债的公允价值确认为对接受服务企业的长期股权投资，同时确认资本公积（其他资本公积）或负债

B.结算企业以其本身权益工具结算的，应当将该股份支付交易作为以权益结算的股份支付处理

C.结算企业以集团内的其他子公司的权益工具结算的，应当将该股份支付交易作为以权益结算的股份支付处理

D.接受服务企业具有结算义务且授予本企业职工的是企业集团内其他企业权益工具的，应当将该股份支付交易作为以现金结算的股份支付处理

5.【单项选择题】下列各项附等待期的股份支付，属于以权益结算的股份支付的是（　　）。

股份支付确认与计量3-5

A.授予研发人员模拟股票的计划

B.以低于市价的价格向员工出售限制性股票的计划

C.授予高管人员以股票的市场价格支付价款的计划

D.公司承诺达到生产要求，授予生产工人按照股票市价涨幅无条件支付奖励款的计划

6.【单项选择题】下列关于股份支付的表述中，不正确的有（　　）。

A.企业在确定授予日权益工具的公允价值时，应考虑市场条件和非可行权条件的影响

B.可行权条件是否得到满足直接影响职工最终能否行权

C.市场条件影响企业每期对可行权情况的估计

D.行权日，如市场条件没有得到满足，企业还需要确认当年的成本费用，但是不做行权的处理

7.【单项选择题】20×6年1月1日，甲公司经股东大会批准与其管理人员签订股份支付协议，协议约定，等待期为自20×6年1月1日起2年，2年期满有关管理人员在甲公司工作且每年净资产收益率不低于15%的，管理人员每人可无偿取得10万股甲公司股票。甲公司

普通股按董事会批准该股份支付协议前20日平均市场价格计算，其公允价值为20元/股，授予日甲公司的普通股的公允价值为18元/股。20×6年12月31日，甲公司普通股的公允价值为25元/股。根据甲公司生产经营情况及市场价格波动等因素的综合考虑，甲公司预计该股份支付行权日其普通股的公允价值为24元/股。不考虑其他因素，下列各项中，属于甲公司在计算20×6年因该股份支付确认费用时应使用的普通股的公允价值是（　　）。

A.预计行权日甲公司普通股的公允价值

B.20×6年1月1日甲公司普通股的公允价值

C.20×6年12月31日甲公司普通股的公允价值

D.董事会批准该股份支付协议前20天按甲公司普通股平均市场价格计算确定的公允价值

8.【单项选择题】关于以权益结算的股份支付的会计处理原则，下列说法中错误的是（　　）。

股份支付确认与计量6-8

A.以权益结算的股份支付换取职工提供服务的，应当以授予日授予职工权益工具的公允价值计量

B.在资产负债表日，后续信息表明可行权权益工具的数量与以前估计不同的，应当进行调整，并在行权日调整至实际可行权的权益工具数量

C.授予后可立即行权的换取职工服务的以权益结算的股份支付，应当在授予日按权益工具的公允价值计入相关成本费用

D.在可行权日之后，不再对已确认的成本费用和所有者权益总额进行调整

9.【多项选择题】下图是甲公司授予公司管理层股票期权的股份支付业务资金运动流程图。假设该公司的股票每股面值为1元，不考虑相关手续费等因素。下列有关下图的表述中，正确的有（　　）。

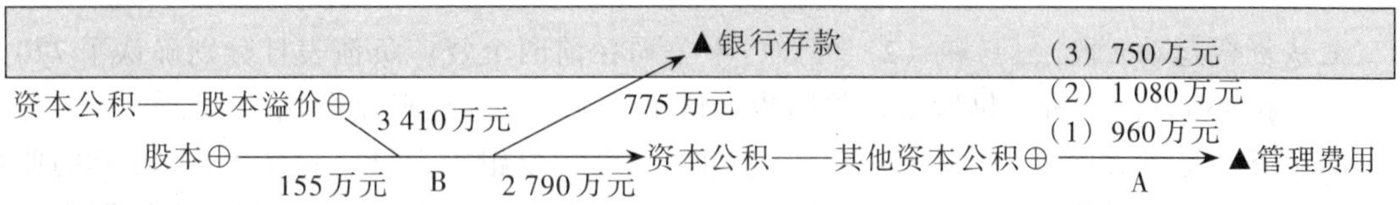

A.该流程图反映的是以权益结算的股份支付业务

B.从资金运动A段可知，甲公司在授予日以及随后的两个资产负债表日分别确认了960万元、1 080万元和750万元的管理费用。该段流量的计量是以股票期权在到期日的公允价值为基础计算出来的

C.从资金运动B段可知，甲公司管理层行权的股票数量为155万股，每股的行权价为5元

D.从资金运动B段可知，管理层行权支付了775万元的银行存款。该行权所支付的金额加上资本公积——其他资本公积的2 790万元，合计为3 565万元。该金额中应确认股本金额155万元，剩下的3 410万元全部作为股本溢价处理

10.【多项选择题】下图是甲公司授予公司管理层股票期权的股份支付业务资金运动流程图。假设该公司的股票每股面值为1元，不考虑相关手续费等因素。下列有关下图的表述中，正确的有（　　）。

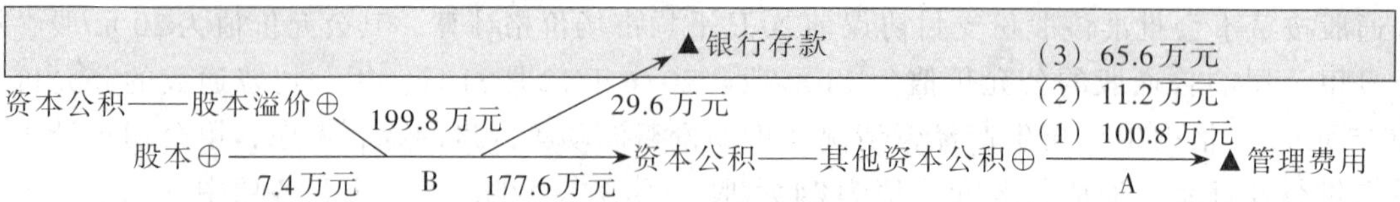

A. 从资金运动A段可知，甲公司在三个资产负债表日分别确认了100.8万元、11.2万元和65.6万元的管理费用。该段流量应以股票期权在授予日的公允价值为基础计算得出

B. 从资金运动A段可知，第二个资产负债表日所确认的股份支付费用11.2万元远远低于其他两个资产负债表日所确认的金额，其原因可能是第二年甲公司离职的管理层人员特别多

C. 从资金运动B段可知，管理层行权支付了29.6万元的银行存款。该行权所支付的金额加上资本公积——其他资本公积的177.6万元，合计207.2万元。该金额中应确认股本金额7.4万元，剩下的199.8万元全部作为股本溢价处理

D. 该流程图反映的是以权益工具结算的股份支付业务。该业务一旦按照授予日权益工具的公允价值计入成本费用和资本公积（其他资本公积）后，就不再确认其后续公允价值变动了

股份支付确认与计量9-10

11.【多项选择题】下图是甲公司以现金结算的股份支付业务资金运动流程图。下列有关下图资金运动所反映的经济业务表述正确的有（　　）。

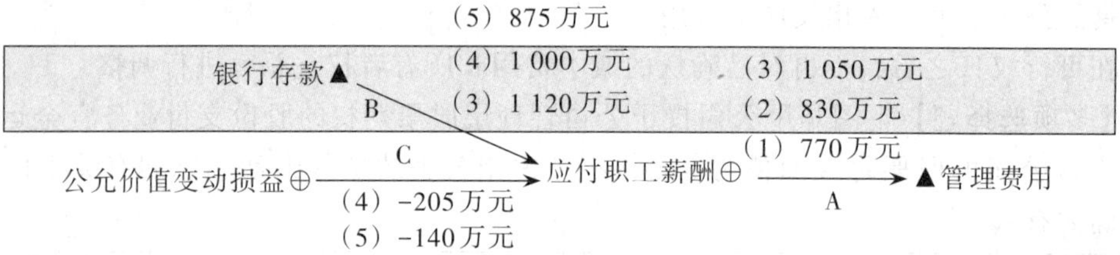

A. 从资金运动A段（1）和（2）可知，甲公司在前两个资产负债表日分别确认了770万元和830万元股份支付费用，并同步确认了等金额的应付职工薪酬

B. 从资金运动A段（3）和B段（3）可知，甲公司以银行存款支付了1 120万元的股份支付，并同步确认1 050万元的管理费用和应付职工薪酬。由此推测出本期期末应保留的应付职工薪酬为1 530万元（770+830+1 050−1 120）

C. 从资金运动A段、B段（4）和C段（4）可知，在第四个资产负债表日，资金运动A段没有进行相关的业务处理，由此可以推断该以现金结算的股份支付的等待期为3年。甲公司在第四个资产负债表日以银行存款1 000万元支付了以现金结算的股份支付。由于以现金结算的股份支付参照物的公允价值发生变动，从而导致应付职工薪酬的公允价值在第四个资产负债表日增加了205万元。由此推测出本期期末应保留的应付职工薪酬为735万元（1 530+205−1 000）

股份支付确认与计量11

D. 从资金运动B段（5）和C段（5）可知，在第五个资产负债表日，由于以现金结算的股份支付参照物的公允价值发生变动，从而导致应付职工薪酬的公允价值在第五个资产负债表日增加了140万元，再加上上期期末应付职工薪酬的余额为735万元，合计

为875万元。最后甲公司以银行存款875万元支付了以现金结算的股份支付

12.【多项选择题】下列各项中，属于以现金结算的股份支付的工具的有（　　）。

A.优先股　　B.模拟股票

C.现金股票增值权　　D.限制性股票

13.【多项选择题】下列各项关于附等待期的股份支付会计处理的表述中，正确的有（　　）。

A.以权益结算的股份支付，相关权益性工具的公允价值在授予日后不再调整

B.对于换取其他方服务的股份支付，企业应当以股份支付所换取的服务的公允价值计量

C.附市场条件的股份支付，应在所有市场及非市场条件均满足时确认相关成本费用

D.非市场条件是否得到满足，影响企业对预计可行权情况的估计

14.【多项选择题】下列关于企业授予权益工具的公允价值无法可靠计量的处理中，正确的有（　　）。

股份支付确认与计量12-14

A.企业应当在获取对方提供服务的时点、后续的每个资产负债表日以及结算日，以内在价值计量该权益工具，内在价值变动计入当期损益

B.以内在价值计量的已授予权益工具进行结算的，结算发生在等待期内的，企业应当将结算作为加速可行权处理，即立即确认本应于剩余等待期内确认的服务金额

C.以内在价值计量的已授予权益工具进行结算的，结算时支付的款项应当作为回购该权益工具处理，即减少所有者权益

D.以内在价值计量的已授予权益工具进行结算的，结算支付的款项高于该权益工具在回购日内在价值的部分，计入资本公积（股本溢价）

15.【多项选择题】下列表述中，不属于股份支付可行权条件中的非市场条件的有（　　）。

A.最低股价增长率　　B.营业收入增长率

C.在本企业的服务年限要求　　D.将部分年薪存入公司专门建立的内部基金中

16.【多项选择题】关于可行权条件的修改，下列表述正确的有（　　）。

A.如果修改增加了所授予的权益工具的公允价值，企业应按照权益工具公允价值的增加相应地确认取得服务的增加

B.如果修改增加了所授予的权益工具的数量，企业应将增加的权益工具的公允价值相应地确认为取得服务的增加

C.如果企业按照有利于职工的方式修改可行权条件，如缩短等待期、变更或取消业绩条件（非市场条件），企业在处理可行权条件时，应当考虑修改后的可行权条件

D.条款和条件的有利修改（如企业以增加股份支付公允价值总额的方式或其他有利于职工的方式修改条款和条件），企业仍应继续对取得的服务进行会计处理，如同该变更从未发生，除非企业取消了部分或全部已授予的权益工具

17.【多项选择题】股份支付中通常涉及可行权条件，其中业绩条件又可分为市场条件和非市场条件，下列各项属于非市场条件的有（　　）。

股份支付确认与计量15-18

A.股价增长率　　B.服务期限条件

C.利润指标实现情况　　　　　　　　　D.销售指标实现情况

18.【多项选择题】下列关于条款和条件的取消或结算的说法中，正确的有（　　）。

A.将取消或结算作为加速可行权处理（因未满足可行权条件而被取消的除外），立即确认原本应在剩余等待期内确认的金额

B.在取消或结算时支付给职工的所有款项均应作为权益的回购处理，回购支付的金额高于该权益工具在回购日公允价值的部分，计入当期损益

C.如果向职工授予新的权益工具，并在新权益工具授予日认定所授予的新权益工具是用于替代被取消的权益工具的，企业应以与处理原权益工具条款和条件修改相同的方式，对所授予的替代权益工具进行处理

D.在取消或结算时支付给职工的所有款项均应作为权益的回购处理，回购支付的金额高于该权益工具在回购日公允价值的部分，计入所有者权益

三、知识点：股份支付的应用举例

1.【单项选择题】20×3年1月1日，甲公司向其50名管理人员每人授予10 000份股票期权。股份支付协议规定：从20×3年1月1日起3年中，公司3年净利润增长率平均达到12%以上，并且从20×3年1月1日起所有管理人员必须在该公司连续服务满3年，服务期满时才能以每股5元的价格购买10 000股甲公司股票，甲公司股票每股面值为1元。公司估计该期权在授予日的公允价值为每份12元。20×3年、20×4年和20×5年年末该期权的公允价值分别为每份13元、12元和10元。20×3年有5名管理人员离开甲公司，甲公司估计3年中离开的管理人员比例将达到20%；20×4年又有3名管理人员离开公司，公司将管理人员离开比例修正为18%；20×5年又有2名管理人员离开。20×5年12月31日未离开公司的管理人员全部行权。第1年年末、第2年年末，甲公司均预计下年可以实现该业绩目标，则20×5年12月31日行权时记入“资本公积——股本溢价”账户的金额为（　　）万元。

股份支付应用 1-2

A.200　　　　B.480　　　　C.460　　　　D.640

2.【单项选择题】20×4年1月1日，经股东大会批准，甲公司为其100名中层以上管理人员每人授予10 000份现金股票增值权，根据股份支付协议的规定，这些管理人员必须在本公司连续服务满4年，才可行权，可行权日为20×7年12月31日，该增值权应在20×8年12月31日之前行使完毕。授予日每份现金股票增值权公允价值为10元，截至20×5年12月31日，累计确认负债480万元；20×6年12月31日公司估计至可行权日离开公司的中层以上管理人员为30人，每份现金股票增值权公允价值为16元。20×6年甲公司应确认管理费用的金额为（　　）万元。

A.48　　　　B.360　　　　C.700　　　　D.840

3.【单项选择题】20×6年1月1日，甲公司向本公司100名管理人员每人授予20 000份股票期权，根据股份支付协议的规定，这些员工自20×6年1月1日起在本公司连续服务满3年，即可以5元/股的价格购买本公司20 000股股票，从而获利。甲公司估计每份期权在授予日的公允价值为15元，20×6年12月31日，该期权每份公允价值为18元，20×7年12月31日，每份公允价值为16元。第1年有10名管理人员离开公司，公司预计3年中离开的管理人

员比例将达到30%，第2年甲公司将预计的离职比例修正为25%。则20×7年12月31日甲公司应当按照取得的服务贷记“资本公积——其他资本公积”账户的金额为（　　）万元。

A.700　　B.800　　C.760　　D.840

4.【单项选择题】20×8年1月1日，甲公司向其20名管理人员每人授予10万份股票期权，这些职员从20×8年1月1日起在公司连续服务3年，即可以每股4元的价格购买10万股甲公司股票，从而获利。公司估计该期权在授予日的公允价值为每份15元。20×8年年末有2名职员离开甲公司，估计未来2年还有2人离开；20×9年年末又有2名职员离开公司，公司估计未来没有人离开。假定公司20×9年1月1日将授予日的公允价值修改为18元/份。甲公司20×9年由于股份支付应确认的成本费用为（　　）万元。

股份支付应用
3-4

A.750　　B.2 040　　C.800　　D.1 040

5.【单项选择题】甲公司管理层于20×6年12月25日审议通过一项股份支付计划，公司向其50名管理人员每人授予10万份股票期权，要求这些职员从20×7年1月1日起在该公司连续工作3年，即可以4元/股的价格购买公司10万股普通股，从而获利。甲公司估计该期权在20×6年12月25日的公允价值为每份12元。20×7年年末有2名职员离开公司，公司估计3年的离职率为20%。20×8年年末又有3名职员离开公司，公司将估计的职员离职率调整为30%，并将授予日期权的公允价值修正为9元/份。20×8年年末甲公司应确认的成本费用为（　　）万元。

股份支付应用
5-6

A.1 600　　B.1 200　　C.950　　D.800

6.【单项选择题】甲公司20×6年年初实施了一项以权益结算的股份支付计划，向100名管理人员每人授予1万份股票期权，约定自20×6年1月1日起，这些管理人员连续服务3年，即可以3元的价格购买甲公司1万股股票。授予日该期权的公允价值为每份5元。20×6年没有人离职，但至20×7年年末已有10名管理人员离职，预计未来期间不会有人离职，当日股票期权的公允价值为每份6元。20×8年4月20日，甲公司经股东大会批准，将该股份支付计划取消，同时以现金向未离职的员工进行补偿共计460万元。20×8年年初至取消股利支付计划之前，无人离职。不考虑其他因素，20×8年甲公司因取消该股份支付影响损益的金额是（　　）万元。

A.-80　　B.10　　C.160　　D.150

7.【单项选择题】20×8年3月16日，甲公司以100万元从市场回购本公司的普通股股票，拟用于对高管人员进行股权激励。因甲公司的母公司乙公司于20×8年7月1日与甲公司签订了股权激励协议，甲公司暂未实施本公司的股权激励计划。根据乙公司与甲公司高管人员签订的股权激励协议，乙公司对甲公司的20名高管人员每人授予10万份股票期权。授予日每份期权的公允价值为3元。行权条件为自授予日起高管人员在甲公司服务满3年，即可免费获得乙公司10万股普通股股票。至20×8年12月31日，甲公司没有高管人员离开，预计未来3年也不会有高管人员离开。下列关于甲公司的会计处理中，正确的是（　　）。

A.回购本公司股票时应按实际支付金额冲减资本公积100万元

B.乙公司授予甲公司高管的股票期权，甲公司没有结算义务，作为以权益结算的股份支付处理

股份支付应用
7-8

C.20×8年年末应确认的管理费用为200万元

D.20×8年年末应确认的资本公积为200万元

8.【单项选择题】20×4年12月16日，甲公司经股东大会批准，向其100名管理人员每人授予2万份现金股票增值权，这些管理人员自20×5年1月1日起在该公司连续工作3年，即可按照当时股价的增长幅度获得现金，该增值权应在20×9年12月31日之前行使完毕。20×4年12月16日每份现金股票增值权的公允价值为13元，20×5年1月1日每份现金股票增值权的公允价值为15元，20×5年12月31日的公允价值为每份18元。第一年有10人离开公司，甲公司预计3年中离职人员比例达20%。假定不考虑其他因素。甲公司20×5年年末应确认增加的应付职工薪酬金额是（　　）万元。

A.960　　B.1 080　　C.693.3333　　D.780

9.【多项选择题】20×2年12月20日，经股东大会批准，甲公司向100名高管人员每人授予4万份股票期权。根据股份支付协议的规定，这些高管人员自20×3年1月1日起在公司连续服务满4年，即可于20×6年12月31日以每份股票期权换取1股本公司普通股股票（每股面值1元）。甲公司普通股20×2年12月20日的市场价格为每股15元，20×3年1月1日的市场价格为每股18元。假定在等待期内，第1年有10名管理人员离开公司，公司预计4年中离开的管理人员比例将达到25%，第2年有5名管理人员离开公司，同时甲公司将预计的管理人员离职比例修正为30%。假定不考虑其他因素，下列处理中正确的有（　　）。

A.甲公司20×3年12月31日确认应付职工薪酬1 125万元，同时计入管理费用

B.甲公司20×3年12月31日确认资本公积1 125万元，同时计入管理费用

C.甲公司20×4年12月31日确认应付职工薪酬975万元，同时计入管理费用975万元

D.甲公司截至20×4年12月31日，累计确认的管理费用为2 100万元

10.【多项选择题】20×7年1月1日，甲公司向乙公司100名管理人员每人授予1万份股票期权，等待期3年，行权条件为乙公司3年净利润平均增长率达到6%以上，甲公司估计乙公司每年均能实现该目标。等待期结束后，每持有1份股票期权可以免费获得甲公司1股普通股股票，授予日，甲公司每份期权的公允价值为15元。20×7年12月31日，签订协议的人员中有8人离职，甲公司估计，3年中预计离职比例为16%，当日每份期权的公允价值为18元。依据上述资料，不考虑其他因素，下列会计处理中正确的有（　　）。

A.乙公司将其作为以权益结算的股份支付，按照授予日权益工具的公允价值确认成本费用和所有者权益

B.甲公司作为现金结算的股份支付，依据等待期内资产负债表日权益工具的公允价值，确认长期股权投资和应付职工薪酬

股份支付应用
9-10

C. 20×7年12月31日合并财务报表中因该股份支付协议确认长期股权投资的金额为0

D. 20×7年12月31日合并财务报表中因该股份支付协议确认管理费用的金额为420万元

11.【多项选择题】甲公司20×8年年初向100名管理人员每人授予1万份股票期权，约定自20×8年1月1日起，这些管理人员在公司持续工作3年，即可以每股5元的价格购买1万股甲公司普通股。20×8年有4名管理人员离职，预计未来将有6名管理人员离职。20×9年又有5名管理人员离职，预计未来将有1名管理人员离职。该项股票期权在授予

日的公允价值为每份6元，20×8年年末公允价值每份7元。20×9年年初甲公司将该股票期权在授予日的公允价值修改为每份8元。不考虑其他因素，甲公司的下列处理中正确的有（　　）。

A.甲公司该项股权激励计划属于以权益结算的股份支付，应按照授予日的公允价值将当期取得的服务计入相关资产成本或当期费用

B.20×8年年末应确认的费用金额为180万元

C.甲公司20×9年年初对股票期权公允价值的修改属于有利修改，应当继续以20×8年确定的该权益工具在授予日的公允价值为基础，确认取得服务的金额

D.20×9年年末应确认的费用金额为270万元

12.【多项选择题】20×6年12月20日，经股东大会批准，甲公司向50名高管人员每人授予5万份普通股期权（每股面值1元）。根据股份支付协议的规定，这些高管人员自20×7年1月1日起在公司连续服务3年，即可于20×9年12月31日无偿获得授予的普通股。甲公司普通股20×6年12月20日股票期权的公允价值为每股12元，股票的市场价格为每股14元，20×6年12月31日的市场价格为每股15元。20×7年2月8日，甲公司从二级市场上以每股8元的价格回购本公司的普通股250万股，拟用于管理人员的股权激励。在等待期内，甲公司没有管理人员离开公司。20×9年12月31日，高管人员全部行权。当日，甲公司普通股市场价格为13.5元/股。不考虑其他因素，下列关于甲公司的账务处理，不正确的有（　　）。

A.回购股票时，甲公司应确认库存股250万元，同时冲减资本公积1 750万元

B.20×7年年末，企业应借记管理费用1 000万元，贷记资本公积1 000万元

C.20×8年年末，企业应借记管理费用1 000万元，贷记应付职工薪酬1 000万元

D.职工行权时，应增加所有者权益3 000万元

股份支付应用
11-12

13.【多项选择题】20×5年1月1日，甲公司与其管理层成员签订股份支付协议，协议规定如果管理层成员自当日起在甲公司连续工作满3年，并且公司股价每年提高10%以上，管理层成员就可以得到与1万股股票同等公允价值的现金。同时作为协议的补充，公司把每位管理层成员的年薪提高了50 000元，但公司将这部分年薪按月存入公司专门建立的内部基金，3年后，管理层可以用属于其个人的部分抵减未来行权时需要支付的购买股票价款。如果管理层成员决定退出这项基金，可随时全额提取。

甲公司以期权模型估计授予的此项期权在20×5年资产负债表日的公允价值总额为300万元，20×6年年末该期权的公允价值总额为450万元。第1年公司股价提升了10.5%，甲公司估计3年内管理层离职的比例为10%；在第2年，甲公司股价提高了11%，甲公司调整其管理层的离职率为15%；不考虑其他因素。甲公司相关账务处理中，下列说法中不正确的有（　　）。

A.20×5年年末，确认管理费用和应付职工薪酬90万元

B.20×6年年末，确认管理费用和应付职工薪酬80万元

C.20×6年年末，确认管理费用和资本公积165万元

D.20×5年年末，确认管理费用和资本公积90万元

股份支付应用
13

14.【业务题】甲公司于20×3年开始对高管人员进行股权激励，具体情况如下：

（1）20×3年1月2日，甲公司与50名高管人员签订股权激励协议并经股东大会批准。协议约定，甲公司向每名高管人员授予12万份股票期权，每份期权于到期日可以8元/股的价格购买甲公司1股普通股。该股票期权自股权激励协议签订之日起3年内分三期平均行权，该股份支付协议包括等待期分别为1年、2年和3年的三项股份支付安排；20×3年年末，甲公司实现的净利润比上一年增长8%以上（含8%），在职的高管人员持有的股票期权当中每人可行权4万份；20×4年年末，如果甲公司20×3年、20×4年连续2年实现的净利润的增长达到8%以上（含8%），在职的高管人员持有的股票期权中每人可行权4万份；20×5年年末，如果甲公司连续3年实现的净利润的增长达到8%以上（含8%），则在职的高管人员持有的剩余股票期权可予行权。当日，甲公司估计该股票期权的公允价值为每份5元。

（2）20×3年甲公司实现净利润12 000万元，较20×2年增长9%，预计股份支付剩余等待期内净利润仍能以同等速度增长。20×3年甲公司普通股平均市场价格为每股12元。20×3年12月31日，甲公司所授予的股票期权的公允价值为每份5元。20×3年，与甲公司签订了股权激励协议的高管人员没人离职，预计后续期间也不会有人离职。

（3）20×4年3月20日，甲公司50名高管人员将至20×3年年末到期的可行权股票期权全部行权。20×4年，甲公司实现净利润为13 200万元，较20×3年增长10%。20×4年没有高管人员离职，预计后续期间也不会有人离职。20×4年12月31日，甲公司所授予的股票期权的公允价值为每份3.5元。

其他有关资料如下：

甲公司20×3年1月1日发行在外的普通股为5 000万股。假定各报告期期末未发生其他影响发行在外普通股股数变动的事项，且公司不存在除普通股外的其他权益工具。

要求：

（1）确定甲公司该项股份支付的授予日，计算甲公司20×3年、20×4年就该股份支付应确认的费用金额，并编制会计分录。

（2）编制甲公司高管人员20×4年就该股份支付行权的会计处理。

（3）计算甲公司20×3年基本每股收益。

股份支付应用
14

15.【业务题】20×5年1月1日，甲公司为其100名中层以上的管理人员每人授予10 000份现金股票增值权，这些人员从20×5年1月1日起必须在公司连续服务3年，才能自20×7年12月31日起根据股价的增值幅度获得现金，该增值权应在20×9年12月31日之前行使完毕。甲公司估计，该增值权在负债结算之前的每一资产负债表日以及结算日的公允价值和可行权后的每份增值权现金支出额见下表：

每一资产负债表日和结算日增值权的公允价值与现金支出表　　单位：元

年末	公允价值	支付现金
20×5	12	
20×6	14	
20×7	15	16
20×8	20	18
20×9		22

20×5年有10名管理人员离开甲公司，甲公司估计3年中还将有8名职员离开；20×6年又有6名管理人员离开公司，公司估计还将有6名管理人员离开；20×7年又有4名管理人员离开，有40人行使股票增值权取得了现金。20×8年年末有30人行使了股票增值权取得了现金。20×9年年末有10人行使了股票增值权取得了现金。

股份支付应用
15

要求：计算20×5年至20×9年每年应确认的费用（或收益）、应付职工薪酬余额和支付的现金，并编制有关会计分录。

16.【业务题】20×8年，甲公司发生了如下交易或事项：

（1）甲公司对其20名管理人员和50名销售人员进行股权激励计划，主要内容如下：

①管理人员自20×8年4月1日开始在甲公司工作满3年，每人即可无偿获得甲公司自身股票10万股。4月1日，甲公司为开展股权激励计划回购本公司股票600万股，共支付价款3 500万元。甲公司预计3年内的职工离职率为5%。股票在授予日的市场价格为每股9元。

②甲公司20×8年1月1日授予其销售人员每人5万份现金股票增值权，达到可行权条件后可以行权获得相应的现金。第1年年末的可行权条件为销售业绩增长率达到10%；第2年年末可行权条件为销售业绩2年平均增长8%；第3年年末的可行权条件是销售业绩3年平均增长6%。该期权在20×8年1月1日的公允价值为每份20元。20×8年12月31日，销售业绩增长了8%，同时有2名销售人员离开，公司预计20×9年销售业绩将以同样速度增长，因此预计将于20×9年12月31日行权。甲公司预计将来还会有5人离职。该期权在20×8年年末的公允价值为每份12元。

（2）甲公司向其200名生产人员每人授予2万份股票期权，约定这些人员从20×8年4月1日起在公司连续服务满4年，即可获得以每股5元的价格购买甲公司新发行的2万股股票。当年没有生产人员离开，且甲公司预计将来也不会有生产人员离开。该股票期权在授予日的公允价值为每份8元。假设生产人员所生产的产品至年末全部未对外出售。

（3）甲公司当年实现的净利润为12 000万元（假设全部为归属于普通股股东的净利润）。甲公司当期期初发行在外的普通股股数为5 000万股。20×8年4月至12月甲公司股票的平均价格为每股10元。本期未发生其他股票变动。假定不考虑其他因素。

要求：

（1）根据资料（1），编制甲公司回购股票的会计分录。

（2）根据资料（1），判断甲公司对管理人员和销售人员进行股份支付的类型，并说明理由；计算20×8年年末应确认的成本费用，并编制会计分录。

股份支付应用
16

（3）根据资料（2），计算甲公司应确认的成本费用金额，并编制相关的会计分录。

（4）根据上述资料计算甲公司的基本每股收益和稀释每股收益。（保留两位小数）

17.【业务题】甲公司20×4年度财务报告批准报出日为20×5年4月20日。20×4年度所得税的汇算清缴工作于20×5年4月10日完成。ABC会计师事务所在20×5年4月10日之前对甲公司财务报表进行审计时，对下列交易或事项提出质疑：

（1）20×4年1月1日，甲公司为其100名管理人员每人授予20万份现金股票增值权，这些人员从20×4年1月1日起必须在该公司连续服务5年，才能自20×8年12月31日起根据甲公司股价的增长幅度获得现金，该现金增值权应在20×9年12月31日之前行使完毕。授予日每份现金股票增值权的公允价值为10元。甲公司在20×4年1月1日，即授予日，没有进行账务处理。

20×4年12月31日每份现金股票增值权的公允价值为12元。本年有10名管理人员离开公司，甲公司估计未来还将有10名管理人员离开。假定税法规定相关成本费用在实际发生时允许税前扣除。甲公司的会计处理为：

"应付职工薪酬"科目发生额=（100-20）×20×10×1/5=3 200（万元）

借：管理费用　　32 000 000

　贷：应付职工薪酬　　32 000 000

借：递延所得税资产　　8 000 000

　贷：所得税费用　　8 000 000

（2）20×4年1月1日取得某项无形资产（专利权，免征增值税），取得成本为2 000万元，取得该项无形资产后，根据各方面情况判断，甲公司无法合理估计其使用寿命，将其作为使用寿命不确定的无形资产。20×4年12月31日对该项无形资产进行减值测试时未发现其减值。按照税法的规定，对该无形资产按照10年的期限摊销，摊销金额允许税前扣除。甲公司对其没有进行账务处理。

（3）20×4年6月30日甲公司以5 000万元的价格购入乙公司80%的股权，购买日乙公司可辨认净资产公允价值为4 000万元（与账面价值相等）。合并前双方不存在任何关联方关系。假定将乙公司认定为一个资产组，20×4年12月31日乙公司按照购买日可辨认净资产公允价值持续计算的可辨认净资产账面价值为3 500万元，乙公司可收回金额为4 000万元。甲公司未进行任何处理。

（4）20×4年12月1日，甲公司与丙公司签订销售合同。合同规定，甲公司向丙公司销售200件A产品，每件产品的售价为20万元。每件A产品的成本为15万元。同时合同约定甲公司应于20×5年4月30日以每件25万元的价格购回A产品。当日，甲公司开出增值税专用发票，注明增值税税额为520万元，款项已存入银行。至20×4年12月31日，A产品尚未发出。税法对于售后回购一般作为两个环节，即销售和购回，分别处理。甲公司的会计处理如下：

借：银行存款　　45 200 000

　贷：主营业务收入　　40 000 000

　　　应交税费——应交增值税（销项税额）　　5 200 000

借：主营业务成本　　30 000 000

　贷：库存商品　　30 000 000

其他资料：①甲公司适用的增值税税率为13%，所得税税率为25%；按照净利润的10%提取法定盈余公积，不提取任意盈余公积。②不考虑增值税、所得税之外的其他税费。③假设发生的可抵扣暂时性差异预计在未来均能转回。④不需要编制以前年度损益调整的结转分录。

要求：

（1）根据资料（1），判断甲公司在授予日的账务处理以及20×4年12月31日的账务处理是否正确，并简要说明理由。如果不正确，请编制相应的更正分录。

（2）根据资料（2），判断甲公司的处理是否正确，并简要说明理由。如果不正确，请做出相应的更正分录。

（3）根据资料（3），判断甲公司的处理是否正确，并简要说明理由。如果不正确，请做出相应的更正分录。

（4）根据资料（4），判断甲公司的处理是否正确，并简要说明理由。如果不正确，请做出相应的更正分录。

股份支付应用
17

第八章 租赁会计

一、知识点：租赁概述

1.【多项选择题】一项合同要被分类为租赁，必须满足的要素有（　　）。

A.存在一定期间

B.存在已识别资产

C.资产供应方向客户转移对已识别资产的所有权

D.资产供应方向客户转移对已识别资产使用权的控制

租赁概述

2.【多项选择题】只有同时满足一定条件，才能表明资产供应方拥有资产的实质性替换权。这些条件是（　　）。

A.资产供应方拥有在整个使用期间替换资产的实际能力

B.资产供应方通过行使替换资产的权利将获得经济利益，即替换资产的预期经济利益将超过替换资产所需成本

C.未来某个客户为使用该资产同意支付高于市价的价格

D.资产供应方拥有在资产运行结果不佳或者进行技术升级的情况下，因修理和维护而替换资产的权利或义务

3.【多项选择题】下列对于租赁期和购买选择权的重新评估的表述正确的有（　　）。

A.发生重大事件或变化，且影响承租人是否合理确定将行使相应选择权的，承租人应当对其是否合理确定将行使续租选择权、购买选择权或不行使终止租赁选择权进行重新评估，并根据重新评估结果修改租赁期

B.在租赁期开始日未预计到的重大租赁资产改良，在可行使续租选择权、终止租赁选择权或购买选择权时，预期将为承租人带来重大经济利益

C.在租赁期开始日未预计到的租赁资产的重大改动或定制化调整

D.承租人做出的与行使或不行使选择权直接相关的经营决策。例如，决定续租互补性资产、处置可替代的资产或处置包含相关使用权资产的业务

4.【判断题】在租赁合同中，“存在一定期间”是指一定的会计期间，如年、半年、季度、月份。（　　）

二、知识点：承租人会计处理

1.【单项选择题】下列各项中，一定不属于租赁业务中承租人租赁付款额组成部分的是（　　）。

A.与出租人和承租人均无关的一方向出租人提供担保

B.购买选择权的行权价格

C.行使终止租赁选择权需支付的款项

D.取决于指数或比率的可变租赁付款额

承租人会计处理 1-3

2.【单项选择题】关于承租人对租赁业务的会计处理，下列说法中正确的是（　　）。

A.承租人对所有租赁业务都必须确认一项使用权资产和相关租赁负债

B.对于租赁业务，承租人应区分经营租赁和融资租赁业务，并分别进行会计处理

C.承租人对于使用权资产应当按成本进行初始计量

D.租赁负债应当按照租赁期开始日尚未支付的租赁付款额进行初始计量

3.【单项选择题】某项租赁合同的租赁期为8年，承租人需要在每年年末支付租金100万元（不含增值税），承租人担保的资产余值为70万元。承租人拥有在租赁期满时以优惠价格购买该项资产的选择权，承租人的该项选择权的行权价格为20万元，承租人合理确定将行使该选择权。不考虑其他因素，则该项租赁业务中，承租人的租赁付款额为（　　）万元。

A.890　　B.870　　C.800　　D.170

4.【单项选择题】甲公司自乙公司租入一项设备，租期3年，每年年末支付租金50万元，预计租期满时的资产余值为20万元，甲公司担保的资产余值为10万元，担保公司担保的资产余值为5万元。假设该项租赁的内含利率为7%。为将该设备运回甲公司，甲公司需另支付运杂费等3万元。不考虑其他因素，则甲公司取得该项使用权资产的入账价值为（　　）万元。[（P/A，7%，3）=2.6243；（P/F，7%，3）=0.8163]

A.130　　B.133　　C.139.38　　D.142.38

5.【多项选择题】下图是租赁负债和使用权资产初始确认资金运动流程图。下列有关下图资金运动所反映的经济业务描述正确的有（　　）。

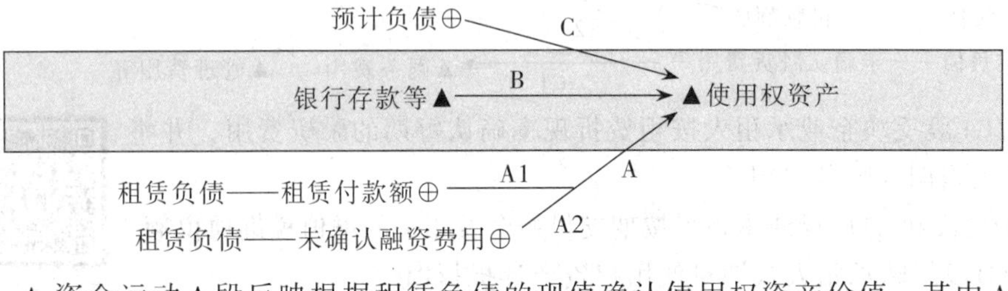

承租人会计处理 4-5

A.资金运动A段反映根据租赁负债的现值确认使用权资产价值，其中A1段流量反映未考虑货币时间价值时每年租赁付款额的总和；A2段流量为负数，该段流量抵减A1段流量就可以得出租赁负债的现值

B.资金运动B段反映承租人可能发生的租赁初始费用以及期初支付的租赁预付款

C.如果承租人收到出租人支付的租赁奖励款，其所引起的资金运动见B段所示，但其流量应该为负数

D.资金运动C段反映承租人因预计拆卸及移除租赁资产、复原租赁资产所在场所或将租

赁资产恢复至租赁条款约定状态而发生的成本，这些成本将以其实际发生的金额计入使用权资产成本

6.【多项选择题】下图是甲公司租赁负债和使用权资产初始确认与计量资金运动流程图。该租赁合同的租赁期为10年，每年支付租金5万元。下列有关下图资金运动所反映的经济业务描述正确的有（　　）。

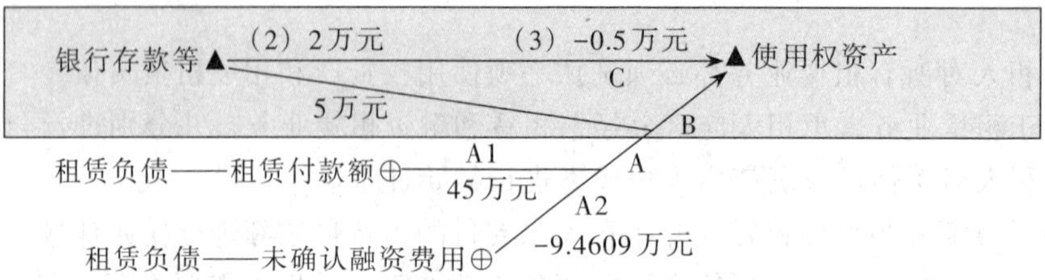

A.资金运动A段反映租赁付款额的现值为35.5391万元，其中不考虑货币时间价值的租赁付款额为45万元，未确认融资费用为9.4609万元。该租赁负债现值将构成使用权资产价值的一部分

B.从该图资金运动可以推测，该租赁协议所约定的租金支付方式为每年年末支付5万元

C.从资金运动C段中（2）可以推测，该笔业务很可能是甲公司支付的初始直接费用2万元

D.由于资金运动C段中（3）的流量为负数，可以推测该业务很可能是甲公司从出租人手中获得的租赁奖励款0.5万元

7.【多项选择题】下图是承租人租赁业务所引起的资金运动流程图。下列有关下图资金运动所反映的经济业务描述正确的有（　　）。

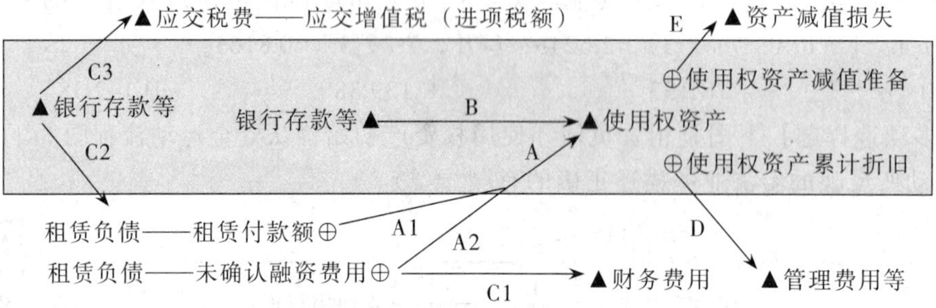

A.资金运动C1段反映企业承租人按租赁折现率确认每期的融资费用，并将该费用计入当期的财务费用

B.资金运动C2段和C3段反映承租人按期支付租金及相关的增值税进项税额

C.资金运动D段反映承租人按期对使用权资产计提折旧

D.资金运动E段反映承租人对使用权资产计提减值准备

承租人会计处理
6-7

8.【多项选择题】下图是甲公司租赁业务资金运动流程图。该租赁期限为5年，每年年末支付租金1万元，增值税税率13%。下列有关下图资金运动所反映的经济业务描述正确的有（　　）。

A.从资金运动A段可知，租赁负债的现值为4.33万元，其中不折现的租赁付款额为5万元，未确认融资费用为0.67万元。甲公司按租赁负债4.33万元确认了使用权资产的账面价值

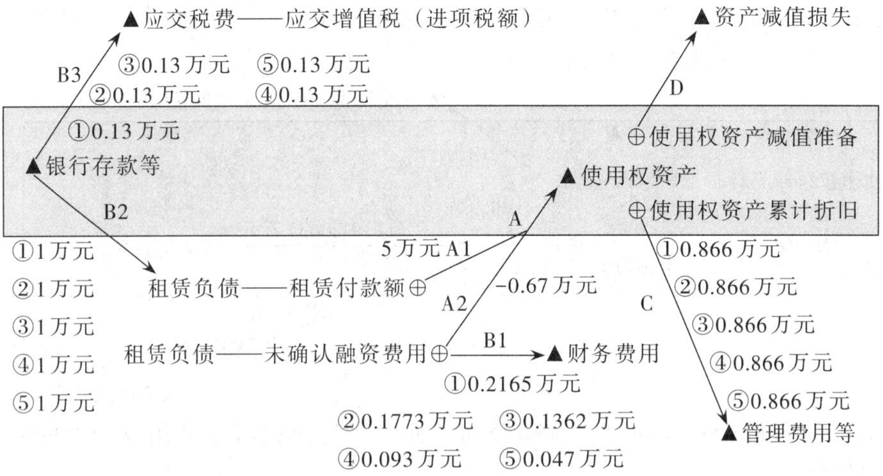

B. 从资金运动B1段可知，未确认融资费用0.67万元在5年的租期内分期分量予以确认，并转入各期的财务费用之中，最终导致“租赁负债——未确认融资费用”账户的余额不断减少，直至最后变为0

C. 从资金运动B2段可知，甲公司每年支付租金1万元，导致“租赁负债——租赁付款额”账户不断减少，直至最后变为0。从资金运动C段可知，甲公司按年平均提取折旧费，每年提取0.866万元，该折旧的提取导致使用权资产的账面价值不断减少，直至最后为0

承租人会计处理 8-9

D. 从资金运动A段和B1段可知，承租人甲公司的折现率为4.5%

9.【多项选择题】下图是甲公司租赁业务资金运动流程图。该租赁期限为5年，每年年末支付租金5万元。下图中的序号代表某一年度，如序号①就代表第一年。下列有关下图资金运动所反映的经济业务描述正确的有（　　）。

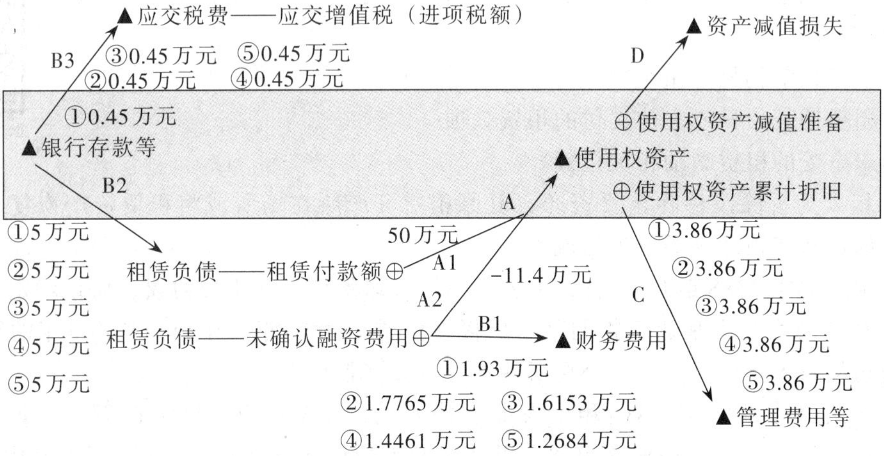

A. 结合资金运动A段和B1段可知，甲公司在进行租赁业务处理时所采用的折现率为5%

B. 结合资金运动A段、B1段和B2段可知，第二年年初租赁负债的现值为35.53万元

C. 结合资金运动A段、B1段和B2段可知，第四年年初租赁负债的现值为29.921万元

D. 从资金运动B2和B3段可知，一般情况下，该租赁所涉及的应该是不动产类资产租赁

10.【多项选择题】下图是甲公司行使购买选择权业务资金流程图。下列有关下图资金运动所反映的经济业务描述正确的有（　　）。

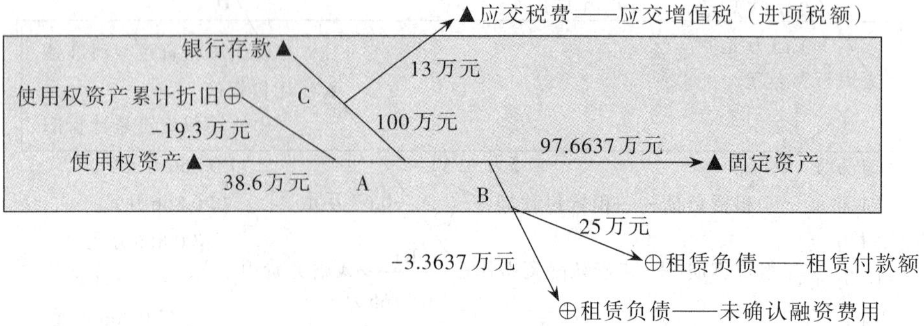

A. 从图中A段资金运动可知，在甲公司行使购买选择权时，使用权资产的账面价值为19.3万元

B. 从图中B段资金运动可知，在甲公司行使购买选择权时，甲公司所确认的租赁负债的现值为21.6363万元

C. 从图中C段资金运动可知，甲公司以100万元（不含增值税）行使购买选择权，同时以银行存款13万元支付购买租赁资产所应支付的进项税额

D. 从图中可知，使用权资产的账面价值19.3万元加上所支付的购买价100万元，在抵销租赁负债的现值后，剩下的部分97.6637万元全部作为所购固定资产的入账价值

11.【多项选择题】对于承租人拥有购买选择权的租赁业务而言，如果承租人不能合理确定将行使该选择权，则承租人的租赁付款额包括（　　）。

A. 每期支付的租金　　B. 承租方担保的资产余值

C. 与承租人有关的第三方担保的资产余值　　D. 承租人购买选择权的行权价格

12.【多项选择题】承租人在对使用权资产进行初始计量时，一般应考虑的因素有（　　）。

承租人会计处理
10-12

A. 租赁负债的初始计量金额

B. 在租赁期开始日或之前支付的租赁款项

C. 尚未享受的租赁激励相关金额

D. 承租人为拆除及移除租赁资产、复原租赁资产所在场所或将租赁资产恢复至租赁条款约定状态预计将要发生的成本

13.【业务题】20×8年1月1日，甲公司与乙公司签订一项租赁协议，协议约定：甲公司自即日起从乙公司租入某建筑物的某一层楼，租赁期为10年，甲公司拥有5年的续租选择权。甲公司将租入的楼层作为办公场所使用。有关资料如下：

（1）初始租赁期内的不含税租金为每年10万元，续租期间为每年11万元，各年租金应于每年年初支付。（2）为获得该租赁，甲公司发生的租赁直接费用为4万元，其中3万元为向该楼层前任租户支付的款项，1万元为促成此租赁交易的房地产中介的佣金。（3）作为对甲公司的激励，乙公司同意补偿甲公司1万元的佣金。（4）在租赁开始日，甲公司评估后认为，不能合理确定将行使租赁续租权。（5）甲公司无法确定租赁内含利率，其增量借款利率为每年5%，该利率反映的是甲公司以类似抵押条件借入期限为10年、与使用权资产等值的

相同币种的借款而必须支付的利率。（6）该建筑物在租赁期开始日的尚可使用寿命为30年。

其他资料：（1）为简化处理，假设不考虑相关税费的影响；（2）（P/A，5%，9）=7.1078；（3）甲公司选择自租赁期开始日的当月起对该使用权资产采用直线法计提折旧。

要求：

（1）计算甲公司使用权资产的初始成本，并编制其在租入资产时的相关会计分录；

（2）编制甲公司未确认融资费用摊销表；

（3）编制甲公司在租赁期的相关会计分录。

承租人会计处理
13

三、知识点：出租人会计处理

1.【单项选择题】甲公司将一闲置设备以经营租赁方式出租给乙公司。租赁合同规定，租赁期开始日为20×8年7月1日，租赁期为4年，年租金为120万元，租金于每年7月1日支付，租赁期开始日前3个月免租金。20×8年7月1日，甲公司收到乙公司支付的扣除免租期后的租金90万元。不考虑其他因素，甲公司20×8年应确认的租金收入为（　　）万元。

A.56.25　　B.60　　C.90　　D.120

2.【单项选择题】20×9年1月2日，甲公司采用融资租赁的方式出租一条生产线。租赁合同规定：（1）租赁期为10年，每年收取固定租金20万元。（2）承租人需要根据消费者价格指数变化，在租赁期内向甲公司支付一定的租金补偿。根据租赁期开始日的消费者价格指数可合理确定承租人在租赁期内需向出租人支付30万元的租金补偿。（3）承租人提供的租赁资产担保余值为10万元。（4）与承租人和甲公司均无关联方关系的第三方提供的租赁资产担保余值为5万元。甲公司租赁期开始日应确认的应收融资租赁款为（　　）万元。

A.200　　B.205　　C.230　　D.245

3.【单项选择题】关于经营租赁中出租人的会计处理的表述中，不正确的是（　　）。

A.应采用直线法或其他合理方法将租赁收款额在整个租赁期内分摊确认租赁收入

B.如存在免租期，不应从租赁期内扣除，而应该将租赁收款额在整个租赁期（包含免租期）内进行分摊

C.对于经营租赁资产中的固定资产，出租人应采用类似资产的折旧政策计提折旧

D.出租人取得与经营租赁有关的未计入租赁收款额的可变租赁付款额，应该在实际发生时计入递延收益

出租人会计处理
1-3

4.【多项选择题】下图是出租人融资租赁业务所引起的资金运动流程图。下列有关该图资金运动所反映的经济业务描述正确的有（　　）。

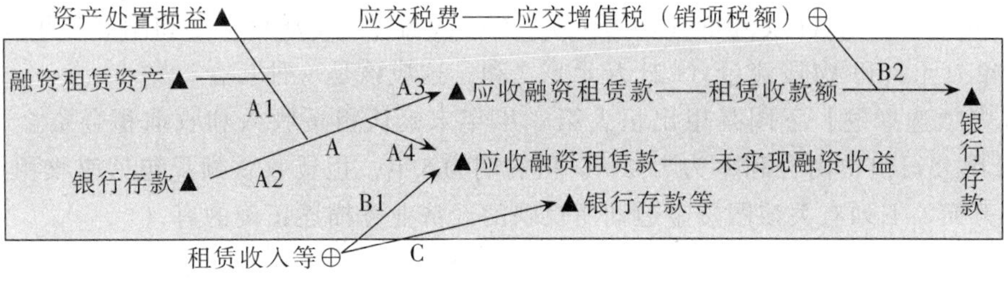

A.资金运动A段反映出租人冲销融资租赁资产，确认应收融资租赁款。其中A1段流量反映融资租赁资产的公允价值，A2段流量反映出租人可能发生的初始费用，A3段流量反映出租人应收未考虑货币时间价值的租赁收款额，A4段流量反映将A3段流量予以冲销，并将A3段流量由未考虑货币时间价值调整为考虑货币时间价值后的应收融资租赁款现值

B.资金运动B1段反映出租人按租赁内含利率确认每期的租赁收入

C.资金运动B2段反映出租人每年收取租金及相应的增值税销项税额

D.资金运动C段反映出租人可能收到的与资产的未来绩效或使用情况挂钩的可变租赁收款额，出租人应当在实际发生时计入当期损益

5.【多项选择题】下图是出租人与收取保证金相关的经济业务所引起的资金流程图。下列有关该图资金运动所反映的经济业务描述正确的有（　　）。

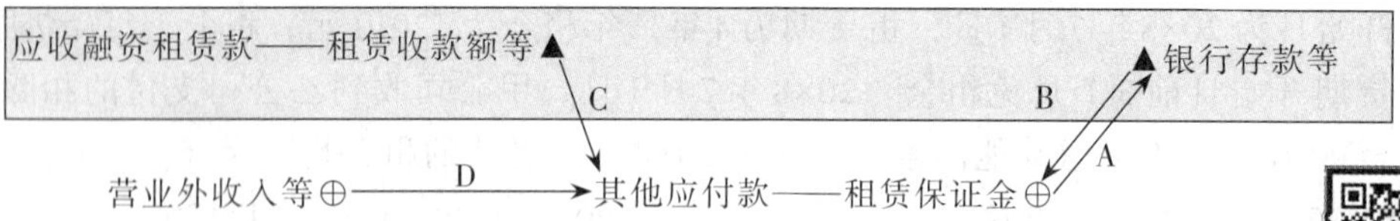

A.资金运动A段反映出租人收到租赁保证金

B.资金运动B段反映出租人退还租赁保证金

C.资金运动C段反映出租人将所收到的租赁保证金冲抵应收融资租赁款

D.资金运动D段反映出租人将所收到的租赁保证金没收，转为营业外收入

出租人会计处理 4-5

6.【多项选择题】下图是甲公司融资租赁初始发生时所引起的资金运动流程图。下列有关该图资金运动所反映的经济业务描述正确的是（　　）。

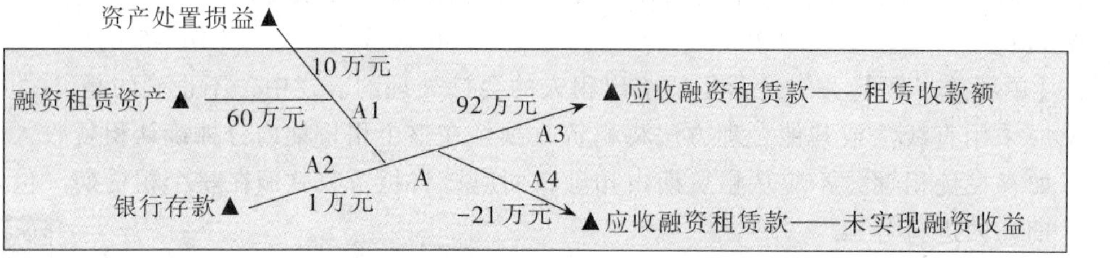

A.从资金运动A1段可知，甲公司该融资租赁资产的账面价值为60万元，公允价值为70万元，甲公司确认了10万元的资产处置收益

B.从资金运动A2段可知，甲出租人为该融资租赁业务支付了1万元的初始直接费用

C.从资金运动A3段可知，甲出租人在整个租赁期内所应收到的不考虑资金时间价值的租赁收款额总额为92万元，在抵扣A4段资金运动流量-21万元的基础上，就可以得出甲出租人应收融资租赁款的现值为71万元

D.从图中可知，A1段流量（70万元）和A2段流量（1万元）之和刚好等于A3段流量（92万元）和A4段流量（-21万元）之和，这应该是一种巧合

7.【多项选择题】下图是甲出租人第一年年末确认租赁收入和收取租金资金运动流程图。假设甲公司租赁内含利率为7.82%，租赁期为6年，租赁收款额只包括应收租金和购买选择权2万元。下列有关该图资金运动所反映的经济业务描述正确的有（　　）。

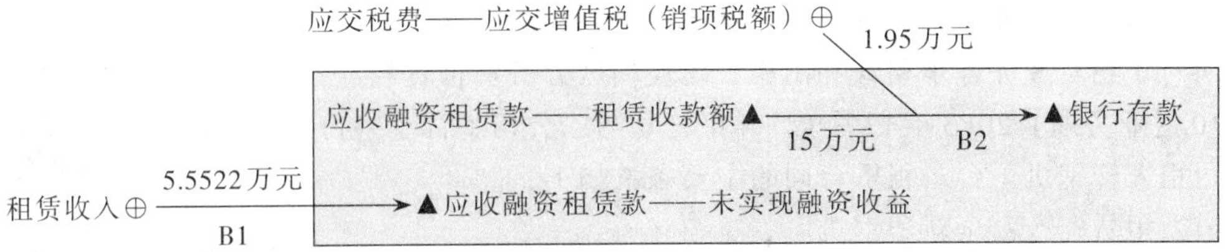

A.资金运动B1段反映甲出租人在第一年年末确认租赁收入5.5522万元，资金运动B2段反映甲出租人在第一年年末收到租金15万元和增值税销项税额1.95万元

B.从资金运动B2段流量，再结合题目告知的甲出租人租赁内含利率为7.82%，可以推测出第一年年末甲公司应收融资租赁款现值为71万元。其中“应收融资租赁款——租赁收款额”账户为92万元，“应收融资租赁款——未实现融资收益”账户为-21万元

C.从该图可以推测出，甲出租人第二年年末确认的租赁收入应该为4.8134万元

D.从该图可以推测出，甲出租人第三年年初应收融资租赁款的现值为53.6453万元，其中“应收融资租赁款——租赁收款额”账户为62万元，“应收融资租赁款——未实现融资收益”账户为-8.3547万元

8.【多项选择题】下图是甲公司所签署的融资租赁协议第一年相关业务资金运动流程图。该租赁协议规定租赁期为6年，每年支付租金15万元（不含增值税），其租赁内含利率为7.82%。下列有关该图资金运动所反映的经济业务的描述正确的有（　　）。

出租人会计处理
6-7

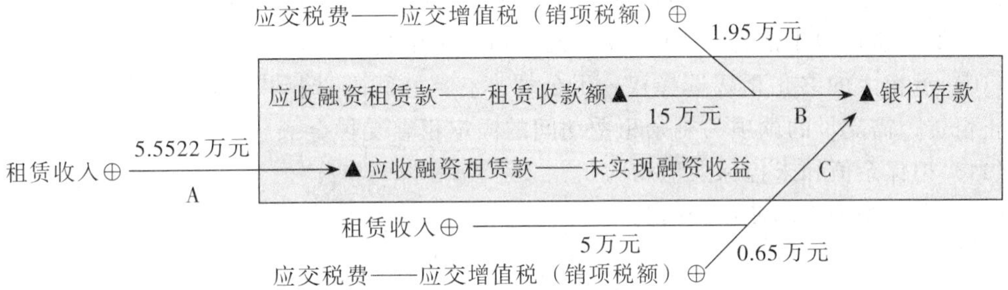

A.资金运动A段反映甲公司本期确认了租赁收入5.5522万元

B.资金运动B段反映甲公司本期收到租金15万元和相关的增值税销项税额1.95万元

C.结合资金运动A段和B段可知，在第一年年初，甲公司应收融资租赁款现值为71万元，“应收融资租赁款——租赁收款额”为90万元，“应收融资租赁款——未实现融资收益”为-19万元

D.资金运动C段反映，甲公司在第一年根据可能收到的与资产的未来绩效或使用情况挂钩的可变租赁收款额确认当期租赁收入5万元和相应的增值税销项税额0.65万元

9.【多项选择题】下列关于租赁会计处理的表述中，正确的有（　　）。

A.承租人未纳入租赁负债计量的可变租赁付款额应于发生时计入当期损益

B.承租人在租赁时发生的初始直接费用应当在发生时计入当期损益

出租人会计处理
8-9

C.承租人应该按照成本对使用权资产进行初始计量

D.对于租赁业务，承租人和出租人均应当区分融资租赁和经营租赁进行处理

10.【业务题】20×3年12月1日，甲公司与乙公司签订了一份租赁合同，从乙公司租入塑钢机一台。租赁合同的主要条款如下：

出租人会计处理 10

（1）租赁资产：全新塑钢机。

（2）租赁期开始日：20×4年1月1日。

（3）租赁期：20×4年1月1日—20×8年12月31日，共60个月。

（4）固定租金支付：自20×4年1月1日起，每年年末支付租金200 000元。如果甲公司能够在每年年末的最后一天及时付款，则给予减少租金10 000元的奖励。以上租金不含增值税，增值税税率13%。

（5）取决于指数或比率的可变租赁付款额：租赁期限内，如遇中国人民银行贷款基准利率调整时，出租人将对租赁利率做出同方向、同幅度的调整。基准利率调整日之前各期和调整日当期租金不变，从下一期租金开始按调整后的金额收取。

（6）租赁期开始日租赁资产的公允价值：该机器在20×4年1月1日的公允价值为800 000元，账面价值为600 000元。

（7）初始直接费用：签订租赁合同过程中乙公司发生可归属于租赁项目的手续费、佣金20 000元。

（8）承租人的购买选择权：租赁期届满时，甲公司享有优惠购买该机器的选择权，购买价为50 000元，估计该日租赁资产的公允价值为100 000元。

（9）取决于租赁资产绩效的可变租赁付款额：在20×4年年末甲公司按该机器所生产的产品——塑钢窗户的年销售收入的5%向乙公司支付租金。

（10）承租人的终止租赁选择权：甲公司享有终止租赁选择权。在租赁期间，如果甲公司终止租赁，需支付的款项为剩余租赁期间的固定租金支付金额。

（11）担保余值和未担保余值均为0。

（12）全新塑钢机的使用寿命为5.5年。

要求：

（1）分析出租人乙公司的租赁类型；

（2）确定出租人乙公司租赁收款额；

（3）计算确定出租人乙公司的租赁内含利率；

（4）编制出租人乙公司初始租赁业务会计分录；

（5）编制出租人乙公司未实现融资收益摊销表；

（6）编制出租人乙公司后续租赁业务会计分录；

（7）编制出租人乙公司在20×4年年末收到不含增值税的可变租赁收入3万元的会计分录；

（8）编制出租人乙公司在租赁期满出售该资产的会计分录。

四、知识点：特殊租赁业务的会计处理

特殊租赁业务处理 1-2

1.【多项选择题】下图是甲设备生产商将其产品以融资租赁的形式出租

给乙公司时初始出租业务资金运动流程图。下列有关该图资金运动所反映的经济业务的描述正确的有（　　）。

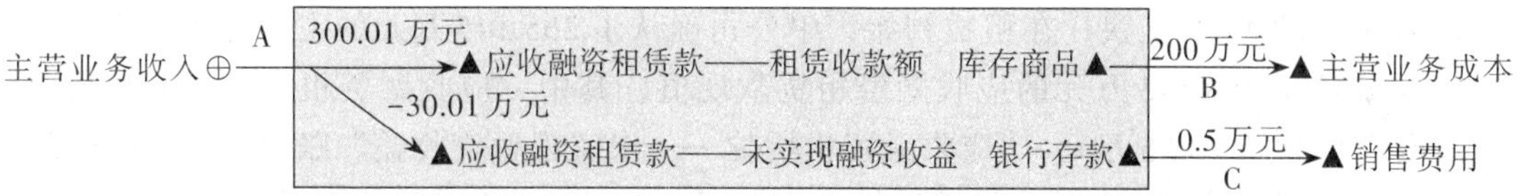

A.资金运动A段反映甲公司应收融资租赁款现值为270万元，其中“应收融资租赁款——租赁收款额”为300.01万元，“应收融资租赁款——未实现融资收益”为-30.01万元

B.从资金运动A段可知，根据主营业务收入所确认的270万元金额，可以推断该产品的公允价值为270万元

C.资金运动B段反映结转该产品销售成本200万元，但无法就此判断该产品的未担保余值金额

D.资金运动D段反映甲公司为达成出租业务而发生了0.5万元的初始直接费用

2.【多项选择题】下图是甲出租人在3年的融资租赁期间所发生的相关业务所引起的资金运动，在租赁期满时承租人以100元的价格行使了购买选择权。甲公司租赁内含利率为5.46%。下列有关该图资金运动所反映的经济业务的描述正确的有（　　）。

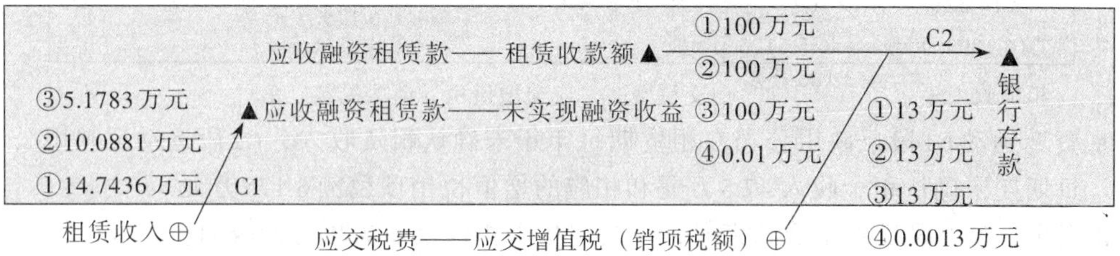

A.资金运动C1段反映甲公司在3年的租赁期分别确认了14.7436万元、10.0881万元和5.1783万元的租赁收入

B.资金运动C2段反映甲公司在3年的租赁期内每年收到100万元的租赁收款额和13万元的增值税销项税额，并在租赁期满时，以100元的价格将其出售给承租人

C.资金运动C1段反映甲公司在3年的租赁期内的租赁收入逐年下降，其原因在于每年年末甲公司都会收到租赁收款额100万元，从而导致下年年初的应收融资租赁款的现值减少100万元

D.从图中可知，租赁期第3年年初的“应收融资租赁款——未实现融资收益”的余额为-5.1783万元

3.【多项选择题】下图是甲公司融资租赁初始业务发生所引起的资金运动流程图。下列有关该图资金运动所反映的经济业务的描述正确的有（　　）。

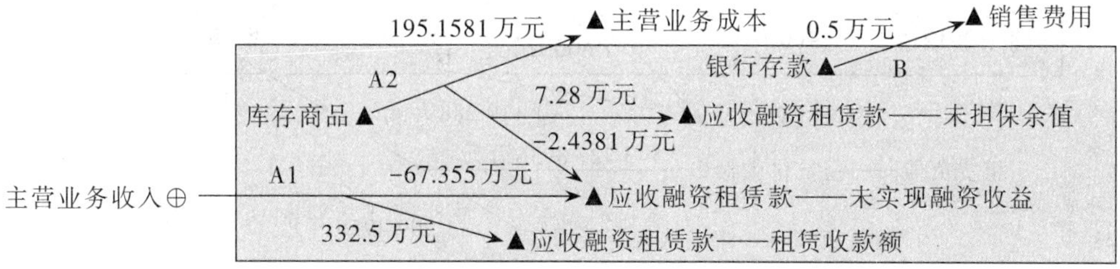

A. 从图中“主营业务收入”和“主营业务成本”的确认可知，甲公司应该是生产商或经销商，其将生产或经销的产品出租并构成融资租赁

B. 资金运动A1段反映，在租赁初始，甲公司确认了265.145万元的主营业务收入，并同步确认了265.145万元的应收融资租赁款现值，其中“应收融资租赁款——租赁收款额”账户为332.5万元，“应收融资租赁款——未实现融资收益”账户为-67.355万元

C. 资金运动A2段反映，在租赁初始，甲公司200万元的库存商品，在扣除租赁资产未担保余值的现值4.8419万元后，将剩下的195.1581万元确认为主营业务成本

D. 资金运动B段反映，甲公司为达成租赁发生了0.5万元的初始租赁费用，该费用直接计入当期损益

4.【多项选择题】下图是甲公司在租赁期内发生的相关租赁业务所引起的资金运动流程图。下列有关该图资金运动所反映的经济业务的描述正确的有（　　）。

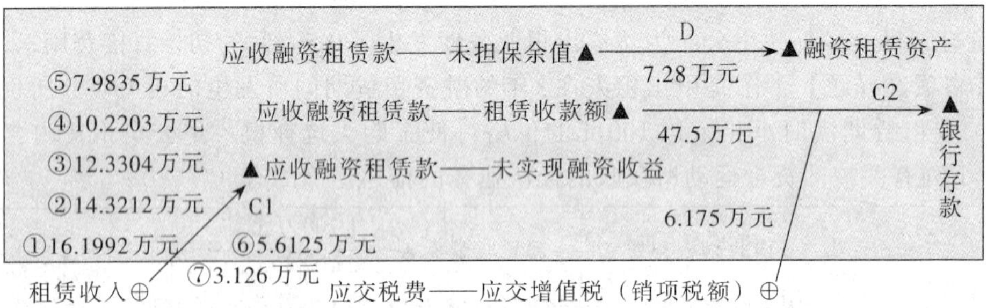

A. 资金运动C1段反映甲公司在租赁期每年年末确认租赁收入，C2段运动反映甲公司在每期期末确认租金收入47.5万元和相应的增值税销项税额6.175万元

B. 资金运动D段反映租赁结束时，甲公司按未担保余值7.28万元收回租赁资产

C. 从资金运动C1段可知，甲公司在租赁期内租赁收入逐年递减，从第一年的16.1992万元到最后一年的3.126万元。之所以租赁收入逐年递减，是因为每年年末甲公司都会收到租赁收款额，从而导致应收融资租赁款的现值逐渐下降，最终导致租赁收入逐年下降

D. 从图中可知，甲公司第4年年初应收融资租赁款现值比第3年年初减少了35.1696万元

特殊租赁业务处理3-4

5.【多项选择题】下图是甲公司售后租回初始业务所引起的资金运动流程图。下列有关该图资金运动所反映的经济业务的描述正确的有（　　）。

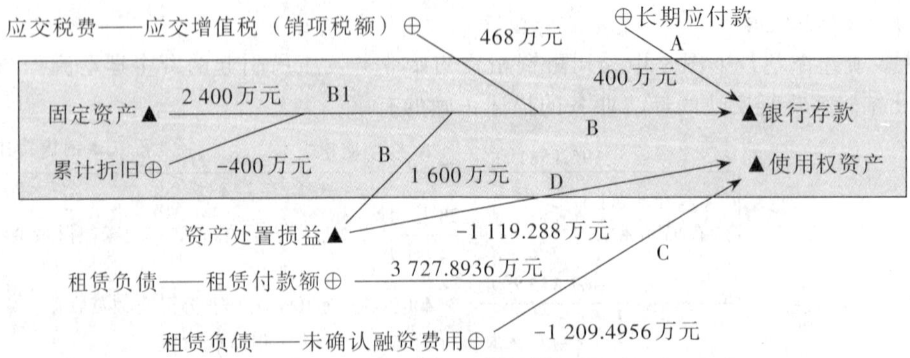

A.从资金运动A、B段可知，甲公司售后租回的固定资产账面价值为2 000万元，其公允价值为3 600万元，其售价为4 000万元。甲公司按其公允价值确认了468万元的增值税销项税额，同时将售价4 000万元高于公允价值3 600万元的差额确认为超额借款

B.资金运动C段反映，甲公司确认了租赁负债现值2 518.398万元，并同步确认租回资产所产生的使用权资产2 518.398万元

C.资金运动D段反映，甲公司冲销未实现的资产处置收益1 119.288万元，同时调减使用权资产的账面价值

D.从图中可知，甲公司在售后租回的初始业务所实现的资产处置收益为480.712万元

6.【多项选择题】下图是甲公司售后租回第1年年末业务所引起的资金运动流程图，其中的长期应付款属于超额借款，即售价高于公允价值的部分。下列有关该图资金运动所反映的经济业务的描述正确的有（　　）。

特殊租赁业务处理5-6

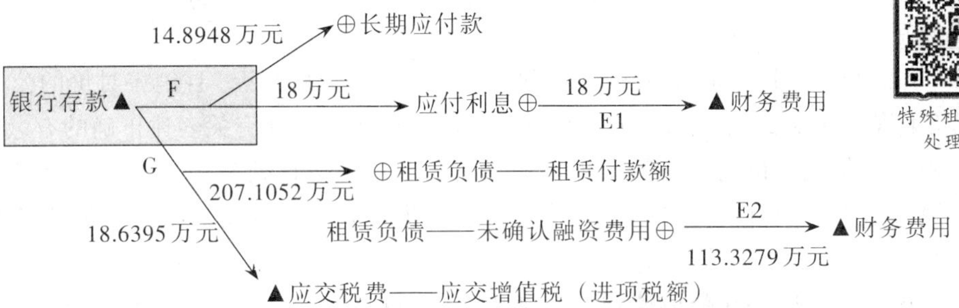

A.资金运动E1段反映甲公司确认本年度超额借款所应承担的借款利息18万元

B.资金运动E2段反映甲公司确认本年度租赁负债所应分摊的融资费用113.3279万元

C.资金运动F段反映甲公司年末偿还超额借款的本息32.8948万元，其中偿还应付利息18万元，偿还超额借款本金14.8948万元

D.资金运动G段反映甲公司本年年末支付租金207.1052万元和相应的增值税进项税额18.6395万元

7.【多项选择题】下图是在售后租回业务中，乙公司（买方兼出租方）在第一年相关业务所引起的资金运动流程图。下列有关该图资金运动所反映的经济业务的描述正确的有（　　）。

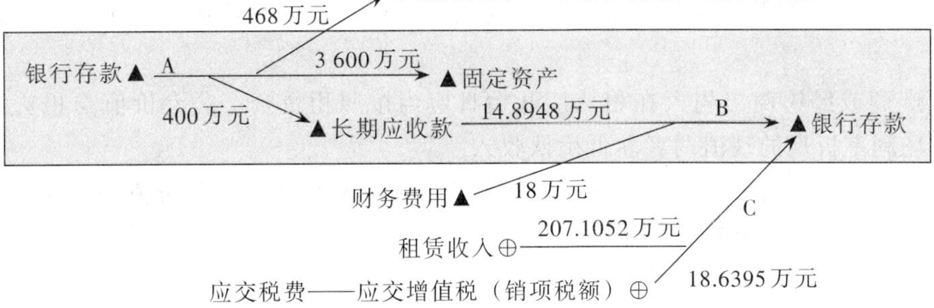

A.从图中可知，乙公司的出租业务应划分为融资租赁业务

B.从资金运动A段可知，乙公司在整个交易过程中支付的总价款为4 468万元，其中购

买固定资产及支付相应的增值税进项税额合计4 068万元，超额借款400万元

C.资金运动B段反映，乙公司收到超额借款的本息合计32.8948万元，其中收回本金14.8948万元，收到利息收入18万元

D.资金运动C段反映乙公司确认本期租赁收入207.1052万元和相应的增值税销项税额18.6395万元，且款项已存入银行

8.【多项选择题】如果售后租回交易中的资产转让属于销售，下列有关表述正确的有（　　）。

特殊租赁业务处理7-8

A.卖方兼承租人要终止确认所转让的资产

B.卖方兼承租人应当按原资产账面价值中与租回获得的使用权有关的部分，计量售后租回所形成的租赁负债和使用权资产

C.卖方兼承租人应确认所转让资产的全部利得或损失

D.买方兼出租人对该资产做购买的会计处理，并根据租赁准则对资产出租进行会计处理

9.【多项选择题】如果售后租回交易中的资产转让属于销售，且销售对价的公允价值与资产的公允价值不同，或者出租人未按市场价格收取租金，下列有关表述正确的有（　　）。

A.销售对价低于市场价格的款项作为预付租金进行会计处理

B.销售对价高于市场价格的款项作为买方兼出租人向卖方兼承租人提供的额外融资进行会计处理

C.承租人应按照公允价值调整相关销售利得或损失

D.出租人应按市场价格调整租赁收入

10.【多项选择题】如果售后租回交易中的资产转让不属于销售，下列有关表述正确的有（　　）。

A.卖方兼承租人不终止确认所转让的资产

B.卖方兼承租人应当将收到的货币资金作为金融负债的对价，并按照金融工具确认和计量准则进行会计处理

C.买方兼出租人不确认被转让资产

D.买方兼出租人应当将支付的货币资金作为获得的金融资产的对价，并按照金融工具确认和计量准则进行会计处理

特殊租赁业务处理9-11

11.【多项选择题】如果生产商或经销商出租其产品或商品构成融资租赁，下列表述正确的有（　　）。

A.生产商或经销商出租人在租赁期开始日应当按照租赁资产公允价值与租赁收款额按市场利率折现的现值两者孰低确认收入

B.生产商或经销商出租人在租赁期开始日应当按照租赁资产账面价值扣除未担保余值的现值后的余额结转销售成本

C.生产商或经销商出租人进行融资租赁所发生的成本应计入租赁投资净额

D.生产商或经销商在确认租赁收入时所采用的租赁内含利率就是当时的市场利率

12.【多项选择题】下列有关将转租赁划分为融资租赁的描述，正确的有（　　）。

A.当转租赁出租方实质上转移了与该项使用权资产有关的几乎全部风险和报酬时，该项转租赁应被分类为融资租赁

B.转租赁出租方应终止确认与原租赁相关且转给转租承租人的使用权资产，并确认转租赁投资净额，将使用权资产与转租赁投资净额之间的差额确认为损益

C.转租赁出租方应在资产负债表中保留原租赁的租赁负债，该负债代表应付原租赁出租人的租赁付款额

D.在转租期间，转租赁出租方既要确认转租赁的融资收益，也要确认原租赁的利息费用

13.【多项选择题】下列有关将转租赁划分为经营租赁的描述，正确的有（　　）。

A.当转租赁出租方实质上并未转移与该项使用权资产有关的几乎全部风险和报酬时，该项转租赁应被分类为经营租赁

B.原租赁为短期租赁，且转租出租人作为承租人已采用简化会计处理方法的，应将转租赁分类为经营租赁

C.签订转租赁合同时，转租赁出租人在其资产负债表中继续保留与原租赁相关的租赁负债和使用权资产

D.在转租期间，转租赁出租方应确认使用权资产的折旧费用和租赁负债的利息费用，同时应确认转租赁的租赁收入

特殊租赁业务处理12-13

14.【业务题】甲公司是一家设备生产商，与乙公司（生产型企业）签订了一份租赁合同，向乙公司出租所生产的设备，合同主要条款如下：（1）租赁资产：某设备；（2）租赁期：20×4年1月1日至20×7年12月31日，共4年；（3）租金支付：自20×4年起每年年末支付年租金1 200 000元；（4）租赁合同规定的利率：5%（年利率），与市场利率相同；（5）该设备于20×4年1月1日的公允价值为4 200 000元，账面价值为3 000 000元；（6）甲公司取得该租赁发生的相关成本为15 000元；（7）该设备于20×4年1月1日交付乙公司，预计使用寿命为6年，无残值，租赁期届满时，乙公司可以100 000元购买该设备，预计租赁到期日该设备的公允价值不低于1 000 000元，乙公司对此金额提供担保，租赁期内该设备的保险、维修等费用均由乙公司自行承担。以上款项均不包含增值税，增值税税率13%。

要求：

（1）判断出租人租赁业务类型，并对租赁初始日业务进行会计处理；

（2）确定租赁内含利率，编制未实现融资收益摊销表；

（3）对租赁期业务进行相关会计处理。

特殊租赁业务处理14

15.【业务题】甲公司（卖方兼承租人）以银行存款19 000 000元的价格向乙公司（买方兼出租人）出售一栋建筑物，交易前该建筑物的账面原值是12 000 000元，累计折旧是2 000 000元。与此同时，甲公司与乙公司签订了合同，取得了该建筑物8年的使用权（全部剩余使用年限为20年），年租金为2 000 000元，于每年年末支付。根据交易的条款和条件，甲公司转让建筑物符合销售成立的条件。假设不考虑初始费用，该建筑物在销售当日的公允价值为16 000 000元。以上款项均不包含增值税，销售和购建不动产适用的增值税税率为13%，不动产出租适用的增值税税率为9%。甲、乙公司均确定租赁内含年利率为5%。

要求：

1.针对甲公司（卖方兼承租人）的租赁业务进行会计处理：

（1）对甲公司（卖方兼承租人）在租赁日的业务进行会计处理；

（2）编制甲公司（卖方兼承租人）在租赁期内的财务费用确认表；

（3）编制甲公司（卖方兼承租人）在租赁期内的会计分录。

特殊租赁业务处理15

2.针对乙公司（买方兼出租人）的租赁业务进行会计处理：

（1）在租赁日判断乙公司（买方兼出租人）租赁业务类型，并编制租赁日的会计分录；

（2）编制乙公司（买方兼出租人）在租赁期第1年租赁业务的会计分录。

第九章　衍生金融工具会计

一、知识点：衍生金融工具

1.【单项选择题】在进行衍生金融工具交易的过程中，交易双方风险和收益不对称的是（　　）。

A.远期合约　　B.期货合约　　C.期权合约　　D.互换合约

2.【多项选择题】下列有关远期合约的描述正确的有（　　）。

A.是在未来某一时刻按照事先约定的价格买入或卖出某种资产的合约

B.一般在场外市场交易

C.一般在利率交易和外汇交易中最为流行

D.到期日的结算必须根据合约中规定的条款进行实物交割

3.【多项选择题】下列有关期货交易的描述正确的有（　　）。

A.集中交易与统一清算

B.交易的对象是标准化合约

C.期货交易最终进行实物交割的比例很小

D.在期货开始交易之前，期货的买卖双方都必须在经纪公司设立专门的保证金账户，并存入一定数量的保证金

衍生金融工具 1-4

4.【多项选择题】下列有关期权合约的表述正确的有（　　）。

A.期权合约是一种法律合约，它赋予购买者在特定期间或特定时日，以事先约定的价格购买（看涨期权，又称买权）或出售（看跌期权，又称卖权）一定数量特定金融工具、商品或外币的权利

B.期权合约是一种权利，而非义务。这种权利的购买者可以不行权，但一旦行权，则出售者必须履行合约

C.欧式期权是只有在期权到期才可行权的期权。在目前的国际市场上，期权主要以欧式期权为主

D.美式期权则是买入期权的一方在合约到期日前的任何工作时间都可以行权的期权

5.【多项选择题】下列有关股票权证的表述正确的有（　　）。

A.认购权证持有人有权利在未来一定期间内（或在未来的某一特定日期），以固定价格向发行权证的发行公司购买一定数量的特定股票

B.认沽权证持有者有权利在未来一定期间内（或在未来的某一特定日期），以固定价格向发行权证的发行公司出售一定数量的特定股票

C.认沽权证又称为看涨期权，或买权

D.认购权证又称为看跌期权，或卖权

6.【多项选择题】下列有关期权费的表述正确的有（　　）。

A.期权费是投资人向发行权证的公司购买权证所支付的金额

B.期权费又称为权利金或期权价值

C.期权价值主要由内在价值和时间价值两部分构成

D.期权价值（或权利金，期权费）=内在价值+时间价值

7.【多项选择题】下列有关期权内在价值的表述正确的有（　　）。

A.内在价值是指期权发行期间某一时点的股票市价与履约价格的差额

B.对认购权证来说，当标的股票市价高于履约价格时，内在价值为正，称为价内

C.对认购权证来说，当标的股票市价等于履约价格时，内在价值为0，称为价平；若标的股票市价小于履约价格，内在价值为0，称为价外

D.对于认沽权证而言，其价内、价外的含义与认购权证是一样的

衍生金融工具
5-8

8.【多项选择题】下列有关期权时间价值的表述正确的有（　　）。

A.时间价值是指权证在发行流通期间，标的股票的市价可能上涨（或下跌）而产生的价内价值

B.期间越长，涨价（跌价）的可能性越大，时间价值越高

C.标的股票的市场波动性越大，时间价值越高

D.时间价值在权证发行时最高，以后逐日递减，至到期日为0

9.【多项选择题】下列有关互换合约的表述正确的有（　　）。

A.互换合约是指两个或两个以上的当事人按照共同约定的条件，在规定的时间内交换一定支付款项的合约

B.利率互换是指同种债务货币以不同的利率进行调换的一种金融交易

C.货币互换是指在相同的利率水平上，以不同货币的债务进行调换的一种金融交易

D.互换合约交易大多在银行中介人的协商下完成，银行收取中介手续费。交易双方往往在不知对方的情况下，经银行介入完成互换业务

10.【多项选择题】下列有关衍生金融工具确认的表述正确的有（　　）。

A.企业一旦成为金融合约的一方，就应该将衍生金融工具确认为一项资产或负债

B.对于远期合约来说，企业应该于交割实际发生日才予以确认

C.当构成衍生金融资产或衍生金融资产的一部分的合约权利失去控制时，企业才能终止确认该衍生金融资产或该部分衍生金融资产

D.只有当衍生金融负债或衍生金融负债的一部分已经消除（义务解除、取消或逾期）时，企业才能将该项金融负债或该项金融负债的一部分从资产负债表中剔除

11.【多项选择题】若嵌入式衍生金融工具按照规定应与主合约分离，下列有关嵌入式衍生金融工具的计量的表述正确的有（　　）。

A.混合工具与嵌入式衍生金融工具均有可靠的公允价值，则嵌入式衍生金融工具应按其公允价值确认，将混合工具减去嵌入式衍生金融工具的公允价值后的金额作为主合约的账面价值

B.若嵌入式衍生金融工具的公允价值无法确定，但混合工具和主合约有公允价值，则以后两者之差作为其账面价值

C.若嵌入式衍生金融工具与主合约都有公允价值，不能按两者的相对公允价值比例来分摊混合工具的公允价值，而应该以其自身的公允价值作为嵌入式衍生金融工具的账面价值，剩下的作为主合约的账面价值

D.若嵌入式衍生金融工具和主合约的公允价值均无法可靠计量，则嵌入式衍生金融工具无法与主合约分离，整个混合工具应采用公允价值计量

衍生金融工具
9–12

12.【判断题】从某种意义上讲，期货合约与远期合约非常相似，可以说期货合约就是标准化了的远期合约。（　　）

13.【判断题】金融商品都属于非实物形态。（　　）

14.【判断题】远期合约和期货合约在未到期之前不能随意转手，必须按照规定在到期日进行实物交割。（　　）

15.【判断题】如果期权的内在价值为0，则说明期权价值处于价平。（　　）

16.【判断题】在货币互换中，互换合约必须指明互换本金的货币名称，本金在互换交易有效期内交换两次：一次是在互换开始时交换；另一次是在互换结束时交换。（　　）

衍生金融工具
13–16

17.【业务题】甲公司于20×8年5月1日向乙公司发行以其自身普通股为标的物的看涨期权，行权价为每股30元。根据该期权合约，如果乙公司行权，乙公司有权以每股30元的价格从甲公司购入普通股100 000股，期权将以现金净额结算。

其他有关资料如下：（1）合约签订日为20×8年5月1日。（2）行权日（欧式期权）为20×9年6月30日。（3）20×8年5月1日每股市价28元；20×8年12月31日每股市价39元；20×9年6月30日每股市价37元。（4）20×8年5月1日期权的公允价值为20 000元；20×8年12月31日期权的公允价值为850 000元；20×9年6月30日期权的公允价值为700 000元。

要求：对乙公司相关业务进行会计处理。

二、知识点：套期会计概述

衍生金融工具
17

1.【多项选择题】下列项目中，不属于现金流量套期的有（　　）。

A.用利率互换对固定利率债券套期

B.用利率互换对浮动利率债券套期

C.某电力公司因签订了一份6个月后以约定价格购买煤炭的合同，对该确定承诺的价格变动风险进行套期

D.对现有存货价格变动风险进行套期

2.【多项选择题】下列项目中，可作为公允价值套期的有（　　）。

A.买入期货合约，对预期商品销售的价格变动风险进行套期

B.用利率互换对预期发行债券的利息的现金流量变动风险进行套期

C.买入远期燃油合同，以固定价格对燃油（确定承诺）的价格变动风险进行套期

套期会计概述
1–3

D.买入远期外汇合同，对以固定外币价格购买资产的确定承诺的外汇汇率变动风险进行套期

3.【多项选择题】下列各项中，能够作为公允价值套期的被套期项目的有（　　）。

A.已确认负债　　B.已确认资产的组成部分

C.极有可能发生的预期交易　　D.尚未确认的确定承诺

套期会计概述 4-6

4.【多项选择题】下列有关套期和套期会计的描述正确的有（　　）。

A.套期是一种对外汇风险、利率风险、价格风险、信用风险等特定风险引起的风险敞口的管理活动

B.套期通过指定金融工具为套期工具，以使套期工具的公允价值或现金流量变动，预期抵销被套期项目全部或部分公允价值或现金流量变动的风险管理活动

C.套期会计方法，是指企业将套期工具和被套期项目产生的利得或损失在相同会计期间计入当期损益（或其他综合收益）以反映风险管理活动影响的方法

D.套期会计方法基于企业风险管理活动，将套期工具和被套期项目产生的利得或损失在相同会计期间计入当期损益（或其他综合收益），有助于解决被套期项目和套期工具在确认和计量方面存在的上述差异，并在企业财务报告中如实反映企业进行风险管理活动的影响

5.【判断题】公允价值套期是对公允价值变动风险敞口进行的套期。也就是说，在被套期项目之中，其现金流量是稳定的或固定的，即无论是现在还是将来对外付出或收到的钱都是稳定的或固定的，这种稳定性或固定性因没有充分考虑市场价格（即公允价值）的变动而面临市场价格变动的风险，对这种可能面临的风险进行控制就是公允价值套期。（　　）

6.【判断题】现金流量套期是对现金流量变动风险敞口进行的套期。也就是说，在被套期项目之中，其现金流量是不固定的，即无论是现在还是将来对外付出或收到的钱都是不固定的，就是因为这种不固定性给企业带来了风险，对其进行的控制就是现金流量套期。（　　）

三、知识点：套期项目与被套期项目

1.【多项选择题】下列项目可以作为套期工具的有（　　）。

A.以公允价值计量且其变动计入当期损益的衍生工具，但购入期权除外

B.以公允价值计量且其变动计入当期损益的非衍生金融资产或非衍生金融负债，但指定为以公允价值计量且其变动计入当期损益，且其自身信用风险变动引起的公允价值变动计入其他综合收益的金融负债除外

C.对于外汇风险套期，企业可以将非衍生金融资产（选择以公允价值计量且其变动计入其他综合收益的非交易性权益工具投资除外）或非衍生金融负债的外汇风险成分指定为套期工具

D.以公允价值计量且其变动计入当期损益的衍生工具，但签出期权除外

2.【多项选择题】下列对套期工具的指定有助于提高套期关系的有效性的有（　　）。

A.对于期权，企业可以将期权的内在价值和时间价值分开，只将期权的内在价值变动指定为套期工具

B.对于远期合同，企业可以将远期合同的远期要素和即期要素分开，只将即期要素的价

值变动指定为套期工具

C.对于金融工具，企业可以将金融工具的外汇基差单独分拆，只将排除外汇基差后的金融工具指定为套期工具

D.对于期权，企业可以将期权的内在价值和时间价值分开，只将期权的时间价值变动指定为套期工具

3.【多项选择题】下列有关对套期工具的指定，表述正确的有（　　）。

A.企业可以将套期工具的一定比例指定为套期工具，但不可以将套期工具剩余期限内某一时段的公允价值变动部分指定为套期工具

B.企业可以将两项或两项以上金融工具（或其一定比例）的组合指定为套期工具（包括组合内的金融工具形成风险头寸相互抵销的情形）

套期项目与被套期项目1-3

C.如果套期工具与被套期项目的不同风险敞口之间有具体对应关系，则一项套期工具可以被指定为对一种以上的风险进行套期

D.对于一项由签出期权和购入期权组成的期权，如满足一定的条件，实质上不是一项净签出期权，可以将其指定为套期工具

4.【多项选择题】企业可以将下列单个项目、项目组合或其组成部分指定为被套期项目的有（　　）。

A.已确认资产或负债　　B.尚未确认的确定承诺

C.极可能发生的预期交易　　D.境外经营净投资

5.【多项选择题】下列有关被套期项目的描述正确的有（　　）。

A.被套期风险通常包括外汇风险、利率风险、商品价格风险、股票价格风险等

B.采用权益法核算的股权投资不能在公允价值套期中作为被套期项目

套期项目与被套期项目4-6

C.在运用套期会计时，在合并财务报表层面，只有与企业集团之外的对手方之间交易形成的资产、负债、尚未确认的确定承诺或极可能发生的预期交易才能被指定为被套期项目

D.企业的一般经营风险（如固定资产毁损风险、亏损风险等）也可以作为被套期风险

6.【多项选择题】下列有关集团内部之间的套期会计的表述正确的有（　　）。

A.对于同一企业集团内的主体之间的交易，在企业个别财务报表层面可以运用套期会计；在企业集团合并财务报表层面一般不运用套期会计

B.在合并财务报表层面，投资性主体与其以公允价值计量且其变动计入当期损益的子公司之间的交易，可以运用套期会计

C.企业集团内部交易形成的货币性项目的汇兑收益或损失，不能在合并财务报表中全额抵销的，企业可以在合并财务报表层面将该货币性项目的外汇风险指定为被套期项目

D.企业集团内部极可能发生的预期交易，按照进行此项交易的主体的记账本位币以外的货币标价，且相关的外汇风险将影响合并损益的，企业可以在合并财务报表层面将该外汇风险指定为被套期项目

四、知识点：套期关系评估

1.【单项选择题】下列项目中不应终止运用套期会计的是（　　）。

A.因风险管理目标发生变化，导致套期关系不再满足风险管理目标
B.套期工具已到期、被出售、合同终止或已行使
C.被套期项目与套期工具之间不再存在经济关系
D.终止套期会计可能影响套期关系的一部分
2.【单项选择题】下列各项中，不应当终止确认相关金融资产的是（　　）。
A.企业以不附追索权方式出售金融资产
B.企业将金融资产出售，同时与买入方签订协议，在约定期限结束时按当日该金融资产的公允价值回购
C.企业将金融资产出售，同时与买入方签订看跌期权合约，但从合约条款判断，该看跌期权是一项重大价外期权
D.企业将金融资产出售，同时与买入方签订看跌期权合约，但从合约条款判断，该看跌期权是一项重大价内期权

套期关系评估 1-3

3.【单项选择题】在确立套期关系时，下列会计处理表述中，正确的是（　　）。
A.在确立套期关系时，企业必须将符合条件的金融工具整体指定为套期工具
B.对于期权，企业可以将期权的内在价值和时间价值分开，只将期权的内在价值变动指定为套期工具
C.对于远期合同，企业可以将远期合同的远期要素和即期要素分开，将全部的价值变动指定为套期工具
D.企业可以将套期工具剩余期限内某一时段的公允价值变动部分指定为套期工具
4.【多项选择题】关于套期关系再平衡，下列表述中正确的有（　　）。
A.企业在套期关系再平衡时，应更新套期关系的书面文件
B.套期关系再平衡是指对已经存在的套期关系中被套期项目或套期工具的数量进行调整
C.套期关系再平衡是指对已经存在的套期关系中被套期项目或套期工具的金额进行调整
D.企业在套期关系再平衡时，应确认套期关系调整前的套期无效部分，并更新在套期剩余期限内预期将影响套期关系的套期无效部分产生原因的分析
5.【多项选择题】要认定套期关系符合套期有效性要求，必须同时满足的条件有（　　）。
A.被套期项目和套期工具之间存在经济关系。该经济关系使得套期工具和被套期项目的价值因面临相同的被套期风险而发生方向相反的变动
B.在被套期项目和套期工具经济关系产生的价值变动中，信用风险的影响不占主导地位
C.套期关系的套期比率，应当等于企业实际套期的被套期项目数量与对其进行套期的套期工具实际数量之比
D.在被套期项目和套期工具经济关系产生的价值变动中，信用风险的影响占主导地位
6.【多项选择题】下列有关企业终止应用套期会计的情形，表述正确的有（　　）。
A.因风险管理目标发生变化，导致套期关系不再满足风险管理目标的，企业应终止应用套期会计
B.套期工具已到期、被出售、合同终止或已行使的，企业应终止应用套期会计
C.套期比例失衡导致套期无效的，企业应终止应用套期会计

D.被套期项目与套期工具之间不再存在经济关系，或者在被套期项目和套期工具经济关系产生的价值变动中，信用风险的影响开始占主导地位的，企业应终止应用套期会计

7.【判断题】所谓套期无效部分是指套期工具的公允价值或现金流量变动小于被套期项目的公允价值或现金流量变动的部分。（　　）

套期关系评估 4-7

五、知识点：套期业务的会计处理

1.【多项选择题】20×7年1月1日，甲公司为规避所持有铜存货（账面价值和成本均为1 000 000元，公允价值为1 100 000元）公允价值变动风险，与某金融机构签订了一项铜期货合同，并将其指定为对20×7年前两个月铜存货的商品价格变化引起的公允价值变动风险的套期工具。该套期业务所引起的资金运动如下图所示。有关该图资金运动所反映的经济业务的描述正确的有（　　）。

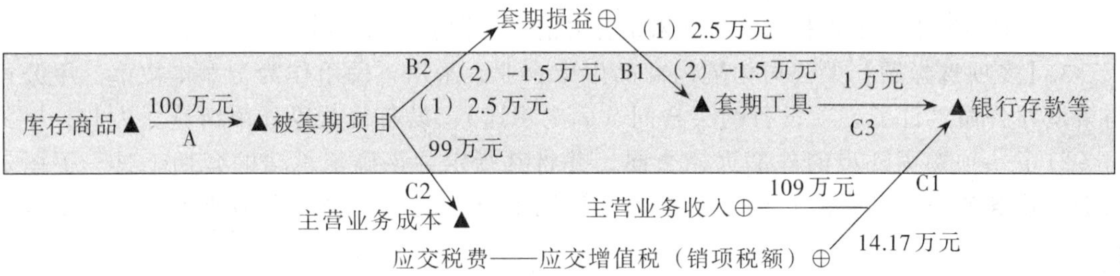

A.资金运动A段反映企业将100万元的库存商品转为被套期项目

B.资金运动B段反映在套期期间，被套期项目和套期工具公允价值的变动及其对套期损益的影响。其中（1）反映在第一个套期期间套期工具的公允价值上涨了2.5万元，而被套期项目的公允价值下降了2.5万元；（2）反映在第二个套期期间套期工具的公允价值下跌了1.5万元，而被套期项目的公允价值上涨了1.5万元

C.资金运动C1段反映企业按109万元的价格出售该产品，资金运动C2段反映企业结转所售产品成本99万元

D.资金运动C3段反映企业结算套期工具而收到1万元的银行存款

套期业务的会计处理1-2

2.【多项选择题】20×7年1月1日，甲公司为规避所持有铜存货（账面价值和成本均为1 000 000元，公允价值为1 100 000元）公允价值变动风险，与某金融机构签订了一项铜期货合同，并将其指定为对20×7年前两个月铜存货的商品价格变化引起的公允价值变动风险的套期工具。该套期业务所引起的资金运动如下图所示。有关该图资金运动所反映的经济业务的描述正确的有（　　）。

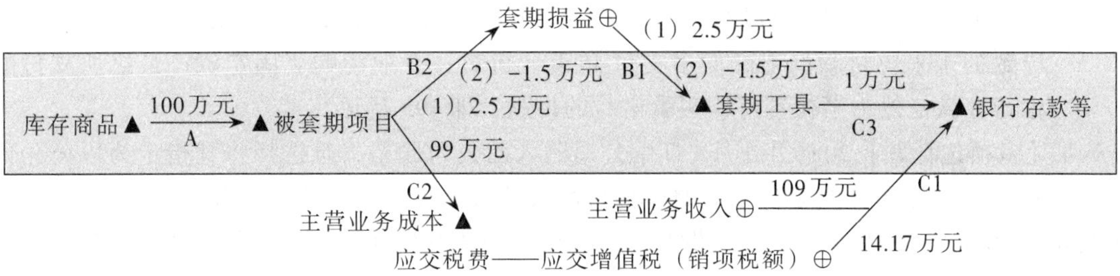

A.从资金运动B1段可知，该套期工具的公允价值在整个套期期间累计上涨了1万元；从资金运动B2段可知，该被套期项目的公允价值在整个套期期间累计下跌了1万元。将B1、B2段结合起来看，套期损益的累计金额为0，这说明套期关系具有完全的有效性

B.从资金运动C1段可知，该库存商品最终的售价为109万元，而题目已知其最初的公允价值为110万元，由此可以推断企业的净收益最终损失了1万元

C.将资金运动A、B2、B1、C3段串联起来可知，库存商品中1万元的资金量依次经过被套期项目、套期损益、套期工具，最终流向银行存款，即1万元的库存商品最终通过银行存款得以回收

D.将资金运动A、C2、C1段串联起来可知，库存商品中99万元的资金量依次经过被套期项目、主营业务成本（本年利润）、主营业务收入，最终流向银行存款，即99万元的库存商品最终通过银行存款得以回收。由此还可以推断，在不考虑所得税等其他因素的情况下，本年利润项目（未结转之前）为此会增加10万元的余额

3.【多项选择题】甲公司为境内商品生产企业，采用人民币作为记账本位币。甲公司与某境外公司签订了一项设备购买合同（确定承诺），设备价款以外币结算。为此，甲公司签订了一项购买外币的外汇远期合同，并将其指定为该确定承诺的套期工具。下图是该套期业务所引起的资金运动。下列有关该图资金运动所反映的套期业务的描述正确的有（　　）。

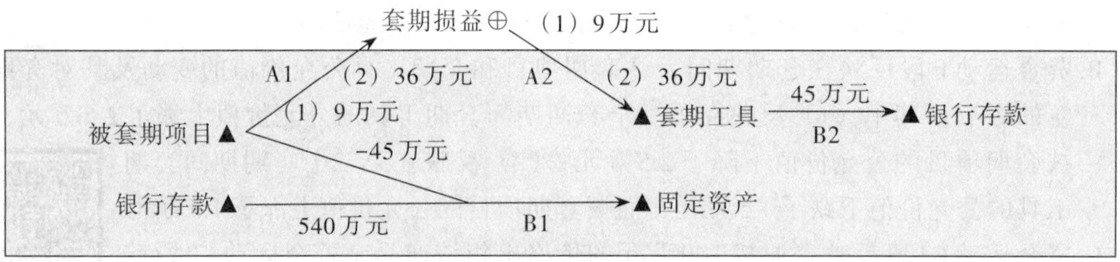

A.资金运动A1段反映因确定的购买承诺导致未来应付款项在整个套期期间累计上涨了45万元，其中第一个套期期间上涨了9万元，第二个套期期间上涨了36万元

B.资金运动A2段反映套期工具在整个套期期间累计上涨了45万元，其中第一个套期期间上涨了9万元，第二个套期期间上涨了36万元

C.资金运动B1段反映企业履行到期购买承诺，即支付了540万元的银行存款，其中45万元冲销被套期项目这个应付债务，剩下495万元作为所购设备的成本。资金运动B2段反映企业结算套期工具，取得银行存款45万元

D.将资金运动B1段和B2段结合起来可知，由于套期的作用，企业并没有因购买承诺所导致的未来应付款的上涨而多支付45万元价款，企业为购买固定资产最终所支付的银行存款依然为当初签订购买承诺时的价款，即495万元

4.【多项选择题】20×6年1月1日甲公司购入乙公司股票，且选择将其指定为以公允价值计量且其变动计入其他综合收益的非交易性权益工具投资。为规避该股票价格下跌风险，甲公司于20×6年12月31日签订一份股票远期合同。该套期业务所引起的资金运动如下图所

示。下列有关该图资金运动所反映的套期业务的描述正确的有（　　）。

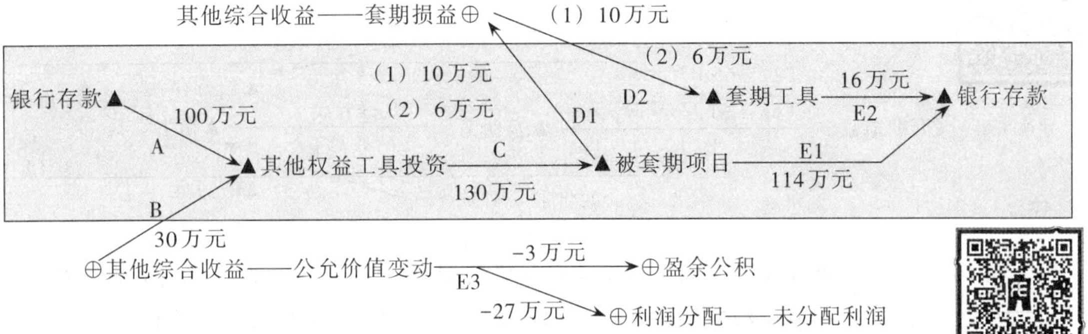

套期业务的会计处理3-4

A.资金运动A段反映企业以银行存款100万元取得其他权益工具投资，资金运动B段反映企业在会计期末其他权益工具投资的公允价值上涨了30万元，资金运动C段反映企业将价值130万元的其他权益工具投资项目指定为被套期项目

B.资金运动D1段反映被套期项目在两个套期期间其公允价值累计下降了16万元，资金运动D2段反映套期工具在两个套期期间内其公允价值累计上涨了16万元

C.资金运动E1段反映企业将被套期项目以114万元的价格对外出售，资金运动E2段反映企业结算套期工具，获得16万元银行存款，资金运动E3段反映将原计在其他综合收益——公允价值变动上的累计金额30万元转为企业的留存收益，导致企业的所有者权益减少30万元

D.从资金运动E1段来看，企业以114万元出售被套期项目，其价格低于原来套期关系指定时的130万元，但结合D1、D2、E2段资金运动来看，被套期项目有16万元最终通过套期保值得到补偿

5.【多项选择题】20×6年12月31日，甲银行按面值购入1亿元国债，每季度付息一次，到期日为20×7年12月31日。甲银行对该国债以摊余成本计量。20×6年12月31日，甲银行与交易对手签订名义金额1亿元的1年期利率互换合约，起息日为20×6年12月31日。甲银行于20×6年12月31日将利率互换合约指定为套期工具，对该1亿元国债由于市场利率变动产生的公允价值变动风险进行套期。不考虑国债的信用风险。20×7年7月1日，甲银行对上述指定终止运用套期会计。该套期业务所引起的资金运动如下图所示。下列有关该图资金运动所反映的套期业务的描述正确的有（　　）。

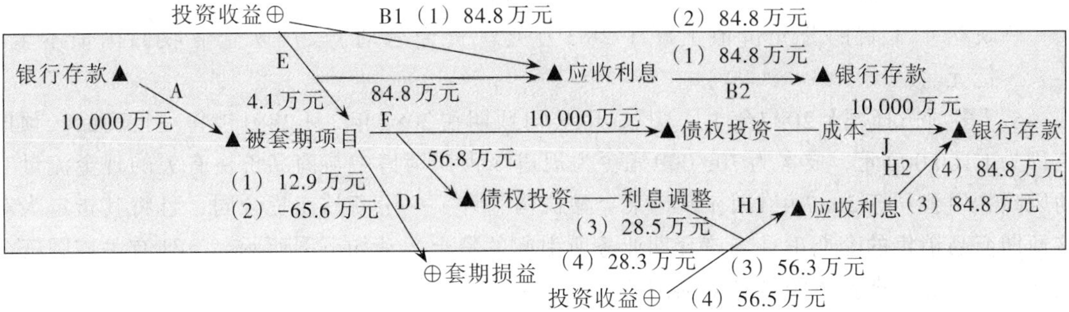

套期业务的会计处理5

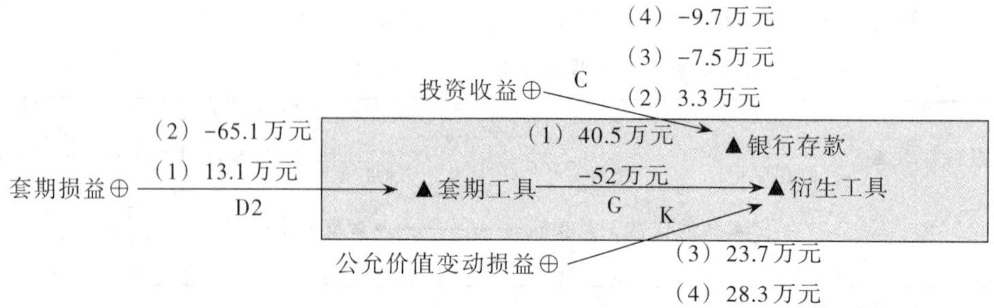

A. 在第一季度，资金运动A段反映企业以1亿元银行存款取得国债并将其指定为被套期项目；资金运动B1段反映企业期末确认国债利息收益84.8万元，资金运动B2段中（1）反映企业收到所确认的国债利息84.8万元；资金运动C段中（1）反映企业期末确认由于利率互换所带来的投资收益40.5万元；资金运动D1段中（1）反映套期项目的公允价值下降了12.9万元；资金运动D2段中（1）反映套期工具的公允价值上涨了13.1万元

B. 在第二季度，资金运动E段反映企业期末确认国债利息收益88.9万元，并同步确认应收利息84.8万元，确认被套期项目4.1万元；资金运动B2段中（2）反映企业收到所确认的国债利息84.8万元；资金运动C段中（2）反映企业期末确认由于利率互换所带来的投资收益3.3万元；资金运动D1段中（2）反映套期项目的公允价值上涨了65.6万元；资金运动D2段中（2）反映套期工具的公允价值下跌了65.1万元

C. 在第三季度，资金运动F段反映企业在第三季度开始时终止套期关系，将被套期项目转换为债权投资，其中债权投资——成本1亿元，债权投资——利息调整56.8万元；资金运动G段反映在第三季度开始时因终止套期关系而将套期工具转为衍生工具，其金额为-52万元；资金运动H1段中（3）反映企业期末确认国债利息收益56.3万元，并同步确认应收利息84.8万元，确认债权投资——利息调整-28.5万元；资金运动H2段中（3）反映企业收到所确认的国债利息84.8万元；资金运动K段中（3）反映衍生工具的公允价值上涨了23.7万元

D. 在第四季度，资金运动H1段中（4）反映企业期末确认国债利息收益56.5万元，并同步确认应收利息84.8万元，确认债权投资——利息调整-28.3万元；资金运动H2段中（4）反映企业收到所确认的国债利息84.8万元；资金运动K段中（4）反映衍生工具的公允价值上涨了28.3万元。资金运动J段反映企业收回国债本金1亿元

6.【多项选择题】20×7年1月1日，甲公司预期在20×7年2月28日销售一批商品，预期售价为1 100 000元，成本为700 000元。为规避该预期销售中与商品价格有关的现金流量变动风险，甲公司于20×7年1月1日与某金融机构签订了一份商品期货合同，且将其指定为对该预期商品销售的套期工具。该套期业务所引起的资金运动如下图所示。下列有关该图资金运动所反映的套期业务的描述正确的有（　　）。

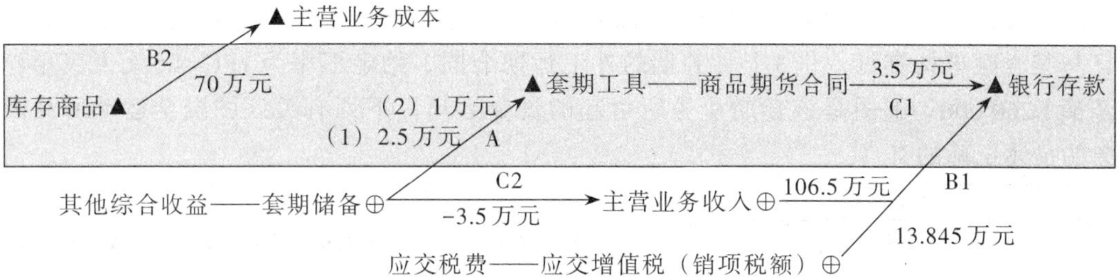

A.资金运动A段反映在两个月的套期中，套期工具的公允价值累计上涨了3.5万元，其中第一个月上涨了2.5万元，第二个月上涨了1万元

B.资金运动B1、B2段反映企业按销售当日的售价106.5万元出售了该商品，并同步结转该库存商品的成本70万元

C.资金运动C1段反映结束该商品期货合同，收到银行存款3.5万元；同时C2段反映将套期储备3.5万元转入主营业务收入，从而导致主营业务收入减少3.5万元

D.纵观整个资金运动流程可知，该商品的预计售价为110万元（不考虑增值税），因担心未来出售时该现金流量的波动（或者不稳定），企业通过套期业务在一定程度上消除了这种未来现金流量的波动性，从而将其稳定在110万元的未来现金流量之上

7.【多项选择题】甲公司于20×6年11月1日与境外乙公司签订合同，约定于20×7年1月30日以FC60 000购入橄榄油。甲公司为规避购入橄榄油成本的外汇风险，于当日与某金融机构签订一份3个月到期的外汇远期合同，约定汇率为1FC=4.5元人民币，合同金额FC60 000。下图是该套期业务所引起的资金运动。下列有关该图资金运动所反映的业务的描述正确的有（　　）。

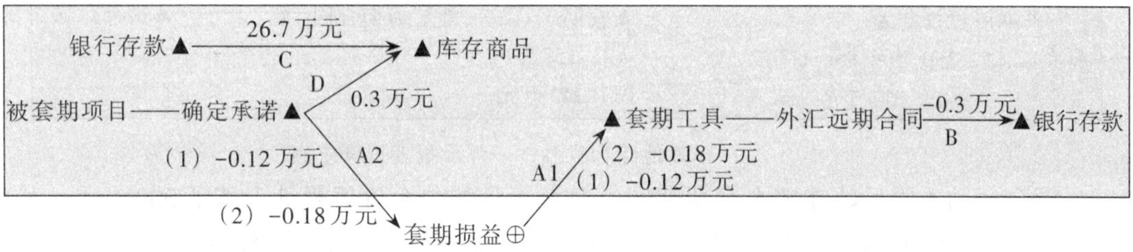

A.资金运动A1段反映套期工具的公允价值在整个套期期间累计下跌了0.3万元；资金运动A2段反映被套期项目的公允价值在整个套期期间累计下跌了0.3万元，即未来的应付款项减少了0.3万元

B.资金运动B段反映企业支付银行存款0.3万元以结清该套期工具；资金运动C段反映企业以购买日的实际价格26.7万元购买该商品；资金运动D段反映企业结清被套期项目的余额0.3万元，并相应调增所购库存商品的成本0.3万元

C.纵观整个资金运动流程可知，企业最终以27万元的银行存款取得所需商品。该金额27万元就是按照外汇远期合约约定的汇率进行结算的

D.纵观整个资金运动流程可知，该套期属于现金流量套期

套期业务的会计处理6-7

8.【多项选择题】甲公司于20×6年11月1日与境外乙公司签订合同，约定

于20×7年1月30日以FC60 000购入橄榄油。甲公司为规避购入橄榄油成本的外汇风险，于当日与某金融机构签订一份3个月到期的外汇远期合同，约定汇率为1FC=4.5元人民币，合同金额FC60 000。下图是该套期业务所引起的资金运动。下列有关该图资金运动所反映的业务的描述正确的有（　　）。

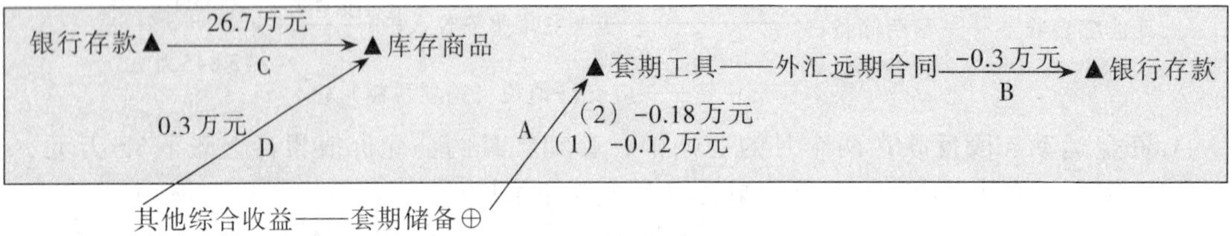

A.资金运动A段反映套期工具的公允价值在整个套期期间累计下降了0.3万元

B.资金运动B段反映企业最终支付银行存款0.3万元以结清该套期工具；资金运动C段反映企业支付26.7万元的银行存款取得所购商品，资金运动D段反映企业冲销套期储备，调增库存商品成本0.3万元

C.纵观整个资金运动流程可知，企业最终以27万元的银行存款取得所需商品。该金额27万元就是按照外汇远期合约约定的汇率进行结算的

D.纵观整个资金运动流程可知，该套期属于公允价值套期

9.【多项选择题】20×6年10月1日，甲公司（记账本位币为人民币）在其境外子公司有一项境外经营，净投资外币（FC）5 000万元。为规避境外经营净投资外汇风险，甲公司与某境外金融机构签订了一份外汇远期合同，约定于20×7年4月1日卖出FC5 000万元。下图就是该境外投资套期业务资金运动流程图。下列有关该图资金运动所反映的经济业务的描述正确的有（　　）。

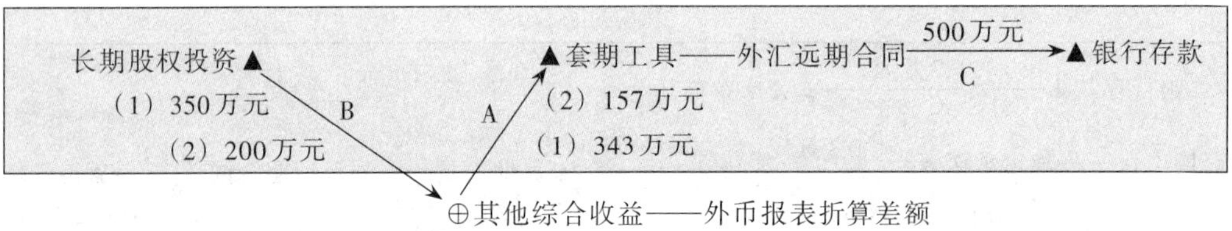

A.资金运动A段反映在整个套期期间，套期工具的公允价值累计上涨了500万元，其中在第一个套期期间上涨了343万元，在第二个套期期间上涨了157万元

B.资金运动B段反映在整个套期期间，被套期项目（境外经营净投资外汇风险）的公允价值累计下降了550万元，其中在第一个套期期间下降了350万元，在第二个套期期间下降了200万元

C.资金运动C段反映企业结算该套期工具，获得银行存款500万元

D.纵观整个资金运动过程可知，其套期会计的最终结果是甲公司产生其他综合收益——外币报表折算差额净损失50万元。该损失在其他综合收益中列示，直至境外经营子公司被处置

套期业务的会计处理8-9

10.【多项选择题】20×6年1月1日，甲公司预期20×6年12月31日将有一项1 000万美元的现金销售和一项1 200万美元的生产车间用固定资产现金采购，上述交易极有可能发生。甲公司的记账本位币为人民币。20×6年1月1日，甲公司签订了一份1年期外汇远期合同对

上述200万美元的外汇净头寸进行套期。上述固定资产将采用直线法在5年内计提折旧。下图就是该净敞口套期业务资金运动流程图。下列有关该图资金运动所反映的经济业务的描述正确的有（　　）。

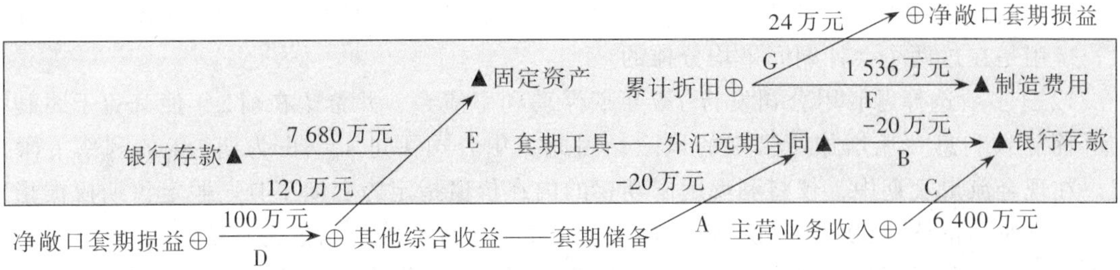

A.资金运动A段反映在套期期间甲公司套期工具的公允价值下跌了20万元，资金运动B段反映企业支付了20万元银行存款以结清该套期工具

B.资金运动C段反映企业实现销售收入6 400万元；与此同时，资金运动D段反映甲公司将与销售收入相关的套期收益100万元从其他综合收益——套期储备中转出，计入当期损益

C.资金运动E段反映企业以银行存款7 680万元购买固定资产，同时还需要将购买承诺中所产生的套期损失120万元从其他综合收益——套期储备中转入固定资产成本。资金运动G段反映甲公司在计提折旧时，对于因套期储备所导致的固定资产价值增加的部分，要分期分量通过净敞口套期损益计入各期损益

D.纵观整个资金运动过程可知，净敞口套期项目所涉及的相关损益都计入了相同会计期间

11.【多项选择题】甲公司发行了7年期浮动利率债券，并希望在前2年使其免于因利率上升而导致利息费用增加所带来的风险。因此，甲公司买进了一份为期2年的利率上限期权。在现金流量套期中，仅将利率上限期权的内在价值指定为套期工具。假定该期权被指定时的实际时间价值为200 000元（该金额未被指定，因此应作为衍生工具处理），甲公司将该金额按直线法分摊至当期损益。下图就是该业务所引起的资金运动流程图。下列有关该资金运动所反映的经济业务的描述正确的有（　　）。

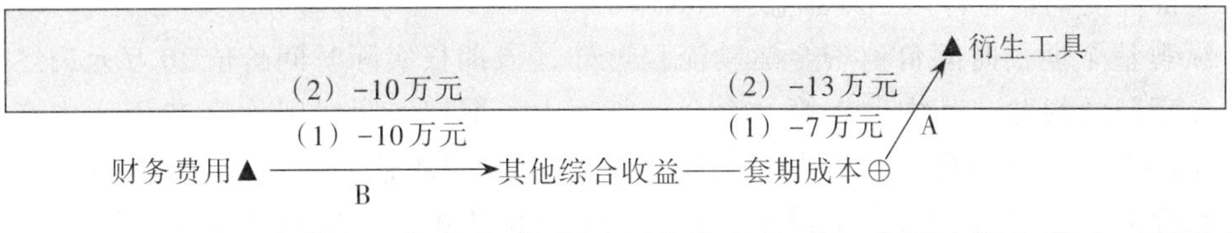

A.资金运动A段反映利率互换期权校准时间价值的波动。本题中期权校准时间价值在两个会计期间累计下降了20万元，其中第一个会计期间下降7万元，第二个会计期间下降了13万元

B.由于已知期权实际时间价值为20万元，而资金运动B段所分摊的期权时间价值累计金额也是20万元，由此可以推断，该期权校准时间价值可能等于期权实际时间价值20万元

C.由于已知期权实际时间价值为20万元，而资金运动B段所分摊的期权时

套期业务的会计处理10-11

间价值累计金额也是20万元，由此可以推断，该期权校准时间价值可能大于期权实际时间价值20万元

D.资金运动B段反映利率互换期权实际时间价值在套期内分摊的过程。本题中期权实际时间价值在两个会计期间累计分摊并调增财务费用20万元，这调增的20万元财务费用是在这两个会计期间平均分摊的

12.【多项选择题】甲公司发行了7年期浮动利率债券，并希望在前2年使其免于因利率上升而导致利息费用增加所带来的风险。因此，甲公司买进了一份为期2年的利率上限期权。在现金流量套期中，仅将利率上限期权的内在价值指定为套期工具。假定该期权被指定时的实际时间价值为200 000元（该金额未被指定，因此应作为衍生工具处理），甲公司将该金额按直线法分摊至当期损益。下图就是该业务所引起的资金运动流程图。下列有关该资金运动所反映的经济业务的描述正确的有（　　）。

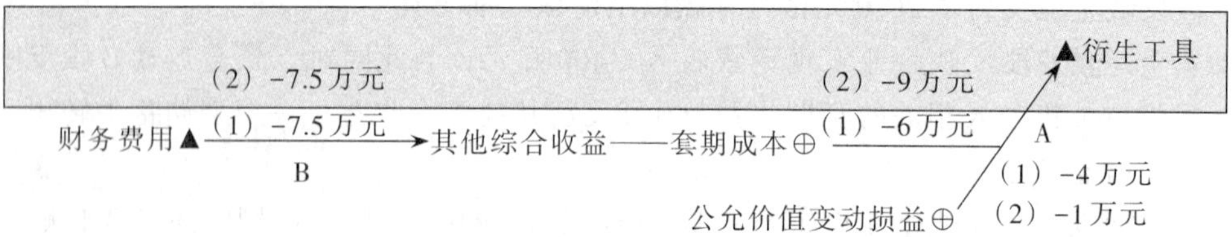

A.由于已知期权实际时间价值为20万元，而资金运动B段所分摊的期权时间价值累计金额为15万元，由此可以推断，该期权校准时间价值应该小于期权实际时间价值20万元，为15万元

B.从资金运动A段（1）中可知，在第一个会计期间，该期权的实际时间价值减少了10万元，其校准时间价值减少了6万元。甲公司将期权实际价值减少的10万元中与校准时间价值减少对应的6万元计入其他综合收益——套期成本，其剩下的4万元通过公允价值变动损益计入当期损益

C.从资金运动A段（2）中可知，在第二个会计期间，该期权的实际时间价值减少了10万元，其校准时间价值减少了9万元。甲公司将期权实际价值减少的10万元中与校准时间价值减少对应的9万元计入其他综合收益——套期成本，其剩下的1万元通过公允价值变动损益计入当期损益

D.纵观整个期权时间价值资金运动流程可知，该期权实际时间价值20万元最终都计入各套期的损益。其中，在第一个会计年度中，期权实际时间价值20万元中有11.5万元最终计入当期损益，其中有7.5万元通过财务费用计入当期损益，有4万元通过公允价值变动损益计入当期损益；在第二个会计年度中，期权实际时间价值20万元中有8.5万元最终计入当期损益，其中有7.5万元通过财务费用计入当期损益，有1万元通过公允价值变动损益计入当期损益

13.【多项选择题】下列有关公允价值套期会计处理的表述正确的有（　　）。

A.一般情况下，套期工具产生的利得或损失应当计入当期损益。如果套期工具是对选择以公允价值计量且其变动计入其他综合收益的非交易性权益工具投资（或其组成部分）进行套期的，套期工具产生的利得或损失应当计入其他综合收益

B.被套期项目因被套期风险敞口形成的利得或损失应当计入当期损益，同时调整未以公

允价值计量的已确认被套期项目的账面价值

C.被套期项目为尚未确认的确定承诺（或其组成部分）的，其在套期关系指定后因被套期风险引起的公允价值累计变动额应当确认为一项资产或负债，相关的利得或损失应当计入各相关期间损益。当履行确定承诺而取得资产或承担负债时，应当以所确认的被套期项目的公允价值累计变动额调整该资产或负债的初始确认金额

套期业务的会计处理12–13

D.被套期项目为以公允价值计量的金融资产（或其组成部分）的，在对其因被套期风险敞口形成的利得或损失进行处理时，其账面价值也需要相应调整

14.【业务题】20×9年1月1日，甲公司为规避所持有钼存货公允价值变动风险，与某金融机构签订了一项钼期货合同，并将其指定为对20×9年前两个月钼存货的商品价格变化引起的公允价值变动风险的套期工具。钼期货合同的标的资产与被套期项目钼存货在数量、质量和产地方面相同。假设不考虑期货市场中每日无负债结算制度的影响。

20×9年1月1日，钼期货合同的公允价值为0，被套期项目（钼存货）的账面价值和成本均为5 000 000元，公允价值为6 000 000元。20×9年1月31日，钼期货合同公允价值下跌了300 000元，钼存货的公允价值上涨了300 000元。20×9年2月28日，钼期货合同公允价值上涨了500 000元，钼存货的公允价值下降了500 000元。当日，甲公司将钼存货以5 800 000元的价格出售，并将钼期货合同结算。该企业适用的增值税税率为13%。不考虑其他因素。

套期业务的会计处理14

甲公司通过分析发现，钼存货与钼期货合同存在经济关系，且经济关系产生的价值变动中信用风险不占主导地位，套期比率也反映了套期的实际数量，符合套期有效性要求。

要求：对该套期业务进行相应的会计处理。

15.【业务题】20×9年1月1日，甲公司预期在20×9年2月28日销售一批商品，数量为100吨，预期售价为2 000 000元，成本为1 200 000元。为规避该预期销售中与商品价格有关的现金流量变动风险，甲公司于20×9年1月1日与某金融机构签订了一份商品期货合同，且将其指定为对该预期商品销售的套期工具。商品期货合同的标的资产与被套期预期销售商品在数量、质次、价格变动和产地等方面几乎完全相同，并且商品期货合同的结算日和预期商品销售日均为20×9年2月28日。

20×9年1月1日，商品期货合同的公允价值为0。20×9年1月31日，商品期货合同的公允价值上涨了50 000元，预期销售价格下降了45 000元。20×9年2月28日，商品期货合同的公允价值上涨了20 000元，商品销售价格下降了15 000元。当日，甲公司将商品出售，并结算了商品期货合同，款项均已存入银行。该商品销售适用的增值税税率为13%。

甲公司分析认为该套期符合套期有效性的条件。假定不考虑其他因素，且不考虑期货市场每日无负债结算制度的影响。

要求：对该套期业务进行相应的会计处理。

套期业务的会计处理15

16.【业务题】20×8年10月1日，甲公司（记账本位币为人民币）在其境外子公司有一项境外经营净投资外币1 000万美元。为规避境外经营净投资外汇风险，甲公司与某境外金融机构签订了一项外汇远期合同，约定于20×9年4月1日卖出1 000万美元。其

他有关资料见下表。

外币即期汇率和外汇远期合同情况表　　金额单位：元人民币

日期	即期汇率（美元/人民币）	远期汇率（美元/人民币）	远期合同的公允价值
20×8年10月1日	6.70	6.72	0
20×8年12月31日	6.75	6.77	490 000
20×9年3月31日	6.80	不适用	990 000

假定不考虑远期合同的远期要素。甲公司的上述套期满足运用套期会计方法的所有条件。

要求：对该套期业务进行相应的会计处理。

套期业务的会计处理16

17.【业务题】20×9年1月1日，甲公司预期20×9年12月31日将有一项500万美元的现金销售和一项600万美元的生产车间用固定资产现金采购，上述交易极有可能发生。甲公司的记账本位币为人民币。

20×9年1月1日，甲公司签订了一份1年期外汇远期合同对上述100万美元的外汇净头寸进行套期，甲公司1年后将按1美元=6.90元人民币的汇率购入100万美元。上述固定资产将采用直线法在5年内计提折旧。

20×9年1月1日及20×9年12月31日美元的即期汇率分别为1美元=6.80元人民币及1美元=7.00元人民币。20×9年1月1日，外汇远期合同的公允价值为0。

预期销售现金流入和预期采购现金流出如期于20×9年12月31日发生，外汇远期合同也于20×9年12月31日结算。假设不考虑外汇远期合同的远期要素。

要求：对该套期业务进行相应的会计处理。

套期业务的会计处理17

第十章　合伙企业会计

合伙企业的内涵及其特征

一、知识点：合伙企业的内涵及其特征

1.【多项选择题】下列有关合伙企业的表述正确的有（　　）。

A.合伙企业是指依法在中国境内设立的由各合伙人订立合伙协议，共同出资、合伙经营、共享收益、共担风险，并对合伙企业债务承担无限责任的营利性组织

B.合伙企业通常多见于职业专业化程度比较高的行业

C.合伙企业常见的形式有律师事务所、会计师事务所、税务师事务所等

D.合伙企业至少需要由两个或两个以上的个人（而非法人）构成

2.【多项选择题】下列关于有限合伙企业的表述正确的有（　　）。

A.有限合伙企业是一种特殊的合伙企业，它由一名以上的普通合伙人和一名以上的有限合伙人组成

B.普通合伙人执行合伙事务，对外代表合伙组织，并对合伙企业的债务承担无限责任

C.有限合伙人不执行合伙事务，不对外代表该合伙组织，只按照出资比例享受利润分配或亏损分担，并仅以其出资额为限对合伙企业的债务承担清偿责任

D.有限合伙人和普通合伙人在出资的形式上没有区别

3.【多项选择题】下列有关合伙企业的基本特征的表述正确的有（　　）。

A.合伙企业必须以合伙协议为法律基础

B.合伙人对合伙企业的债务承担无限连带责任

C.合伙企业属于所得税纳税主体

D.合伙人之间相互代理

合伙企业会计的特点

二、知识点：合伙企业会计的特点

1.【多项选择题】下列有关合伙企业会计核算特点的描述正确的有（　　）。

A.合伙企业设立时，非现金资产的投资应以经过独立评估机构评估所确认的公允价值作为入账价值

B.合伙企业的损益分配是按照合伙协议的约定进行的，如果分配的方法没有在合伙协议中约定，则平均分配

C.在合伙企业中，合伙人的变动会影响合伙企业的利益分配格局。为维护合伙人的权益，在合伙人变动时要明确合伙人入伙或退伙的方式，同时还要对合伙企业的商誉进行评估，对合伙企业的资产进行评估，这给合伙企业的会计核算带来了重大影响

D.由于每一个合伙人都要对合伙企业的债务承担无限连带责任，因此其清算的程序及会计处理与公司制企业不同，需要根据合伙企业是否破产以及合伙人个人是否破产进行区别处理

2.【多项选择题】合伙企业可能需要设置的账户有（　　）。

A.实收资本或合伙人资本　　B.合伙人提款或合伙人往来

C.其他应收款、短期借款　　D.资本公积

3.【多项选择题】下列有关合伙企业会计核算的描述正确的有（　　）。

A."合伙人提款"账户用来核算合伙人当期从合伙企业提取的资产和从合伙资产中提取用于个人花费的支出。会计年度末，将"合伙人提款"账户的借方余额结转到"实收资本——合伙人"账户

B.对于企业和合伙人之间的短期借款事项，则需要另设"其他应收款——合伙人"或"短期借款——合伙人"账户。如合伙企业借给合伙人无担保的巨额款项的偿还能力受到怀疑，则在资产负债表上最好将此应收款项抵冲该合伙人的"实收资本"项目

C.合伙企业损益的形成和分配（或分担）通过"本年利润"账户核算。会计年度终了，"本年利润"账户中的损益，应按照合伙协议的规定转入"实收资本——合伙人"账户

D."实收资本——合伙人"账户用来核算合伙人投入的资本以及分享的经营所得

三、知识点：合伙企业设立及经营的会计处理

1.【业务题】甲和乙两人以现金和非现金资产组合投资成立合伙企业，其各自出资方式及其公允价值见下表。

合伙人出资方式及公允价值一览表

单位：元

项目	甲合伙人出资（公允价值）	乙合伙人出资（公允价值）
货币资金	40 000	100 000
设备（取得成本 50 000 元）	50 000	
建筑物（取得成本 300 000 元）	200 000	
存货（取得成本 280 000 元）		200 000+增值税进项税额 26 000
合计	290 000	326 000

经合伙人甲和乙协商，同意非现金资产按公允价值入账。

要求：

（1）合伙协议约定，按甲、乙两人实际投入资本进行会计处理；

（2）合伙协议约定，甲、乙两人在合伙资本中各占50%，按红利法进行会计处理；

合伙企业设立及经营处理1

（3）合伙协议约定，甲、乙两人在合伙资本中各占50%，按商誉法进行会计处理。

2.【业务题】合伙企业发生下列业务，请对其进行相关的会计处理。

（1）合伙人甲和乙每月从合伙企业各提款16 000元和15 000元。到年底，甲、乙合伙人

累计提款分别为192 000元和180 000元。将其冲减实收资本。

（2）合伙人甲向企业申请借款80 000元。借款协议载明：借款期限为4个月，年利率6%，到期一次还本付息。

（3）合伙企业由于临时资金周转困难，向合伙人乙借款200 000元。借款协议载明：借款期限3个月，年利率为8%，到期一次还本付息。

（4）甲和乙为合伙人，他们在合伙企业的损益分配比例为6∶4，20×9年有关合伙企业的资料如下（单位：元）。要求编制合伙人实收资本变动表并进行相应的会计处理。

合伙净利润（20×9年度）	800 000
实收资本——合伙人甲（20×9年1月1日）	600 000
甲增资（20×9年）	100 000
甲提款（20×9年）	140 000
实收资本——合伙人乙（20×9年1月1日）	400 000
乙减资（20×9年）	60 000
乙提款（20×9年）	20 000

（5）甲、乙、丙三人合伙经营一家商店。甲为负责业务的合伙人，乙为企业销售经理，丙不在企业任职。合伙协议规定：甲和乙每人每年各得120 000元的薪金，净利润在扣除薪金后的余额由三人平均分配。合伙企业20×8年度实现净利润810 000元，20×9年度实现净利润180 000元。

合伙企业设立及经营处理2

要求：编制两个年度的利润分配表。

（6）甲、乙、丙三人合伙经营一家商店。合伙协议规定：首先合伙人丙可获得合伙净利润的10%作为红利；然后甲和乙每人每年各得120 000元的薪金；最后剩下的净利润由三人平均分配。合伙企业20×8年度实现净利润800 000元，20×9年度实现净利润200 000元。

要求：编制该企业的利润分配表。

四、知识点：合伙权益的变动会计处理

1.【业务题】合伙企业发生下列业务，请对其进行相应的会计处理：

合伙权益的变动会计处理1

（1）合伙人甲将其在合伙企业的30%的权益部分转让给丁。该合伙人权益资本的账面价值为45万元。丁支付货币资金60万元，但丁并未成为合伙企业的合伙人。

（2）甲、乙两人合伙经营一家商店，其合伙损益平均分配。截止到目前，甲、乙的资本余额各是200 000元。经甲、乙两合伙人的同意，丙以合伙人的身份加入合伙企业，并直接以120 000元从乙手中取得其一半的合伙权益。由此甲、乙、丙三人组成的新合伙企业设立，甲、乙、丙三人在合伙企业中的合伙损益的分配比例分别为50%、25%、25%。

2.【业务题】甲、乙两人合伙经营一家商店。甲、乙的资本余额分别为200 000元和160 000元，而合伙损益平均分配。甲、乙同意丙入伙。针对下列业务进行会计处理，并编制新合伙企业资本账户余额表。

（1）采用红利法处理：

①丙直接支付两人各100 000元入伙。丙对新合伙企业的资本和损益享有50%的权益，甲、乙分别享有新合伙企业的损益的25%。

②丙直接支付两人共计200 000元入伙。丙对新合伙企业的资本和损益享有50%的权益，甲、乙分别享有新合伙企业的资本和损益的25%。

（2）采用商誉法处理：

①丙直接支付两人各100 000元入伙。丙对新合伙企业的资本和损益享有50%的权益，甲、乙分别享有新合伙企业的损益的25%。

合伙权益的变动会计处理2

②丙直接支付两人共计200 000元入伙。丙对新合伙企业的资本和损益享有50%的权益，甲、乙分别享有新合伙企业的资本和损益的25%。

3.【业务题】甲、乙合伙经营一家商店。甲、乙的资本余额各为200 000元，合伙协议约定合伙损益平均分配。甲、乙两人同意丙以380 000元货币资金入伙，并在三人组成的新合伙企业中享有1/3的资本及利润分配权。

要求：

（1）按红利法进行相关会计处理；

（2）按商誉法进行相关会计处理。

合伙权益的变动会计处理3

4.【业务题】甲、乙合伙经营一家商店。甲、乙的资本余额各为200 000元，合伙协议约定合伙损益平均分配。甲、乙两人同意丙以80 000元货币资金入伙，并在三人组成的新合伙企业中享有1/3的资本及利润分配权。

要求：

（1）按红利法进行相关会计处理；

（2）按商誉法进行相关会计处理。

合伙权益的变动会计处理4

5.【业务题】甲、乙、丙三人为合伙企业的合伙人，损益分配比例分别为40%、20%和40%，现合伙人丙决定退伙。在丙退伙日，甲、乙、丙三人的资本、损益分配比例见下表。

合伙人资本及利润分配情况表

金额单位：元

合伙人	资本余额	资本比例	损益分配比例
甲	280 000	35%	40%
乙	200 000	25%	20%
丙	320 000	40%	40%
合计	800 000	100%	100%

要求：对相关业务进行会计处理。

（1）丙在合伙权益的最后清偿中共得款368 000元：

①采用红利法处理；②采用商誉法处理。

（2）丙在合伙权益的最后清偿中共得款288 000元：

①假设是存货高估；②假设是合伙人丙急于退伙而愿意折价处理。

合伙权益的变动会计处理5

五、知识点：合伙企业的解散与清算

1.【业务题】甲、乙两人合伙经营一家商店。20×8年12月31日的合伙资产负债表见下表。

合伙企业合伙资产负债表

单位：元

资产		负债和所有者权益	
货币资金	40 000	应付账款	160 000
应收账款	120 000	短期借款——合伙人甲	40 000
存货	120 000	实收资本——合伙人甲	100 000
固定资产	160 000	实收资本——合伙人乙	140 000
合计	440 000	合计	440 000

甲、乙的损益分配比例分别为70%和30%。他们协议于20×9年1月1日以后尽快解散合伙企业。存货销售价为100 000元（未含增值税），固定资产销售价120 000元（不含增值税），应收账款收回88 000元，共发生清算损失92 000元。该合伙企业按简易计税处理，征收率为3%。

合伙企业的解散与清算1

要求：对合伙企业的清算业务进行会计处理，并编制合伙企业清算表。

合伙企业的解散与清算2

2.【业务题】甲、乙、丙三人组建的合伙企业正在进行清算。当所有资产均变现而且已还清债务后，其账户余额见下表。

相关账户余额表

单位：元

账户	借方	贷方
货币资金	100 000	
实收资本——合伙人甲（损益分配比例40%）	12 000	
实收资本——合伙人乙（损益分配比例40%）		64 000
实收资本——合伙人丙（损益分配比例20%）		48 000
合计	112 000	112 000

要求：对合伙企业未来的清算情况进行分析。

3.【业务题】甲、乙、丙三人组建的合伙企业正在进行清算。当所有资产均变现而且已还清债务后，其账户余额见下表。

合伙企业的解散与清算3

相关账户余额表

单位：元

账户	借方	贷方
货币资金	100 000	
短期借款——合伙人甲		20 000
实收资本——合伙人甲（损益分配比例40%）	32 000	
实收资本——合伙人乙（损益分配比例40%）		64 000
实收资本——合伙人丙（损益分配比例20%）		48 000
合计	132 000	132 000

要求：对合伙企业未来的清算情况进行分析。

4.【业务题】甲、乙、丙三人合伙经营，合伙损益平均分配。合伙企业清算情况见下表。

合伙企业的解散与清算4

合伙企业清算表（部分）（不考虑增值税）

单位：元

项目	货币资金	其他资产	优先债务	甲的资本	乙的资本	丙的资本
清算日	24 000	136 000	104 000	28 800	16 000	11 200
其他资产变现	64 000	（136 000）	—	（24 000）	（24 000）	（24 000）
小计	88 000	—	104 000	4 800	（8 000）	（12 800）
偿还债务	（88 000）	—	（88 000）			
小计	—	—	16 000	4 800	（8 000）	（12 800）

要求：对合伙企业未来的清算情况进行分析。

5.【业务题】甲、乙、丙三人合伙经营，合伙损益平均分配。合伙企业清算情况见下表。

合伙企业的解散与清算5

合伙企业清算表（部分）（不考虑增值税）

单位：元

项目	货币资金	其他资产	优先债务	甲的资本	乙的资本	丙的资本
清算日	24 000	136 000	104 000	28 800	16 000	11 200
其他资产变现	64 000	（136 000）	—	（24 000）	（24 000）	（24 000）
小计	88 000	—	104 000	4 800	（8 000）	（12 800）
偿还债务	（88 000）	—	（88 000）			
小计	—	—	16 000	4 800	（8 000）	（12 800）

与此同时，各合伙人不包括合伙企业的所有者权益在内的个人资产和负债情况见下表。

不包括合伙企业的所有者权益在内的个人资产和负债

单位：元

合伙人	个人资产	个人负债
甲	20 000	42 000
乙	40 000	40 000
丙	80 000	44 000

要求：对合伙企业未来的清算情况进行分析。

6.【业务题】甲、乙、丙三人成立的合伙企业正在进行清算。其账户余额见下表。

合伙企业的解散与清算6

合伙企业清算相关项目金额表

单位：元

项目	借方金额	项目	贷方金额
货币资金	320 000	短期借款——合伙人丙	80 000
其他应收款——合伙人乙	40 000	实收资本——合伙人甲（损益分配50%）	200 000
无形资产	80 000	实收资本——合伙人乙（损益分配30%）	280 000
固定资产	560 000	实收资本——合伙人丙（损益分配20%）	440 000
合计	1 000 000	合计	1 000 000

所有对合伙人以外的债务均已清偿。而合伙人预计固定资产和无形资产的出售将费时很长，因此协商除保留40 000元以支付费用外，立即分配现金。

要求：根据上述资料，编制一张安全清偿表以确定可安全分配给合伙人的现金数额。

7.【业务题】甲、乙、丙三人设立的合伙企业将于20×8年12月31日以后尽快解散，除每月保留80 000元以支付或有事项外，每月月底将分配现金，直至清算完成为止。20×8年12月31日的合伙企业资产负债表见下表。

甲、乙、丙合伙企业资产负债表（简表）

单位：元

资产		负债和所有者权益	
货币资金	1 920 000	应付票据	2 400 000
应收账款	2 240 000	应付账款	1 600 000
其他应收款——合伙人丙	320 000	短期借款——合伙人乙	160 000
存货	3 200 000	实收资本——合伙人甲（损益分配50%）	2 720 000
固定资产	2 400 000	实收资本——合伙人乙（损益分配30%）	2 720 000
无形资产	800 000	实收资本——合伙人丙（损益分配20%）	1 600 000
商誉	320 000		
合计	11 200 000	合计	11 200 000

要求：编制现金分配计划表。

合伙企业的解散与清算7

第十一章　清算会计

一、知识点：清算会计概述

1.【多项选择题】下列有关普通清算与破产清算的区别的描述正确的有（　　）。

A.普通清算属于自愿清算或行政清算，一般由企业或企业主管机关成立清算组进行清算

B.破产清算属于司法清算，要依照法律的规定组织清算组进行清算

C.普通清算的重点是将剩余财产在企业内部各投资者之间进行分配

D.破产清算主要是将有限的财产在企业外部债权人之间进行分配

2.【多项选择题】在企业宣布经营终止前6个月至终止之日的期间内，应作为清算资产予以追回的财产有（　　）。

A.隐匿、私分或无偿转让的财产

B.非正常压价处理的财产

C.对原来没有财产担保的债务提供的财产担保

D.提前清偿的未到期债务和放弃的债权

清算会计概述

3.【多项选择题】下列有关清算会计的表述正确的有（　　）。

A.企业进入清算后，在终止经营的前提下，资产在按实际成本计价的同时，为维护债权人的利益，更注重以现时价格来计价，即按可变现价值来计价

B.清算会计的终止经营假设决定了清算企业必须以收付实现制取代权责发生制，即以实际收付款项为标准来确认收入和费用

C.企业进入清算后，由于否定了持续经营假设和会计分期假设，也就废除了资本性支出原则，而只遵循收益性支出原则，对于发生的各项支出均作为清算期间的支出

D.清算会计的目标尽管仍然是向企业外部提供信息，但信息的使用者除企业的债权人、投资人、政府有关部门外，还包括管理破产案件的法院

4.【判断题】在全面清查企业财产、债权和债务后，首先应将清算财产用于支付企业清算期间为开展清算工作所支出的全部费用，之后剩余财产应依照下列顺序逐项清偿企业的债务：(1) 缴纳所欠税款；(2) 支付应付未付的职工工资、劳动保险费等；(3) 清偿其他各项无担保债务。（　　）

5.【判断题】如果企业财产不足以清偿债务，要立即向法院申请宣告破产，待法院宣告破产后，清算组应将清算事务移交给法院。对宣告破产的企业，当破产财产不足以清偿同一顺序债务时，则在同一顺序内按比例清偿。（　　）

6.【判断题】在清算的过程中企业一直作为一个独立的会计主体存在。　　（　　）

二、知识点：破产清算的会计处理

【业务题】甲公司于20×9年3月25日被人民法院宣告破产。20×9年3月31日，经过财产清查等必要的手续后，甲公司编制的资产负债表见下表。

资产负债表

编制单位：甲公司　　　　20×9年3月31日　　　　单位：万元

资产	金额	负债和所有者权益	金额
货币资金	600	应付账款	13 000
交易性金融资产	1 400	应付票据	6 000
应收账款	5 000	应付职工薪酬	2 600
存货	10 000	应交税费	400
长期待摊费用	800	其他应付款	1 400
固定资产	17 000	长期借款	10 000
无形资产	12 000	股本	20 000
		资本公积	12 000
		盈余公积	8 000
		未分配利润	−37 400
资产总计	36 000	负债和所有者权益总计	36 000

其他资料如下：假设应付账款中有200万元、其他应付款中有100万元属于共益债务；职工遣散安置费1 400万元；全部存货出售得款10 600万元（不含增值税），增值税税率13%，款项已收存银行；设备清算净值为0.44亿元，出售得到0.4亿元，不含增值税，增值税税率13%，款项已存入银行；房屋清算净值为1亿元，出售价款为0.9亿元（不含增值税），增值税税率13%，款项已存入银行；处置交易性金融资产，取得银行存款0.1523亿元；应收账款收回0.43亿元，剩余的0.01亿元无法收回；支付清算期间管理人薪酬280 000元、诉讼费100 000元、审计评估费20 000元，同时支付财产保管费6 000元、设备设施维护费24 000元；假设借款中有2 500万元亿元的工商银行借款有担保，应付票据中应付乙企业的票据3 500万元有担保。

在破产宣告日，甲公司的资产和负债的清算净值见下表。

甲公司资产和负债账面价值与清算价值对照表

单位：万元

资产项目	账面价值	清算价值	负债项目	账面价值	清算价值
货币资金	600	6 000	应付账款	128 000	128 000
交易性金融资产	14 000	14 000	应付票据	60 000	60 000
应收账款	50 000	44 000	其他应付款	13 000	13 000
存货	100 000	110 000	应付共益债务	3 000	3 000
固定资产	170 000	144 000	应付职工薪酬	26 000	26 000
无形资产	12 000	0	应交税费	4 000	4 000
			长期借款	100 000	100 000
合计	352 000	318 000	合计	334 000	334 000

要求：完成破产清算管理人相关业务的会计处理及报表编制。

清算会计的
会计处理

习题答案与解析

第一章　企业合并

一、知识点：企业合并概述

1.【单项选择题】答案：D

解析：要构成业务不需要有关资产、负债的组合一定构成一家企业，或具有某一具体法律形式。一般情况下，企业的分公司、独立的生产车间、不具有独立法人资格的分部等也能构成业务。

2.【单项选择题】答案：D

解析：企业合并是指将两个或两个以上单独的企业合并形成一个报告主体的交易或事项。从企业合并的定义看，是否形成企业合并，关键要看相关交易或事项发生前后是否引起报告主体的变化。选项D，甲公司不能对乙公司实施控制，不会引起报告主体的变化，其不属于企业合并。

3.【单项选择题】答案：B

解析：通过合并，甲公司有可能取得了丙公司的大部分股权（控股合并），因而可能需要确认长期股权投资；也可能取得了丙公司的有关资产和负债（吸收合并）。但通过合并，甲公司必须成为丙公司的母公司，这可能是不准确的，如在吸收合并的情况下，丙公司成为甲公司的一个分部、一个分厂，两者之间不存在母子公司这一说法。

4.【单项选择题】答案：D

解析："控制非暂时性"是指在企业合并之前（即合并日之前），参与合并各方在最终控制方的控制时间一般在1年以上（含1年），企业合并后所形成的报告主体在最终控制方的控制时间也应达到1年以上（含1年）。

5.【多项选择题】答案：ABD

解析：按照合并方式不同，企业合并包括控股合并、吸收合并和新设合并。

6.【多项选择题】答案：ABCD

解析：上述四个选项都是对是否构成业务判断的恰当描述。

7.【多项选择题】答案：ABC

解析：对于交易费用，若购买不构成业务，则该交易费用应该作为转让对价的一部分，从而资本化为所购买的资产成本的一部分；若购买构成业务，则该交易费用应被费用化，计入当期损益。

8.【多项选择题】答案：AB

解析：该控制是非暂时的，一般来说，其受控制的时间在1年以上（含1年）。需要按照实质重于形式的原则进行判断，同受国家控制的企业之间发生的合并，不应仅仅因为参与合并各方在合并前后均受国家控制而将其作为同一控制下的企业合并。

9.【判断题】答案：对

解析：在企业合并中，如果合并方确认了长期股权投资，那就说明被合并方在合并后依然是以一个独立法人的资格存在，因此该合并应该是控股合并。

10.【判断题】答案：对

解析：在企业合并业务中，如果合并方确认了取得的资产和负债，则说明被合并方在合并后已经失去了独立的法人资格，因此，被合并方的资产和负债应被纳入合并方（吸收合并）或者新设方（新设合并）之中。

二、知识点：企业合并日合并方单个主体投资业务的会计处理

1.【单项选择题】答案：C

解析：20×7年7月1日，甲公司又取得乙公司35%的股份，从而使得持股比例达到55%，进而能够对乙公司实施控制，故该日为购买日；20×8年1月1日，又取得乙公司5%的股份属于购买子公司少数股权。

2.【单项选择题】答案：C

解析：该合并业务所引起的资金运动如下：

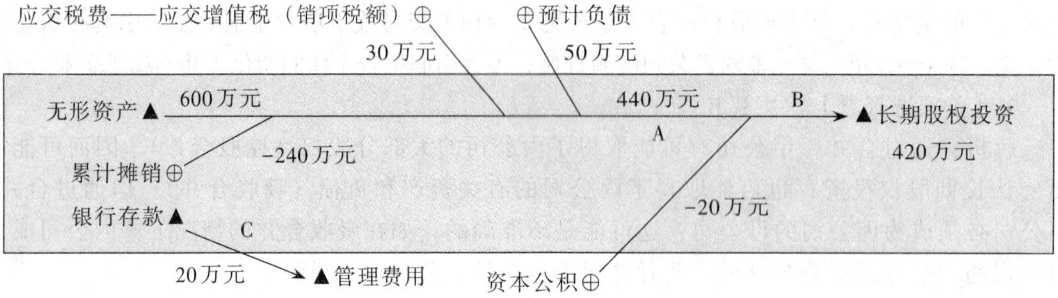

3.【单项选择题】答案：D

解析：在被合并方构成业务的情况下，合并方为进行企业合并所发生的审计费用、评估费用、法律费用等，应当于发生时通过管理费用计入当期损益。

4.【单项选择题】答案：B

解析：合并成本应该包括两部分：一部分是该股票的公允价值9 000万元；另一部分是或有对价100万元，总计9 100万元。该笔业务所引起的资金运动如下：

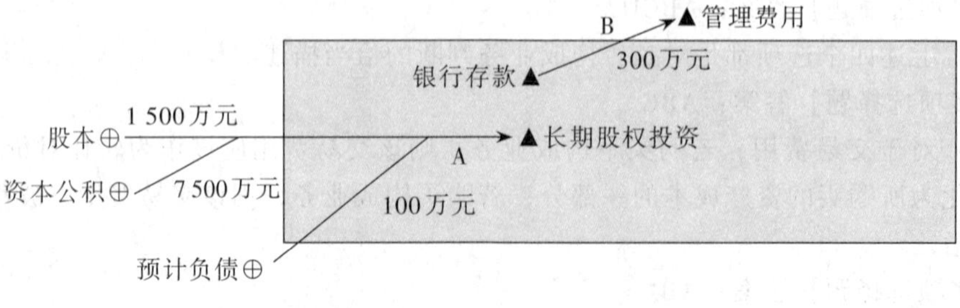

5.【多项选择题】答案：ABCD

解析：这四个选项都是对企业合并过程中控制权转移所必须具备的条件的恰当描述。

6.【多项选择题】答案：ACD

解析：选项B是错误的。同一控制下，合并方一般应以所获得的被投资方在其最终控制方的合并财务报表中所占净资产账面价值的金额作为其初始投资成本，而不是被合并方本身的财务报表中所列示的净资产账面价值的金额。其他选项都是对业务的恰当描述。

7.【多项选择题】答案：ABD

解析：选项C是错误的。在对所付出的对价与其账面价值的差额进行处理时，如涉及固定资产、无形资产，该差额应确认为资产处置损益。其他选项都是对业务的恰当描述。

8.【多项选择题】答案：ABD

解析：选项C是错误的。从图中可知，甲企业付出的对价由两部分构成：一部分是固定资产的账面价值5 000万元；另外一部分是代收但未收的增值税销项税额1 040万元。该对价与初始投资成本4 200万元的差额应调减甲企业的资本公积1 840万元，资本公积不足的，调减留存收益。

9.【多项选择题】答案：CD

解析：选项AB是错的。由于题目给出的是同一控制下的控股合并，正确的选项应该是CD；而AB对应的应该是非同一控制下的控股合并。

10.【多项选择题】答案：ABD

解析：由于是同一控制下的吸收合并，对于资本公积所引起的资金运动的解释，选项C是错的，选项D的解释是正确的，选项AB也是正确的。

11.【多项选择题】答案：AC

解析：从图中“应交税费——应交增值税（销项税额）”可知，该固定资产作为对价所涉及的增值税处理方法应该是一般计税方法，因此选项B是错的。综上分析，该合并应该属于非同一控制下的企业控股合并，因此选项D是错的。

12.【多项选择题】答案：AB

解析：选项CD是错的。由于题目给出的是非同一控制下的控股合并，正确的选项应该是AB；而选项CD对应的应该是同一控制下的控股合并。

13.【多项选择题】答案：ABCD

解析：上述的四个选项都是对该资金运动所反映的经济业务的正确描述。

14.【多项选择题】答案：ABD

解析：因为是同一控制下的吸收合并，甲公司只需要考虑账面价值，不存在损益的问题，因此只有选项C是正确的，其所引起的资金运动流程图如下图所示：

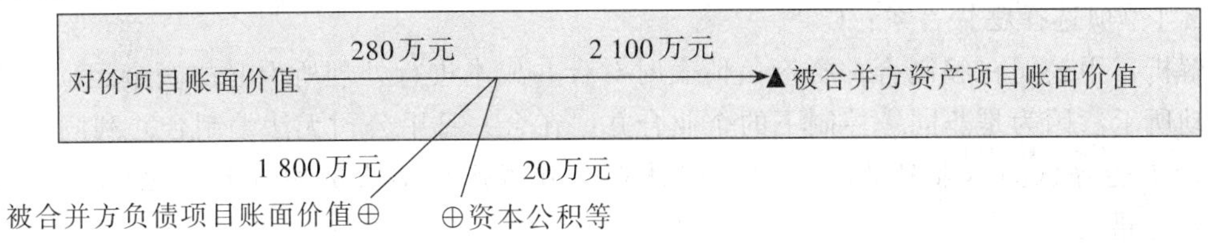

15.【多项选择题】答案：ABC

解析：该项合并属于控股合并，购买日应该是20×8年5月30日，其合并成本即为所支付的股票的公允价值12 000万元，应确认的资本公积应该为9 000万元，其资金运动如下：

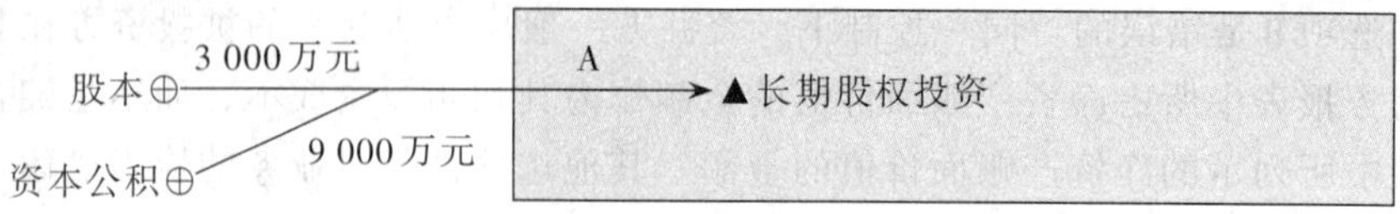

16.【判断题】答案：对

解析：在编制合并财务报表时，子公司的会计政策、会计期间等都应该跟母公司保持一致；如不一致，则应按照母公司的会计政策、会计期间等进行调整，并在调整的基础上，编制合并财务报表。也就是说，在同一控制下，如果子公司单个主体财务报表的编制基础、会计政策和会计期间都和母公司一致，则子公司单个主体财务报表上净资产的账面价值与子公司在最终控制方合并财务报表中净资产的金额应该是相等的。

17.【判断题】答案：对

解析：企业合并发生的当日或当期期末，合并中取得的各项可辨认资产、负债及或有负债的公允价值或企业合并成本只能暂时确定的，购买方应该以所确定的暂时价值为基础对企业合并进行确认与计量。购买日后12个月内对确认的暂时性价值进行调整的，视为在购买日确认和计量。

三、知识点：合并日合并方合并财务报表编制

1.【单项选择题】答案：B

解析：20×8年1月1日，甲公司合并资产负债表中应确认的商誉=（5 200+676）−8 300×70%=66（万元），其所引起的资金运动如下图所示。

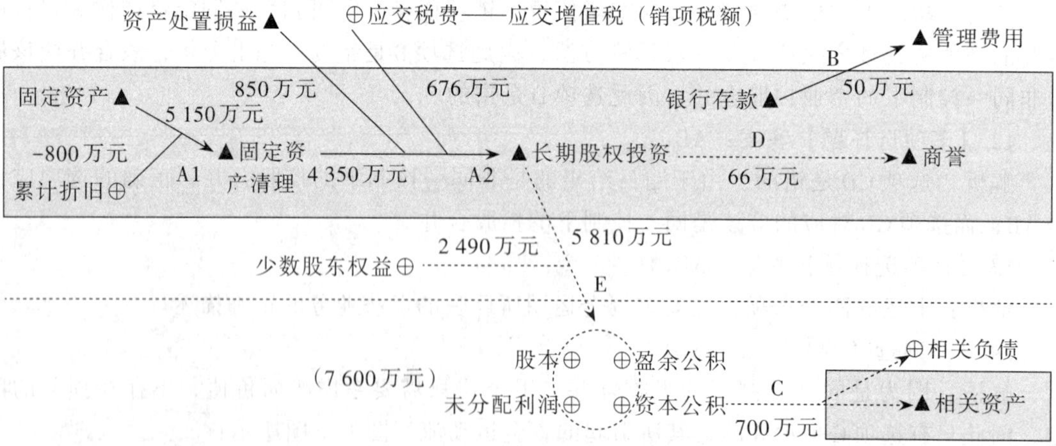

2.【单项选择题】答案：C

解析：甲公司在编制合并资产负债表时对合并成本进行处理所引起的资金运动如下图D段运动所示。因为是非同一控制下的企业合并，在合并日甲公司无法编制合并利润表，所以该差额不能确认为营业外收入，只能确认在合并资产负债表的留存收益之中，因此选项ABD都是错的。

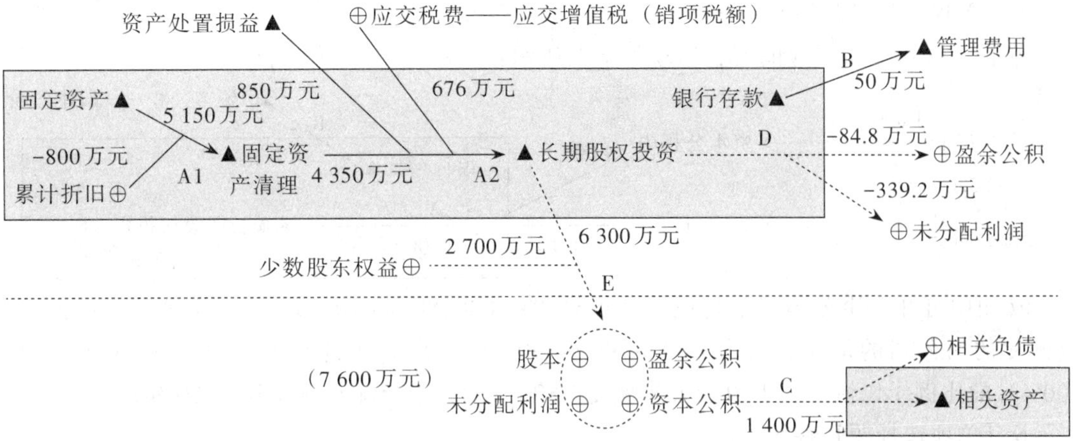

3.【单项选择题】答案：A

解析：选项BCD都是错误的。购买日12个月内出现对购买日已存在情况的新的或进一步的证据需要调整或有对价的，应当予以确认并对原计入合并商誉的金额进行调整，因此选项B是错的；其他情况下发生的或有对价变化或调整，应当区分情况进行会计处理：或有对价为权益性质的，不进行会计处理；或有对价为资产或负债性质的，如果属于会计准则规定的金融工具，则应当按照以公允价值计量且其变动计入当期损益的标准进行会计处理，不得指定为以公允价值计量且其变动计入其他综合收益的金融资产，因此选项CD是错的。

上述关于或有对价的规定，主要侧重于两个方面：第一，在购买日应当合理估计或有对价并将其计入企业合并成本，购买日后12个月内取得新的或进一步证据表明购买日已存在状况，从而需要对企业合并成本进行调整的，可以据以调整企业合并成本；第二，无论是购买日后12个月内还是其他时点，由于出现新的情况导致对原估计或有对价进行调整的，不能再对企业合并成本进行调整；相关或有对价属于金融工具的，应以公允价值计量，将公允价值变动计入当期损益。上述会计处理的出发点在于，对企业合并交易原则上确认和计量时点应限定为合并日，合并日以后视新的情况对原购买成本进行调整的，不能视为合并日的状况，因此也就不能据以对企业合并成本进行调整。

4.【单项选择题】答案：B

解析：该业务所引起的资金运动如下图所示：

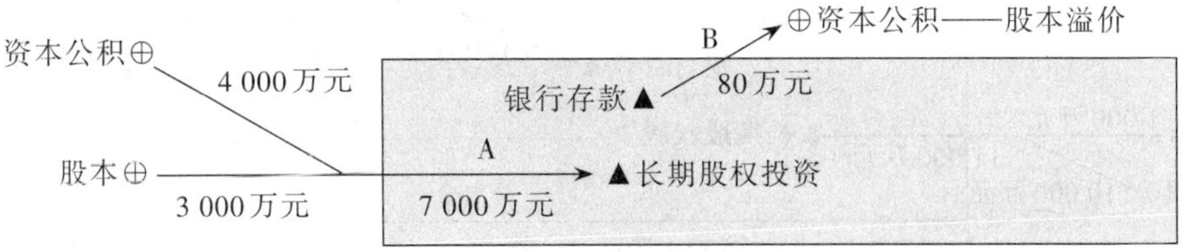

从图中可知，因为是同一控制，合并成本应为7 000万元；由于所支付的对价为3 000万股普通股，其账面价值为3 000万元，由此反轧“资本公积——股本溢价”项目为4 000万元；企业支付股票承销商佣金80万元，应冲减“资本公积——股本溢价”项目。所以只有选项B是对的。

5.【单项选择题】答案：D

解析：该业务所引起的资金运动如下图所示：

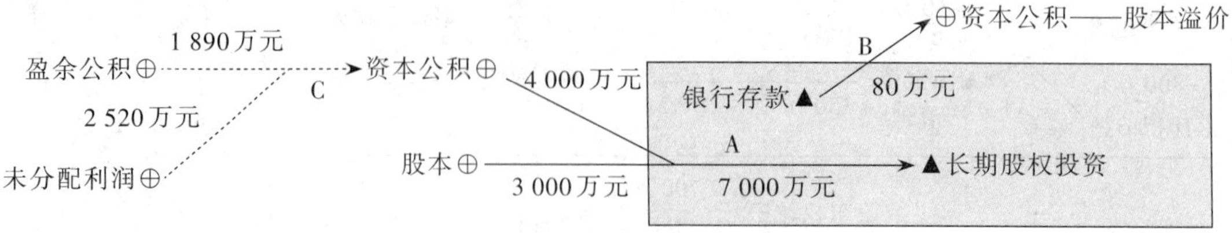

从图中可知，甲公司资本公积的余额=490+4 000−80=4 410（万元）。甲公司合并报表中应恢复的丙公司的留存收益为7 000×70%=4 900（万元），因此只能按90%（4 410÷4 900×100%）的比例予以恢复，即盈余公积恢复1 890万元，未分配利润恢复2 520万元。

6.【单项选择题】答案：D

解析：该笔业务所引起的资金运动如下图所示：

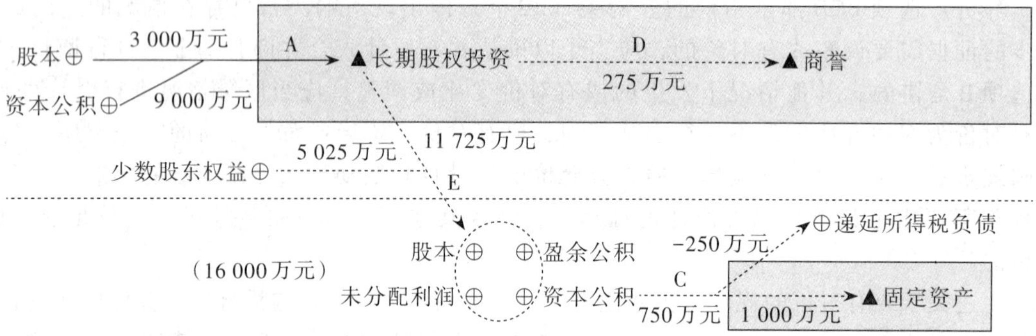

从图中可知，在合并资产负债表中，乙公司固定资产公允价值增加1 000万元，导致递延所得税负债增加250万元，资本公积增加750万元。甲公司所占乙公司净资产公允价值的70%的金额为11 725万元（（16 000+750）×70%），由于甲公司所付出的对价为12 000万元，由此推断合并商誉为275万元。

7.【多项选择题】答案：ABC

解析：选项D是错的。因为是同一控制，两者的合并关系视同期初就存在，因此在合并日合并企业需要编制合并资产负债表、合并利润表和合并现金流量表。

8.【多项选择题】答案：AC

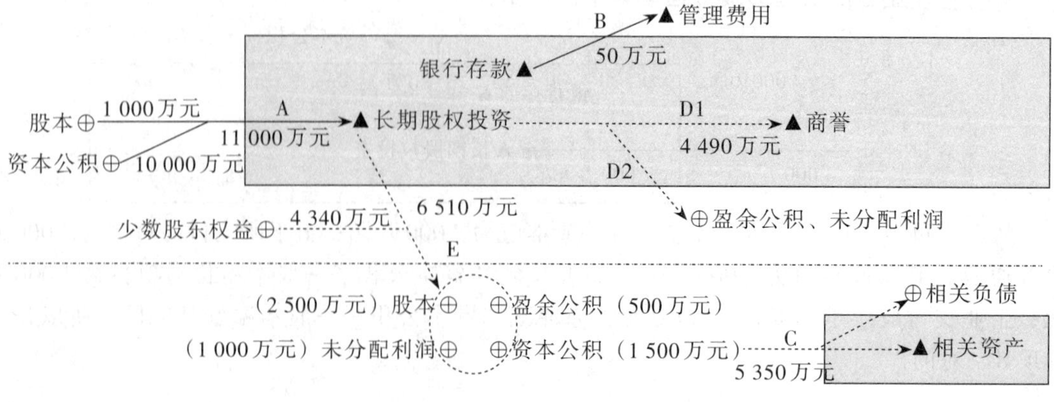

解析：选项BC是错误的。由于是非同一控制，在合并日合并企业只能编制合并资产负债表，因此选项D是错的。合并成本小于合并取得的可辨认净资产公允价值份额的差额，本来应作为合并营业外收入列示在合并利润表之中，但由于在合并日不编合并利润表，所以该差额只能计入合并资产负债表中，通过留存收益来反映。

9.【多项选择题】答案：ABC

解析：选项D是错的。从图中可知，合并方在上图资金运动所反映的经济业务发生之前，其资本公积的余额一定不小于-1 400万元。因为一旦小于-1 400万元，那被合并方的留存收益就不能按比例全额恢复。而从上图中可知，被合并方的留存收益是按比例全额恢复了，所以合并方之前的资本公积余额不应该小于-1 400万元。

10.【多项选择题】答案：AC

解析：选项BD是错的。B选项的错误在于对持股比例计算错误，合并方应持有被合并方60%的股权，少数股东持有40%的股权。选项D的错误在于D2段资金运动流量应该是-4 490万元。

11.【多项选择题】答案：BD

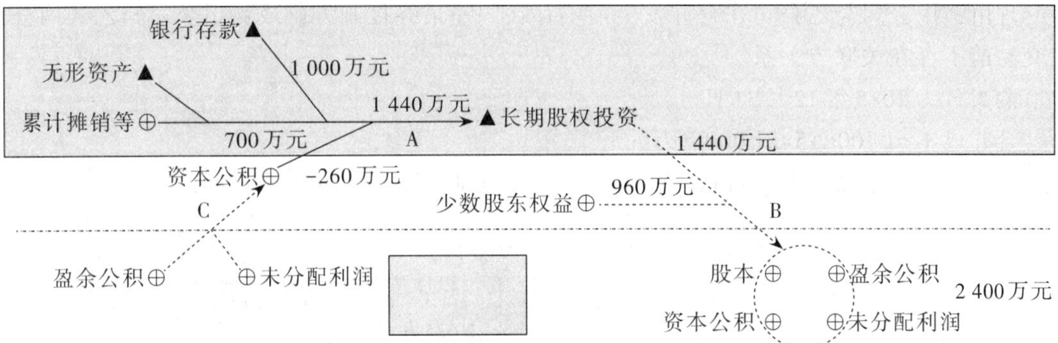

解析：同一控制下的企业合并中不产生合并商誉，因此A是错的。同一控制下的企业合并中，合并方应编制的合并财务报表应该包括合并资产负债表、合并利润表和合并现金流量表，因此C是错的。同一控制下的企业合并中，合并财务报表应该反映视同该合并主体一直存在所产生的财务状况和经营成果，因此在本年度合并日之前的业务需要按照合并财务报表的编制原则予以抵销。也正因为如此，合并资产负债表中需要按控股比例恢复被合并方在合并当年年初的留存收益，视同该合并主体在合并当年年初就一直存在。

12.【多项选择题】答案：CD

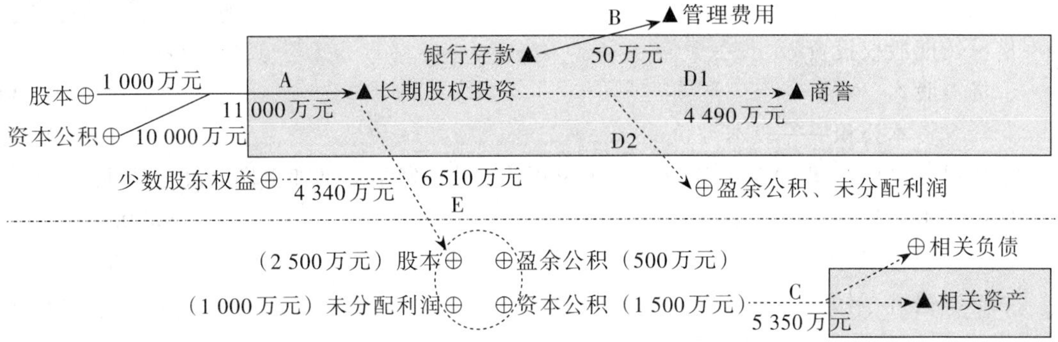

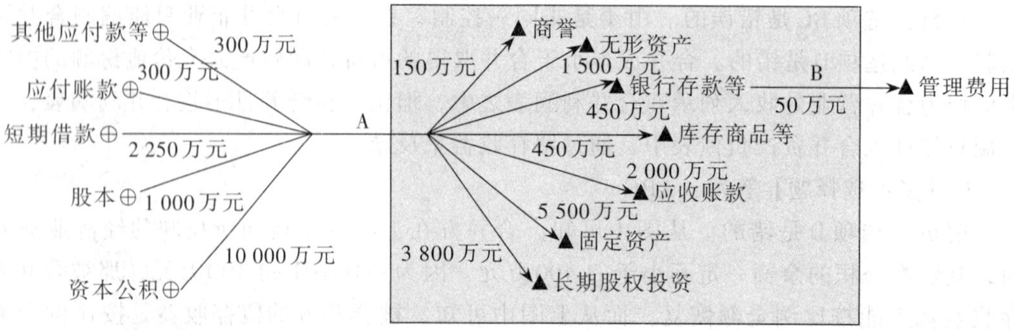

解析：在控股合并的情况下，该差额以长期股权投资的形式确认在其账簿和个别财务报表之中，而在其编制的合并资产负债表中才以商誉的形式予以确认，因此选项A是错的，选项C是对的。在吸收合并的情况下，合并方不存在编制合并财务报表的问题，因此该差额以商誉的形式在其账簿和个别财务报表中予以确认，因此选项B是错的，选项D是对的。

13.【业务题】答案：

（1）该项合并为非同一控制下的企业合并。

理由：甲公司与乙公司在合并发生前不存在同一最终控制方。或：甲公司与乙、丙公司在交易前不存在关联方关系。

购买日为20×5年12月31日。

合并成本=1 400×15=21 000（万元）。

甲公司定向增发股票取得投资所引起的资金运动如下图A段运动所示：

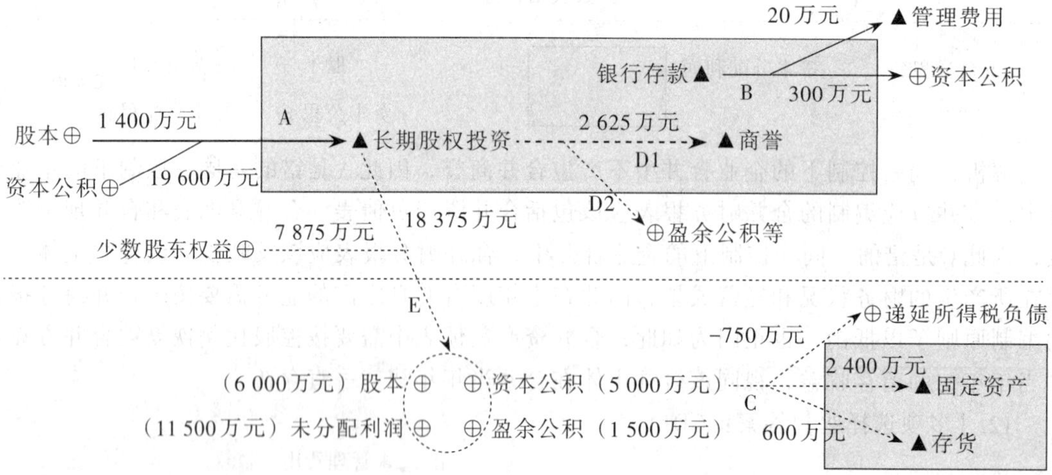

借：长期股权投资	210 000 000	
贷：股本		14 000 000
资本公积——股本溢价		196 000 000

甲公司支付评估费20万和券商佣金等300万元，其资金运动如上图B段运动所示：

借：资本公积——股本溢价	3 000 000	
管理费用	200 000	
贷：银行存款		3 200 000

（2）企业相关业务处理如下：

①对乙公司可辨认净资产按公允价值进行调整。

购买日因乙公司可辨认净资产的公允价值与账面价值的差额应确认的递延所得税负债=（8 600−8 000）×25%+［16 400−（20 000−6 000）］×25%=750（万元）。

应调增的资本公积=3 000−750=2 250（万元）。

该调整业务所引起的资金运动如上图C段运动所示：

借：存货	6 000 000	
固定资产	24 000 000	
贷：资本公积		22 500 000
递延所得税负债		7 500 000

②考虑递延所得税因素影响后的乙公司可辨认净资产的公允价值=27 000−750=26 250（万元），则应确认的商誉=21 000−26 250×70%=2 625（万元）。

调整合并成本，确认商誉所引起的资金运动如上图D1段运动所示：

借：商誉	26 250 000	
贷：长期股权投资		26 250 000

③将股权投资与被合并方权益对冲，其所引起的资金运动如上图E段运动所示：

借：股本	60 000 000	
资本公积	72 500 000	
盈余公积	15 000 000	
未分配利润	115 000 000	
贷：长期股权投资		183 750 000
少数股东权益		78 750 000

14.【业务题】答案：

（1）对甲公司取得乙公司股权投资的相关业务进行会计处理。

①将固定资产转入清理：（如下图中A段运动所示）

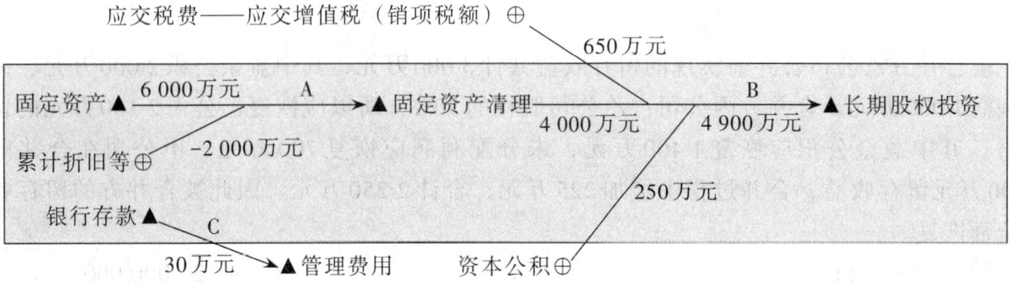

借：固定资产清理	40 000 000	
累计折旧	20 000 000	
贷：固定资产		60 000 000

②取得长期股权投资：

该投资初始投资成本=7 000×70%=4 900（万元）。

所付出的对价的账面价值=4 000（账面价值）+650（增值税）=4 650（万元）。

应调增的资本公积=4 900 -4 650 =250（万元）。（如上图B段运动所示）

借：长期股权投资——乙　　49 000 000

　贷：固定资产清理　　40 000 000

　　应交税费——应交增值税（销项税额）　　6 500 000

　　资本公积——资本溢价　　2 500 000

③支付合并费用30万元。（如上图C段运动所示）

借：管理费用　　300 000

　贷：银行存款　　300 000

（2）对合并日甲公司编制合并资产负债表的相关业务进行会计处理。

①将合并方的股权投资与被合并方权益抵销：（如下图D段运动所示）

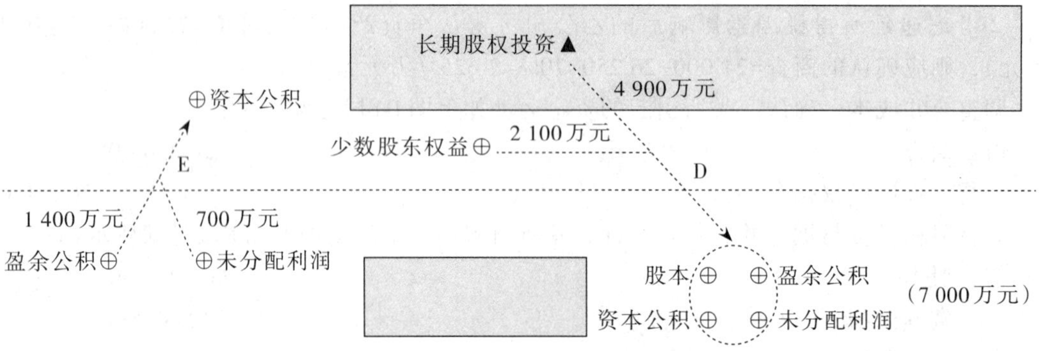

借：股本　　10 000 000

　　资本公积　　30 000 000

　　盈余公积　　20 000 000

　　未分配利润　　10 000 000

　贷：长期股权投资　　49 000 000

　　少数股东权益　　21 000 000

②恢复被合并方在合并前实现的留存收益中归属于合并方的部分。（如上图E段运动所示）

被合并方乙公司合并前实现的留存收益共计3 000万元，其中盈余公积2 000万元、未分配利润1 000万元。合并方丙公司占乙公司股权的70%，所以应恢复乙公司2 100万元的留存收益，其中盈余公积应恢复1 400万元，未分配利润应恢复700万元。甲公司在合并前有2 000万元留存收益，合并过程中增加225万元，合计2 250万元。因此被合并方的留存收益可全额恢复。

借：资本公积　　21 000 000

　贷：盈余公积　　14 000 000

　　未分配利润　　7 000 000

四、知识点：反向收购的会计处理

1.【单项选择题】答案：D

解析：

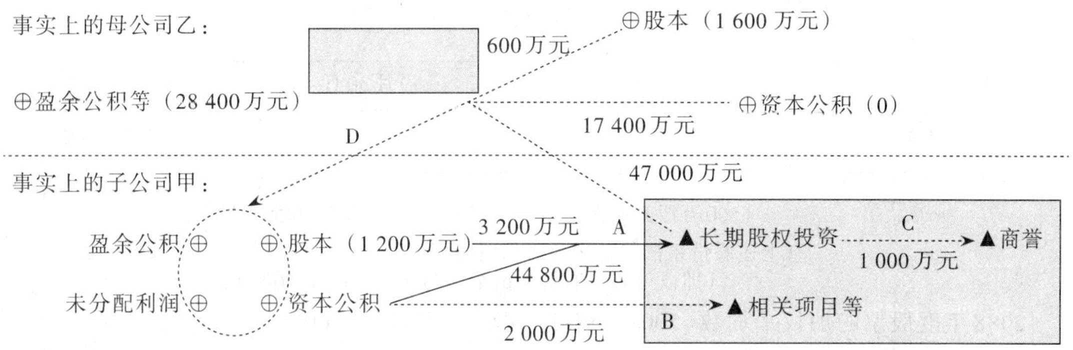

从图中可知，事实上的母公司——乙公司发行600万股（1 600万元÷［3 200万元÷（1 200万元+3 200万元）］－1 600万元）普通股就可以获得相同比例（3 200万元÷（1 200万元+3 200万元））的股份，因此合并日的股本应该为（1 600+600）×1=2 200（万元）（披露结构为甲公司发行的4 400万股普通股股票），因此A是对的。合并日的留存收益就是事实上的母公司——乙公司的原有留存收益28 400万元，因此B是对的。由于在合并日事实上的子公司——甲公司的权益全部被抵消，所以合并日的资本公积就是事实上的母公司——乙公司的资本公积，由于其期初余额为0，本次合并发行了600万股，每股30元，由此得出资本公积为17 400万元，因此C是对的。由于合并是以事实上的母公司——乙公司发行的股票来算的，即为18 000万元，而事实上的子公司甲公司可辨认净资产的公允价值为17 000万元，由此推算出商誉应为1 000万元，因此选项D是错的。

2.【单项选择题】答案：C

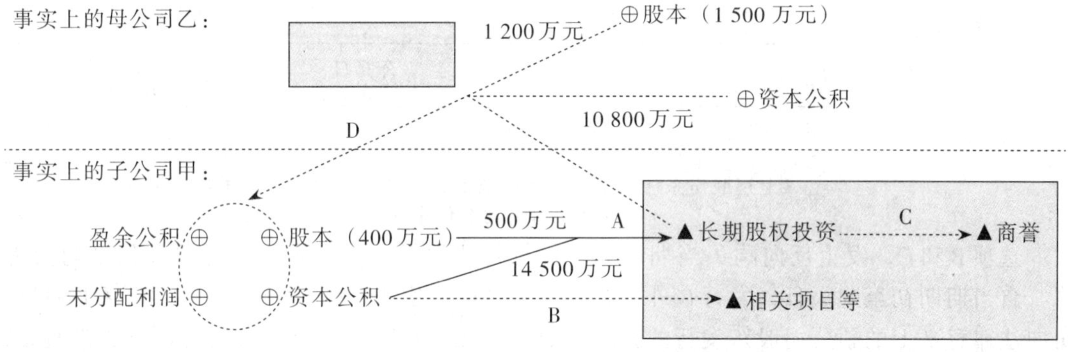

解析：甲公司在该合并中向乙公司原股东增发了500万股普通股，合并后乙公司原股东持有甲公司的股权比例为55.56%（500÷（400+500）×100%）。所以本业务属于反向购买，购买方为乙公司。假定乙公司发行本企业普通股在合并后主体享有同样的股权比例，则乙公司应当发行的普通股股数为1 200万股（1 500÷55.56%－1 500），其公允价值为1 200×10=12 000（万元），即为合并成本。

另一种解释就是，合并成本实际上就是法律意义上的母公司在被合并前股票的公允价值，即股票数量×每股公允价值。以本题为例，即：400万股×30元=12 000（万元）。

3.【单项选择题】答案：C

解析：

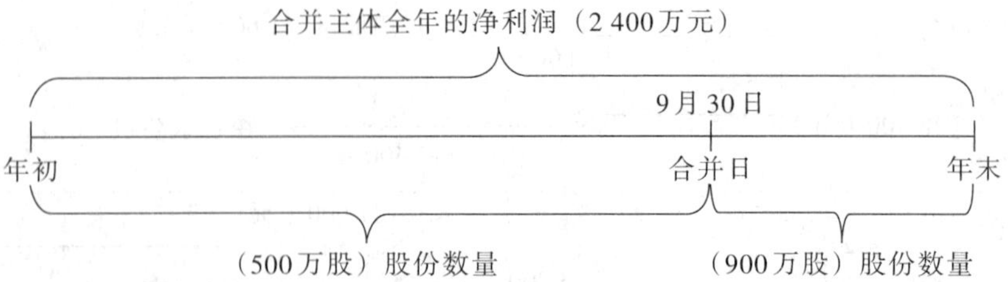

（上述股份系法律上子公司的股份，但从法律上的母公司视角来看（即以母公司股价来衡量）为500万股及900万股）

20×8年度股票的加权平均数=500×（9/12）+900×（3/12）=600（万股）

20×8年度合并每股收益=2 400万元÷600万股=4（元/股）

4.【多项选择题】答案：ABC

解析：选项D是错的。从图中E段运动可知，在反向购买中，购买方乙公司原有10%的股东没有换股，从而形成合并主体的少数股东，其少数股东权益的金额为合并前乙公司净资产账面价值的10%，即6 000万元。其他的选项ABC都是对反向购买业务的恰当说明。

5.【多项选择题】答案：ABC

解析：因为图中没有确认少数股东权益，由此可以推断合并方所有的股东都接受了换股协议的安排。因此选项D是错的。其他的选项ABC都是对业务的恰当描述。

6.【多项选择题】答案：BCD

解析：

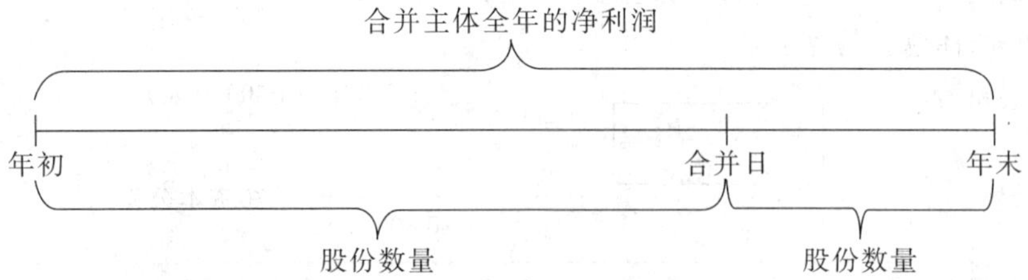

（上述股份系法律上子公司的股份，但从法律上的母公司视角来看（即以母公司股价来衡量））

选项B和C，发生反向购买当期，用于计算每股收益的发行在外普通股加权平均数为：（1）自当期期初至购买日，发行在外的普通股数量应假定为在该项合并中法律意义上的母公司向法律意义上的子公司股东发行的普通股数量。（2）自购买日至期末发行在外的普通股数量为法律意义上的母公司实际发行在外的普通股股数。选项D，比较合并财务报表的基本每股收益，应以在反向购买中法律意义上的母公司向法律意义上的子公司股东发行的普通股股数计算确定。

7.【多项选择题】答案：ABC

解析：非上市公司购买上市公司股权实现间接上市的，交易发生时，上市公司未持有任何资产负债或仅持有现金、交易性金融资产等不构成业务的资产或负债的，上市公司在编制合并财务报表时，购买企业应按照权益性交易的原则进行处理，不得确认商誉或计入当期损益。

8.【多项选择题】答案：BCD

解析：选项A，非流动资产金额=被购买方非流动资产公允价值+购买方非流动资产账面价值，其中被购买方非流动资产不含反向购买时产生的长期股权投资。

9.【多项选择题】答案：ABCD

解析：这四个选项都是对反向购买的恰当描述。

10.【判断题】答案：对

解释：在反向购买中，购买方的合并成本实际上就等于被合并方在合并前股票的公允价值，即股票数量×每股公允价值，而被合并方股票的公允价值在某一时刻是固定的，不会受合并方有多少股东愿意换股的影响。

11.【判断题】答案：错

解析：在反向收购中，合并成本与长期股权投资项目的计算口径不一样。长期股权投资是以法律意义上的母公司所发行的股票的公允价值计算的，而合并成本是指其法律意义上的子公司（购买方）如果以发行权益性证券的方式为获取在合并后报告主体的股权比例，应向法律意义上的母公司（被购买方）的股东发行的权益性证券数量与其公允价值计算的结果。

12.【业务题】答案：

（1）合并类型：反向购买；会计上的购买方：乙公司；会计上的被购买方：甲公司。

理由：20×5年6月30日，甲公司以3：1的比例向丙公司发行6 000万股普通股，取得乙公司80%的股权，有关股份登记和股东变更手续于当日完成；同日，甲公司、乙公司的董事会进行了改选，丙公司开始控制甲公司，甲公司开始控制乙公司，构成反向购买。

（2）购买日：20×5年6月30日。

理由：20×5年6月30日，甲公司以3：1的比例向丙公司发行6 000万股普通股，取得乙公司80%的股权，有关股份登记和股东变更手续于当日完成；同日，甲公司、乙公司的董事会进行了改选。实质上购买方取得了对被购买方的控制权。

（3）甲公司取得乙公司80%股权投资的成本=6 000×3=18 000（万元）。

该投资业务所引起的资金运动如下图A段运动所示：

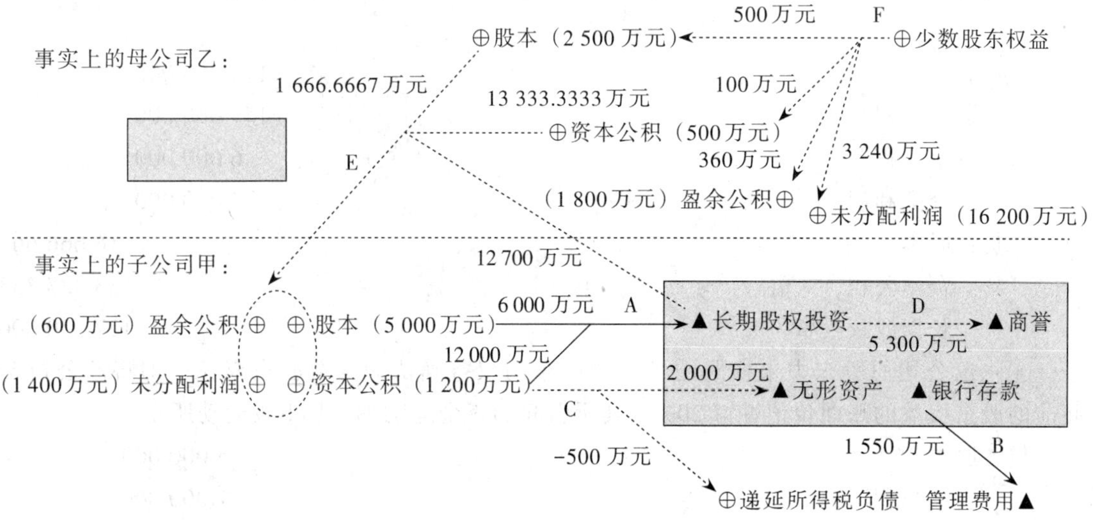

借：长期股权投资　　180 000 000

贷：股本　　60 000 000

资本公积——股本溢价　　120 000 000

同时，企业还以银行存款支付相关合并费用1 550万元，其所引起的资金运动如上图B段运动所示。

借：管理费用　　15 500 000

贷：银行存款　　15 500 000

（4）合并成本。

企业合并后，乙公司原股东丙公司持有甲公司的股权比例为0.55（6 000÷（6 000+5 000））；假定乙公司发行本公司普通股对甲公司进行合并，在合并后享有同样的股权比例，在计算乙公司须发行的普通股数量时，不考虑少数股权的因素，故乙公司应当发行的普通股数量=2 500×80%÷［6 000÷（6 000+5 000）］−2 500×80%=1 666.6667（万股）。

合并成本=1 666.6667×9=15 000（万元）

合并商誉=15 000−（8 200+2 000×75%）=5 300（万元）

（5）合并当日合并业务处理。

①调整被合并方可辨认净资产公允价值的变动。题目中告知只有无形资产公允价值比账面价值高出2 000万元，应调增递延所得税负债500万元，调增资本公积1 500万元。

其所引起的资金运动如上图C段运动所示。

借：无形资产　　20 000 000

贷：递延所得税负债　　5 000 000

资本公积　　15 000 000

②调整合并成本，确认商誉5 300万元，其所引起的资金运动如上图D段运动所示。

借：商誉　　53 000 000

贷：长期股权投资　　53 000 000

③将合并过程中的权益投资与被合并方权益对冲，其所引的资金运动如上图E段运动所示。

借：股本　　110 000 000

资本公积　　147 000 000

盈余公积　　6 000 000

未分配利润　　14 000 000

贷：股本　　16 666 667

资本公积　　133 333 333

长期股权投资　　127 000 000

④将乙公司原股东中未换股的20%的股东的权益确认为少数股东权益，即将乙公司合并前的股东权益的账面价值冲减20%，其所引起的资金运动如上图F段运动所示。

借：股本　　5 000 000

资本公积　　1 000 000

盈余公积　　3 600 000

借：未分配利润　　32 400 000

　贷：少数股东权益　　42 000 000

（6）合并资产负债表相关项目金额。

固定资产的列报金额=8 000 +4 500=12 500（万元）

无形资产的列报金额=3 500+3 500=7 000（万元）

递延所得税资产的列报金额=0

递延所得税负债的列报金额=500万元

盈余公积的列报金额=1 800×80%=1 440（万元）

未分配利润的列报金额=16 200×80%=12 960（万元）

第二章　合并财务报表

一、知识点：合并财务报表的合并理论

1.【单项选择题】答案：B

解析：世界上主要国家编制合并财务报表所采用的合并理论是实体理论。

2.【多项选择题】答案：ABCD

解析：这四个选项都是对母公司理论的恰当描述。

3.【多项选择题】答案：ABCD

解析：这四个选项都是对实体合并理论的恰当描述。

4.【多项选择题】答案：ABCD

解析：这四个选项都是对合并理论中的所有权理论的恰当描述。

二、知识点：合并范围的确定

1.【单项选择题】答案：B

解析：选项B，在判断投资方是否拥有对被投资方的权利时，应仅考虑投资方及其他方享有的实质性权利，不考虑其保护性权利。

2.【单项选择题】答案：D

解析：如果母公司是投资性主体，则母公司应当仅将为其投资活动提供相关服务的子公司（如有）纳入合并范围并编制合并财务报表；其他子公司不应当予以合并，母公司对其他子公司的投资应当按照公允价值计量且其变动计入当期损益。

3.【单项选择题】答案：C

解析：选项A中，甲公司拥有对乙公司的权利。在选项B中，甲以其持有的股权的绝对规模和其他股东持有股权的相对规模为基础，甲公司不拥有对乙公司的权利。在D项中，甲不拥有对戊公司的权利。

4.【多项选择题】答案：ABC

解析：下列情况下，其财务报表不应纳入母公司合并财务报表的合并范围：（1）按照破

产程序，已被清理整顿的原子公司；（2）已宣告破产的原子公司；（3）母公司不能控制的其他被投资单位，如联营企业等。母公司拥有其半数以下表决权但根据协议有权决定被投资单位的财务和经营政策的被投资单位应纳入母公司合并财务报表的合并范围。

5.【多项选择题】答案：ABC

解析：关于选项A，属于直接控制；关于选项B，根据实质重于形式原则，甲公司持有其70%的股份，具有控制权；关于选项C，直接持有比例和间接持有比例合计超过50%，应纳入合并范围；关于选项D，甲公司的母公司直接持有和间接持有该公司51%的股份，应纳入甲公司的母公司的合并报表范围，而不应该纳入甲公司的合并范围。

6.【多项选择题】答案：ACD

解析：关于选项B，当母公司由非投资性主体转变为投资性主体时，除仅将为其投资活动提供相关服务的子公司纳入合并财务报表范围编制合并财务报表外，企业自转换日起对其他子公司不应予以合并，其会计处理参照部分处置子公司股权但不丧失控制权的处理原则。

7.【多项选择题】答案：ABC

解析：控制，是指投资方拥有对被投资方的权利，通过参与被投资方的相关活动而享有可变回报，并且有能力运用对被投资方的权利影响其可变回报金额。关于选项D，不能确定是否满足达到控制的条件。

三、知识点：合并财务报表编制原则、前期准备事项及程序

1.【单项选择题】答案：C

解析：企业在编制合并财务报表之前只需要统一母子公司之间的会计政策，不需要统一会计估计，因此选项AB都是错的。选项D，划分为持有待售的资产必须同时符合以下两个条件：（1）可立即出售；（2）出售行为极有可能发生，即企业已经就一项出售计划作出决定且获得确定的购买承诺，预计出售将在1年内完成。戊公司该固定资产只是闲置，并未同时满足上述条件，因此不能划分为持有待售资产。

2.【多项选择题】答案：CD

解析：关于选项A，统一母子公司的会计政策；如子公司实在不能与母公司在会计政策上保持一致，则应要求子公司按照母公司的会计政策重新编制其个别财务报表，或者由母公司按照其自身的会计政策对子公司的个别财务报表进行调整，并在此基础上编制合并财务报表，因此选项A是错的。关于选项B，编制合并财务报表不需要统一母子公司之间的会计估计，因此选项B是错的。

3.【多项选择题】答案：ABCD

解析：这四个选项都是对合并业务处理的恰当描述。

四、知识点：长期股权投资与所有者权益的合并处理（同一控制下企业合并）

1.【单项选择题】答案：D

解析：20×8年12月31日，甲公司合并财务报表中用权益法调整后的长期股权投资金额=2 750×70%=1 925（万元），即应抵销的金额为1 925万元。其资金运动如下图所示：

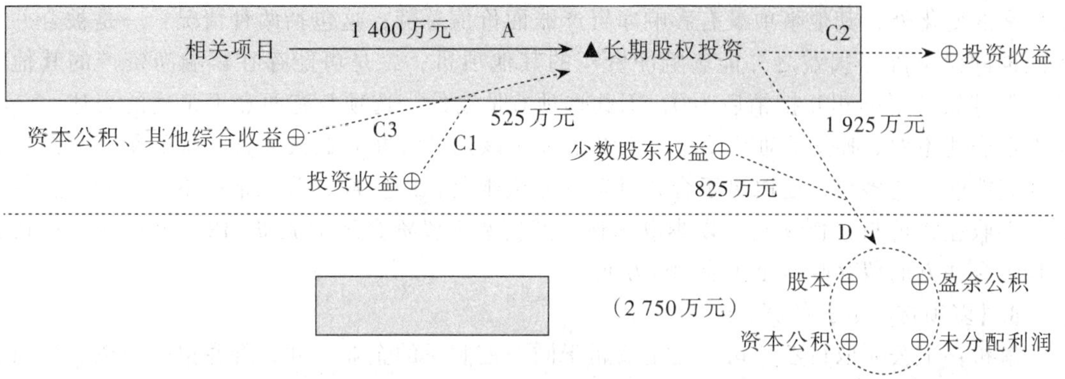

2.【单项选择题】答案：C

解析：该业务所引起的资金运动如下图所示：

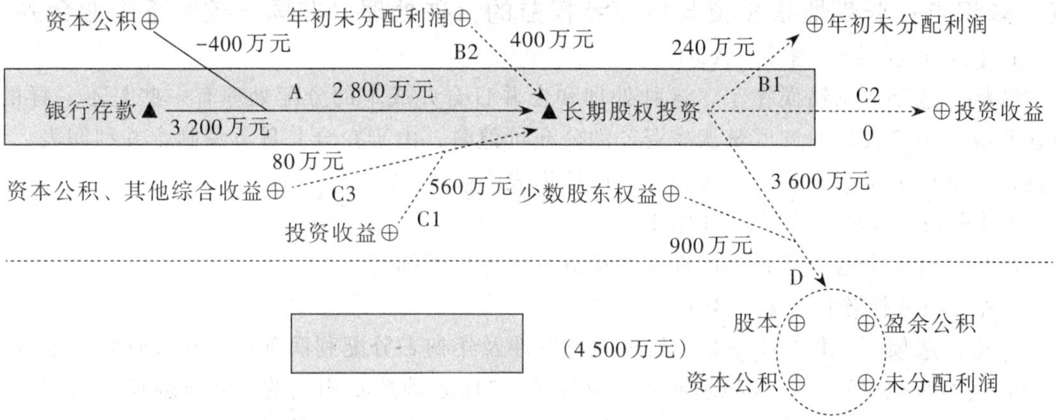

3.【多项选择题】答案：ABCD

解析：这四个选项都是对同一控制下C段资金运动所反映的合并业务的恰当说明。

4.【多项选择题】答案：ABC

解析：选项D中，F段资金运动的起点项目“向股东分配利润”，既包括分配给股东的现金股利，也包括分配给股东的股票股利，因此选项D是错的。其他的选项都是正确的描述。

5.【多项选择题】答案：ABCD

解析：这四个选项都是对该恢复调整业务的恰当描述。

6.【多项选择题】答案：BC

解析：本图中，除了D段运动可以推测出合并方持有被合并方80%的股份的结论外，从F段运动中“投资收益840万元”和“少数股东损益210万元”两者的关系中也可以得出该结论，因此选项A是错的。对于选项D，其错在无法确定450万元的股东分配中现金股利和股票股利的比例；结合C2和G段运动可知，这450万元的股利分配全部是现金股利，本次分配不涉及股票股利，因此选项D是错的。

7.【多项选择题】答案：AB

解析：选项C，资金运动的流量为0，只能说被合并方净资产账面价值的变动除了净损益带来的变化外，其他事项没有影响净资产账面价值总额；这包括两种情况：一是被合并方在此期间没有除净损益之外能影响净资产的其他项目；二是可能存在影响净资产的其他项目，但其累计影响相互抵销后为0，因此选项C是错的。选项D有两点不正确的表述：一是时点上表述不对，E段运动所反映的恢复金额应该是被合并方在最初合并日的留存收益；二是到底能够恢复多少，还取决于合并日合并方资本公积的金额，若该金额不足，则被合并方的留存收益只能按比例恢复。以本题为例，只能说E段资金运动流量318万元反映在最初合并日被合并方的留存收益至少有503万元。

8.【多项选择题】答案：BCD

解析：甲公司取得乙公司的控制权属于同一控制下的企业合并，合并报表应以乙公司的个别财务报表为基础编制，不需要进行调整，选项A正确，选项BCD不正确。

五、知识点：长期股权投资与所有者权益的合并处理（非同一控制下企业合并）

1.【多项选择题】答案：ABC

解析：选项D的错误在于，这种处理和合并日合并成本的分配处理有一些是不一样的：当合并成本小于被合并方可辨认净资产的公允价值时，由于在合并日不编制合并利润表，该差额只能确认为留存收益，计入合并资产负债表中。

2.【多项选择题】答案：ABCDE

解析：这五个选项都是对该资金运动流程图的恰当描述。

3.【多项选择题】答案：BCD

解析：选项A，由于合并业务处理中没有涉及年初未分配利润项目，所以该合并业务发生的时点不应该是第二年及以后年度；又由于C2段运动涉及相关的公允价值调整对本期损益的影响以及E段运动对投资收益的调整，所以该合并业务发生的时点不可能是合并日。由此可见，该资金运动所反映的合并业务发生的时点应该是合并当年年末。因此选项A是错的，其他选项都是对合并业务的恰当描述。

4.【多项选择题】答案：AD

解析：选项B错在对现金股利是否支付方面。结合H段资金运动可知，该现金股利到目前为止尚未支付。选项C中，对于被合并方本期实现的净收益的计算是错误的。

从E2段资金运动的流量确实可以得出合并方确认投资收益的基数是935万元。但是，这个基数是合并方通过对被合并方实现的净利润进行调整之后得出的。由于合并方在购买日是按照公允价值购买的，因此需要按照购买日的公允价值对被合并方实现的净收益进行调整。以本题为例，被合并方的净收益需要调减115万元（见C2段运动）。因此，被合并方本期实现的净收益应该为1 050万元（935万元+115万元）。其他的表述都是正确的。

5.【多项选择题】答案：ABC

解析：选项D错在确认累计投资收益654.5万元的计算公式。654.5万元=（截至本年度之前被合并方累计实现的净利润-115万元）×持股比例

6.【多项选择题】答案：AD

解析：选项B，从资金运动C2段可知，虽然因当初公允价值的调整而影响本期损益的项目只有固定资产一项，但不能判断合并当初经过公允价值调整后的项目就只有固定资产这

一项。之所以只有一项，既可能是因为当初需要按公允价值调整的项目就只有固定资产一项，也可能是因为当初需要按公允价值调整的项目有很多项目，但到本年度，除固定资产之外，其他项目都已经不再影响本期的损益了。因此选项B是错的。

选项C，由于合并方确认投资收益时需要按照当初购买日的公允价值对被合并方的净损益进行调整，因此1 185万元只能说是被合并方实现的净收益经过合并方调整之后的结果，被合并方本身实现的净收益应该是1 200万元（1 185万元+15万元）。因此，选项C是错的。

7.【多项选择题】答案：ABCD

解析：合并日合并业务所引起的资金运动如下图所示：

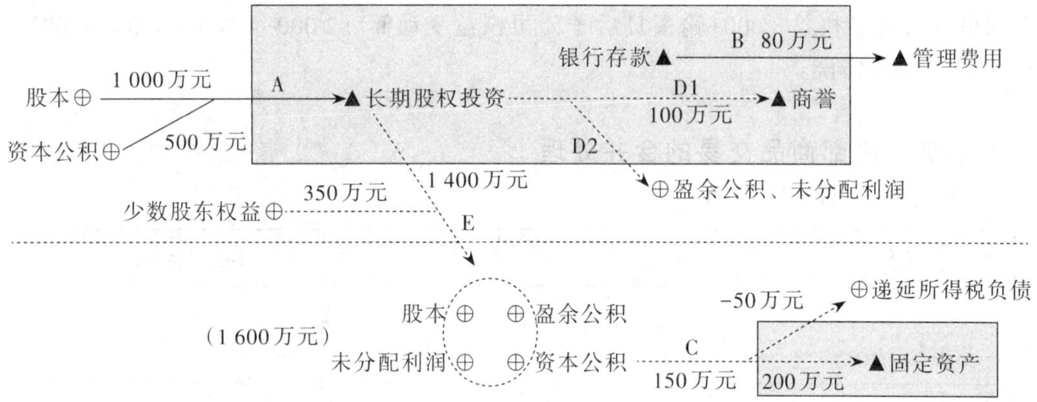

8.【多项选择题】答案：BCD

解析：20×8年12月31日该项固定资产合并报表上的金额=400−400/5=320（万元），因此A是错的。

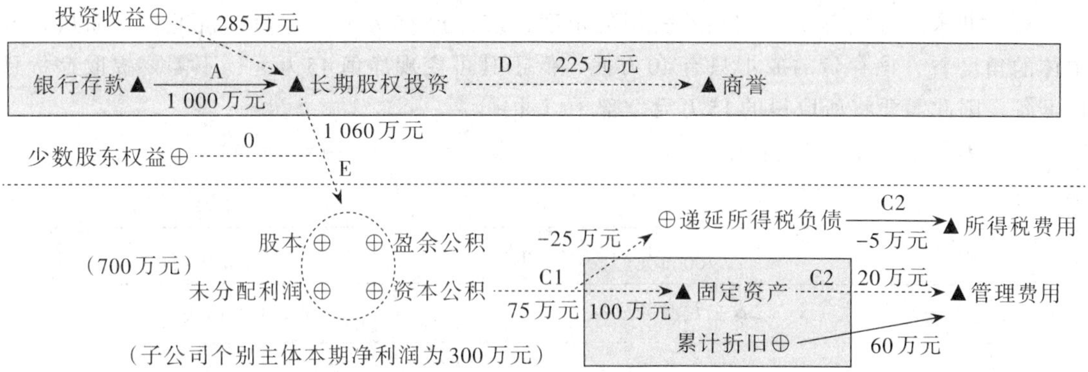

9.【多项选择题】答案：ABC

解析：该相关业务所引起的资金运动如下图所示：

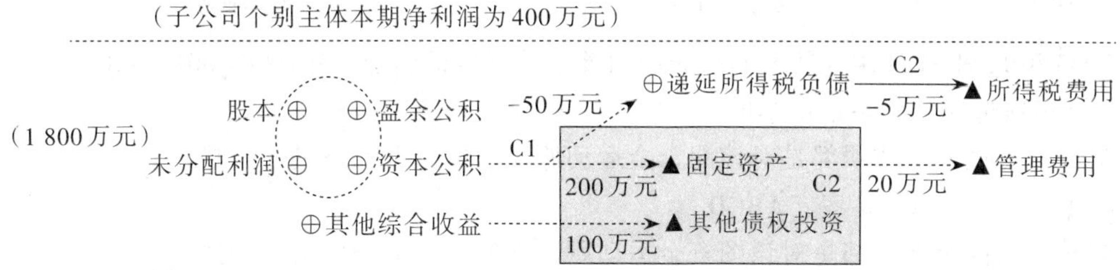

选项D，在合并日抵销的乙公司所有者权益为1 950万元，而在本年度末抵销的乙公司所有者权益为2 435万元。因此，选项D是错的。

年末抵销的乙公司所有者权益即为购买日持续计算的公允价值，持续计算的公允价值=［2 000-（2 000-1 800）×25%］+［400-（2 000-1 800）÷5÷2×75%］+100=2 435（万元）。

10.【多项选择题】答案：AB

解析：20×5年度少数股东损益=2 000×20%=400（万元），选项A正确；20×6年度少数股东损益=-4 500×20%=-900（万元），因此选项B正确；20×6年12月31日少数股东权益=800-4 500×20%=-100（万元），因此选项C错误；20×6年12月31日归属于母公司股东权益=母公司个别报表所有者权益8 000+购买日后子公司权益变动额（2 000-4 500）×80%=6 000（万元），因此选项D错误。

六、知识点：内部商品交易的合并处理

1.【单项选择题】答案：A

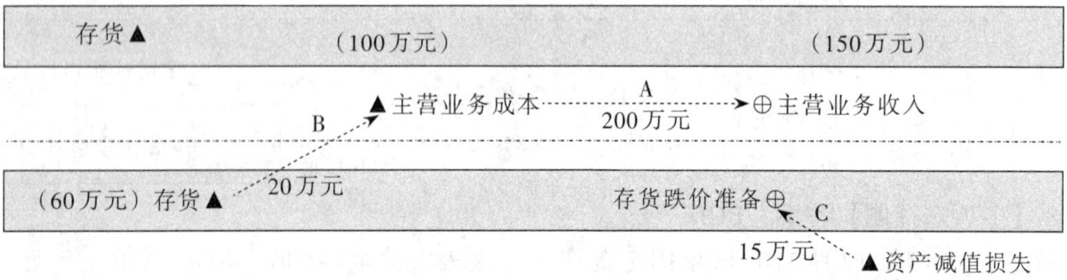

解析：

对于期末结存的存货，站在乙公司的角度，应计提15万元的存货跌价准备；而从合并主体的角度看，该存货的成本只有40万元，低于其可变现净值45万元，不需要提取存货跌价准备。因此需要将所取得的15万元全部予以冲销。

2.【单项选择题】答案：C

解析：

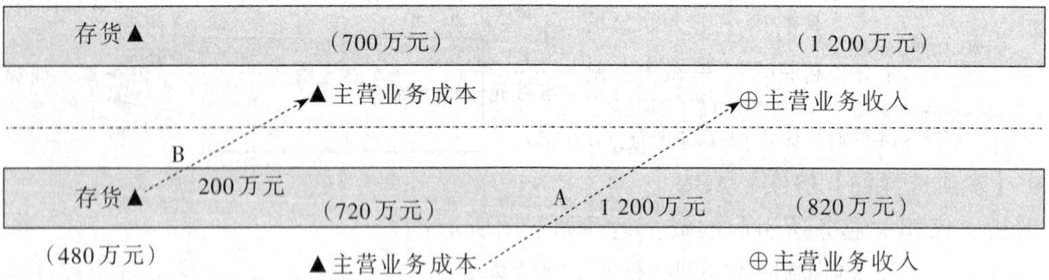

20×7年12月31日在合并财务报表中因该事项确认的营业成本=700×60%=420（万元）。

3.【多项选择题】答案：ABCD

解析：上述四个选项都是对该图资金运动所反映的合并业务的恰当描述。

4.【多项选择题】答案：ABCD

解析：这四个选项都是对该图资金运动所反映的合并业务的恰当描述。

5.【多项选择题】答案：ABCD

解析：这四个选项都是对母子公司内部购销合并业务的恰当描述。

6.【多项选择题】答案：ABCDE

解析：这五个选项都是对该图资金运动所反映的合并经济业务的恰当描述。

7.【多项选择题】答案：ABC

解析：无论购买方就该存货提取了多少减值准备，从合并主体的角度来看，都应该在不超过60万元（含60万元，即销售方销售该存货所产生的未实现内部销售损益60万元）的范围内予以冲销，即图中C段的流量应该是小于或等于60万元。因此选项D是错的。

8.【多项选择题】答案：ABC

解析：结合A段和C段资金运动来看，购买方在个别报表中为该存货提取了不少于60万元的存货跌价准备。因此，选项D是错的。

9.【多项选择题】答案：ABC

解析：E段资金运动反映从合并主体的角度来看，其确认的减值准备比购买方少18万元，因此应将购买方多确认的18万元减值准备予以冲销。实际上，无论购买方就该存货提取了多少减值准备，从合并主体的角度来看，都应该在不超过54万元（含）的范围内予以冲销。因此选项D是错的。

10.【多项选择题】答案：ABCD

解析：

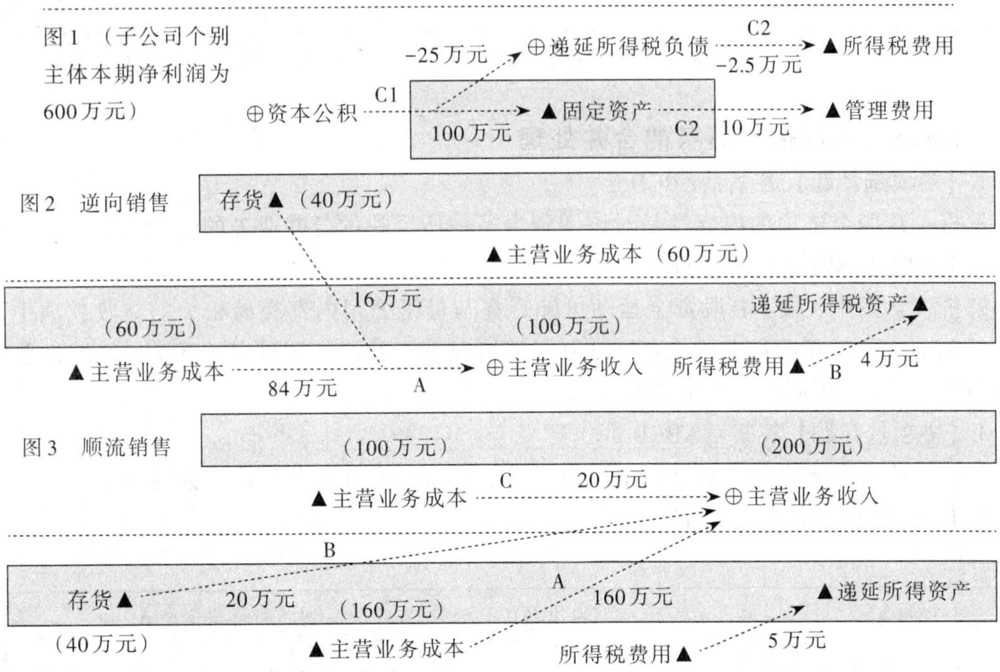

甲公司20×7年合并利润表中归属于母公司的净利润=母公司个别报表净利润2 000+［子公司个别报表净利润600−购买日固定资产公允价值的调整（600−500）/10×（1−25%）−逆流交易的未实现内部交易损益（100−60）×（1−60%）×（1−25%）］×80%−顺流交易的未实现内部交易损益（200−100）×（1−80%）×（1−25%）=2 449.4（万元）。

11.【多项选择题】答案：ABD

解析：选项C是错的，应增加少数股东损益10万元。

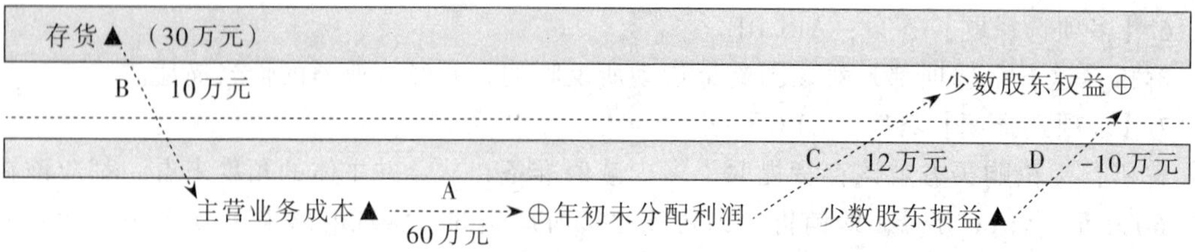

其中，A段将上年逆向销售中未实现损益60万元转入本期，B段运动反映将本期存货中包括的未实现收益10万元冲减本期收益，C段运动反映冲销上年未实现损益对少数股东权益的影响（即减少少数股东权益12万元），D段运动反映少数股东因本年实现的未实现损益50万元而应享有的10万元。

12.【多项选择题】答案：ABC

解析：

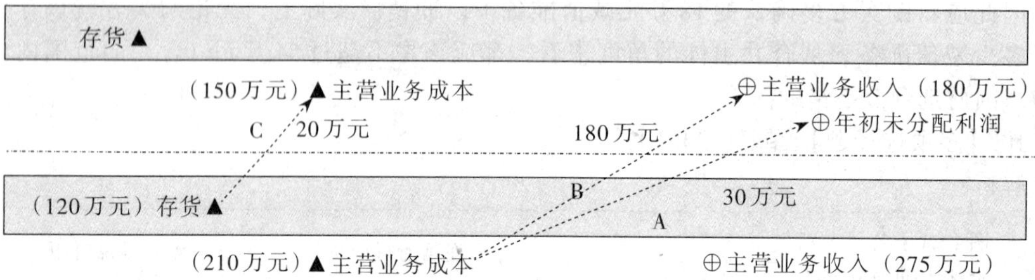

七、知识点：内部债权债务的合并处理

1.【多项选择题】答案：ABCD

解析：这四个选项的内容都是对该图资金运动所反映的合并业务的恰当描述。

2.【多项选择题】答案：ABD

解析：从图中A段、D段资金运动可知，在与母子公司内部交易相关的应收款项中，母子公司单个主体在坏账准备的余额为3万元的情况下，补提坏账准备6万元，坏账准备的期末余额为9万元。因此选项C是错的。

3.【多项选择题】答案：ABCD

解析：这四个选项都是对该图中资金运动所反映的合并业务的恰当描述。

4.【多项选择题】答案：AC

解析：

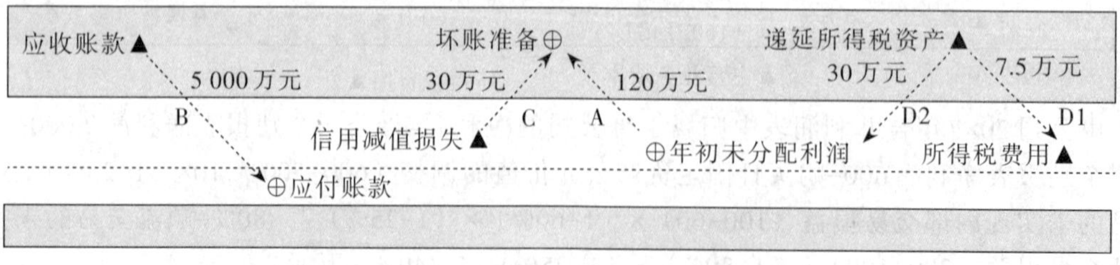

5.【多项选择题】答案：ABD

解析：

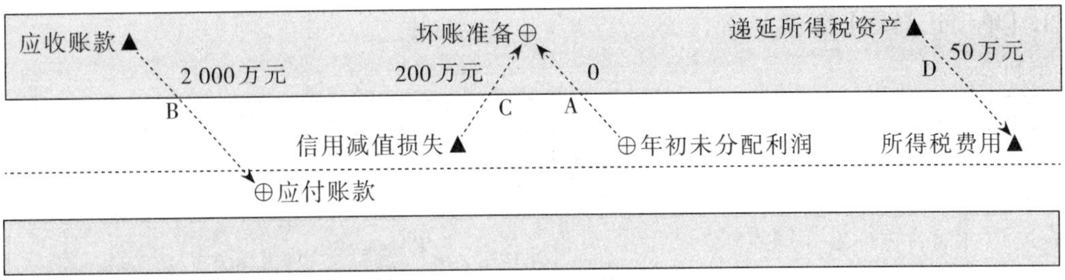

6.【多项选择题】答案：AD

解析：

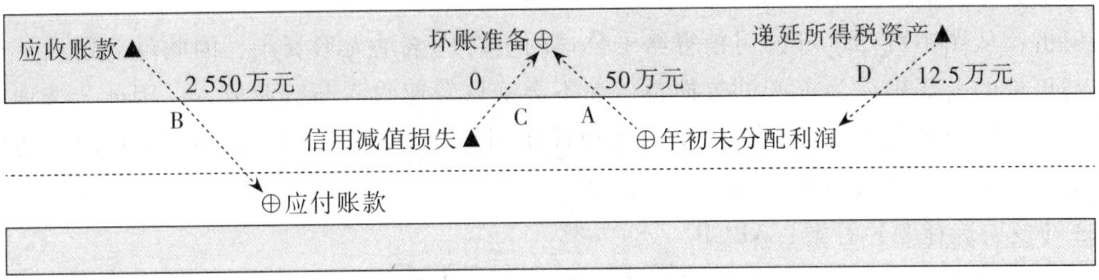

八、知识点：内部固定资产交易的合并处理

1.【多项选择题】答案：ACD

解析：由题目已知其净残值为0，按年限平均法计提折旧，根据图中B段和C段运动的流量可知，子公司所购固定资产的原始价值为168万元，预计使用寿命为4年，每年折旧费为42万元。因此选项B是错的。

2.【多项选择题】答案：CD

解析：由于图中母公司没有确认营业收入和营业成本，所以母公司出售的不是库存商品等存货。图中出现了资产处置损益，由此可知，母公司出售的应该是固定资产。因此，选项A是错的。从图中只能推测出母公司出售的固定资产的账面价值为100万元，但无法确定该账面价值100万元是否就是其原值。因此，选项B是错的。

3.【多项选择题】答案：BCD

解析：从图中可知，当初母公司将200万元的资产以248万元的价格予以出售，并由此获得48万元的内销销售收益，但所销售的资产到底是固定资产还是库存商品，我们无法从图中得出结论，因此选项A是错的。其他选项都是对业务的恰当描述。

4.【多项选择题】答案：ABCD

解析：这四个选项都是对企业内部交易固定资产清理业务的恰当描述。

5.【多项选择题】答案：ABCD

解析：这四个选项都是对图中企业资金运动所反映的合并业务的恰当描述。

6.【多项选择题】答案：ABCD

解析：这四个选项都是对上图企业资金运动所反映的合并业务的恰当描述。

九、知识点：内部无形资产交易的合并处理

1.【单项选择题】答案：D

解析：

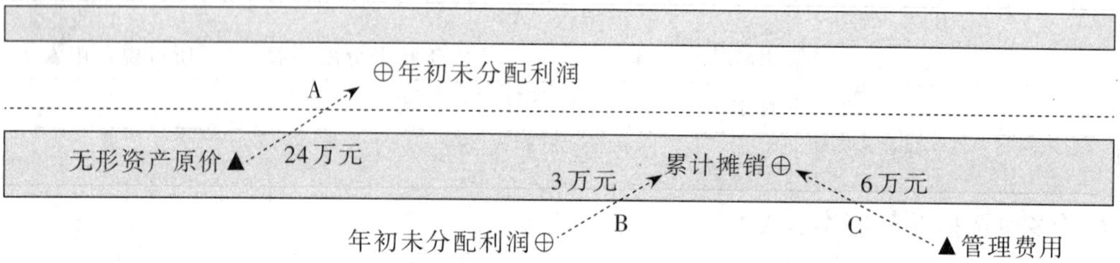

2.【多项选择题】答案：CD

解析：从图中可知，母公司销售给子公司的资产应该是无形资产，因此母公司只是将其成本与售价的差额确认为资产处置损益，而不会确认营业收入与营业成本，因此，选项A是错的。结合所有资料可知，该无形资产的预计使用寿命为5年，因此选项B是错的。其他的选项都是对业务的恰当描述。

3.【多项选择题】答案：ABCD

解析：这四个选项都是对图中企业资金运动所反映的合并业务的恰当描述。

4.【多项选择题】答案：ACD

解析：不同于固定资产折旧完的处置，无形资产摊销完后一般不需要经过资产处置过程，因而也就不需要通过“资产处置损益”项目来反映其处理过程，而是直接将“无形资产”项目与“累计摊销”项目对冲即可。但是，是否超期使用，还要视情况而定。

十、知识点：特殊交易在合并财务报表中的会计处理

1.【单项选择题】答案：D

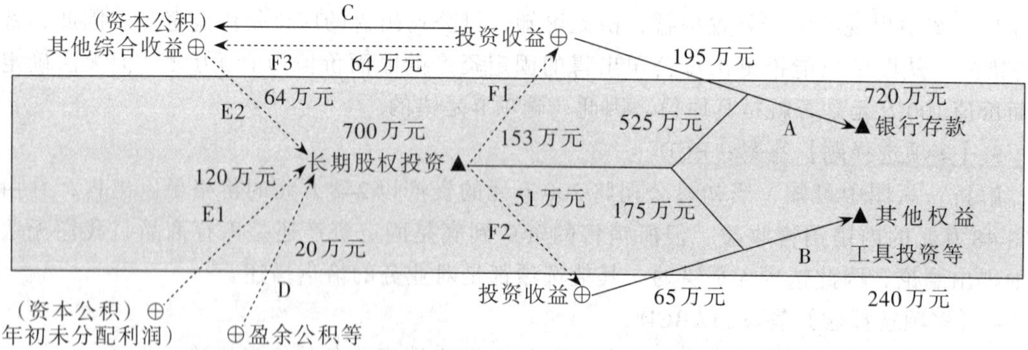

解析：合并报表当期的处置投资收益=［（处置股权取得的对价+剩余股权的公允价值）-原有子公司自购买日开始持续计算的可辨认净资产×原持股比例］-商誉+可重新分类进损益的其他综合收益及其他所有者权益变动×原持股比例。

合并报表当期的处置投资收益=［（720+240）-（900+150+80）×80%］-0+80×80%=120（万元）。

2.【单项选择题】答案：B

解析：

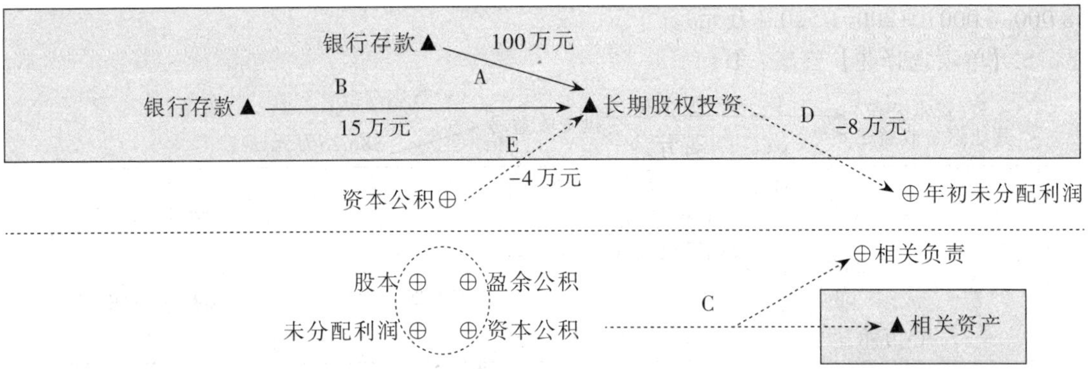

20×8年1月1日合并财务报表应确认的资本公积=子公司按购买日公允价值持续计算可辨认净资产账面价值×新增持股比例-购买少数股权所支付的对价=220×5%-15=-4（万元）。

3.【单项选择题】答案：B

解析：甲公司在编制20×7年的合并资产负债表时，应确认的商誉=2 800-2 200×95%=710（万元），因处置少数股权应调整的资本公积金额=220-3 024×5%=68.8（万元）。

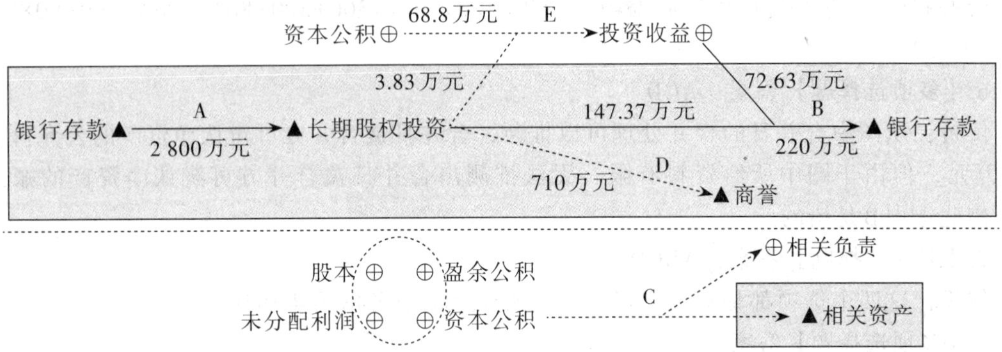

4.【单项选择题】答案：D

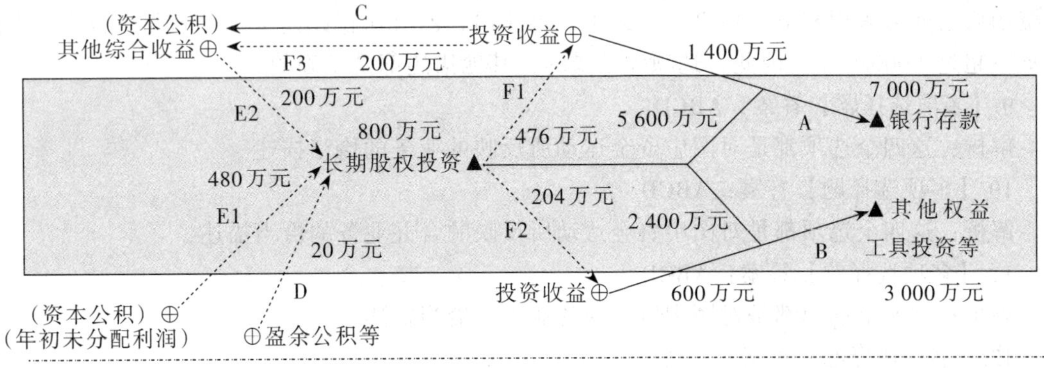

解析：合并报表当期的处置投资收益=［（处置股权取得的对价+剩余股权的公允价值）-原有子公司自购买日开始持续计算的可辨认净资产×原持股比例］-商誉+可重新分类进损益的其他综合收益及其他所有者权益变动×原持股比例。

按照购买日乙公司可辨认净资产公允价值持续计算下的净利润=500-（250-200）×40%=480（万元），合并报表中确认的投资收益=［（7 000+3 000）-（6 000+480+200）×100%］-（8 000-6 000）+200=1 520（万元）。

5.【单项选择题】答案：D

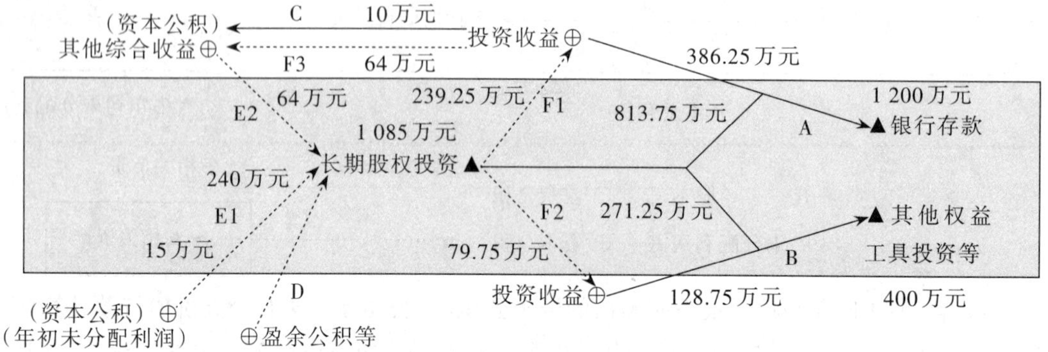

解析：合并报表当期的处置投资收益=[（处置股权取得的对价+剩余股权的公允价值）-原有子公司自购买日开始持续计算的可辨认净资产×原持股比例]-商誉+可重新分类进损益的其他综合收益及其他所有者权益变动×原持股比例。

合并报表当期的处置投资收益=[（1200+400）-（1300+300+80）×80%]-60+80×80%=260（万元）。

6.【多项选择题】答案：ACD

解析：从图中合并日的合并处理可以推断，合并日被合并方可辨认净资产的公允价值为900万元，但由于图中所给资料有限，无法推测出合并日被合并方可辨认净资产的账面价值。因此选项B是错的。

7.【多项选择题】答案：ABCD

解析：这四个选项都是对上图资金运动所反映的业务的恰当描述。

8.【多项选择题】答案：BCD

解析：A段资金运动反映甲公司以银行存款400万元取得乙公司20%的股份，并对该项投资的后续业务采用权益法核算。由此可以推测出，乙公司在此刻可辨认净资产的公允价值应该不超过2 000万元。因此，选项A是错的，其他描述都是正确的。

9.【多项选择题】答案：ABCD

解析：这四个选项都是对图中资金运动所反映的业务的恰当描述。

10.【多项选择题】答案：ABCD

解析：这四个选项都是对图中资金运动所反映的合并业务的恰当描述。

11.【多项选择题】答案：ABCD

解析：这四个选项都是对图中所反映的业务的恰当描述。

12.【多项选择题】答案：ACD

解析：

选项A，购买日合并商誉=12 000-18 000×60%=1 200（万元）；选项B，购买少数股权不确认商誉；选项C，取得20%的股权时调减资本公积=4 800-21 000×20%=600（万元），合并报表中资本公积调减总额=10 800+600=11 400（万元）；选项D，合并财务报表中少数股东权益=21 000×20%=4 200（万元）。

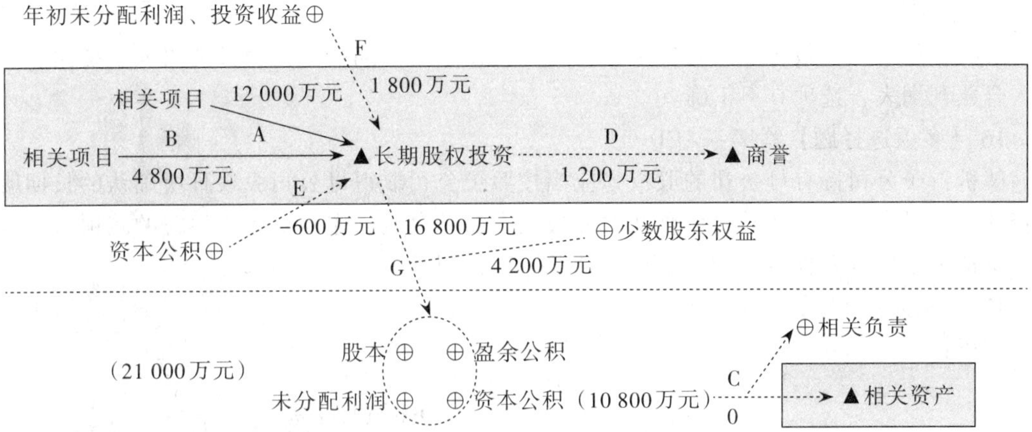

13.【多项选择题】答案：ABCD

解析：

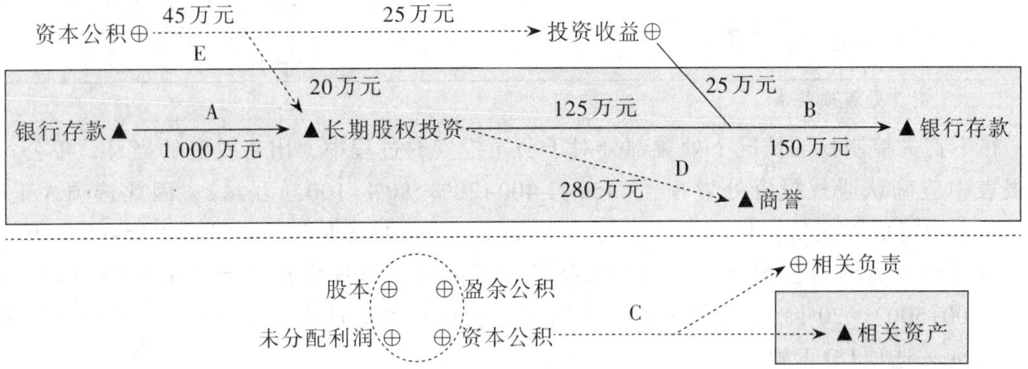

选项A，20×7年12月31日个别报表中，长期股权投资账面价值=1 000-125=875（万元）；选项B，20×7年度个别报表中，处置长期股权投资的账面价值为1 000÷80%×10%=125（万元），应确认的投资收益=150-125=25（万元）；选项C，商誉在第一次达到合并时形成，其金额=1 000-900×80%=280（万元），处置乙公司股权不丧失控制权，合并报表中的商誉不变；选项D，在合并报表中，处置10%的股权的价款150万元与处置股权对应的购买日开始持续计算的可辨认净资产公允价值份额105万元（1 050×10%）的差额45万元调整资本公积（贷方）。

14.【多项选择题】答案：ABD

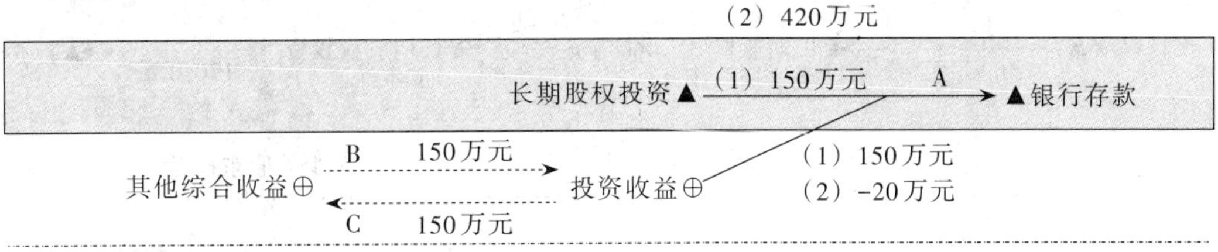

解析：如果分步交易属于一揽子交易，则应当将各项交易作为一项处置子公司并丧失控制权的交易进行会计处理。在丧失控制权之前，每一次处置价款与处置投资对应的享有该子

公司自购买日公允价值开始持续计算的净资产份额的差额，在合并财务报表中都应确认为其他综合收益。

15.【多项选择题】答案：ABC

解析：母公司在报告期内处置子公司，应将该子公司期初至出售日的收入、费用、利润纳入合并利润表，选项D不正确。

16.【多项选择题】答案：ACD

解析：子公司持有母公司的股权，应当按照子公司取得母公司股权日所确认的长期股权投资的初始投资成本，将其转为合并财务报表中的库存股，作为所有者权益的减项，在合并资产负债表中所有者权益下的"减：库存股"项目列示。

17.【多项选择题】答案：ABCD

解析：

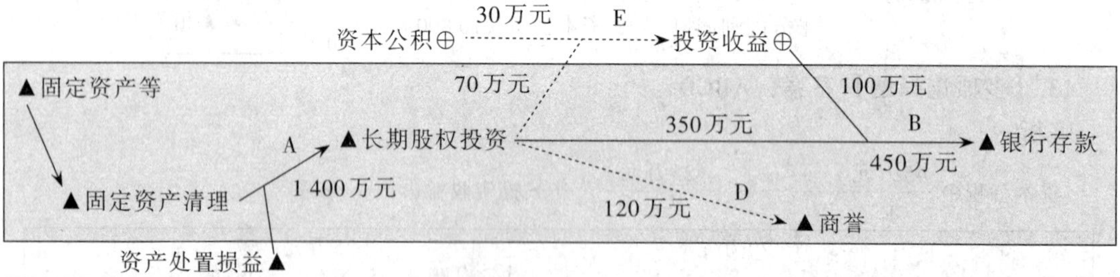

在不丧失控制权的情况下处置部分对子公司投资的过程中，出售投资的当日，甲公司个别报表中应确认股权投资处置损益=450−1 400×20%÷80%=100（万元），因此选项A正确。合并报表中将此项交易视作权益性交易，不确认资产的处置损益，应将出售价款450万元与处置部分应享有的乙公司自购买日开始持续计算的可辨认净资产公允价值的份额420万元（（1 600+500）×20%）之间的差额30万元从投资收益调整计入资本公积，所以调增资本公积30万元，选项CD正确。

18.【多项选择题】答案：BCD

解析：选项A，因同一控制下企业合并增加的子公司，在编制合并现金流量表时，应当将该子公司合并当期期初至报告期末的现金流量纳入合并现金流量表。

19.【多项选择题】答案：ABCD

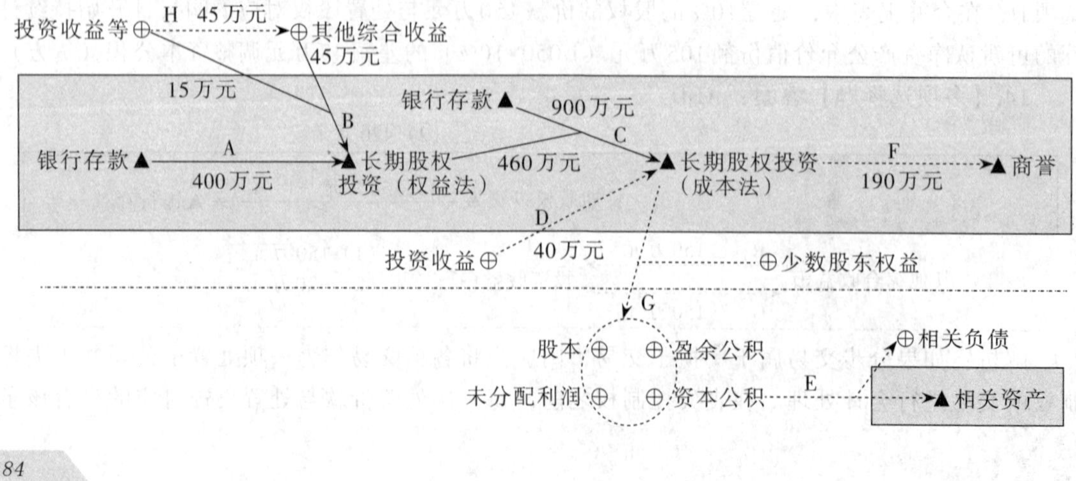

解析：这四个选项都是对业务的恰当描述。

20.【多项选择题】答案：ABCD

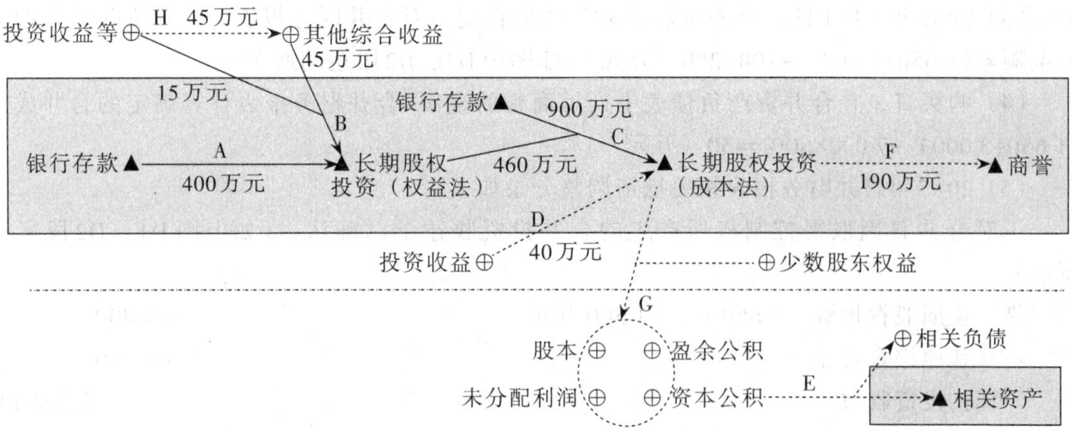

解析：这四个选项都是对业务的恰当描述。

21.【业务题】答案：

（1）20×6年3月1日取得股权投资：（如下图中A段运动所示）

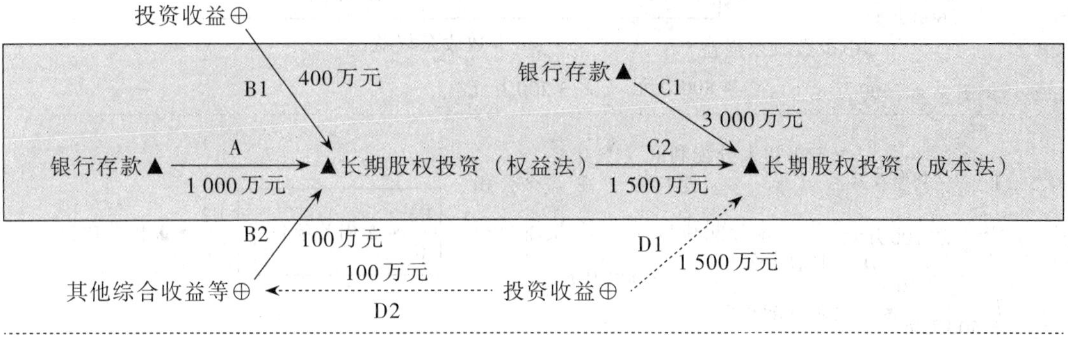

借：长期股权投资——投资成本　　10 000 000

　贷：银行存款　　10 000 000

20×6年12月31日，确认投资收益和其他综合收益：（如上图中B1、B2段运动所示）

借：长期股权投资——损益调整　　4 000 000

　贷：投资收益（2 000万元×20%）　　4 000 000

借：长期股权投资——其他综合收益　　1 000 000

　贷：其他综合收益（500万元×20%）　　1 000 000

20×6年年末，个别财务报表中该项长期股权投资的账面价值=1 000+400+100=1 500（万元）。

（2）20×7年1月1日个别财务报表相关会计处理：（如上图C1、C2段运动所示）

借：长期股权投资——乙企业　　45 000 000

　贷：银行存款　　30 000 000

　　　长期股权投资——投资成本　　10 000 000

　　　　　　　　　——损益调整　　4 000 000

　　　　　　　　　——其他综合收益　　1 000 000

20×7年年末，个别财务报表中该项长期股权投资的账面价值=1 500+3 000=4 500（万元）。

（3）20×7年1月1日，甲公司购买40%的股权交易对合并财务报表中“投资收益”的影响金额=（1 650−1 500）+100=250（万元）(如图中D1、D2段运动所示)。

（4）购买日，在合并资产负债表中列示商誉的金额=合并财务报表计算确定的合并成本（1 650+3 000）−7 000×60%=450（万元）。

（5）20×7年合并财务报表相关抵销调整分录如下：

①对合并日因取得控制权所产生的合并投资收益予以确认：（如上图D1、D2段运动所示）

借：长期股权投资（1 650万元−1 500万元）	1 500 000	
其他综合收益	1 000 000	
贷：投资收益		2 500 000

②按权益法确认本年度合并投资收益：（如下图F段运动所示）

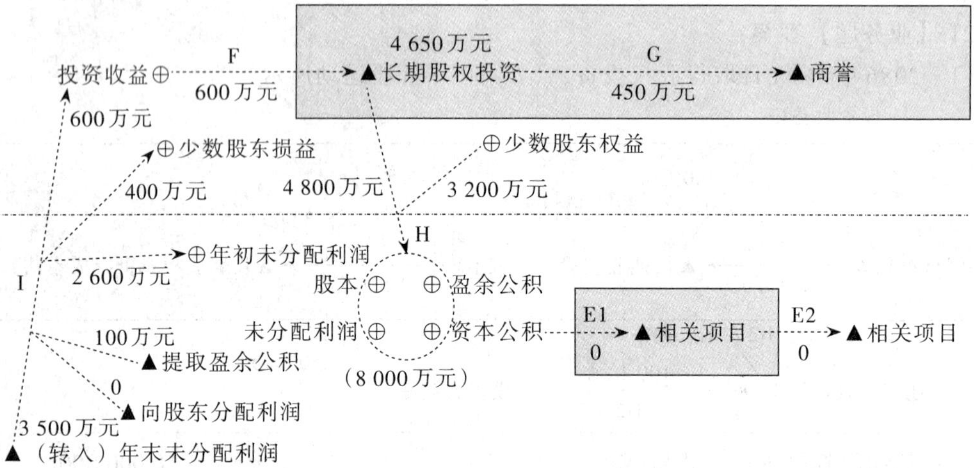

借：长期股权投资（1 000万元×60%）	6 000 000	
贷：投资收益		6 000 000

③调整合并成本，确认合并商誉450万元：（如上图G段运动所示）

借：商誉	4 500 000	
贷：长期股权投资		4 500 000

④冲销股权投资与子公司权益：（如上图H段运动所示）

借：股本	20 000 000	
资本公积	9 000 000	
其他综合收益	5 000 000	
盈余公积	11 000 000	
未分配利润——年末（2 600万元+1 000万元−1 000万元×10%）	35 000 000	
贷：长期股权投资		48 000 000
少数股东权益		32 000 000

⑤将本期母子公司内部确认的收益与利润分配予以冲销：（如上图I段运动所示）

借：投资收益　　6 000 000

　　少数股东损益（1 000万元×40%）　　4 000 000

　　未分配利润——年初　　26 000 000

　贷：提取盈余公积　　1 000 000

　　　未分配利润——年末　　35 000 000

十一、知识点：与所得税会计相关的合并处理

1.【单项选择题】答案：C

解析：

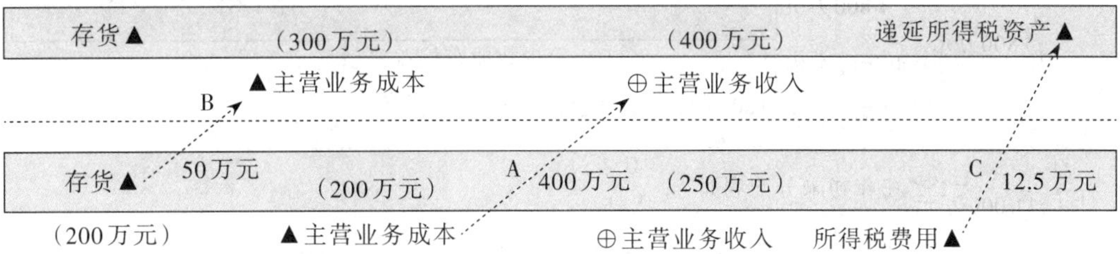

合并资产负债表中确认递延所得税资产12.5万元，因此选项C是错的。

2.【单项选择题】答案：D

解析：

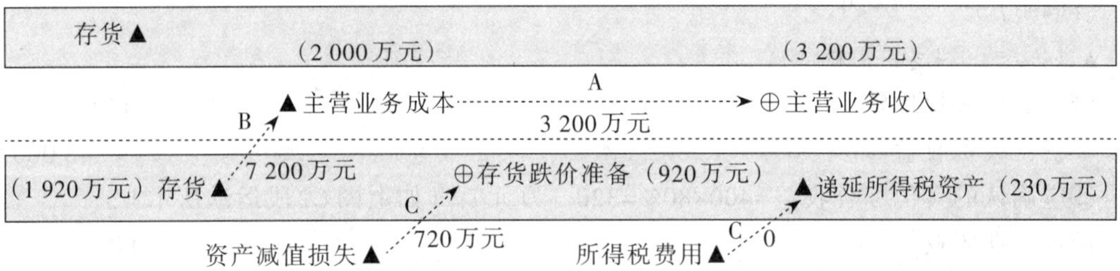

20×7年12月31日，剩余存货在合并财务报表层面的成本=2 000×60%=1 200（万元），因可变现净值为1 000万元，存货发生减值所以合并报表中存货账面价值为1 000万元，计税基础=3 200×60%=1 920（万元），因该事项应列示的递延所得税资产=（1 920−1 000）×25%=230（万元）。

或者说，子公司基于减值准备920万元确认了230万元的递延所得税资产，而合并主体基于未实现销售收益720万元和200万元的减值准备也应该确认230万元的递延所得税资产。因此，子公司原本确认的230万元的递延所得税资产不需要调整，即C段流量为0。

3.【多项选择题】答案：ABCD

解析：这四个选项都是对图中资金运动所反映的合并业务的恰当描述。

4.【多项选择题】答案：BCD

解析：从图中可知，母公司350万元的存货以500万元的价格出售给子公司，因此，选项A是错的。其他选项都是对图中资金运动所反映的合并业务的恰当描述。

5.【多项选择题】答案：ABC

解析：D段资金运动反映：从合并主体的角度来看，因为合并报表中固定资产账面价值

90万元与计税基础126万元之间存在36万元的暂时性差异，所以应确认递延所得税资产9万元。

6.【业务题】答案：

（1）编制甲公司20×6年12月31日合并乙公司财务报表时按照权益法调整长期股权投资的调整分录，以及与该项投资直接相关的（含甲公司内部投资收益）抵销分录。

①合并财务报表中按权益法调整，应确认的投资收益=6 000×80%=4 800（万元）：（如下图C1段运动所示）

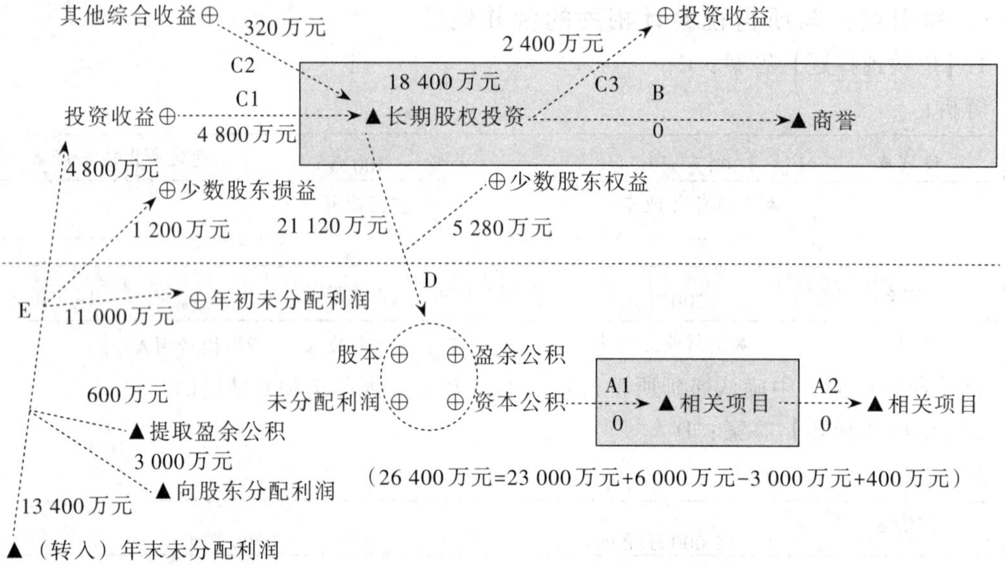

借：长期股权投资　　48 000 000

　贷：投资收益　　48 000 000

②应确认的其他综合收益=400×80%=320（万元）：（如上图C2段运动所示）

借：长期股权投资　　3 200 000

　贷：其他综合收益　　3 200 000

③分配现金股利调整减少长期股权投资=3 000×80%=2 400（万元）：（如上图C3段运动所示）

借：投资收益　　24 000 000

　贷：长期股权投资　　24 000 000

调整后长期股权投资的账面价值=18 400+4 800−2 400+320=21 120（万元）。

④抵销长期股权投资和子公司所有者权益：（如上图D段运动所示）

借：股本　　60 000 000

　　资本公积　　48 000 000

　　其他综合收益　　4 000 000

　　盈余公积（1 200万元+6 000万元×10%）　　18 000 000

　　年末未分配利润（11 000万元+6 000万元−600万元−3 000万元）　　134 000 000

　贷：长期股权投资　　211 200 000

　　　少数股东权益　　52 800 000

⑤抵销母子公司之间存在的内部分配：（如上图E段运动所示）

借：投资收益　48 000 000

少数股东损益　12 000 000

年初未分配利润　110 000 000

贷：提取盈余公积　6 000 000

对所有者（或股东）的分配　30 000 000

年末未分配利润　134 000 000

（2）编制20×6年12月31日与内部购销交易相关的抵销分录。

①对于本期内部存货销售的合并业务处理。

A. 冲销本期内部商品销售所重复确认的营业收入2 000万元和营业成本1 760万元，并冲销存货中未实现的销售损益240万元。（如下图A、B段运动所示）

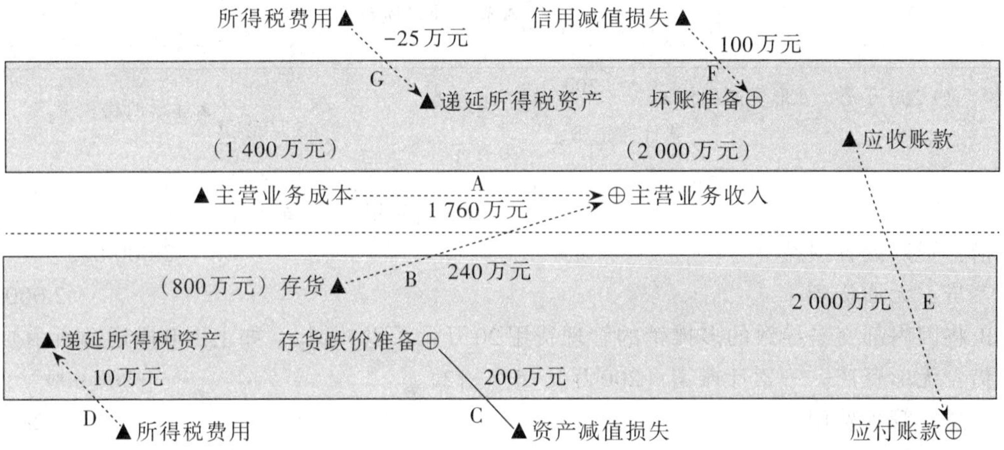

借：营业收入　20 000 000

贷：营业成本　17 600 000

存货　2 400 000

B. 冲销内部存货所提取的减值准备200万元。（如上图C段运动所示）

借：存货——存货跌价准备　2 000 000

贷：资产减值损失　2 000 000

C. 在合并报表中存货的计税基础为800万元，与账面价值560万元所产生的240万元可抵扣暂时性差异，扣除子公司本身已确认的200万元减值所产生的可抵扣暂时性差异，应确认40万元的可抵扣暂时性差异，相应补提递延所得税资产10万元。（如上图D段运动所示）

借：递延所得税资产　100 000

贷：所得税费用（40万元×25%）　100 000

D. 将内部交易所产生的应收账款2 000万元与应付账款2 000万元予以冲销。（如上图E段运动所示）

借：应付账款　20 000 000

贷：应收账款　20 000 000

E.将内部应收款所提取的减值准备100万元予以冲销。（如上图F段运动所示）

借：应收账款——坏账准备　　1 000 000

　贷：信用减值损失　　1 000 000

F.将内部因应收款减值所确认的递延所得税资产25万元予以冲销。（如上图G段运动所示）

借：所得税费用（100万元×25%）　　250 000

　贷：递延所得税资产　　250 000

②对于内部无形资产销售的合并业务处理。

A.冲销因内部交易所造成的无形资产未实现资产处置收益200万元。（如下图A段运动所示）

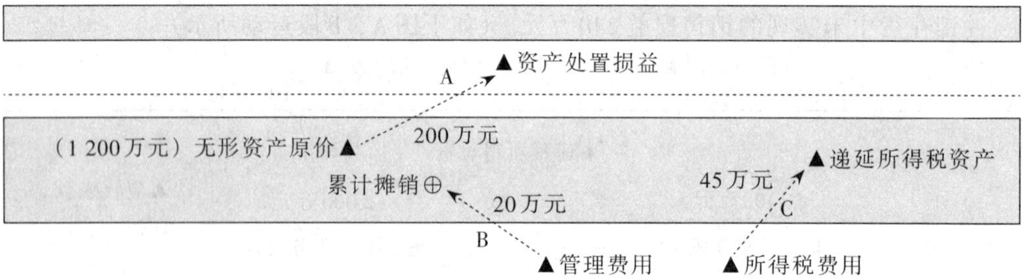

借：资产处置损益　　2 000 000

　贷：无形资产　　2 000 000

B.将因内部交易导致的多摊销的管理费用20万元予以冲销。（如上图B段运动所示）

借：无形资产——累计摊销（200万元÷5×6÷12）　　200 000

　贷：管理费用　　200 000

C.将因合并报表中无形资产计税基础1 080万元高于其账面价值900万元而产生的180万元可抵扣暂时性差异确认为递延所得税资产（45万元）。（如上图C段运动所示）

借：递延所得税资产　　450 000

　贷：所得税费用　　450 000

（3）编制20×7年12月31日与内部购销交易相关的抵销分录。

①将期初存货中未实现的销售收益240万元从上期转到本期。（如下图A1段运动所示）

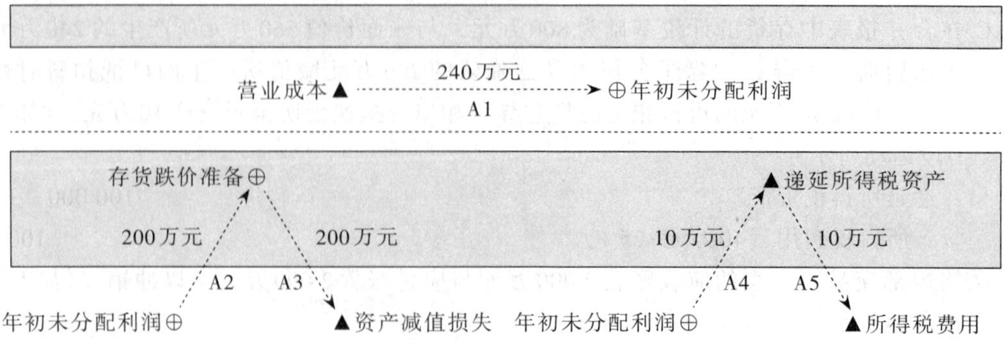

借：年初未分配利润　　2 400 000

　贷：营业成本　　2 400 000

②由于子公司存货跌价准备余额中有200万元是上期提取的，从合并主体的角度看，应将其予以冲销。（如上图A2段运动所示）

借：存货——存货跌价准备　　2 000 000

　贷：年初未分配利润　　2 000 000

③子公司存货跌价准备的期末余额是其在资产负债表日所应确认的减值准备的金额，由于从合并主体角度将其冲销了200万元，从而导致子公司存货跌价准备金额比应保留的金额减少200万元，应将该减少的金额予以补提。（如上图A3段运动所示）

借：资产减值损失　　2 000 000

　贷：存货——存货跌价准备　　2 000 000

将A2段和A3段运动合并在一起，简化处理即为下图的M段运动。

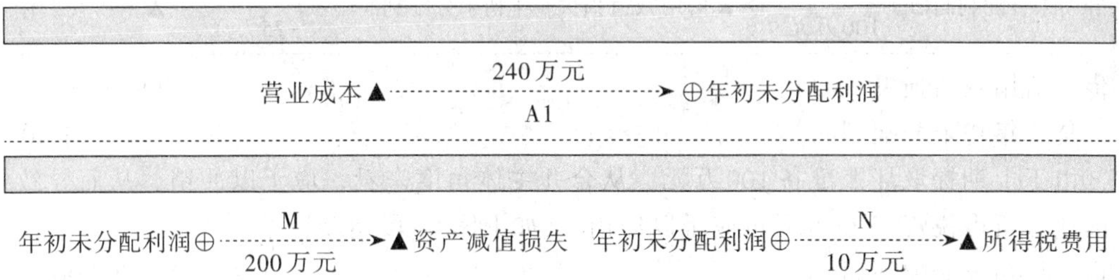

借：资产减值损失　　2 000 000

　贷：年初未分配利润　　2 000 000

④由于上期存货中未实现收益为240万元，加上提取存货跌价准备200万元的共同影响，从合并主体的角度来看，合并主体应调增递延所得税资产10万元。（如上图A4段运动所示）

借：递延所得税资产　　100 000

　贷：年初未分配利润　　100 000

⑤由于上期存货中未实现收益240万元在本期已经全部实现，加上上期提取的存货跌价准备为200万元，因此与此相关的递延所得税资产10万元应予以冲销。（如上图A5段运动所示）

借：所得税费用　　100 000

　贷：递延所得税资产　　100 000

将A4段和A5段运动合并在一起，简化处理即为上图的N段运动。

借：所得税费用　　100 000

　贷：年初未分配利润　　100 000

⑥母公司坏账准备余额中有100万元是上期提取的，从合并主体的角度看，应将其予以冲销。（如下图B1段运动所示）

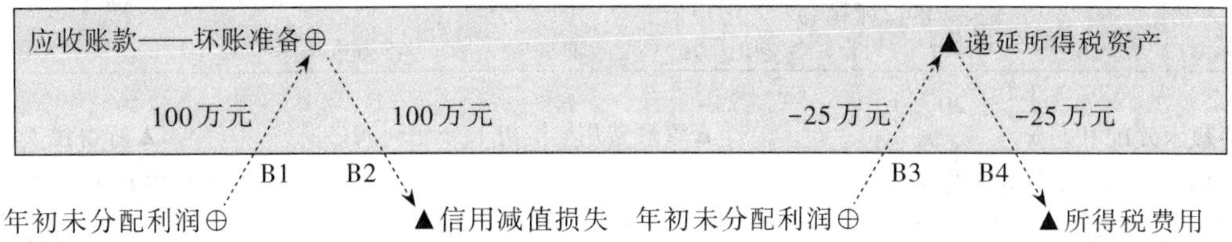

借：应收账款——坏账准备　　1 000 000

　贷：年初未分配利润　　1 000 000

⑦母公司坏账准备的期末余额是其在资产负债表日所应确认的减值准备金额，由于从合并主体的角度将其冲销了100万元，从而导致母公司坏账准备的金额比应保留的金额减少100万元，该减少的金额应将其予以补提。（如上图B2段运动所示）

借：信用减值损失　　1 000 000

　贷：应收账款——坏账准备　　1 000 000

将B1段和B2段运动合并在一起，简化处理即为下图的X段运动。

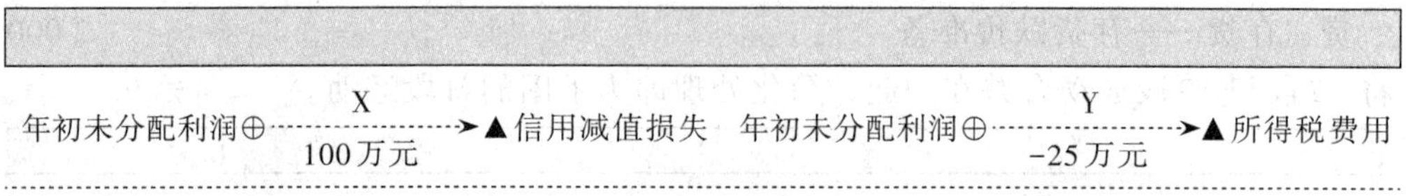

借：信用减值损失　　1 000 000

　贷：年初未分配利润　　1 000 000

⑧由于上期提取坏账准备100万元，从合并主体角度来看，应予以冲销，从而导致与此相关的递延所得税资产25万元也应予以冲销。（如上图B3段运动所示）

借：年初未分配利润　　250 000

　贷：递延所得税资产　　250 000

⑨母公司递延所得税资产的期末余额是母公司在资产负债表日所应确认的金额，由于从合并主体的角度将其冲销了25万元，从而导致母公司递延所得税金额比应保留的金额减少25万元，应将该减少的金额予以补提。（如上图B4段运动所示）

借：递延所得税资产　　250 000

　贷：所得税费用　　250 000

将B3段和B4段运动合并在一起，简化处理即为上图的Y段运动。

借：年初未分配利润　　250 000

　贷：所得税费用　　250 000

关于内部销售无形资产合并业务的会计处理如下：

①将无形资产中所包含的未实现资产处置损益200万元予以抵销。（如下图C1段运动所示）

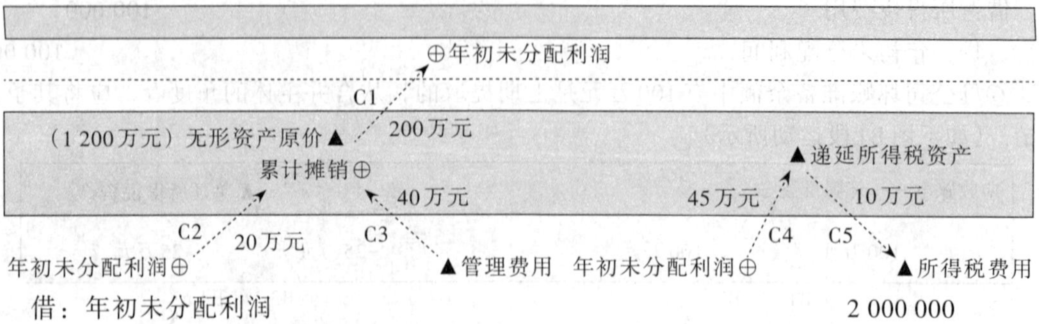

借：年初未分配利润　　2 000 000

　贷：无形资产　　2 000 000

②将上期多提取的摊销费20万元予以冲销。（如上图C2段运动所示）

借：无形资产　200 000

　贷：年初未分配利润　200 000

③将本期多提取的摊销费用40万元予以冲销。（如上图C3段运动所示）

借：无形资产——累计摊销（200万元÷5）　400 000

　贷：管理费用　400 000

④受上期无形资产中未实现收益200万元和已多摊销的20万元的共同影响，从合并主体的角度来看，合并主体应调增递延所得税资产45万元。（如上图C4段运动所示）

借：递延所得税资产　450 000

　贷：年初未分配利润　450 000

⑤由于本期已多摊销40万元无形资产摊销费，应调减递延所得税资产10万元。（如上图C5段运动所示）

借：所得税费用（40万元×25%）　100 000

　贷：递延所得税资产　100 000

十二、知识点：合并现金流量表的编制

1.【单项选择题】答案：C

解析：20×7年度甲公司合并现金流量表中“销售商品、提供劳务收到的现金”项目的金额=（300+350）-35=615（万元）。

2.【多项选择题】答案：BCD

解析：有关交易或事项中，（1）项对于甲公司而言是投资活动，对于乙公司而言是筹资活动；（2）项、（3）项对于甲和乙而言都属于经营活动的现金流量；（4）项对于甲和乙而言都是投资活动。因此选项A是错的。

3.【业务题】答案：

（1）甲公司对乙、丁公司股权投资采用成本法进行后续核算，除分红外不确认投资收益；丙公司采用权益法进行后续核算，对于丙公司实现的净利润，甲公司应该按持股比例确认其投资收益。

20×6年丙公司账面净利润为3 000万元，调整后的净利润=3 000-100×50%=2 950（万元），甲公司据此确认投资收益=2 950×30%=885（万元）。其所引起的资金运动如下图A段资金运动所示。

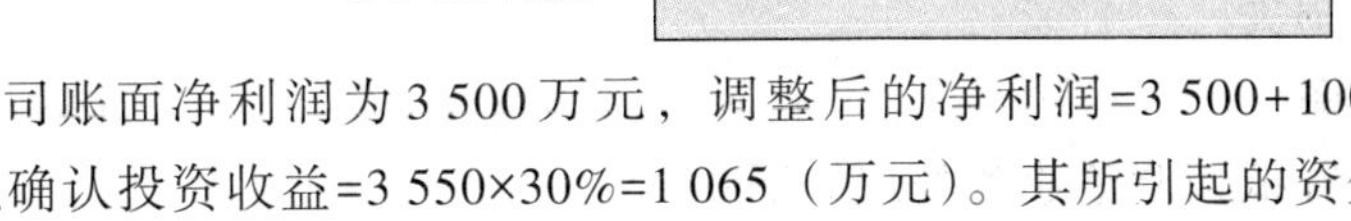

20×7年丙公司账面净利润为3 500万元，调整后的净利润=3 500+100×50%=3 550（万元），甲公司据此确认投资收益=3 550×30%=1 065（万元）。其所引起的资金运动如上图B段资金运动所示。

（2）合并商誉=9 000-12 000×70%=600（万元）。

（3）取得子公司及其他营业单位支付的现金流量净额=9 000–3 500=5 500（万元）。

（4）甲公司在其20×6年合并财务报表中应披露的关联方为乙公司、丙公司和丁公司。

对于乙公司和丁公司，应披露子公司的名称、业务性质、注册地、注册资本及其变化、母公司对该子公司的持股比例和表决权比例。对于丙公司，应披露关联方关系的性质。

（5）20×7年年末。

对乙公司合并抵销调整处理如下：

①内部存货交易的合并抵销调整处理为：

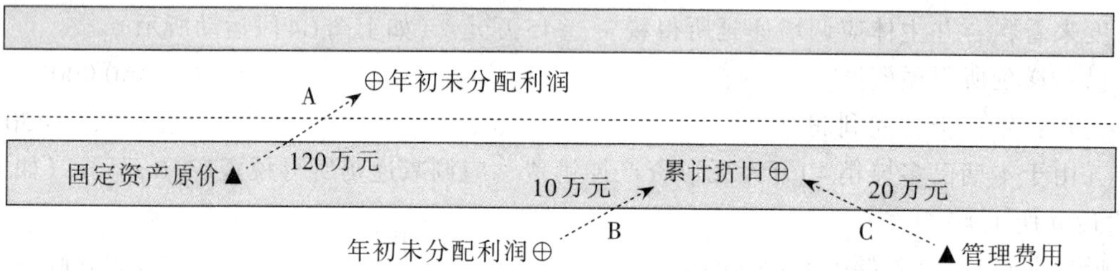

将固定资产中所包含的未实现内部销售损益120万元予以抵销：（如上图A段运动所示）

借：年初未分配利润　　1 200 000

　贷：固定资产　　1 200 000

将去年多提取的折旧费10万元予以冲销：（如上图B段运动所示）

借：累计折旧　　100 000

　贷：年初未分配利润　　100 000

将本年多提取的折旧费用20万元予以冲销：（如上图C段运动所示）

借：累计折旧　　200 000

　贷：管理费用　　200 000

②将内部债权债务予以冲销。

将上期内部交易所确认的坏账准备30万元予以冲销：（如上图D段运动所示）

借：坏账准备　　300 000

　贷：年初未分配利润　　300 000

将由于上期所确认的坏账准备导致本期母公司个别主体少提的减值准备30万元予以补提：（如上图E段运动所示）

借：信用减值损失　　300 000

　贷：坏账准备　　300 000

对丙公司的合并抵销调整业务处理如下：

内部存货逆流交易：因内部交易所产生的损益于20×7年度全部实现，故无须进行合并处理。

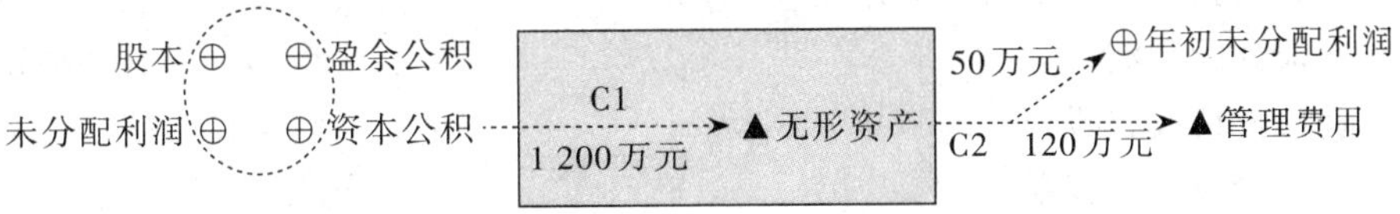

对于丁公司的合并抵销调整业务处理如下：

①确认购买日评估增值1 200万元，不考虑递延所得税的影响：（如上图C1段运动所示）

借：无形资产　　　　12 000 000

　贷：资本公积　　　　12 000 000

②确认评估增值对损益的后续影响：（如上图C2段运动所示）

借：年初未分配利润　　　　500 000

　　管理费用　　　　1 200 000

　贷：无形资产——累计摊销　　　　1 700 000

由此导致丁公司20×7年年初未分配利润=720+180−50−180×10%=832（万元）

丁公司20×7年年末未分配利润=832+400−120−400×10%=1 072（万元）

③按权益法确认对丁公司的投资收益：（如上图E1段运动所示）

借：长期股权投资　　　　2 870 000

　贷：年初未分配利润　　　　910 000

　　　投资收益　　　　1 960 000

甲公司对丁公司20×7年年末调整后的长期股权投资的账面价值=9 000+91+196=9 287（万元）

20×7年年底，合并商誉及子公司权益抵销、母子公司内部利润分配抵销业务为：

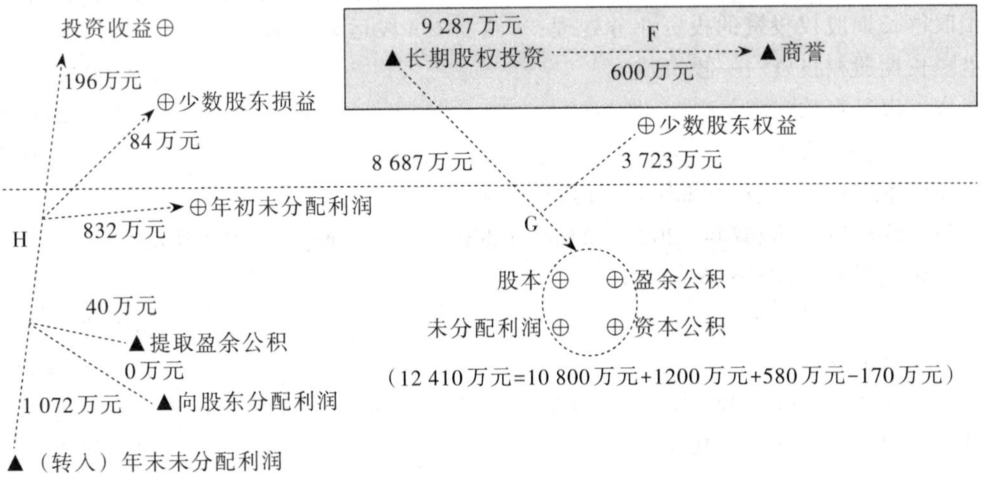

①确认合并商誉600万元：（如上图F段运动所示）

借：商誉　　　　6 000 000

贷：长期股权投资 6 000 000

②将股权投资与丁公司所有者权益进行对冲：（如上图G段运动所示）

借：股本（或实收资本） 100 000 000

资本公积 12 000 000

盈余公积（80万元+18万元+40万元） 1 380 000

未分配利润 10 720 000

贷：长期股权投资 86 870 000

少数股东权益 37 230 000

③将内部投资收益与利润分配予以冲销：（如上图H段运动所示）

借：投资收益 1 960 000

少数股东损益 840 000

年初未分配利润 8 320 000

贷：提取盈余公积 400 000

年末未分配利润 10 720 000

4.【业务题】答案：

（1）甲公司个别主体取得投资及相关业务处理确认：

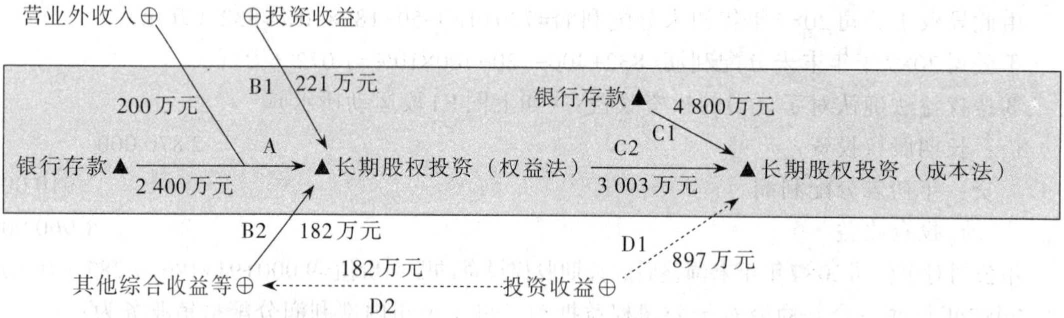

①取得长期股权投资的投资业务处理：（如上图A段运动所示）

借：长期股权投资——投资成本 26 000 000

贷：银行存款 24 000 000

营业外收入 2 000 000

②确认本期投资收益：（如上图B1段运动所示）

乙公司调整后的净利润=1 200-（2 000-1 300）×（1-50%）=850（万元）

应确认投资收益=850×26%=221（万元）

借：长期股权投资——损益调整 2 210 000

贷：投资收益 2 210 000

③确认其他综合收益182万元（700万元×26%）：（如上图B2段运动所示）

借：长期股权投资——其他综合收益 1 820 000

贷：其他综合收益 1 820 000

至此，长期股权投资的余额=2 600+221+182=3 003（万元）。

④甲公司以4 800万元取得乙公司30%的股份，取得后，合计持有乙公司56%的股份，

形成控制，采用成本法核算。（如上图C段运动所示）

借：长期股权投资（成本法） 78 030 000

贷：银行存款 48 000 000

长期股权投资（权益法） 30 030 000

（2）合并日，合并业务所导致的合并财务报表投资收益的列报金额为：（如上图D段运动所示）

甲公司原持有乙公司26%股份的公允价值为3 900万元，账面价值为3 003万元；其他综合收益为182万元。

借：长期股权投资 8 970 000

其他综合收益 1 820 000

贷：投资收益 10 790 000

（3）甲公司增持乙公司30%的股权，属于通过多次交易分步取得股权，最终形成非同一控制下的企业控股合并的情况。

20×6年1月1日，交易双方办理了乙公司股权过户登记手续。当日，甲公司对乙公司的董事会进行改组，改组后的董事会由9名董事构成，其中，甲公司派出6名董事。乙公司章程规定，所有重大的经营、财务和分配等事项须经董事会2/3及以上表决通过后方可实施。甲公司投资乙公司之前，甲公司、乙公司、丁公司不存在关联方关系。这一切都说明，该交易属于通过多次取得股权，最终形成非同一控制下企业控股合并的情况。

合并成本=3 900+4 800=8 700（万元）

合并商誉=8 700-（15 000-1 800×25%）×56%=552（万元）

（4）20×6年年末，甲公司合并报表编制过程中合并业务的处理如下：

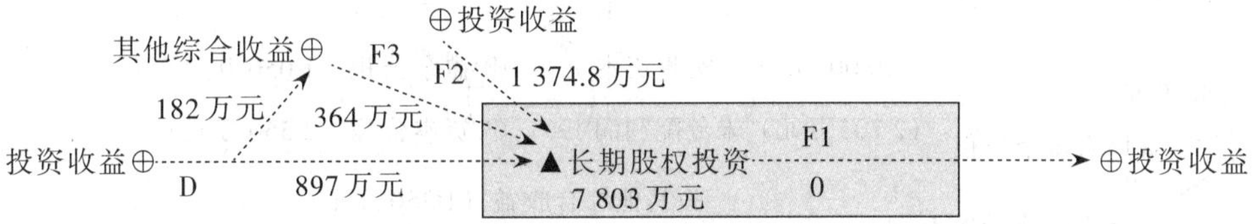

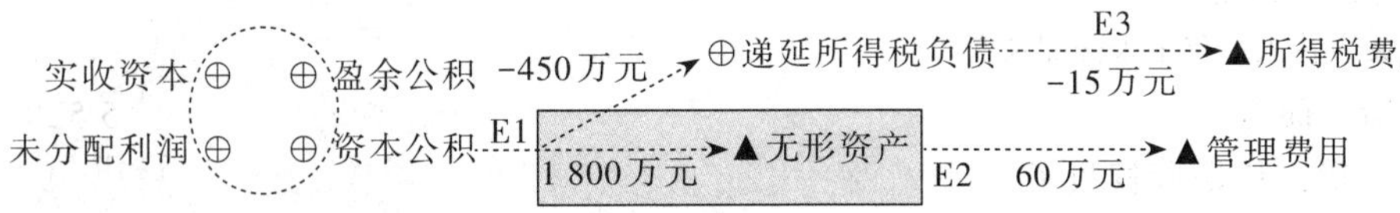

①确认在合并日取得合并时所产生的合并投资收益1 079万元。（如上图D段运动所示）

借：长期股权投资 8 970 000

其他综合收益 1 820 000

贷：投资收益 10 790 000

②确认因合并所评估增值的无形资产为1 800万元，并同步确认递延所得税负债450万元和资本公积1 350万元。（如上图E1段运动所示）

借：无形资产 18 000 000

贷：递延所得税负债 4 500 000

资本公积 13 500 000

③调增无形资产的摊销费用60万元。（如上图E2段运动所示）

借：管理费用　　600 000

　贷：无形资产　　600 000

④调减递延所得税负债15万元。（如上图E3段运动所示）

借：递延所得税负债　　150 000

　贷：所得税费用　　150 000

⑤确认合并投资收益：（如上图F2段运动所示）

子公司调整后的净利润=2 500−60+15=2 455（万元）

应确认投资收益=2 455×56%=1 374.8（万元）

借：长期股权投资　　13 748 000

　贷：投资收益　　13 748 000

⑥确认其他综合收益364万元（650万元×56%）。（如上图F3段运动所示）

借：长期股权投资　　3 640 000

　贷：其他综合收益　　3 640 000

⑦确认合并成本中的合并商誉552万元。（如下图G段运动所示）

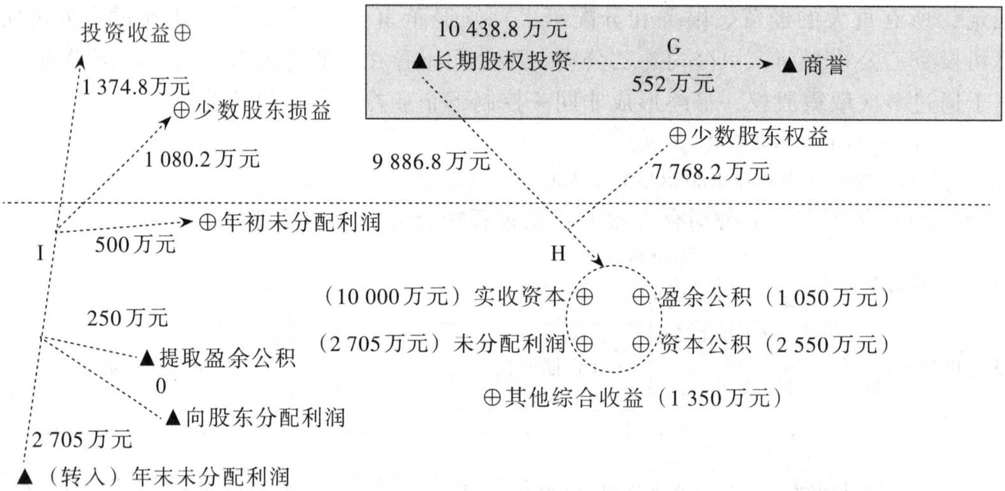

借：商誉　　5 520 000

　贷：长期股权投资　　5 520 000

⑧股权投资与子公司权益对冲。（如上图H段运动所示）

子公司实收资本10 000万元，资本公积2 550万元（1 200万元+1 350万元），盈余公积1 050万元（800万元+250万元），未分配利润2 705万元（500万元+2 455万元−250万元），其他综合收益1 350万元（700万元+650万元）。

借：实收资本　　100 000 000

　　资本公积　　25 500 000

　　盈余公积　　10 500 000

　　未分配利润　　27 050 000

　　其他综合收益　　13 500 000

贷：长期股权投资　98 868 000

　　少数股东权益　77 682 000

⑨将母子公司内部的利润分配予以冲销。（如上图I段运动所示）

借：投资收益　13 748 000

　　少数股东损益　10 802 000

　　年初未分配利润　5 000 000

　贷：提取盈余公积　2 500 000

　　　年末未分配利润　27 050 000

5.【业务题】答案：

（1）确认股权投资13 000万元。（如下图A1段运动所示）

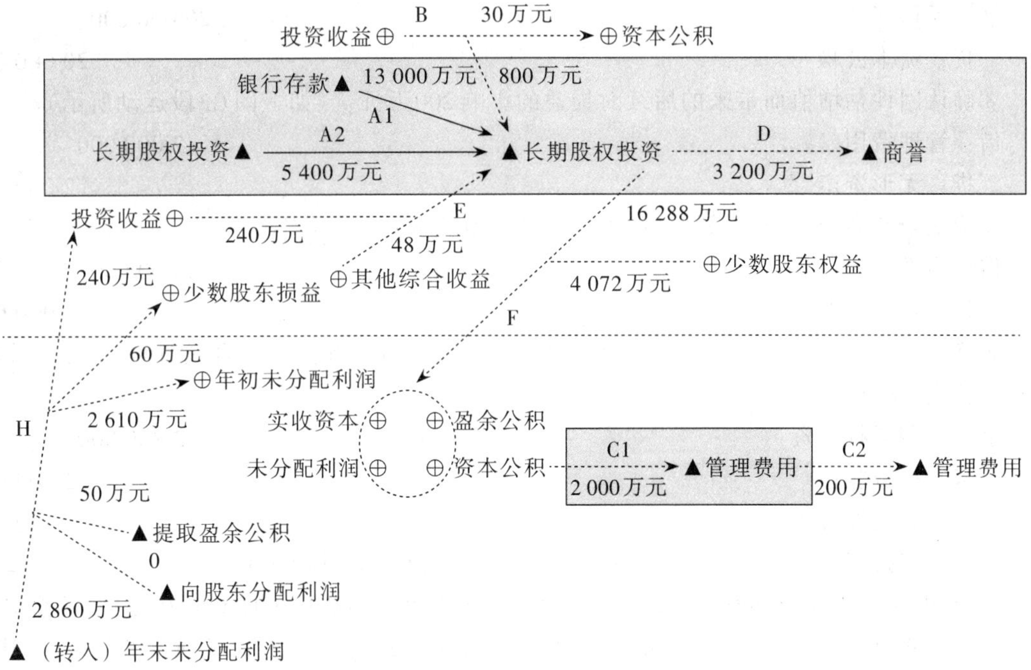

借：长期股权投资　130 000 000

　贷：银行存款　130 000 000

将权益法的长期股权投资转为成本法核算的长期股权投资。（如上图A2段运动所示）

借：长期股权投资　54 000 000

　贷：长期股权投资——投资成本　45 000 000

　　　　　　　　——损益调整　8 700 000

　　　　　　　　——其他权益变动　300 000

长期股权投资的初始投资成本=5 400+13 000=18 400（万元）

（2）甲公司相关合并成本=第一次对价的公允价值+第二次对价的公允价值=6 200+13 000=19 200（万元）。

合并商誉=19 200-20 000×80%=3 200（万元）。（如上图中D段运动流量所示）

（3）甲公司20×3年度合并财务报表中因购买乙公司50%的股权应确认的投资收益=（6 200-5 400）+30=830（万元）。（如上图B段运动所示）

（4）编制与甲公司20×3年度合并资产负债表和合并利润表相关的调整及抵销分录。

①确认因取得50%股权投资而在合并报表中列示的投资收益830万元。（如上图B段运动所示）

借：长期股权投资　　8 000 000
　　资本公积　　300 000
　贷：投资收益　　8 300 000

②确认因评估而增值的无形资产2 000万元。本题不考虑所得税的影响。（如上图C1段运动所示）

借：无形资产　　20 000 000
　贷：资本公积　　20 000 000

③确认因评估增值而带来的后续对损益的影响200万元。（如上图C2段运动所示）

借：管理费用　　2 000 000
　贷：无形资产　　2 000 000

④确认合并商誉3 200万元。（如上图D段运动所示）

借：商誉　　32 000 000
　贷：长期股权投资　　32 000 000

⑤确认子公司净资产的变化，即确认投资收益240万元和其他综合收益48万元。（如上图E段运动所示）

借：长期股权投资　　2 880 000
　贷：投资收益　　2 400 000
　　　其他综合收益　　480 000

⑥将股权投资与子公司所有者权益冲销。（如上图F段运动所示）

子公司实收资本15 000万元，资本公积2 100万元（100万元+2 000万元），盈余公积340万元（290万元+50万元），未分配利润2 860万元（2 610万元+300万元-50万元），其他综合收益60万元。

借：实收资本　　150 000 000
　　资本公积　　21 000 000
　　盈余公积　　3 400 000
　　未分配利润　　28 600 000
　　其他综合收益　　600 000
　贷：长期股权投资　　162 880 000
　　　少数股东权益　　40 720 000

⑦将母子公司内部的利润分配予以冲销。（如上图H段运动所示）

借：投资收益　　2 400 000
　　少数股东损益　　600 000
　　年初未分配利润　　26 100 000

贷：提取盈余公积　　500 000

　　年末未分配利润　　28 600 000

（5）计算甲公司20×4年1月1日个别财务报表中处置70%的股权而应确认的投资收益，并编制相关的会计分录如下：

①处置70%的股权。（如下图A段运动所示）

借：银行存款　　200 000 000

　贷：长期股权投资　　161 000 000

　　投资收益　　39 000 000

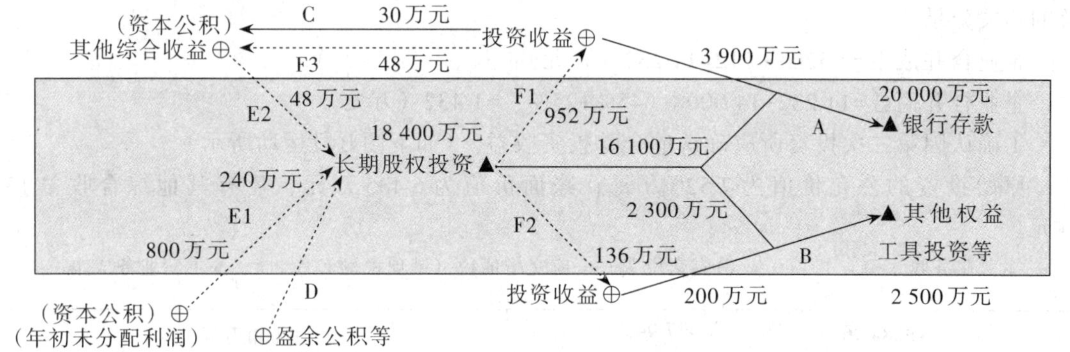

②剩余10%的股份转为其他权益工具投资等。（如上图B段运动所示）

借：其他权益工具投资　　25 000 000

　贷：长期股权投资　　23 000 000

　　投资收益　　2 000 000

③结转原长期股权投资所确认的资本公积30万元。（如上图C段运动所示）

借：资本公积　　300 000

　贷：投资收益　　300 000

④应确认的投资收益=3 900+200+30=4 130（万元）。

（6）计算甲公司20×4年度合并财务报表中因处置70%股权应确认的投资收益。

合并报表中确认的投资收益=［（处置股权取得的对价+剩余股权的公允价值）-原有子公司自购买日开始持续计算的可辨认净资产×原持股比例］-商誉+可重新分类进损益的其他综合收益及其他所有者权益变动×原持股比例

合并报表中确认的投资收益=［（20 000+2 500）-（18 000+2 000+500+60-200）×80%］-3 200+60×80%=3 060（万元）

6.【业务题】答案：

（1）计算20×7年甲公司个别报表中取得A公司股权投资的初始投资成本，编制个别财务报表中与增资相关的会计分录。

原股权账面价值=5 000+（12 000×45%-5 000）+（2 500+300-500）×45%=6 435（万元）

甲公司取得A公司股权的初始投资成本=6 435+（3 284.96+427.04）=10 147（万元）

甲公司取得45%的股权所引起的资金运动如下图A1、A2段运动所示。

借：长期股权投资　　37 120 000

贷：主营业务收入　32 849 600

应交税费——应交增值税（销项税额）　4 270 400

借：主营业务成本　26 000 000

贷：库存商品　26 000 000

将原采用权益法核算的长期股权投资改为成本法核算。（如下图A3段运动所示）

借：长期股权投资（成本法）　64 350 000

贷：长期股权投资（权益法）　64 350 000

（2）计算购买日该股权投资的企业合并成本及合并商誉，编制甲公司合并日合并报表涉及的相关分录。

企业合并成本=7 520+3 712=11 232（万元）

企业合并商誉=11 232−14 000×（45%+25%）=1 432（万元）

①确认因第二次投资所应确认的合并投资收益。（如下图B段运动所示）

原始投资的公允价值为7 520万元，账面价值为6 435万元，还有其他综合收益135万元。

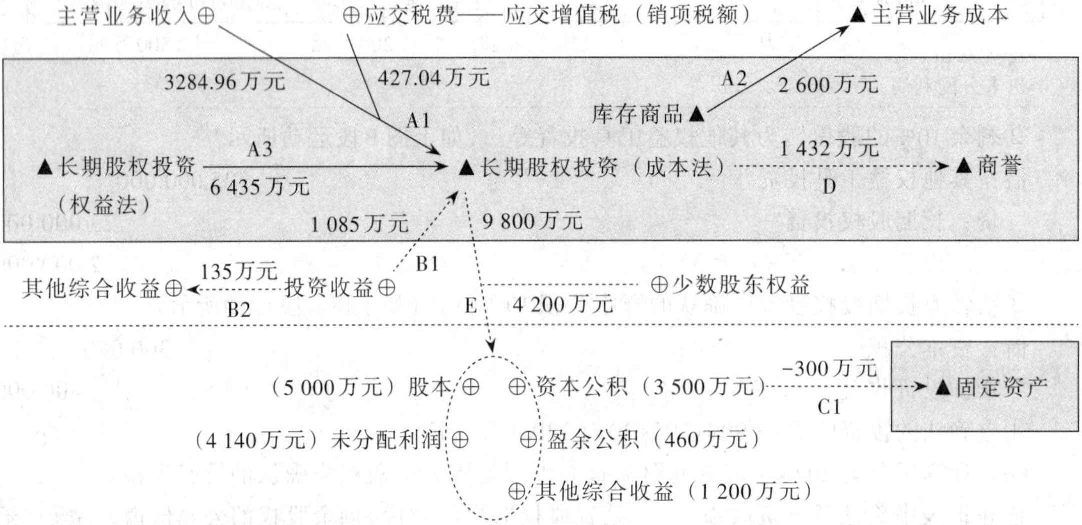

借：长期股权投资　10 850 000

其他综合收益　1 350 000

贷：投资收益　12 200 000

②确认购买日固定资产公允价值调减300万元，不考虑所得税的影响。（如上图C1段运动所示）

借：资本公积　3 000 000

贷：固定资产　3 000 000

③确认合并商誉1 432万元。（如上图D段运动所示）

借：商誉　14 320 000

贷：长期股权投资　14 320 000

20×7年7月1日，长期股权投资合并成本=3 712+6 435+1 085−1 432=9 800（万元）

④将股权投资与子公司权益对冲。(如上图E段运动所示)

借：股本　　50 000 000

　　资本公积　　32 000 000

　　盈余公积　　4 600 000

　　未分配利润　　41 400 000

　　其他综合收益　　12 000 000

　贷：长期股权投资　　98 000 000

　　　少数股东权益　　42 000 000

(3) 根据上述资料，编制甲公司20×8年年末合并报表中的调整抵销分录（不考虑追加投资日重新计量的分录）。

①确认追加投资日时所应确认的合并投资收益。(如下图B1、B2段运动所示)

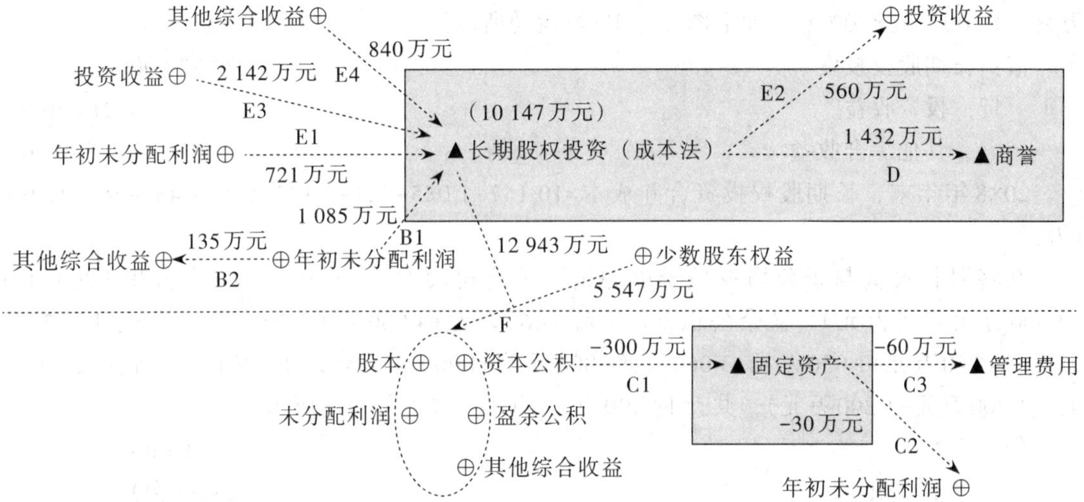

借：长期股权投资　　10 850 000

　　其他综合收益　　1 350 000

　贷：年初未分配利润　　12 200 000

②确认购买日固定资产公允价值调减300万元，不考虑所得税的影响。(如上图C1段运动所示)

借：资本公积　　3 000 000

　贷：固定资产　　3 000 000

③确认合并商誉1 432万元。(如上图D段运动所示)

借：商誉　　14 320 000

　贷：长期股权投资　　14 320 000

④确认固定资产评估减值对上年的影响30万元。(如上图C2段运动所示)

借：固定资产　　300 000

　贷：年初未分配利润　　300 000

⑤确认固定资产评估减值对本年折旧费用的影响60万元。(如上图C3段运动所示)

借：固定资产　　　　600 000

　贷：管理费用　　　　600 000

⑥按权益法确认合并上一年度投资收益721万元（1 030万元×70%）。（如上图E1段运动所示）

借：长期股权投资　　　　7 210 000

　贷：年初未分配利润　　　　7 210 000

⑦将本年按成本法确认的投资收益560万元（800万元×70%）予以冲销。（如上图E2段运动所示）

借：投资收益　　　　5 600 000

　贷：长期股权投资　　　　5 600 000

⑧按权益法确认本年度投资收益2 142万元（3 060万元×70%），确认其他综合收益840万元（1 200万元×70%）。（如上图E3、E4段运动所示）

借：长期股权投资　　　　29 820 000

　贷：投资收益　　　　21 420 000

　　其他综合收益　　　　8 400 000

20×8年年末，长期股权投资合并成本=10 147+1 085+721+2 142+840−1 432−560=12 943（万元）

⑨将股权投资与子公司权益予以冲销。子公司股本5 000万元，资本公积3 200万元（3 500万元−300万元），盈余公积860万元（460万元+4 000万元×10%），未分配利润7 030万元（4 140万元+1 030万元+3 060万元−800万元−4 000万元×10%），其他综合收益2 400万元（1 200万元+1 200万元），共计18 490万元。（如上图F段运动所示）

借：股本　　　　50 000 000

　　资本公积　　　　32 000 000

　　盈余公积　　　　8 600 000

　　未分配利润　　　　70 300 000

　　其他综合收益　　　　24 000 000

　贷：长期股权投资　　　　129 430 000

　　少数股东权益　　　　55 470 000

⑩将母子公司内部投资收益与利润分配予以冲销。（如下图G段运动所示）

20×8年年初，未分配利润余余额=4 140+1 030−1 000×10%=5 070（万元）

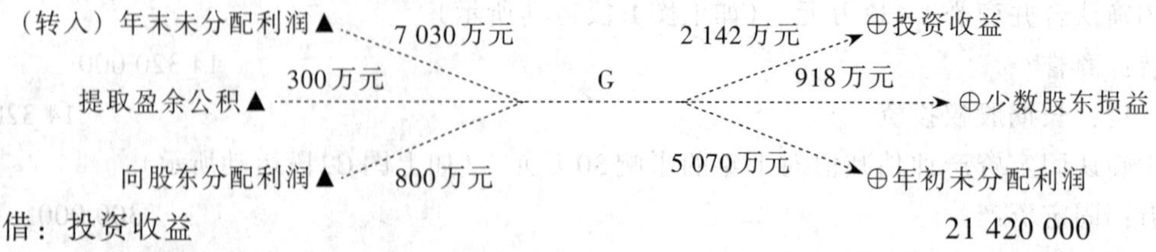

借：投资收益　　　　21 420 000

　　少数股东损益　　　　9 180 000

　　年初未分配利润　　　　50 700 000

贷：提取盈余公积　　3 000 000

向股东分配利润　　8 000 000

年末未分配利润　　70 300 000

（4）甲公司20×8年年末，应将对A公司的投资重分类为“持有待售资产”项目进行列示。理由：20×8年年末，甲公司与其他公司签订了合同，约定将该股权投资对外出售，且该合同将在一年内完成，因此应该将其作为持有待售的资产进行列报。该重分类所引起的资金运动如下图A段运动所示。

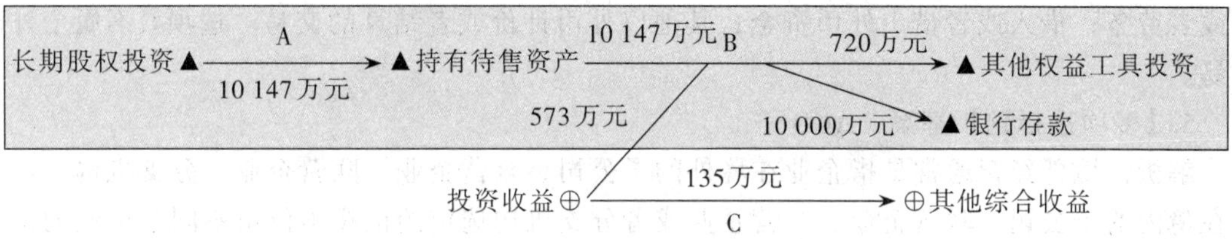

借：持有待售资产　　101 470 000

贷：长期股权投资　　101 470 000

（5）甲公司个别报表中应确认的投资收益=（10 000+720）−10 147+300×45%=708（万元）。

①将股权投资进行处理，确认投资收益。（如上图B段运动所示）

借：银行存款　　10 0 000 000

其他权益工具投资　　7 200 000

贷：持有待售资产　　101 470 000

投资收益　　5 730 000

②同时，将原确认的其他综合收益重新确认为投资收益135万元（300万元×45%）。（如上图C段运动所示）

借：其他综合收益　　1 350 000

贷：投资收益　　1 350 000

第三章　外币折算

一、知识点：记账本位币

1.【单项选择题】答案：A

解析：与确定记账本位币相关的企业经营所处的主要经济环境发生重大变化的，如果确需变更记账本位币，可以变更记账本位币。选项A表述不正确。

2.【单项选择题】答案：D

解析：企业选定记账本位币，应当考虑下列因素：一是该货币主要影响商品和劳务销售价格，通常以该货币进行商品和劳务的计价和结算；二是该货币主要影响商品和劳务所需人工、材料和其他费用，通常以该货币对上述费用进行计价和结算；三是融资活动获得的资金以及保存从经营活动中收取款项时所使用的货币。

3.【单项选择题】答案：D

解析：在甲公司的业务中，美元在其日常活动（主要涉及收入）中起主要作用，而人民币在其日常活动（主要涉及支出）中也起主要作用，单凭这两点无法判断其记账本位币，需要考虑其他因素，甲公司已经对外币交易进行了套期保值操作，则外币的汇率变动影响可以基本消除，所以这里应该选择以人民币作为记账本位币。

4.【多项选择题】答案：ABD

解析：外币交易是指以外币计价或者结算的交易，包括：买入或者卖出以外币计价的商品或者劳务；借入或者借出外币资金；其他以外币计价或者结算的交易。选项C不属于外币交易。

5.【多项选择题】答案：ACD

解析：境外经营通常是指企业在境外的子公司、合营企业、联营企业、分支机构。当企业在境内的子公司、联营企业、合营企业或者分支机构选定的记账本位币不同于企业的记账本位币时，也应当视同境外经营，因此选项A、C和D正确。

6.【多项选择题】答案：ABCD

解析：需说明的是选项C，企业因经营所处的主要经济环境发生重大变化，确需变更记账本位币的，应当采用变更日的即期汇率将所有项目折算为变更后的记账本位币，折算后的金额作为新的记账本位币的历史成本，因为采用同一即期汇率进行折算，所以不会产生汇兑差额。

7.【多项选择题】答案：BC

解析：选项A，如果境外经营产生的现金流量可以直接影响企业的现金流量，而且汇回不受限制，则其应选择与企业相同的货币作为记账本位币。选项D，如果境外经营活动产生的现金流量在企业不提供资金的情况下，可以偿还其现有债务和正常情况下可预期的债务，则其应根据所处的主要经济环境确定记账本位币。

二、知识点：外币交易的会计处理

1.【单项选择题】答案：B

解析：20×5年6月30日，甲公司应确认的该项专门借款的汇兑损益=1 000×（6.32−6.3）+1 000×8%×3/12×（6.32−6.3）+1 000×8%×3/12×（6.32−6.32）=20.4（万元人民币）（损失）。其所引起的资金运动如下图所示。

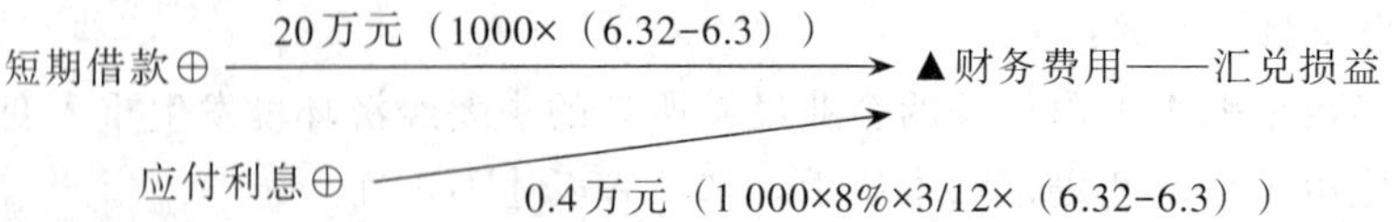

2.【单项选择题】答案：A

解析：该项兑换业务影响当期损益的金额=2 000×（9.2−9.25）=−100（万元人民币）。

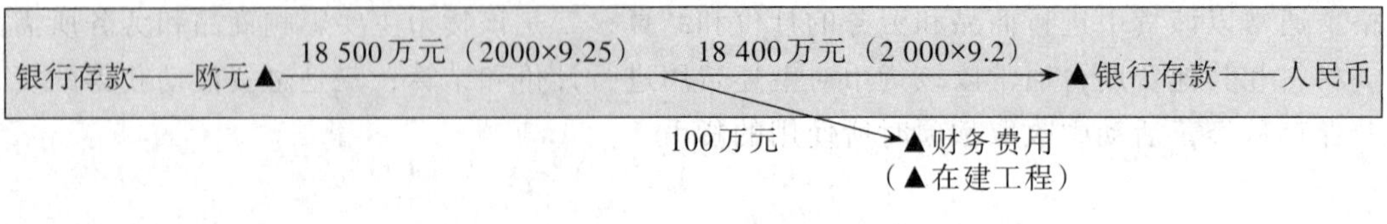

3.【单项选择题】答案：A

解析：甲公司20×7年12月31日，资产负债表中外商投入的实收资本金额=50×9.6+80×9.65=1 252（万元人民币）。

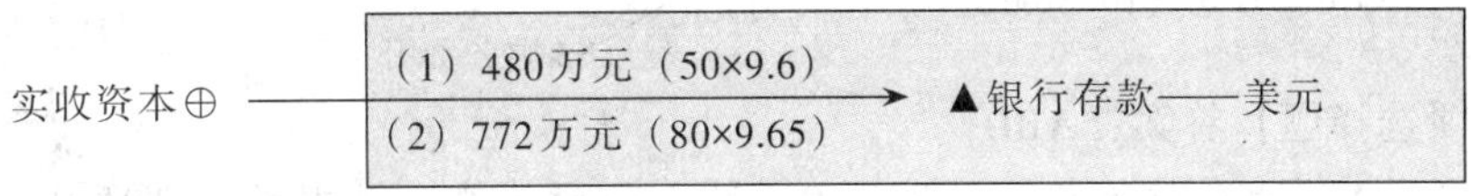

4.【单项选择题】答案：D

解析：因该项交易计入财务费用的金额=600×9.43-600×9.55=-72（万元人民币）。

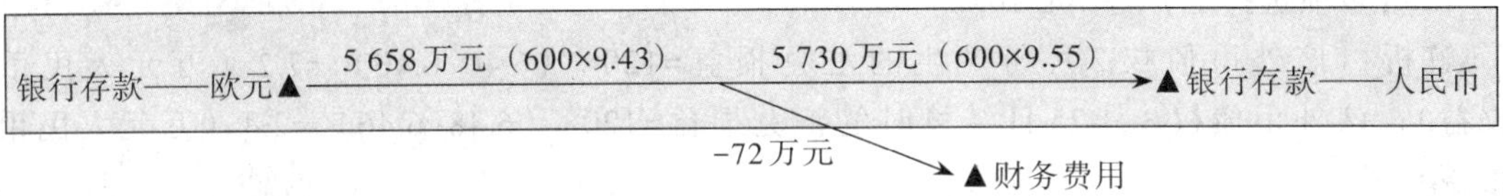

5.【单项选择题】答案：B

解析：企业收到投资者以外币投入的资本，无论是否有合同约定汇率，均不采用合同约定汇率和即期汇率的近似汇率折算，而是采用交易日即期汇率折算，即以实际收到款项日的即期汇率折算。

6.【单项选择题】答案：C

解析：

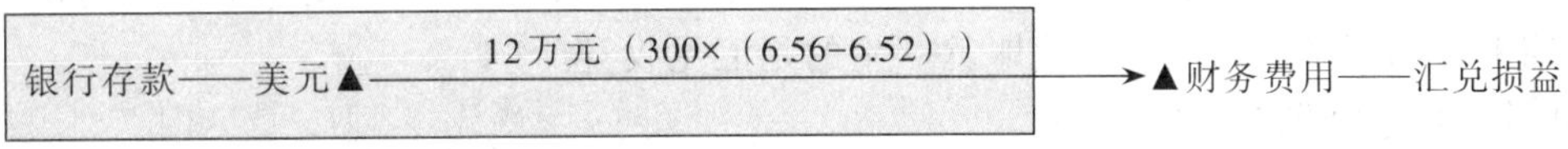

7.【单项选择题】答案：D

解析：

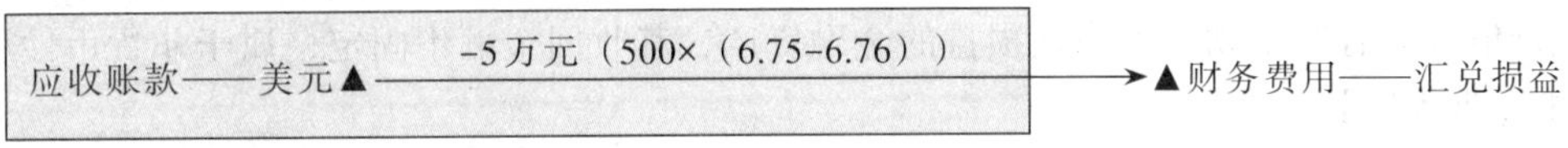

8.【单项选择题】答案：C

解析：20×8年12月31日A产品的账面价值=（15×100×6.58+1 867.5）×40/100=4 695（万元），A产品可变现净值=40×9.8×6.31=2 473.52（万元），应计提存货跌价准备=4 695-2 473.52=2 221.48（万元）。

9.【单项选择题】答案：B

解析：

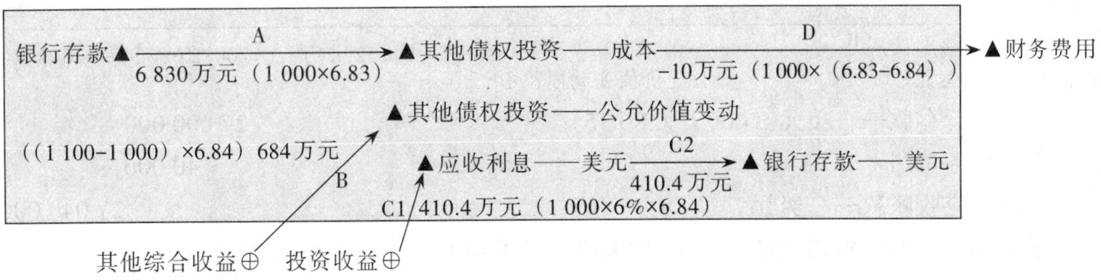

10.【单项选择题】答案：B

解析：

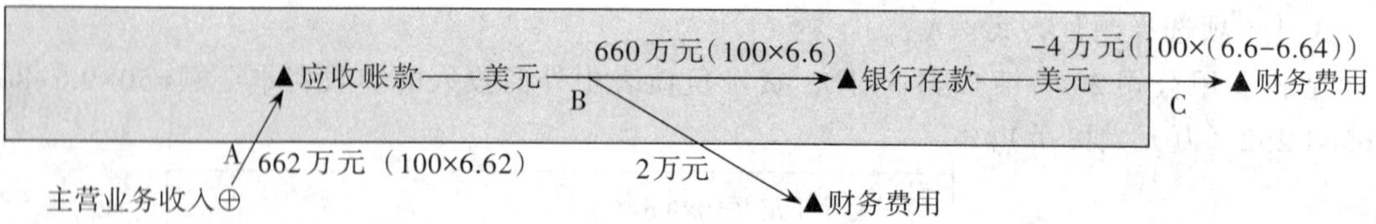

11.【多项选择题】答案：ABD

解析：选项A，计入财务费用；选项B，计入公允价值变动损益；选项C，计入其他综合收益；选项D，计入财务费用。

12.【多项选择题】答案：BD

解析：该外币债权2月份产生的汇兑损益=120×（6.46−6.40）=7.2（万元人民币）（收益）；该外币债权3月25日结算时的汇兑损益=120×（6.48−6.46）=2.4（万元人民币）（收益）。

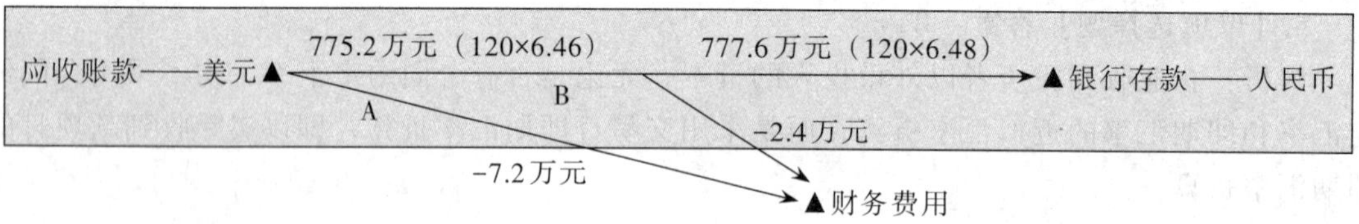

13.【多项选择题】答案：AD

解析：选项B，盈余公积并不是外币货币性项目，因此汇率发生变动对其没有影响；选项C，期末市场汇率上升时，应收账款产生的是汇兑收益。

14.【多项选择题】答案：BC

解析：货币性项目是指企业持有的货币和将以固定或可确定金额的货币收取的资产或偿付的负债。选项A，预收账款最终是以企业的货物进行偿付的，属于非货币性项目；选项D，以公允价值计量且其变动计入当期损益的金融资产，其收回金额不固定，属于非货币性项目。

15.【业务题】答案：

根据资料（1），收回应收账款400万美元。（如下图A段运动所示）

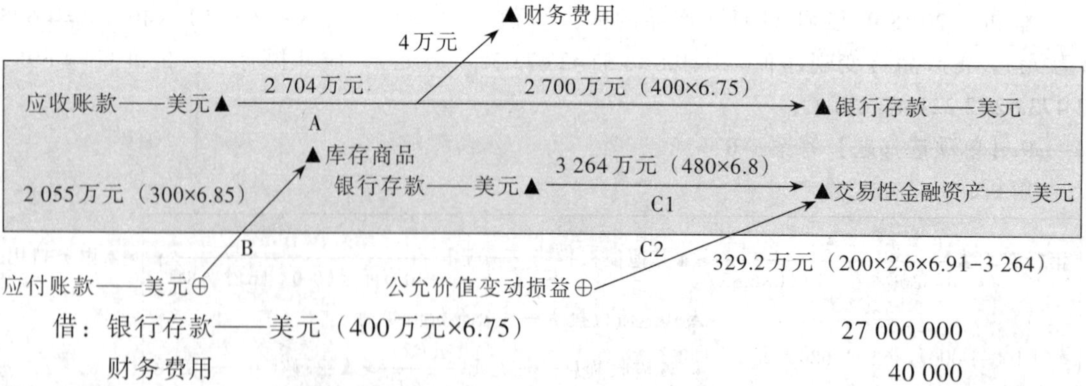

借：银行存款——美元（400万元×6.75）　　27 000 000

　　财务费用　　40 000

　贷：应收账款——美元　　27 040 000

根据资料（2），外购商品。（如上图B段运动所示）

借：库存商品（300万元×6.85）　　20 550 000

　贷：应付账款——美元　　20 550 000

根据资料（3），与交易性金融资产相关的业务。（如上图C段运动所示）

借：交易性金融资产（480万元×6.8）　　32 640 000

　贷：银行存款——美元　　32 640 000

借：交易性金融资产——公允价值变动（200万元×2.6×6.91−3 264万元）　3 292 000

　贷：公允价值变动损益　　3 292 000

根据资料（4），取得销售收入200万美元。（如下图D段运动所示）

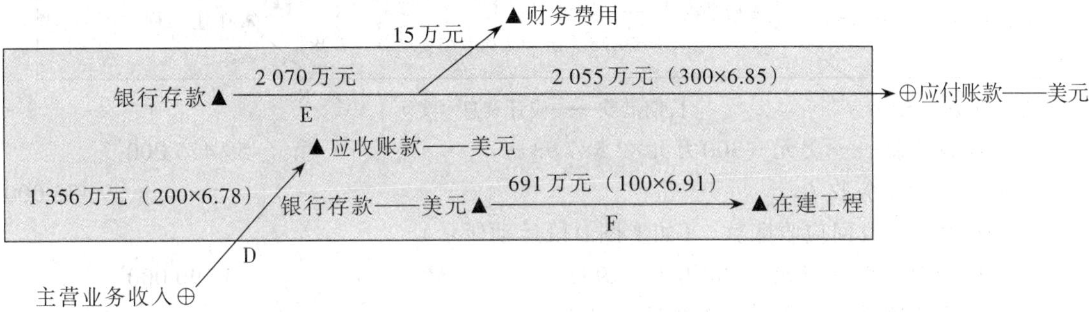

借：应收账款——美元（200万元×6.78）　　13 560 000

　贷：主营业务收入　　13 560 000

根据资料（5），偿还债务。（如上图E段运动所示）

借：应付账款——美元　　20 550 000

　　财务费用　　150 000

　贷：银行存款（300万元×6.9）　　20 700 000

根据资料（6），支付安装费。（如上图F段运动所示）

借：在建工程（100万元×6.91）　　6 910 000

　贷：银行存款——美元　　6 910 000

影响营业利润的金额=−4+329.2+1 356−15=1 666.2（万元人民币）。

16.【业务题】答案：

（1）编制甲公司20×7年第1季度与外币交易或事项相关的会计分录。

①1月5日，兑换30万美元。（如下图A段运动所示）

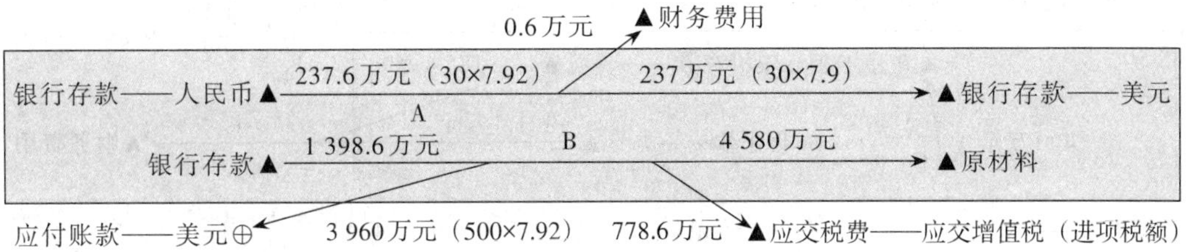

借：银行存款——美元（30万元×7.9）　　2 370 000

　　财务费用——汇兑差额　　6 000

　贷：银行存款——人民币（30万元×7.92）　　2 376 000

②1月10日，购买原材料。（如上图B段运动所示）

借：原材料（500万元×7.92+620万元）　　45 800 000

　　应交税费——应交增值税（进项税额）　　7 786 000

贷：应付账款——美元（500万元×7.92） 39 600 000

银行存款——人民币（620万元+778.6万元） 13 986 000

③2月14日，取得销售收入。（如下图C段运动所示）

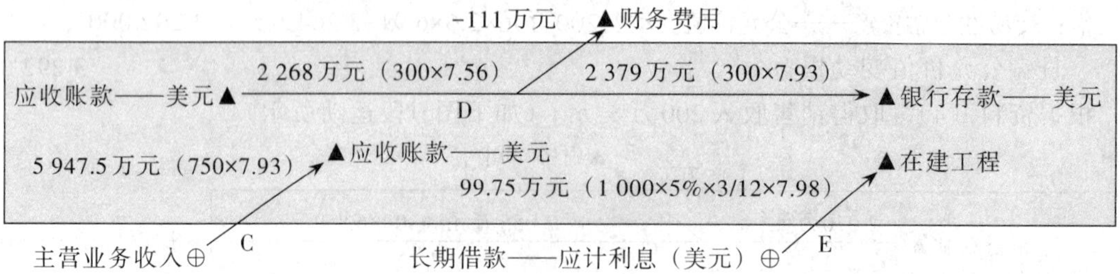

借：应收账款——美元（300万元×2.5×7.93） 59 475 000

贷：主营业务收入 59 475 000

④2月20日，收回应收账款。（如上图D段运动所示）

借：银行存款——美元（300万元×7.93） 23 790 000

贷：应收账款——美元（300万元×7.56） 22 680 000

财务费用——汇兑差额 1 110 000

⑤3月31日，确认长期借款利息。（如上图E段运动所示）

借：在建工程 997 500

贷：长期借款——应计利息（美元）（1 000万元×5%×3/12×7.98） 997 500

（2）填列甲公司20×7年3月31日外币账户发生的汇兑损益，并编制与汇兑损益相关的会计分录。

银行存款汇兑损益=（400+30+300）×7.98-（3 024+237+2 379）=185.4（万元人民币）（收益）

应收账款汇兑损益=（500+300×2.5-300）×7.98-（3 780+5 947.5-2 268）

=121.5（万元人民币）（收益）

应付账款汇兑损益=（300+500）×7.98-（2 268+3 960）=156（万元人民币）（损失）

长期借款汇兑损益=（1 000+1 000×5%×3/12）×7.98-（7 560+99.75）

=420（万元人民币）（损失）

其所引起的资金运动如下图所示。

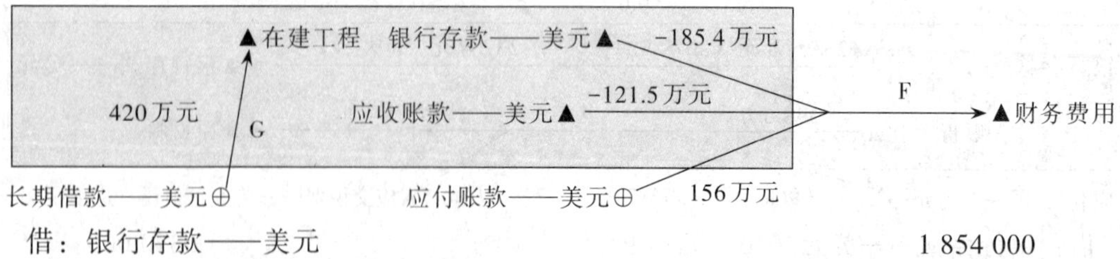

借：银行存款——美元 1 854 000

应收账款——美元 1 215 000

贷：应付账款——美元 1 560 000

财务费用——汇兑差额 1 509 000

借：在建工程 4 200 000

贷：长期借款——美元 4 200 000

甲公司外币账户20×7年3月31日汇兑损益（汇兑收益以“+”号表示，汇兑损失以“-”号表示）。

汇兑损益表 单位：万元人民币

外币账户	3月31日汇兑差额
银行存款（美元）	185.4
应收账款（美元）	121.5
应付账款（美元）	-156
长期借款（美元）	-420

三、知识点：外币财务报表折算

1.【单项选择题】答案：B

解析：盈余公积采用交易发生日的即期汇率或即期汇率的近似汇率折算，折算后的金额=16 250+800×6.43=21 394（万元人民币）。

2.【单项选择题】答案：A

解析：合并财务报表中“其他综合收益”项目应列示的金额=（3 200-2 150-981）×70%=48.3（万元人民币）。少数股东应负担的部分并入少数股东权益，列示于合并资产负债表。

3.【单项选择题】答案：C

解析：实质上构成对子公司净投资的外币货币性项目以母公司或子公司的记账本位币反映，则该外币货币性项目产生的汇兑差额应转入合并财务报表中的“其他综合收益”项目。

4.【单项选择题】答案：C

解析：选项A，按照即期汇率折算；选项B，直接转销应付账款账面余额，不需要按照交易日的即期汇率进行折算；选项D，实收资本属于外币非货币性项目，不需要按照年末汇率调整其账面价值。

5.【单项选择题】答案：D

解析：选项A，这里不需要少数股东承担，所以不正确；选项B，在合并财务报表中对境外经营子公司产生的外币报表折算差额归属于母公司的部分应在其他综合收益中反映；选项C，其产生的汇兑差额在合并财务报表中应转入其他综合收益反映，而不是财务费用。

6.【单项选择题】答案：A

解析：企业对境外经营的财务报表进行折算时，产生的外币财务报表折算差额应当在“所有者权益”项目下（通过其他综合收益）单独列示。

7.【单项选择题】答案：B

解析：选项B，对于以历史成本计量的非货币性项目，在资产负债表日不应改变其记账本位币金额；对于以公允价值等其他计量属性计量的非货币性项目，则可能改变其原记账本位币金额。

8.【多项选择题】答案：BCD

解析：合并资产负债表中归属于乙公司少数股东的外币报表折算差额应计入少数股东权

益，归属于母公司的外币报表折算差额计入其他综合收益，选项A不正确；“应收账款——欧元”账户产生的汇兑损失=（2 000+10 200）-（200+1 000）×10.08=104（万元人民币），选项B正确；“应付账款——欧元”账户产生的汇兑损失=（350+650）×10.08-（3 500+6 578）=2（万元人民币），选项C正确；“长期应收款——美元”账户产生的汇兑损失=8 200-1 000×7.8=400（万元人民币），选项D正确。

9.【多项选择题】答案：ACD

解析：资产负债表中的所有者权益项目除“未分配利润”外，其他项目采用发生时的即期汇率折算，因此选项B不正确。

10.【多项选择题】答案：AD

解析：对境外经营的财务报表进行折算时，利润表中的收入和费用项目采用交易发生日的即期汇率或即期汇率的近似汇率折算。

11.【多项选择题】答案：ACD

解析：甲公司收到资本时应确认“银行存款——美元”账户的金额=5 000×6.35=31 750（万元人民币），应确认的实收资本的金额为25 000万元人民币，应确认的资本公积的金额=31 750-25 000=6 750（万元人民币），资本公积不属于货币性项目，期末无须对其进行折算，所以期末不需要调整资本公积的金额。

12.【多项选择题】答案：ABC

解析：企业部分处置境外经营的，应当按处置的比例计算处置部分的外币财务报表折算差额（其他综合收益），转入处置当期损益，故选项D错误。

13.【多项选择题】答案：BD

解析：选项AB，企业对其境外经营子公司的外币报表进行折算时，资产和负债项目应该按照资产负债表日（期末）的即期汇率折算为母公司记账本位币；选项C，未分配利润的金额是按照所有者权益变动表中相关项目倒挤出来的，即期初未分配利润加本期实现的净利润，减去计提盈余公积的金额、分配的现金股利等后倒挤出来的，并不是使用某一汇率直接折算得到的；选项D，企业应对外币报表的利润表中的收入和费用项目采用交易发生日的即期汇率或即期汇率的近似汇率（平均汇率）折算。

14.【多项选择题】答案：ABD

解析：选项C是错误的，未分配利润的金额是按照所有者权益变动表中相关项目倒挤出来的，即期初未分配利润加本期实现的净利润，减去计提盈余公积、分配的现金股利等金额后倒挤出来的，并不是使用某一汇率直接折算得到的。

15.【多项选择题】答案：ABC

解析：选项C，交易性金融资产比较特殊，资产负债表日需要确认公允价值变动损益，因为使用外币计量，必须折算，所以将汇率变动引起的价值变动一并计入公允价值变动损益。选项D，利润表中的收入和费用项目，采用交易发生日的即期汇率或即期汇率的近似汇率折算。

16.【多项选择题】答案：CD

解析：在对外币报表进行折算时，资产和负债项目应按照期末资产负债表日的即期汇率进行折算。资产负债表中的所有者权益项目除未分配利润外，都采用发生时的即期汇率折算，盈余公积应按照发生时的即期汇率进行折算。但实质上，净利润是由各个损益类项目的加减得出来的，而各个损益类项目各自的发生日都不尽相同，所以这里的净利润最后应采用平均汇率来折算。而当期的盈余公积是根据净利润计提的，所以盈余公积应与净利润一样按平均汇率计算，题目一般会直接给出平均汇率。

17.【业务题】答案：

（1）是关计算如下：

“应收账款——欧元”项目产生的汇兑损失=（1 900+9 510）-（200+1 000）×9.35=190（万元人民币）

“应付账款——欧元”项目产生的汇兑损失=（350+650）×9.35-（3 283+5 999.5）=67.5（万元人民币）

“长期应收款——美元”项目产生的汇兑损失=7 200-1 000×7.8=-600（万元人民币）

甲公司20×4年度因汇率变动产生的汇兑损失=190+67.5-600=-342.5（万元人民币）

（2）甲公司应收乙公司的1 000万美元款项，实质上构成对子公司净投资的外币货币性项目，以母公司或子公司的记账本位币反映，则该外币货币性项目产生的汇兑差额应转入合并报表中的“其他综合收益——外币报表折算差额”项目进行列示。

列示的金额=（1 000×7.8-7 200）×80%=480（万元人民币）

（3）企业在境外经营活动归属于其子公司的情况下，编制合并财务报表时，应按少数股东在境外经营所有者权益中所享有的份额计算少数股东应分担的外币报表折算差额，并计入少数股东权益，列示于合并资产负债表中。

列示的金额=（1 000×7.8-7 200）×20%=120（万元人民币）

18.【业务题】答案：

（1）根据资料（1）至资料（5），编制甲公司的相关会计处理。

资料（1），甲公司购入M产品的成本=200×3.3×6.72+221.76=4 656.96（万元人民币）。其所引起的资金运动如下图中A1段资金运动所示。

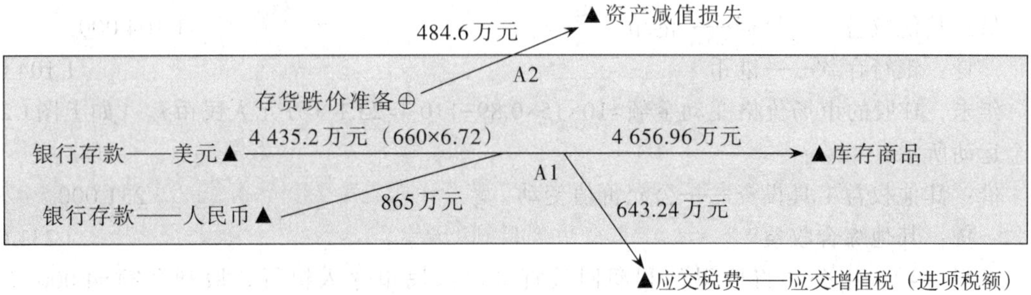

借：库存商品——M产品	46 569 600	
应交税费——应交增值税（进项税额）	6 432 400	
贷：银行存款——美元		44 352 000
——人民币		8 650 000

年末，尚未对外出售的M产品的可变现净值=2.8×100×6.59-0.2×6.59=1 843.88（万元人民币）

剩余存货成本=4 656.96×100/200=2 328.48（万元人民币），成本大于可变现净值，该产品发生了减值，需要计提减值准备，减值准备金额=2 328.48-1 843.88=484.6（万元人民币）。其所引起的资金运动如上图A2段资金运动所示。

借：资产减值损失　　4 846 000

　贷：存货跌价准备——M产品　　4 846 000

资料（2），甲公司购入设备的成本=250×6.68+83.5+2=1 755.5（万元人民币），发生的培训费和培训讲师差旅费计入当期损益。其所引起的资金运动如下图所示。

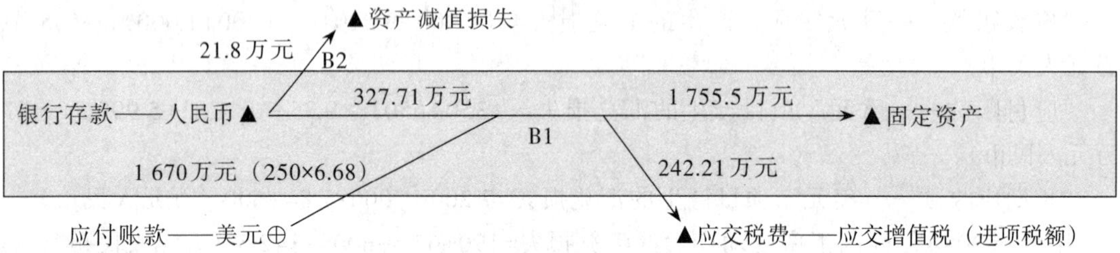

借：固定资产　　17 555 000

　　应交税费——应交增值税（进项税额）　　2 422 100

　贷：银行存款——人民币　　3 277 100

　　　应付账款——美元（250万元×6.78）　　16 700 000

借：管理费用　　218 000

　贷：银行存款——人民币　　218 000

资料（3），甲公司取得乙公司H股的成本=10×12×0.92=110.4（万元人民币）

取得该投资所引起的资金运动如下图C1段资金运动所示。

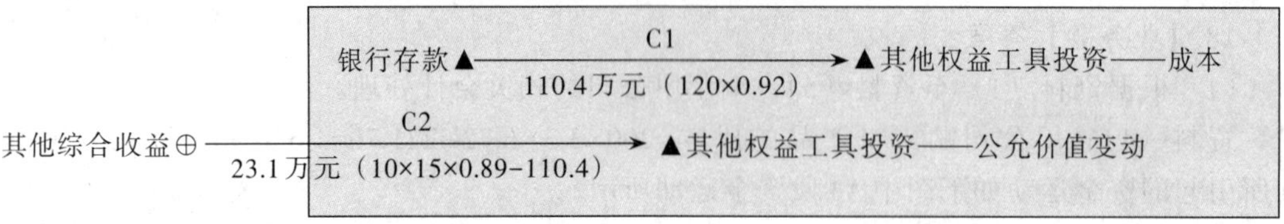

借：其他权益工具投资——港币　　1 104 000

　贷：银行存款——港币　　1 104 000

年末，H股的市场价格变动金额=10×15×0.89-110.4=23.1（万元人民币）。（如上图C2段资金运动所示）

借：其他权益工具投资——公允价值变动　　231 000

　贷：其他综合收益　　231 000

资料（4），甲公司将取得的利润回报直接以人民币存入银行，股利金额=4 000×6.6=26 400（万元人民币）。其资金运动如下图D段运动所示。

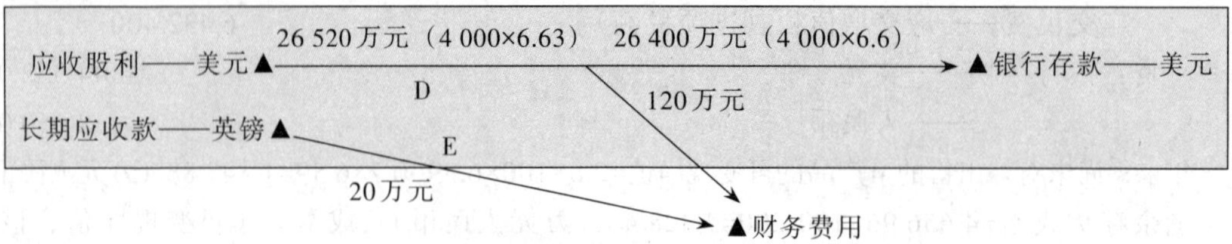

借：银行存款——人民币　　264 000 000

　　财务费用　　1 200 000

　贷：应收股利　　265 200 000

资料（5），确认汇兑损失所引起的资金运动如上图E段运动所示。

借：财务费用　　200 000

　贷：长期应收款——英镑　　200 000

（2）根据资料（5）和资料（6），计算甲公司在合并财务报表中应确认的外币报表折算差额，并编制与合并财务报表相关的调整抵销分录。

甲公司在合并财务报表中应确认的外币报表折算差额=600×80%-20=460（万元人民币）

合并财务报表调整抵销业务处理如下：

①冲销母公司所确认的对子公司的汇兑损失20万元。（如下图F段资金运动所示）

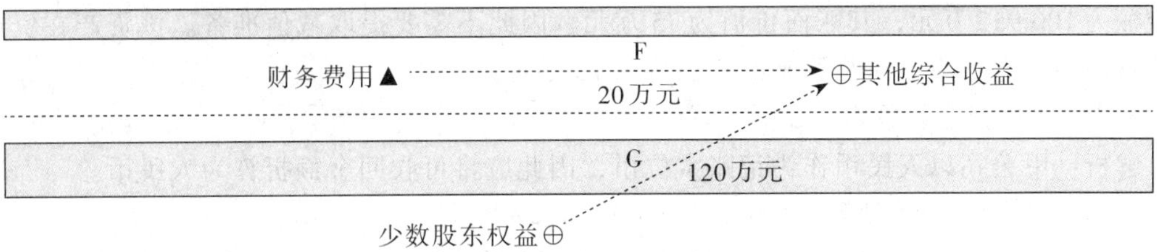

借：其他综合收益——外币报表折算差额　　200 000

　贷：财务费用　　200 000

②确认少数股东应承担的外币报表折算差额=600×20%=120（万元人民币）。（如上图G段资金运动所示）

借：其他综合收益——外币报表折算差额　　1 200 000

　贷：少数股东权益　　1 200 000

第四章　资产减值

一、知识点：资产减值概述

【单项选择题】答案：B

解析：存货要根据存货准则进行会计处理，债权投资和应收账款应根据金融工具确认与计量准则进行会计处理。

二、知识点：资产可收回金额的计量、资产减值损失的确认与计量

1.【单项选择题】答案：B

解析：资产的公允价值减去处置费用后的净额与资产预计未来现金流量的现值，只要有一项超过了资产的账面价值，就表明该资产没有发生减值，不需再估计另一项金额。

2.【单项选择题】答案：B

解析：资产可收回金额的估计应当根据其公允价值减去处置费用后的净额与资产预计未

来现金流量的现值两者之间较高者确定，甲企业应选择公允价值减去处置费用后的净额930万元（950-20）和预计未来现金流量现值918万元中的较高者，即可收回金额为930万元。

3.【单项选择题】答案：B

解析：20×6年12月31日应计提的无形资产减值准备=（300-300÷10）-261=9（万元）。

4.【单项选择题】答案：B

解析：根据资产减值准备的规定，固定资产减值准备、商誉减值准备和长期股权投资减值准备确认后，在以后期间不得转回，除非处置该资产才被一并予以冲销。

5.【单项选择题】答案：A

解析：该资产公允价值减去处置费用后的净额为65万元。预计未来现金流量不应该包括筹资活动产生的现金流入量或流出量以及与所得税收付有关的现金流量，因此不考虑筹资费用的现金净流量，预计未来现金流量的现值为100.912万元（28×3.604）。因此该资产可收回金额为100.912万元，其账面价值为75万元。因此不需要提取减值准备。该资产在资产负债表日的列示金额应该还是原来的账面价值75万元。

6.【单项选择题】答案：C

解析：甲公司以人民币作为记账本位币，因此应将可收回金额折算为人民币。

该货车预计未来现金流量现值=500×6.15=3 075（万元人民币）

该货车公允价值减去处置费用后的净额=（520-50）×6.15=2 890.5（万元人民币）

因此可收回金额应该为3 075万元人民币。

7.【单项选择题】答案：A

解析：由于在计算未来现金流量时，是基于资产当前的状态考虑的；如果更新改造了，则变为一项新资产，因此不需要考虑更新改造的情况。此项固定资产在20×8年年末的预计未来现金流量为180万元（200-20）。

8.【单项选择题】答案：B

解析：无形资产是长期资产，其可收回金额应按照预计未来现金流量现值与公允价值减去处置费用后的净额孰高确定。可收回金额为715万元，账面价值为800万元，所以应计提减值准备85万元。

9.【多项选择题】答案：BC

解析：因企业合并形成的商誉和使用寿命不确定的无形资产，无论是否存在减值迹象，都应当至少于每年年度终了进行减值测试；对于尚未达到可使用状态的无形资产，由于其价值具有较大的不确定性，也应当每年进行减值测试。选项A在出现减值迹象时对其进行减值测试，选项D，属于负商誉没有单独形成资产不需要进行减值测试。

10.【多项选择题】答案：ACD

解析：选项B，市场利率或者其他市场投资报酬率在当期已经提高，从而影响企业计算资产预计未来现金流量现值的折现率，导致资产可收回金额大幅度降低。

11.【多项选择题】答案：ABCD

解析：这四个选项都是对业务的恰当描述。

12.【多项选择题】答案：ACD

解析：资产的市场价格通常应当根据资产的买方价格或者同行业确定，选项B不正确。

13.【多项选择题】答案：AB

解析：处置费用是指可以直接归属于资产处置的增量成本，包括与资产处置有关的法律费用、相关税费、搬运费以及为使资产达到可销售状态所发生的直接费用等，但财务费用和所得税费用等不包括在内。

14.【多项选择题】答案：AD

解析：选项A，预计资产未来现金流量时应当考虑对内部转移价格进行调整；选项D，如果未来现金流量以外币结算时，在以记账本位币反映未来现金流量折现值时，应当采用计算资产未来现金流量现值当日的即期汇率进行折算。

15.【多项选择题】答案：AC

解析：企业使用资产所收到的未来现金流量有可能为外币，在这种情况下，企业应当按照以下顺序确定资产未来现金流量的现值：首先，应当以该资产所产生的未来现金流量的结算货币为基础预计其未来现金流量，并按照该货币适用的折现率计算资产的预计未来现金流量现值；然后，将该外币现值按照计算资产未来现金流量现值当日的即期汇率进行折算，从而折算成按照记账本位币表示的资产未来现金流量的现值；最后，在该现值基础上，将其与资产公允价值减去处置费用后的净额相比较，确定其可收回金额，根据可收回金额与资产账面价值相比较的结果，确定是否需要确认减值损失以及确认多少减值损失。

16.【多项选择题】答案：AC

解析：固定资产的可收回金额为75万元，其账面价值为80万元，应计提固定资产减值准备5万元（需要注意的是本年年初固定资产减值准备余额3万元已是固定资产账面价值80万元的组成部分），因此选项A是错的。无形资产减值准备一旦提取，不得转回，因此选项C是错误的。

17.【业务题】答案：

20×2年度1~8月，发生相关研发费用：（见下图A1段运动中（1））

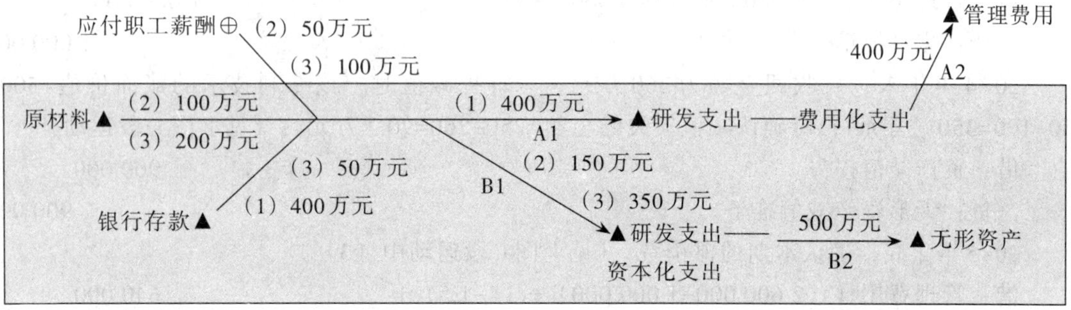

借：研发支出——费用化支出　　4 000 000

　贷：银行存款　　4 000 000

20×2年度1~8月，将所发生的研发费用转为管理费用：（见上图A2段运动）

借：管理费用　　4 000 000

　贷：研发支出——费用化支出　　4 000 000

20×2年度9~12月，发生开发支出：（见上图B1段运动中（2））

借：研发支出——资本化支出　　1 500 000

贷：原材料　　1 000 000

　　应付职工薪酬　　500 000

20×3年度，发生开发支出：（见上图B1段运动中（3））

借：研发支出——资本化支出　　3 500 000

　贷：原材料　　2 000 000

　　应付职工薪酬　　1 000 000

　　银行存款　　500 000

20×3年7月15日该项专利技术完工，达到了预定可使用状态：（见上图B2段运动）

借：无形资产　　5 000 000

　贷：研发支出——资本化支出　　5 000 000

20×3年年底，确认本期无形资产的摊销费：（见下图C段运动中（1））

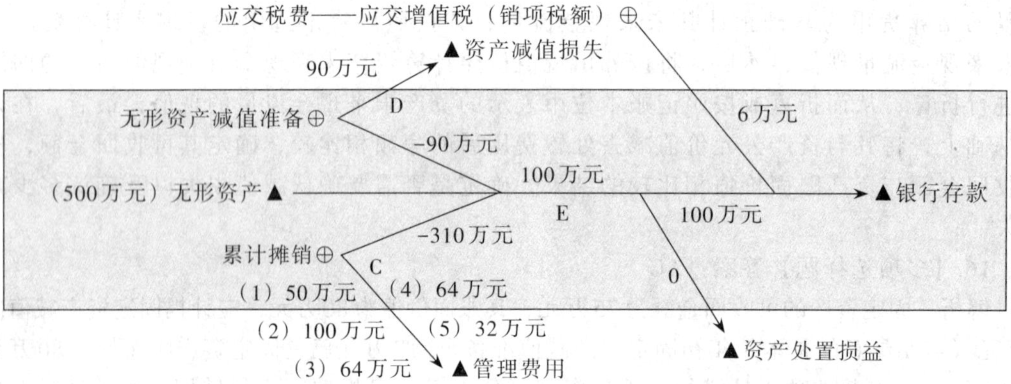

借：管理费用（（5 000 000-1 000 000）÷4×6/12）　　500 000

　贷：累计摊销　　500 000

20×4年年底，确认本期的摊销费：（见上图C段运动中（2））

借：管理费用（（5 000 000-1 000 000）÷4）　　1 000 000

　贷：累计摊销　　1 000 000

20×4年年末，可收回金额为260万元；未计提减值时，该专利技术的账面价值=500-50-100=350（万元），应确认减值损失的金额=350-260=90（万元）：（见上图D段运动）

借：资产减值损失　　900 000

　贷：无形资产减值准备　　900 000

20×5年年底，确认本期的摊销费：（见上图C段运动中（3））

借：管理费用（（2 600 000-1 000 000）÷（4-1.5））　　640 000

　贷：累计摊销　　640 000

20×6年年底，确认本期的摊销费：（见上图C段运动中（4））

借：管理费用（（2 600 000-1 000 000）÷（4-1.5））　　640 000

　贷：累计摊销　　640 000

20×7年7月，确认本期的摊销费（半年）：（见上图C段运动中（5））

借：管理费用　　320 000

　贷：累计摊销　　320 000

20×7年7月初，销售该无形资产：（见上图E段运动）

借：银行存款	1 060 000	
累计摊销	3 100 000	
无形资产减值准备	900 000	
贷：无形资产		5 000 000
应交税费——应交增值税（销项税额）		60 000

三、知识点：资产组认定与减值处理

1.【单项选择题】答案：D

解析：选项D，资产组的可收回金额应当按照该资产组的公允价值减去处置费用后的净额与其预计未来现金流量的现值两者之间较高者确定。

2.【单项选择题】答案：B

解析：考虑恢复费用后的预计未来现金流量现值=6 600-2 000=4 600（万元），大于该资产组的公允价值减去处置费用后的净额4 500万元，所以该资产组的可收回金额为4 600万元。资产组的账面价值=7 000-2 000=5 000（万元），所以该资产组应计提的减值准备=5 000-4 600=400（万元）。

3.【单项选择题】答案：B

解析：甲公司吸收合并A公司时确认商誉=2 500-2 100=400（万元），20×7年12月31日A资产组全部资产的账面价值=1 800+400=2 200（万元），A资产组应确认减值损失=2 200-2 000=200（万元），该减值应首先抵减商誉的账面价值，抵减后商誉的账面价值=400-200=200（万元）。

4.【单项选择题】答案：D

解析：A、B车间生产完成的零部件无法独立对外销售，则不能单独产生现金流入量，经C车间组装后的产品能独立对外销售，则A、B、C车间组合成为一个资产组。由于D销售部门独立核算，且除销售该产品外，还负责其他产品的销售，则说明D销售部门可以独立产生现金流入量，应单独确认为一个资产组。

5.【单项选择题】答案：C

解析：选项A，总部资产的显著特征是难以脱离其他资产或资产组产生独立现金流入量，而且其账面价值难以归属于某一资产组。选项B、D，总部资产通常难以进行独立的减值测试，需要结合其他相关资产组或资产组组合进行减值测试。

6.【单项选择题】答案：A

解析：A资产组应分摊的金额=2 000×（500×5+800×10+900×5）÷（500×5+800×10+900×5+1 000×10）=1 200（万元）。

7.【多项选择题】答案：BCD

解析：A可以被认定为一个单独的资产组，因为生产的产品尽管主要用于工厂B或者C进行组装，但是由于该产品存在活跃市场，可以带来独立的现金流入量，因此通常应当将其认定为一个单独的资产组。在确定其未来现金流量的现值时，企业应当调整其财务预算或预测，将未来现金流量的预计建立在公平交易的前提下工厂A生产产品的未来价格最佳估计数，而不是其内部转移价格。对于工厂B和C而言，即使工厂B和C组装的产品存在活跃市场，但工厂B和C的现金流入依赖于产品在两地之间的分配。工厂B和C的未来现金流入不可能单独地确定。因此，工厂B和C组合在一起是可以被认定的、可产生基本上独立于其他资产或者资产组的现金流入量的资产组组合。工厂B和C应当被认定为一个资产组。

8.【多项选择题】答案：AB

解析：总部资产的显著特征是难以脱离其他资产或资产组产生独立的现金流入量，而且其账面价值难以完全归属于某一资产组。

9.【多项选择题】答案：ABC

解析：资产组的认定，应当以资产组产生的主要现金流入量是否独立于其他资产或者资产组的现金流入量为依据，选项A正确；同时，在认定资产组时，应当考虑企业管理层管理生产经营活动的方式（如是按照生产线、业务种类还是按照地区或者区域等）和对资产的持续使用或者处置的决策方式等，选项B和C正确；资产组一经确定，各个会计期间应当保持一致，不得随意变更，选项D不正确。

10.【业务题】答案：

（1）20×7年12月31日该生产线的可收回金额为350万元。

20×5年度应计提的折旧额=1 100×10/55=200（万元）；（见下图B段中①）

20×6年度应计提的折旧额=1 100×9/55=180（万元）；（见下图B段中②）

20×7年度应计提的折旧额=1 100×8/55=160（万元）；（见下图B段中③）

20×7年12月31日该生产线计提减值准备前的账面价值=1 100−200−180−160=560（万元）；

20×7年12月31日应计提的减值准备金额=560−350=210（万元）。（见下图C段运动）

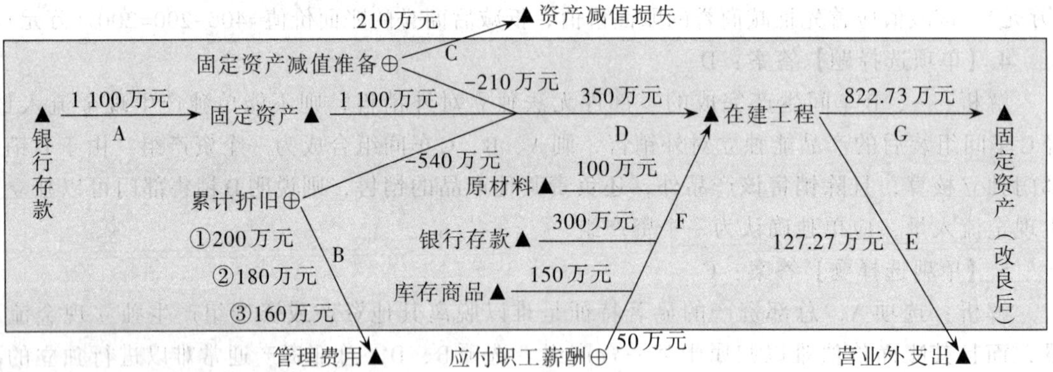

借：资产减值损失　　2 100 000

　贷：固定资产减值准备　　2 100 000

（2）计提减值准备后，该生产线的账面价值为350万元。

①将该固定资产转入在建工程：（见上图D段运动）

借：在建工程　　3 500 000

　　累计折旧（2 000 000+1 800 000+1 600 000）　　5 400 000

　　固定资产减值准备　　2 100 000

　贷：固定资产　　11 000 000

②将更换的部件未折旧和减值完的部分转入营业外支出：（见上图E段运动）

未折旧和摊销完的价值=400−（200+180+160+210）×400÷1 100=127.27（万元）

或者 未折旧和摊销完的价值=350×400÷1 100=127.27（万元）

借：营业外支出 1 272 700

贷：在建工程 1 272 700

③将改扩建发生的支付计入在建工程：（见上图F段运动）

借：在建工程 6 000 000

贷：银行存款 3 000 000

应付职工薪酬 500 000

原材料 1 000 000

库存商品 1 500 000

④固定资产达到预定可使用状态：（见上图G段运动）

借：固定资产 8 227 300

贷：在建工程 8 227 300

更新改造完成后，新生产线的账面价值=350−350×400÷1 100+300+50+100+150=822.73（万元）。

四、知识点：商誉减值测试与处理

1.【单项选择题】答案：D

解析：减值损失金额应当先抵减分摊至资产组或者资产组组合中商誉的账面价值，再根据资产组或者资产组组合中除商誉之外的其他各项资产的账面价值所占比重，按比例抵减其他各项资产的账面价值，选项D不正确。

2.【单项选择题】答案：B

解析：合并财务报表中应确认商誉=900−1 000×80%=100（万元），包含完全商誉的甲公司资产组的账面价值=1 050+100÷80%=1 175（万元），包含完全商誉的甲公司资产组减值金额=1 175−800=375（万元），减值损失首先冲减商誉125万元，剩余部分250万元（375−125）属于可辨认净资产减值损失。因为合并财务报表中只反映归属于母公司部分的商誉，所以合并财务报表中应确认资产组减值金额=125×80%+250=350（万元）。

3.【单项选择题】答案：B

解析：有迹象表明一项资产可能发生减值的，企业应当以单项资产为基础估计其可收回金额。企业难以对单项资产的可收回金额进行估计的，应当以该资产所属的资产组为基础确定资产组的可收回金额，选项A不正确，选项B正确；资产组组合是指由若干个资产组组成的最小资产组组合，包括资产组或者资产组组合，以及按合理方法分摊的总部资产部分，选项C不正确；减值损失金额应当首先抵减分摊至资产组中的商誉的账面价值，然后根据资产组中除商誉之外的其他各项资产的账面价值所占比重，按比例抵减其他各项资产的账面价值，选项D不正确。

4.【单项选择题】答案：D

解析：C资产组20×7年12月31日的账面价值为680万元，可收回金额为480万元，所以应确认减值损失200万元（680−480），计提减值后的账面价值为480万元，选项A正确；C资产组中的减值应先冲减商誉80万元，剩余120万元分配给甲设备、乙设备和无形资产。甲设备应承担的减值损失=120÷（280+180+140）×280=56（万元），计提减值后的账面价值=

280−56=224（万元），选项B正确；乙设备应承担的减值损失=120÷（280+180+140）×180=36（万元），计提减值后的账面价值=180−36=144（万元），选项C正确；无形资产应承担的减值损失=120÷（280+180+140）×140=28（万元），计提减值后的账面价值=140−28=112（万元），选项D不正确。

5.【多项选择题】答案：ABC

解析：选项D，至20×6年年末，商誉全额减值，因此，不仅20×6年年末商誉的价值为0，以后每年年末该商誉的账面价值都为0。

6.【多项选择题】答案：ACD

解析：选项B，对于商誉、使用寿命不确定的无形资产以及尚未到达可使用状态的无形资产，企业至少应当于每年年度终了进行减值测试。

7.【多项选择题】答案：ABD

解析：企业应该自购买日起按照合理的方法将商誉的账面价值分摊至相关的资产组或资产组组合，选项C是不正确的。

8.【多项选择题】答案：ABC

解析：（1）购买日甲公司应确认合并商誉=2 500−2 400=100（万元）

不包括商誉的可辨认净资产账面价值=3 000万元，大于可收回金额，应确认减值=3 000−2 800=200（万元）；包括商誉的可辨认净资产账面价值=3 000+100=3 100（万元），大于可收回金额，应确认减值=3 100−2 800=300（万元）；因此，应确认商誉减值100万元，可辨认净资产分摊减值200万元。

（2）甲公司生产线计提的减值=（2 500+5 000）−6 900=600（万元）

A设备计提的减值准备=600×2 500÷（2 500+5 000）=200（万元）

B设备计提的减值准备=600×5 000÷（2 500+5 000）=400（万元）

9.【业务题】答案：

（1）由于各资产组的使用寿命不同，因此应考虑时间权重。

①分配总部资产时的加权后的资产组账面价值=1 500×15/5+2 250×10/5+3 000×5/5
=12 000（万元）

②将总部资产分摊至各资产组：

A资产组应分摊总部资产的金额=3 000×（1 500×15/5）÷12 000=1 125（万元）

B资产组应分摊总部资产的金额=3 000×（2 250×10/5）÷12 000=1 125（万元）

C资产组应分摊总部资产的金额=3 000×（3 000×5/5）÷12 000=750（万元）

（2）分摊总部资产后的账面价值：

A资产组（包含总部资产）的账面价值=1 500+1 125=2 625（万元）

B资产组（包含总部资产）的账面价值=2 250+1 125=3 375（万元）

C资产组（包含总部资产）的账面价值=3 000+750=3 750（万元）

（3）A资产组（包含总部资产）的账面价值为2 625万元（1 500+1 125），可收回金额（包含分配的总部资产）为3 000万元，没有发生减值。

（4）计算B资产组的各项减值。

①B资产组（包含总部资产）的账面价值为3 375万元（2 250+1 125），其可收回金额

（包含分配的总部资产）为3 189万元，应提取减值准备186万元（3 375-3 189）。

②总部资产应分摊的减值损失=186×（1 125÷3 375）=62（万元）

③B资产组（不含总部资产）应分摊的减值损失=186×（2 250÷3 375）=124（万元）

④无形资产B1应分摊的减值损失（按比例）=124×（1 350÷2 250）=74.4（万元）

但由于无形资产B1公允价值减去处置费用后的净额为1 300万元，所以无形资产B1本身可以单独进行减值测试，其减值金额为50万元。所以无形资产B1不能按比例分摊，多余的24.4万元需要由资产组的其他资产承担。

⑤固定资产B2确认的减值损失=124-50=74（万元）

（5）计算C资产组的减值情况。

①不包括商誉的C资产组减值损失=（3 000-225+750）-2 575.6=949.4（万元）

②包括商誉的C资产组减值损失=（3 000+750）-2 575.6=1 174.4（万元）

③商誉确认减值损失=1 174.4-949.4=225（万元）（即整个减值1 174.4万元首先抵减C资产组中商誉价值225万元，剩余的减值损失949.4万元再在各项可辨认资产和总部资产之间进行分配）。

④总部资产应分摊的减值损失=949.4×750÷（3 000+750-225）=202（万元）

⑤C资产组中其他单项资产的减值损失总额=949.4×2 775÷（3 000-225+750）=747.4（万元）

⑥C资产组中固定资产C1、C2、C3应分配的减值损失：

固定资产C3按比例应分摊的减值损失=747.4×775÷（1 000+1 000+775）=208.73（万元），但由于该固定资产可以独立进行减值测试，其独立测试的减值金额=775-700=75（万元）。因此，该资产应承担的最大减值量应为75万元。剩余的由固定资产C1、C2共同承担。

固定资产C1应分摊的减值损失=（747.4-75）×1 000÷2 000=336.2（万元）

固定资产C2应分摊的减值损失=（747.4-75）×1 000÷2 000=336.2（万元）

（6）20×8年年末总部资产应分摊的减值损失金额=62+202=264（万元）

整个资产减值所引起的资金运动如下图所示。

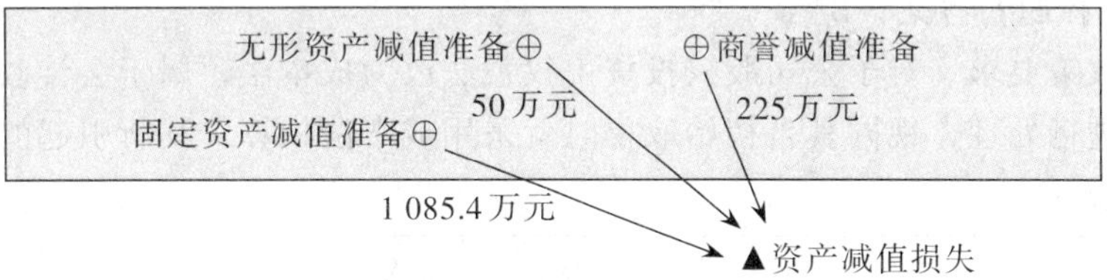

借：资产减值损失　　13 604 000

　贷：无形资产减值准备——B1　　500 000

　　　商誉减值准备　　2 250 000

　　　固定资产减值准备——B2　　740 000

　　　　　　　　　　——C1　　3 362 000

　　　　　　　　　　——C2　　3 362 000

　　　　　　　　　　——C3　　750 000

　　　　　　　　　　——总部资产　　2 640 000

第五章 会计政策、会计估计及其变更和差错更正

一、知识点：会计政策、会计估计及其变更概述、两者的划分

1.【单项选择题】答案：D

解析：会计政策变更涉及的是会计确认、计量基础和列报项目的变动，而无形资产使用寿命由不确定改为确定，并没有涉及会计确认、计量基础以及列报项目的变动，所以不属于会计政策变更，而属于会计估计变更。

2.【单项选择题】答案：D

解析：选项B，低值易耗品的金额一般比较小，属于重要性相对较低的资产，其摊销方法的改变一般不会对财务报表产生太大的影响，所以其摊销方法变更既不是会计政策变更，也不是会计估计变更；选项D，属于滥用会计政策，投资性房地产公允价值模式不能转为成本模式。

3.【多项选择题】答案：ABC

解析：选项D，属于会计差错更正，投资性房地产只能由成本模式转换为公允价值模式，不能由公允价值模式转换为成本模式。

4.【多项选择题】答案：ABC

解析：选项D，对于会计估计变更采用未来适用法核算，不需要进行追溯调整。

5.【多项选择题】答案：AC

解析：选项B，属于会计政策变更。选项D，所得税税率的变更，既不是会计政策变更，也不是会计估计变更，但是它要采用未来适用法，调整所得税的确认情况。

二、知识点：会计政策和会计估计变更的会计处理

1.【单项选择题】答案：B

解析：因政策要求，对子公司股权投资由权益法改为成本法，属于会计政策变更，应采用追溯调整法进行处理，视同其自初始取得时就采用成本法核算。其所引起的资金运动如下图所示。

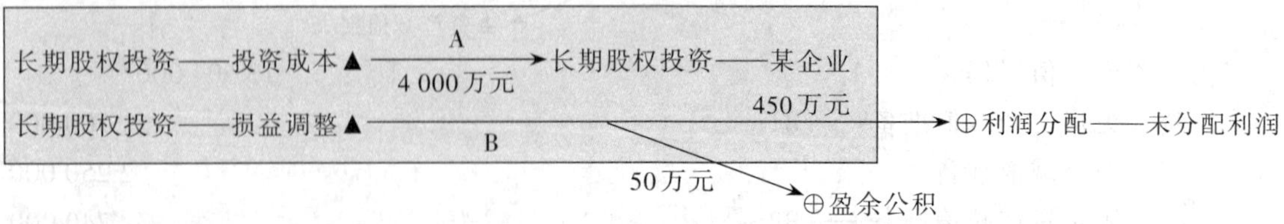

**因甲公司计划长期持有该项对子公司的股权投资，则其原账面价值与计税基础之间形成的暂时性差异，无须确认递延所得税影响。

2.【单项选择题】答案：C

解析：该业务所引起的资金运动如下图所示。

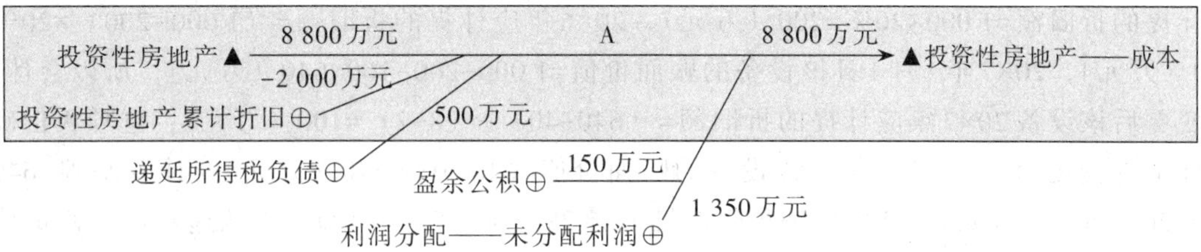

3.【单项选择题】答案：D

解析：该业务所引起的资金运动如下图所示。

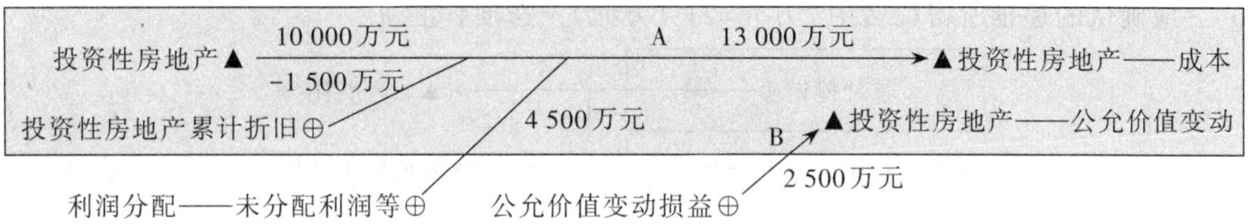

4.【单项选择题】答案：A

解析：会计政策变更累计影响数，是指按照变更后的会计政策对以前各期追溯计算的列报前期最早期初留存收益应有金额与现有金额之间的差额。

5.【单项选择题】答案：C

解析：设备20×5年和20×6年分别计提的折旧额=（104-4）÷10=10（万元），20×7年1月1日设备的账面净值=104-10-10=84（万元），按新会计估计设备20×7年计提的折旧额=84×2÷（8-2）=28（万元），按原会计估计设备20×7年应计提的折旧额=（104-4）÷10=10（万元），该估计变更对甲公司20×7年净利润的影响金额=（10-28）×（1-25%）=-13.5（万元）。

6.【单项选择题】答案：A

解析：该事项属于会计估计变更，20×5年折旧额=6 000×2÷10=1 200（万元），20×6年折旧额=（6 000-1 200）×2÷10=960（万元），20×6年12月31日该设备的账面价值=6 000-1 200-960=3 840（万元），20×7年折旧额=（3 840-240）÷（8-2）=600（万元）。

7.【单项选择题】答案：C

解析：选项A，属于正常事项，不涉及会计政策与估计变更；选项B，属于会计估计变更，应采用未来适用法；选项D，属于正常事项，不涉及会计政策与估计变更。

8.【单项选择题】答案：C

解析：变更时，固定资产的账面价值=900-900÷12×3=675（万元），该资产的计税基础=900-900÷20×3=765（万元），形成可抵扣暂时性差异90万元，其资金运动如下图所示。20×9年改按年数总和法计提的折旧费=675×5÷15=225（万元）。

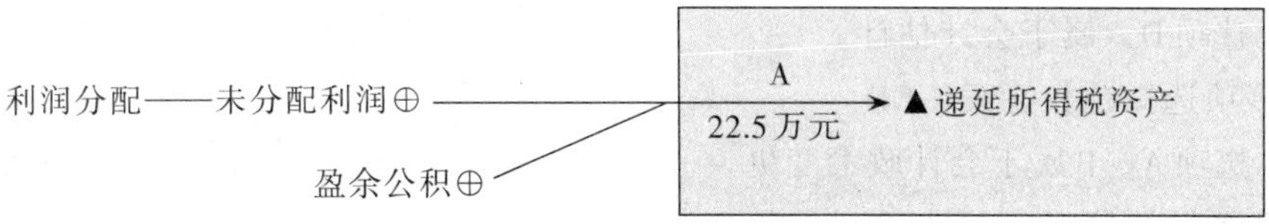

9.【多项选择题】答案：AD

解析：采用双倍余额递减法时该固定资产年折旧率=2÷10×100%=20%。该设备20×5年应计提的折旧额=1 000×20%=200（万元），20×6年应计提的折旧额=（1 000-200）×20%=160（万元），20×7年1月1日该设备的账面价值=1 000-200-160=640（万元），所以会计估计变更后该设备20×7年应计提的折旧额=（640-40）÷（8-2）=100（万元），选项A正确；会计估计变更后，20×7年年末该设备的账面价值=640-100=540（万元），计税基础=640-640×20%=512（万元），产生应纳税暂时性差异28万元（540-512），确认递延所得税负债=28×25%=7（万元），并不影响应交所得税，所以选项B和C错误；上述会计估计变更影响20×7年利润表“净利润”项目的金额=管理费用减少数28万元［（1 000-200-160）×20%-100］-应确认的递延所得税费用7万元=21（万元），选项D正确。

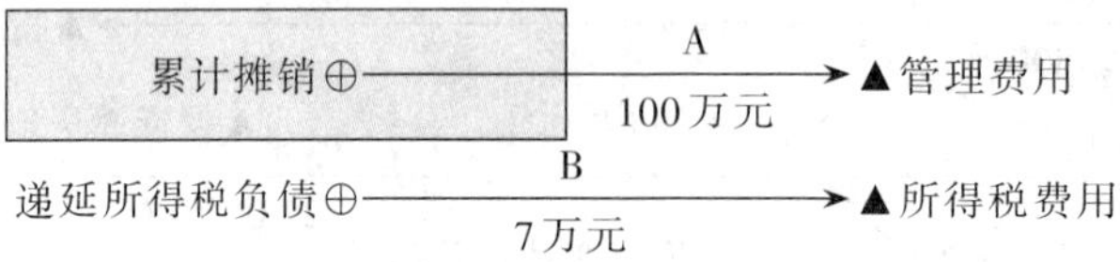

10.【多项选择题】答案：ABC

解析：企业不能调整已经报出的财务报表，选项D错误。

11.【多项选择题】答案：BCD

解析：无形资产由使用寿命不确定转为使用寿命确定属于会计估计变更，并且在变更之前，使用寿命不确定的无形资产在持有期间不进行摊销，但是应当在每个会计期末进行减值测试，选项A错误；在20×6年年末，该无形资产的账面价值为2 000万元，可收回金额为1 600万元，所以无形资产发生了减值400万元，需要计提减值准备400万元，计提减值后的账面价值为1 600万元，尚可使用寿命为8年，采用直线法摊销，所以20×7年的摊销额=1 600÷8=200（万元）选项B、C和D正确。

12.【多项选择题】答案：ABCD

解析：会计估计变更在财务报表附注中应披露：（1）会计估计变更的内容和原因；（2）会计估计变更对当期和未来期间的影响数；（3）会计估计变更的影响数不能确定的，披露这一事实和原因。

13.【多项选择题】答案：AC

解析：对于会计估计变更，企业应该采用未来适用法，所以选项B是错误的。对于会计政策变更，企业除进行相关的会计处理外，还应该在财务报表附注中披露以下事项：（1）会计政策变更的性质、内容和原因；（2）当期和各个列报前期财务报表中受影响的项目名称和调整金额；（3）无法进行追溯调整的，说明该事实和原因以及开始应用变更的会计政策的时点、具体应用情况。所以选项D是不正确的。

14.【多项选择题】答案：ABC

解析：选项D，属于会计估计。

15.【多项选择题】答案：CD

解析：选项A、B属于会计政策变更。

16.【业务题】答案：

（1）事项（1）和（4）属于会计政策变更。

事项（1）所引起的资金运动如下图所示。

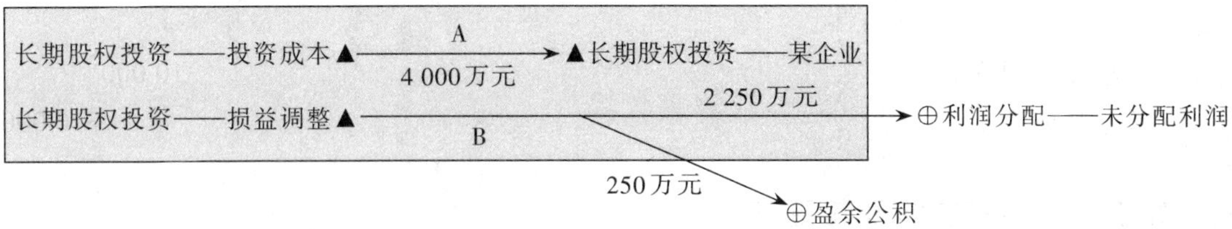

追溯调整分录：

借：长期股权投资——某企业　　40 000 000

　贷：长期股权投资——投资成本　　40 000 000

借：盈余公积　　2 500 000

　　利润分配——未分配利润　　22 500 000

　贷：长期股权投资——损益调整　　25 000 000

事项（4）按照实际利率法摊销，应付债券20×6年应确认财务费用=1 000×10%=100（万元），利息调整应摊销=100-59=41（万元）；按照直线法摊销20×6年应确认财务费用=59+（1 250-1 000）÷5=109（万元），利息调整应摊销=（1 250-1 000）÷5=50（万元）。

事项（4）所引起的资金运动如下图所示。

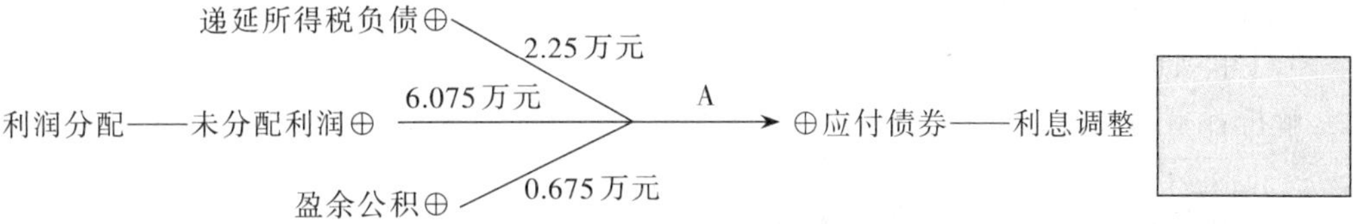

追溯调整分录：

借：应付债券——利息调整（500 000-410 000）　　90 000

　贷：递延所得税负债　　22 500

　　　盈余公积　　6 750

　　　利润分配——未分配利润　　60 750

（2）事项（2）和（3）属于会计估计变更。

事项（2）会计估计变更对20×7年度净利润的影响额=（500-600）×（1-25%）=-75（万元）该年度摊销无形资产所引起的资金运动见下图A段运动。

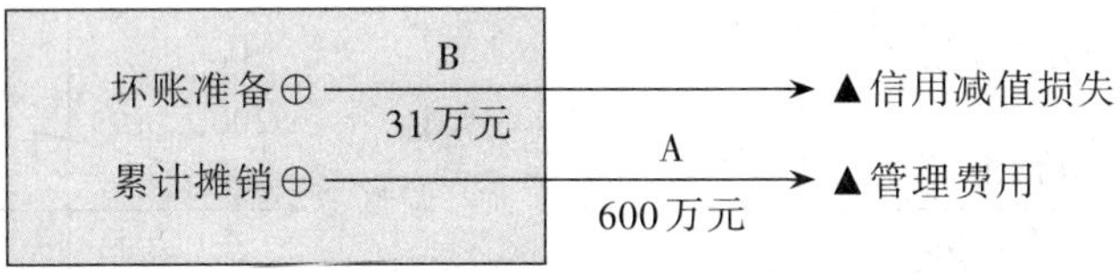

借：管理费用　　6 000 000

　贷：累计摊销　　6 000 000

事项（3）原会计估计坏账准备期末余额=2 200×5%=110（万元），本期计提坏账准备=110-（1 000×5%-15）=75（万元）；新会计估计坏账准备期末余额=2 200×3%=66（万元），本期计提坏账准备=66-（1 000×5%-15）=31（万元）。会计估计变更对20×7年度净利润的影响额=（75-31）×（1-25%）=33（万元）。其提取减值准备所引的资金运动见上图B段运动。

借：信用减值损失　　310 000

　贷：坏账准备　　310 000

三、知识点：前期差错及其更正

1.【单项选择题】答案：C

解析：选项C，企业内部研发形成的无形资产，在初始确认时既不影响会计利润也不影响应纳税所得额，按照所得税准则的规定，不确认该暂时性差异的所得税影响。

2.【单项选择题】答案：A

解析：事项所引起的资金运动如下图所示。

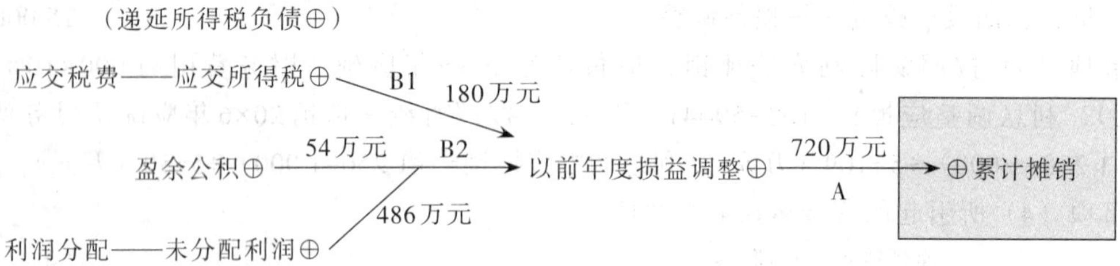

3.【单项选择题】答案：C

解析：事项所引起的资金运动如下图所示。

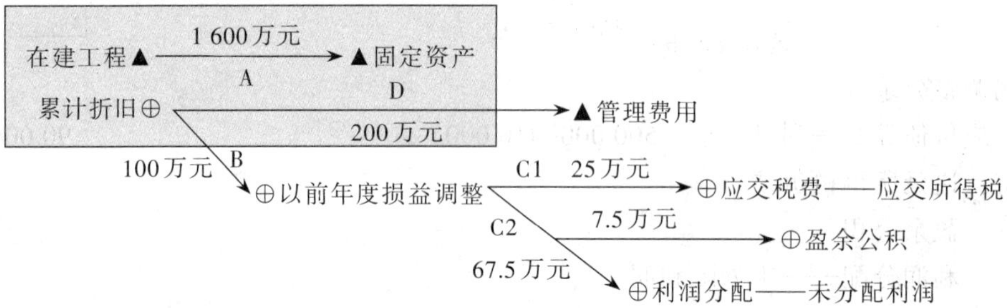

4.【单项选择题】答案：B

解析：事项所引起的资金运动如下图所示。

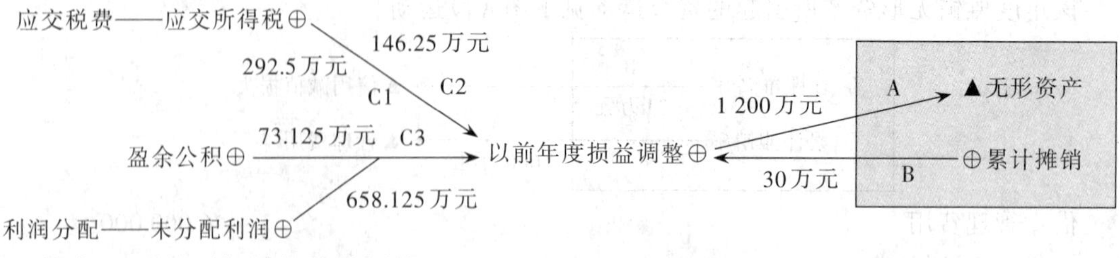

其中C2段是对加计扣除的调整。

应交所得税调增=（1 200-30）×150%×25%=438.75（万元），选项B正确；无形资产账面价值=1 200-30=1 170（万元），计税基础=1 170×150%=1 755（万元），产生可抵扣暂时性差异，但不符合确认递延所得税资产的条件，不调整递延所得税资产，选项A、C和D均不正确。

5.【单项选择题】答案：A

解析：选项A，属于本期发生的前期重要差错，应调整发现当期财务报表的年初数和上年数；选项B，财务费用少提了0.5万元，而企业实现的净利润是8 500万元，相对来说影响较小，不作为重大的差错处理，对于本期发现的前期不重要的差错，应直接调整发现当期相关项目；选项C属于20×8年业务；选项D，属于会计估计变更，应按未来适用法进行会计处理，不需要调整财务报表的年初数和上年数。

6.【单项选择题】答案：B

解析：该事项不属于资产负债表日后事项，应作为前期重要差错更正处理。会计准则规定，对于本期发现的以前期间发生的重大会计差错，如影响损益，应将其对损益的影响调整发现当期的期初留存收益，报表其他相关项目的期初数也应一并调整。因此，选项B是对的。

7.【单项选择题】答案：C

解析：选项A，固定资产折旧年限的改变属于会计估计变更；选项B，会计估计变更按照未来适用法处理，应在变更当期及以后期间确认；选项D，固定资产折旧年限的改变不作为前期差错更正处理。

8.【单项选择题】答案：D

解析：选项D，确定前期差错累计影响数不切实可行的，也可以采用未来适用法。

9.【多项选择题】答案：ABCD

解析：本期发现前期的不重要会计差错，采用未来适用法予以更正，选项A正确；无形资产的摊销方法由直线法改为产量法，属于会计估计变更，采用未来适用法进行会计处理，选项B正确；投资性房地产公允价值计量中使用的估值技术由市场法变更为收益法，采用未来适用法，选项C正确；将存货的成本核算方法由现行的实际成本法变更为标准成本法，属于会计政策变更，但采用未来适用法进行会计处理，选项D正确。

10.【多项选择题】答案：ACD

解析：选项B，企业对应交税费的估计与税务机关的批复不一致，属于会计估计变更。

11.【多项选择题】答案：BCD

解析：选项A，如果是日后期间发现的前期非重大差错，应调整报告年度利润表和所有者权益变动表的本期数和资产负债表的期末数。

12.【多项选择题】答案：CD

解析：前期差错所影响的财务报表项目的金额或性质，是判断该前期差错是否具有重要性的决定性因素。一般来说，前期差错所影响的财务报表项目的金额越大、性质越严重，其重要性水平越高，要两个方面综合考虑，不能只看金额大小而决定重要性的高低，选项A不正确；企业对于重要的前期差错应采用追溯重述法调整，而对于不重要的非日后事项前期差错，则可以采用未来适用法，调整发现当期与前期相同的相关项目，选项B不正确。

13.【多项选择题】答案：AC

解析：该事项所引起的资金运动如下图所示。

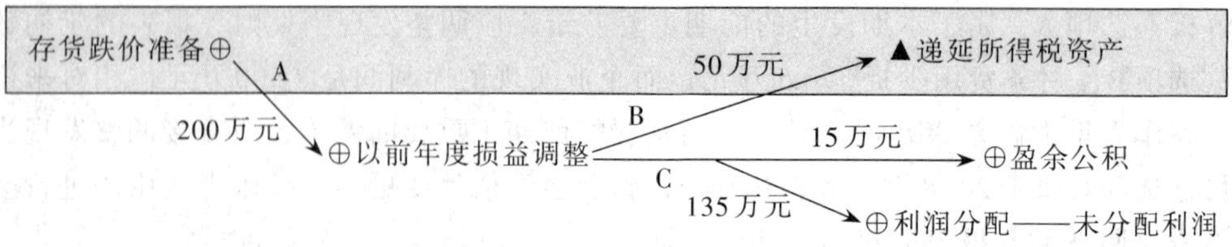

14.【多项选择题】答案：AD

解析：滥用会计政策变更应当作为重大会计差错处理，要采用追溯重述法进行核算，选项B错误；本期发现的以前年度重大会计差错，应该采用追溯重述法进行核算，选项C错误。

15.【多项选择题】答案：ACD

解析：或有应付金额符合或有事项确认预计负债条件时，应将其确认为预计负债。

该事项所引起的资金运动如下图所示。

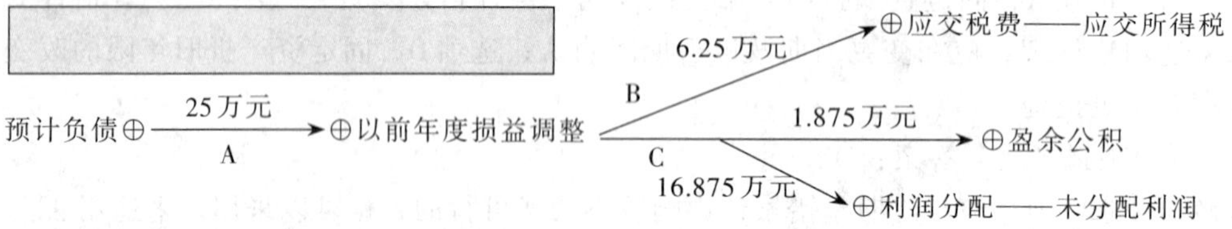

16.【多项选择题】答案：ABCD

解析：该事项所引起的资金运动如下图所示。

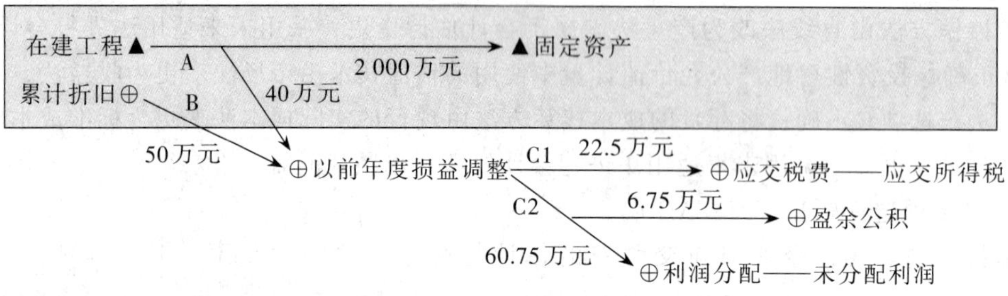

17.【多项选择题】答案：BCD

解析：选项A，对会计政策进行追溯调整时，损益类科目直接调整留存收益，不通过“以前年度损益调整”科目进行核算。

18.【多项选择题】答案：AC

解析：选项A，滥用会计政策变更（不符合政策变更的条件而进行会计政策变更）应当作为重大前期差错进行处理，本期发现前期重大会计差错，企业应当采取追溯重述法更正，但确定前期差错累计影响数不切实可行的除外；选项B，应作为重大会计差错更正，采用追溯重述法进行调整；选项C，属于会计估计变更，不需要追溯调整；选项D，减资由成本法变为权益法，准则规定应进行追溯调整。

19.【判断题】答案：错误

解析：不需要披露在以前期间的附注中已披露的前期差错更正信息。

20.【业务题】答案：

（1）资料（1）：甲公司的会计处理不正确。

理由：可收回金额是根据公允价值减去处置费用后的净额与预计未来现金流量现值两者中的较高者确定的。

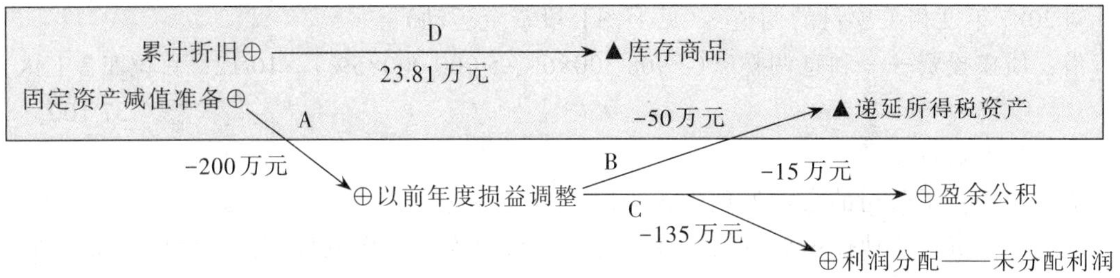

更正分录：

对20×6年度相关项目的调整：（见上图A、B、C段资金运动）

借：固定资产减值准备　　2 000 000

　贷：以前年度损益调整　　2 000 000

借：以前年度损益调整（2 000 000×25%）　　500 000

　贷：递延所得税资产　　500 000

借：以前年度损益调整　　1 500 000

　贷：利润分配——未分配利润　　1 500 000

借：利润分配——未分配利润　　150 000

　贷：盈余公积　　150 000

对20×7年度相关项目的调整：（见上图D段资金运动）

借：库存商品（2 000 000/（10-3）×10/12）　　238 100

　贷：累计折旧　　238 100

资料（2）：甲公司确认投资收益的金额错误。

理由：以摊余成本计量的金融资产，在未发生信用损失的情况下，应当按照账面总额和实际利率计算确定投资收益金额。

更正分录：

对20×6年度相关项目的调整：（见下图A、B、C三段资金运动）

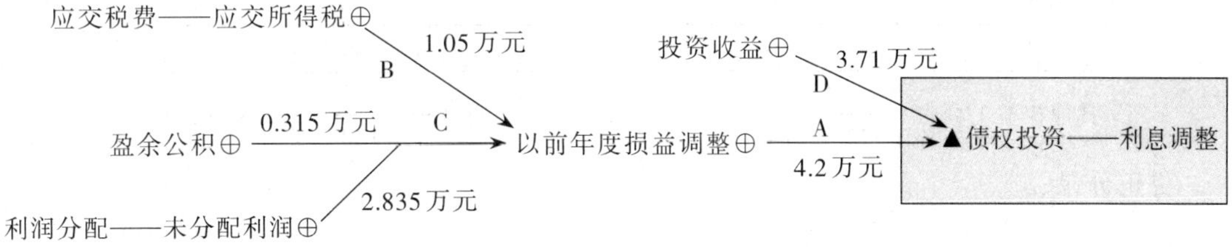

借：债权投资——利息调整（4 866 300×6%-5 000 000×5%，百位四舍五入）42 000

　贷：以前年度损益调整　　42 000

借：以前年度损益调整（42 000×25%）　　10 500

　贷：应交税费——应交所得税　　10 500

借：以前年度损益调整（42 000−10 500） 31 500

贷：利润分配——未分配利润 28 350

盈余公积 3 150

20×6年年末，债权投资的账面总额=486.63×（1+6%）−500×5%=490.83（万元）

对20×7年度相关项目的调整：（见上图D段资金运动）

借：债权投资——利息调整（(4 908 300×6%−5 000 000×5%）×10/12，百位四舍五入）
37 100

贷：投资收益 37 100

资料（3）：甲公司的会计处理不正确。

理由：投资性房地产由成本模式变更为公允价值模式，变更日，公允价值与账面价值之间的差额计入留存收益；公允价值模式后续计量的投资性房地产不应当计提折旧。（见下图A、B段运动）

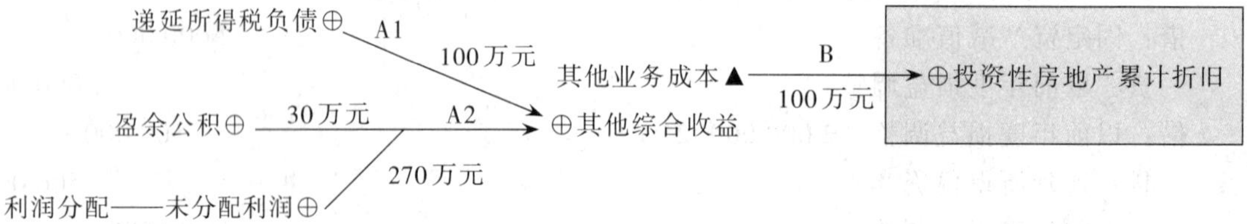

借：其他综合收益 4 000 000

贷：盈余公积（(16 000 000−(20 000 000−8 000 000)−4 000 000×25%)×10%） 300 000

利润分配——未分配利润 2 700 000

递延所得税负债 1 000 000

借：投资性房地产累计折旧 1 000 000

贷：其他业务成本 1 000 000

资料（4）：甲公司的会计处理不正确。

理由：可转换公司债券，应当将负债成分的公允价值和权益成分的公允价值分开计量。

负债成分的公允价值=10 000×2%×（P/A，6%，5）+10 000×（P/F，6%，5）=8 315.48（万元）

权益成分的公允价值=9 638−8 315.48=1 322.52（万元）

20×7年1~10月应调整的利息费用=（8 315.48×6%−10 000×2%）×10/12=249.11（万元）。（见下图A、B段资金运动）

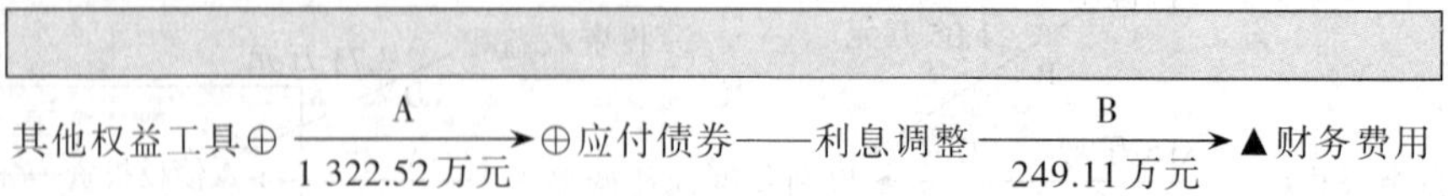

更正分录：

借：应付债券——利息调整 13 225 200

贷：其他权益工具 13 225 200

借：财务费用 2 491 100

贷：应付债券——利息调整 2 491 100

（2）上述事项对20×7年年初留存收益的影响金额=150+3.15+300=453.15（万元）

第六章　资产负债表日后事项

一、知识点：资产负债表日后事项概述

1.【单项选择题】答案：C

解析：资产负债表日后事项是指资产负债表日至财务报告批准报出日之间发生的有利或不利事项，选项C不属于资产负债表日后事项。

2.【单项选择题】答案：A

解析：资产负债表日后发生重大诉讼、仲裁、承诺等属于资产负债表日后非调整事项，选项B不正确；如果资产负债表日后事项对资产负债表日的情况提供了进一步的证据，证据表明的情况与原来的估计和判断不完全一致，则需要对原来的会计处理进行调整，选项C不正确；资产负债表日后发现了财务报表舞弊或差错，无论金额是否重大，均作为资产负债表日后调整事项处理，选项D不正确。

3.【单项选择题】答案：D

解析：资产负债表日后事项涵盖的期间是自资产负债表日次日起至财务报告批准报出日止的一段时间，选项D正确。

4.【单项选择题】答案：A

解析：选项B，20×8年销售的商品于当期退回，不属于日后事项；选项C和D属于资产负债表日后非调整事项。

5.【单项选择题】答案：D

解析：选项A，属于20×8年度的正常交易事项；选项B和C，属于资产负债表日后调整事项；选项D，为资产负债表日后发生的重大承诺，属于资产负债表日后非调整事项，但因其对企业影响较大，应在报表附注中披露。

6.【单项选择题】答案：D

解析：选项A、B、C，均为资产负债表日已经存在的事项，在资产负债表日后期间产生了进一步的证据，所以应作为日后调整事项处理。选项D发生在资产负债表日后期间，在资产负债表日并不存在，但对报表使用者的决策具有重要的影响，为资产负债表日后非调整事项。

7.【单项选择题】答案：D

解析：选项A，不属于资产负债表日后事项，属于当年的正常业务；选项B、C，属于资产负债表日后事项中的非调整事项。

8.【多项选择题】答案：AD

解析：财务报告的批准者包括所有者、所有者中的多数、董事会或类似的管理单位、部门和个人，选项B不正确；资产负债表日后事项涵盖的期间是自资产负债表日次日起至财务报告批准报出日止的一段时间，选项C不正确。

9.【多项选择题】答案：ACD

解析：选项B，资产负债表日后期间发现的以前年度财务舞弊或差错，属于资产负债表日后调整事项。

10.【多项选择题】答案：BCD

解析：选项A，属于资产负债表日后期间的非调整事项。

二、知识点：调整事项的会计处理

1.【单项选择题】答案：D

解析：该事项所引起的资金运动如下图所示。

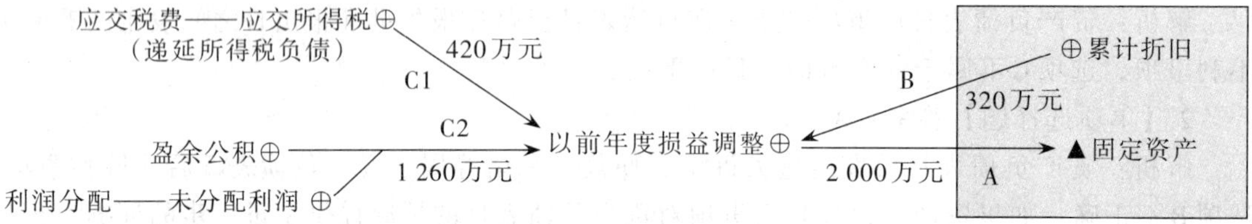

2.【单项选择题】答案：D

解析：该事项所引起的资金运动如下图所示。

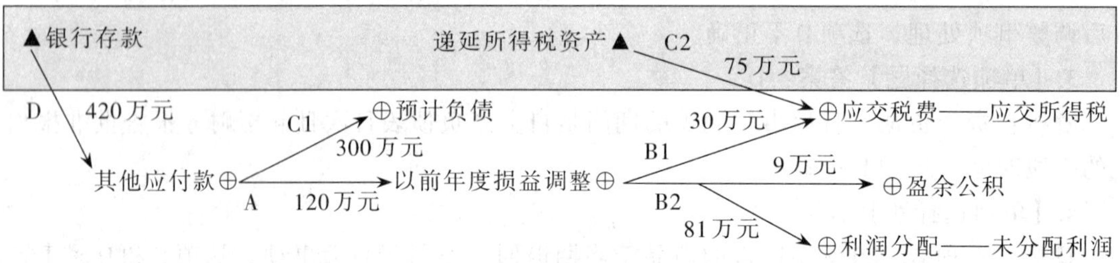

3.【单项选择题】答案：B

解析：该事项所引起的资金运动如下图所示。

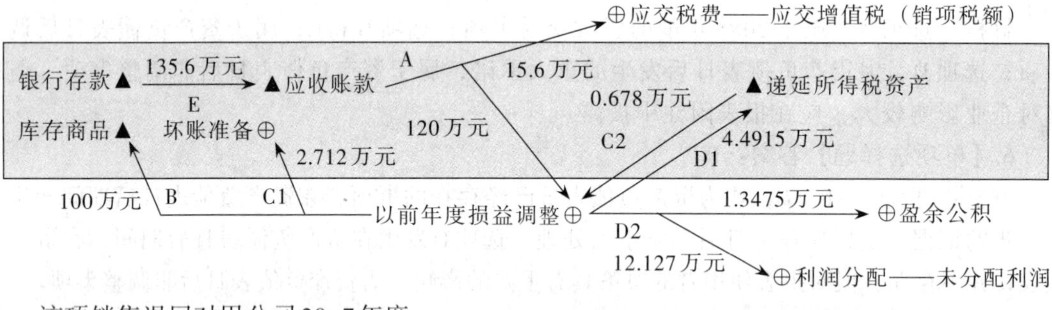

该项销售退回对甲公司20×7年度财务报告未分配利润的影响金额 $=[-120+100+120\times(1+13\%)\times2\%\times75\%]\times(1-25\%)\times(1-10\%)$

$=-12.127$（万元）

4.【单项选择题】答案：C

解析：该事项所引起的资金运动如下图所示。

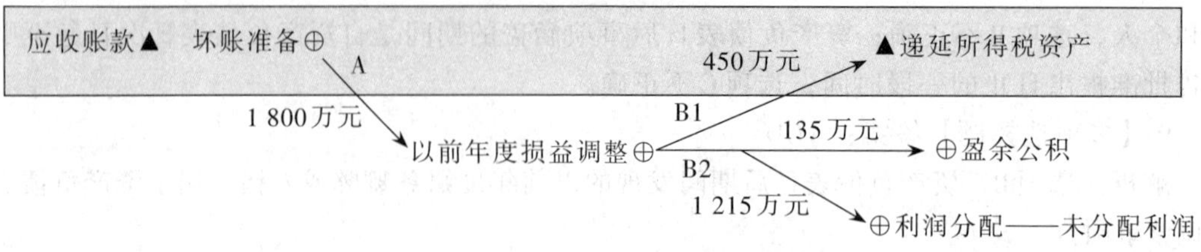

5.【单项选择题】答案：A

解析：甲公司于20×4年年度报告日后期间收到政府文件，这不属于会计准则中规定的“编报前期报告时能够合理预计取得并应当加以考虑的可靠信息”，也不属于“前期财务报表批准报出时能够取得的可靠信息”，甲公司在编制20×4年度报表时无法取得或预计这一事项，所以该事项既不属于前期差错也不属于资产负债表日后事项。根据会计准则的规定，不属于会计政策变更。

6.【单项选择题】答案：C

解析：选项A，发生在20×3年报表报出后，不属于资产负债表日后事项；选项B，由于报表已经报出，故不能调整20×3年财务报表；选项C，属于日后事项期间诉讼结案，法院判决证实了企业在资产负债表日已存在的现时义务，需要调整原确认的相关的预计负债；选项D，属于日后非调整事项。

7.【单项选择题】答案：D

解析：选项D，应调整增加20×6年财务报表营业外支出5万元。

该事项所引起的资金运动如下图所示。

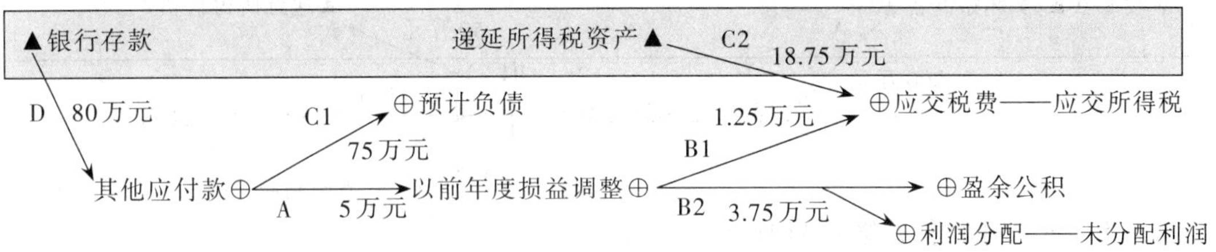

8.【单项选择题】答案：B

解析：支付赔款属于20×9年发生的事项，不会对20×8年报表产生影响。

该事项所引起的资金运动如下图所示。

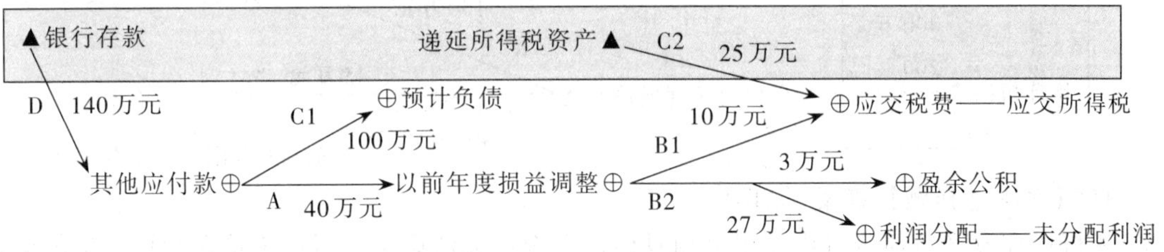

9.【多项选择题】答案：BC

解析：选项A，错在甲公司盈余公积的提取比例为20%。选项D，错在资金运动D段应该作为财务报表报告年度次年的业务，该业务不能进入报告年度的财务报表。

10.【多项选择题】答案：BD

解析：选项A，对于应收赔款在没有收到法院的判决之前企业是不确认的，因此选项A是错的。对于选项C，应交税费——应交所得税与递延所得税负债之间是不能替换的。当该日后事项发生在所得税汇算清缴之前，乙公司可以调整纳税申报表，因此可以调整应交税费——应交所得税；但一旦汇算清缴完成，乙公司就不能调整申报年度的纳税申报表，有关的所得税调整就只能通过递延所得税资产或递延所得税负债进行。

11.【多项选择题】答案：ABC

解析：选项D，由于坏账准备等的提取所引起的各种减值损失，税法一般都不予认可。

因此，企业在确认各种减值损失时都需要同步确认递延所得税资产。当后续的资产负债表日后事项需要调整减值准备时，也只能相应地调整递延所得税资产。因此选项D是错的。

12.【多项选择题】答案：ABCD

解析：这四个选项都是对该图所反映的销售退回日后事项的业务处理的恰当描述。

13.【多项选择题】答案：ABC

解析：应收乙企业账款，在资产负债表日之前就存在相关减值迹象，资产负债表日后期间又取得进一步证据而对报告年度处理进行调整的事项，所以应遵循调整事项原则处理，选项A正确；应收丙企业款项，在资产负债表日之后才发生减值迹象，应遵循资产负债表日后非调整事项原则处理，选项B正确；应调整应收乙企业账款账面价值和资产减值损失的金额=400×（1-30%）-80=200（万元），应收丙企业的账款作为资产负债表日后非调整事项在财务报告附注中进行披露，选项C正确、选项D错误。

该事项所引起的资金运动如下图所示。

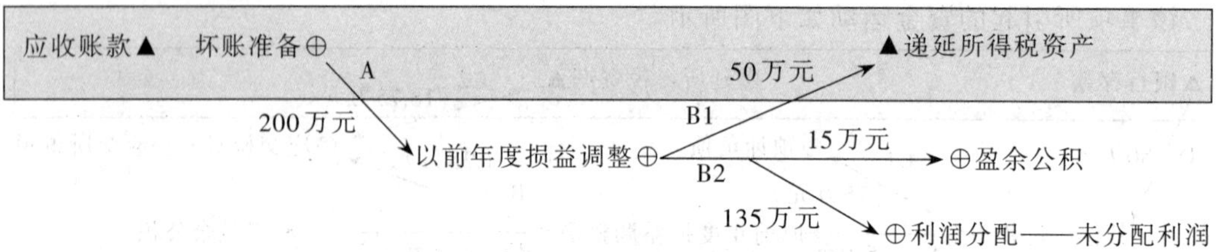

14.【多项选择题】答案：ABD

解析：该事项所引起的资金运动如下图所示。

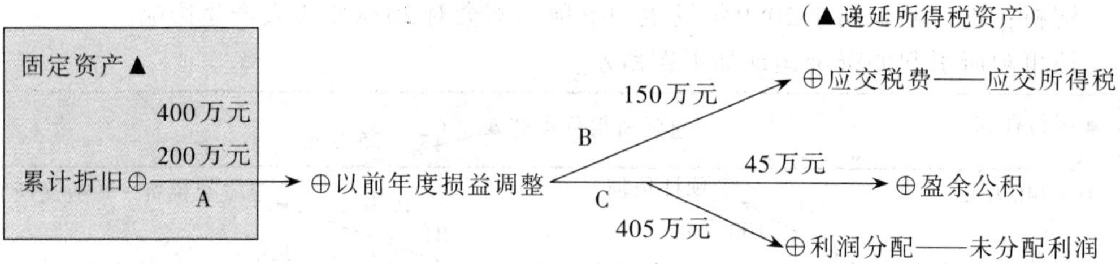

15.【多项选择题】答案：ABD

解析：在资产负债表日由于甲公司具体赔偿金额无法确定，所以不符合预计负债的确认条件，应当作为或有负债进行披露。同时，由于资产负债表日已经产生该担保责任形成的现时义务，日后期间法院在具体的赔偿金额上做出判决，所以该事项属于日后调整事项，选项C正确。

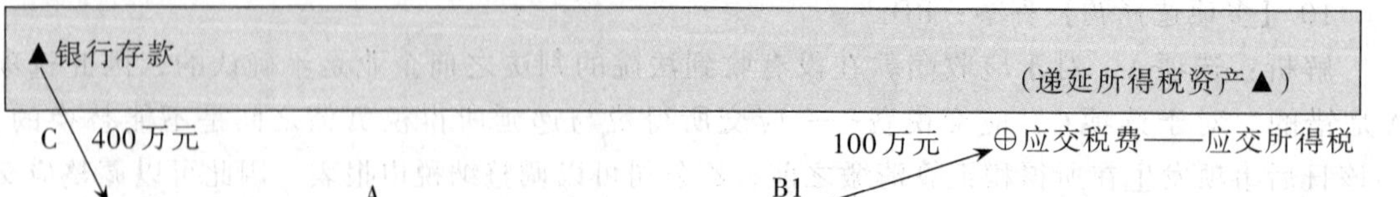

16.【多项选择题】答案：ABCD

解析：（1）20×7年12月15日，甲公司销售产品所引起的资金运动如下图所示。

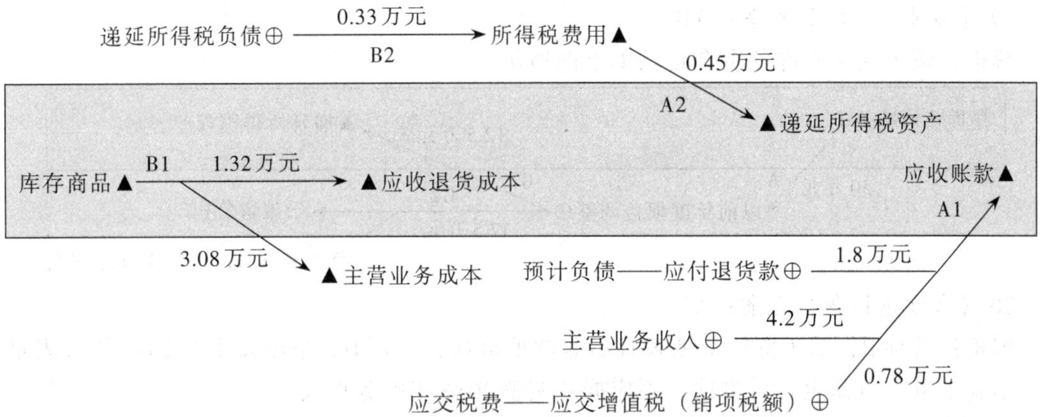

（2）20×8年3月31日实际发生退货20%，对20×7年报表进行调整，该事项所引起的资金运动如下图所示。

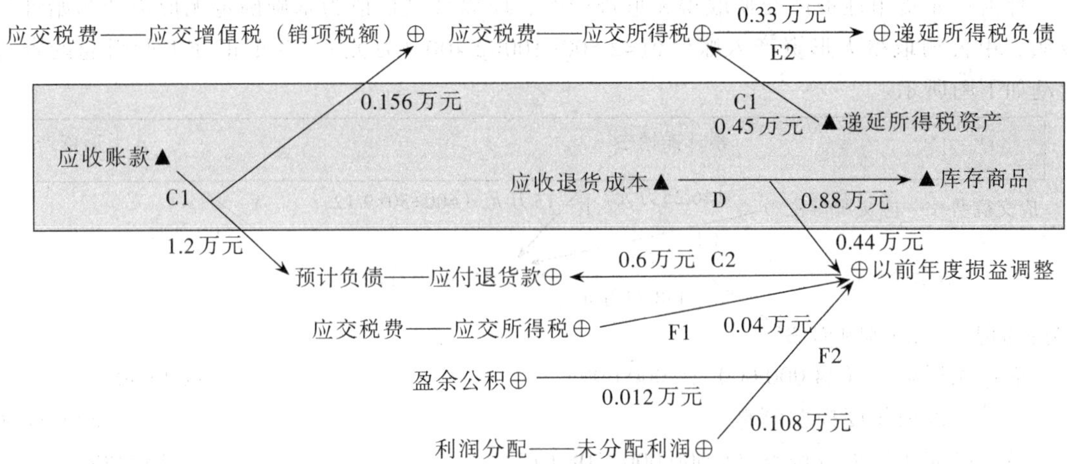

17.【多项选择题】答案：AD

解析：选项B，分派现金股利属于非调整事项，不调整20×5年度财务报表，因此应当调减应付股利600万元；由于是提取法定盈余公积金，该项目可调整，也可不调整；由于盈余公积处理的可选择性，导致调整未分配利润的数额也可能有不同的结果。

18.【多项选择题】答案：ACD

解析：对资产负债表日后事项中的调整事项，涉及损益的事项，通过“以前年度损益调整”科目核算，然后将“以前年度损益调整”科目的余额转入留存收益，选项B不正确。

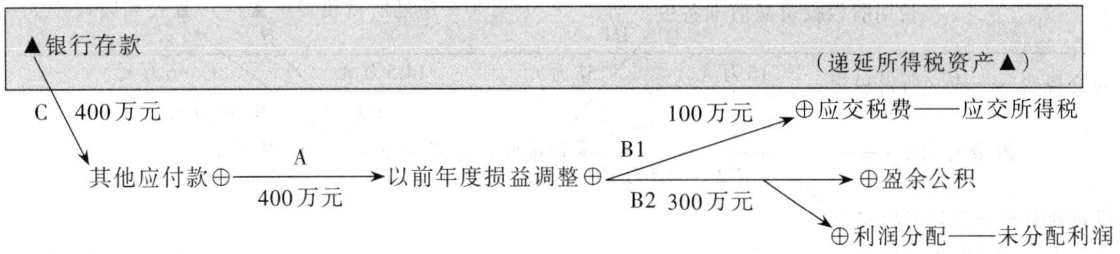

19.【多项选择题】答案：AB

解析：该事项所引起的资金运动如下图所示。

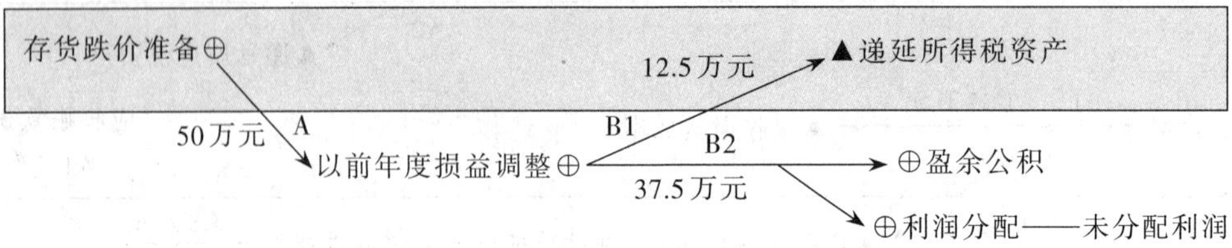

20.【多项选择题】答案：AC

解析：选项B，属于资产负债表日后非调整事项；选项D，事项发生在20×8年报表报出后，不属于资产负债表日后事项，不应据此调整20×8年财务报表。

21.【业务题】答案：

事项（1）甲公司会计处理不正确；

理由：非货币性资产交换取得无形资产的，应以公允价值为基础确定无形资产初始计量金额，甲公司取得无形资产入账价值=2 500−100=2 400（万元）。其更正处理所引起的资金运动如下图所示。

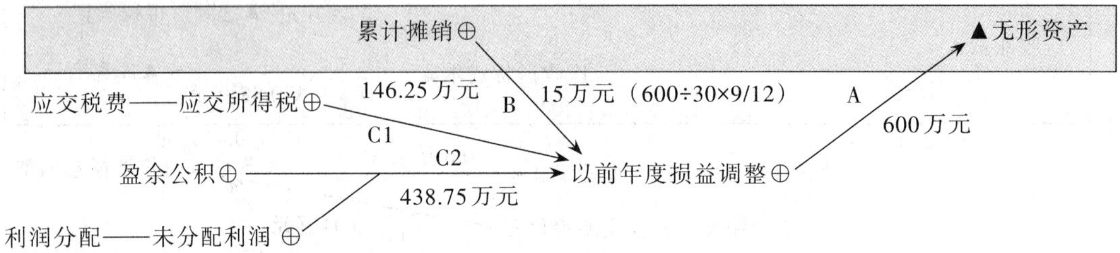

借：无形资产（24 000 000−18 000 000）　　6 000 000

　贷：以前年度损益调整　　6 000 000

借：以前年度损益调整（6 000 000÷30×9/12）　　150 000

　贷：累计摊销　　150 000

借：以前年度损益调整　　1 462 500

　贷：应交税费——应交所得税（(6 000 000−150 000)×25%）　　1 462 500

事项（2）甲公司会计处理不正确；

理由：

①债务重组中，债权人收到的抵债资产应按公允价值入账，金额为360万元；少计金额=360−330=30（万元）。（见下图A段资金运动，所得税见E1段，和其他业务合并处理）

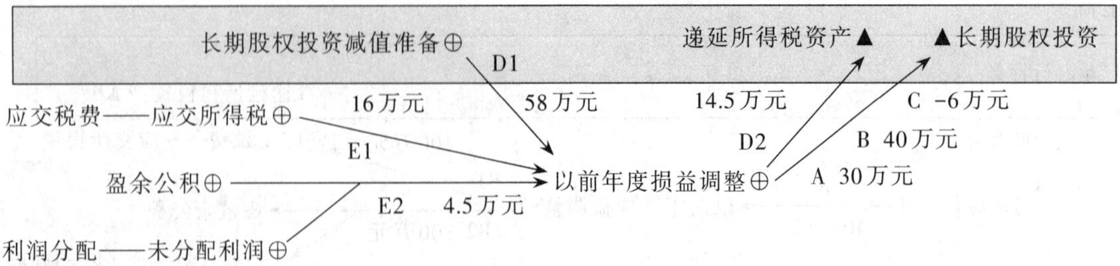

借：长期股权投资——投资成本　　300 000

贷：以前年度损益调整——投资收益 300 000

同时，初始投资成本360万元与取得投资时应享有B公司可辨认净资产公允价值的份额400万元（2 000×20%）的差额40万元（400-360），应调整长期股权投资账面价值。（见上图B段资金运动，所得税业务和其他业务一并处理，见E1段）

借：长期股权投资——投资成本 400 000

贷：以前年度损益调整——营业外收入 400 000

②采用权益法核算的长期股权投资，因取得该项投资时被投资单位可辨认资产的公允价值与账面价值不等，故在期末确认投资损失时，应调整被投资单位净亏损。

B公司20×7年5月至12月调整后的净亏损=30+（150-75）×40%=60（万元）

甲公司应调整增加投资损失=60×20%-6=6（万元）（见上图C段资金运动，所得税一并处理，见上图E1段）

借：以前年度损益调整——投资收益 60 000

贷：长期股权投资——损益调整 60 000

20×7年12月31日计提减值准备前长期股权投资账面价值=330+30+40-6-6=388（万元）

20×7年12月31日该长期股权投资可收回金额为330万元，小于其账面价值，应计提长期股权投资减值准备=388-330=58（万元）。（见上图D段资金运动）

借：以前年度损益调整——资产减值损失 580 000

贷：长期股权投资减值准备 580 000

借：递延所得税资产 145 000

贷：以前年度损益调整 145 000

以上所得税及留存收益的处理见上图E1和E2段资金运动。

应交税费——应交所得税=（30+40-6）×25%=16（万元）

借：以前年度损益调整 160 000

贷：应交税费——应交所得税 160 000

留存收益=（30+40-6）×75%-58×75%=4.5（万元）

借：以前年度损益调整 45 000

贷：盈余公积等 45 000

事项（3）：

①甲公司的会计处理正确。

理由：因为固定资产发生永久性损害但尚未处置，所以应全额计提固定资产减值准备。

②甲公司的会计处理不正确。

理由：生产线发生的永久性损害尚未经税务部门认定，所以固定资产的账面价值为0，计税基础为700万元，产生可抵扣暂时性差异700万元，应确认递延所得税资产175万元（700×25%）。该事项所引起的资金运动如下图所示。

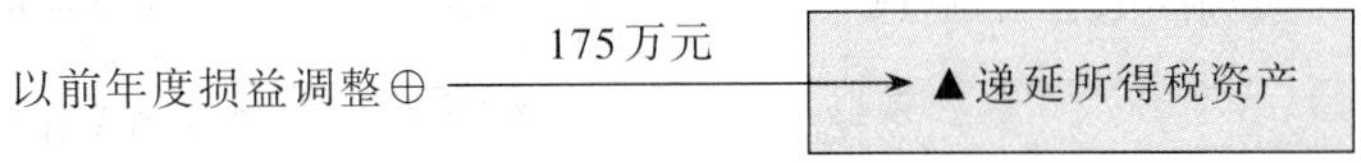

借：递延所得税资产 1 750 000

贷：以前年度损益调整——所得税费用 1 750 000

22.【业务题】答案：

（1）乙公司调整事项有：（1）、（2）、（4）。

（2）事项（1）

该事项所引起的资金运动如下图所示。

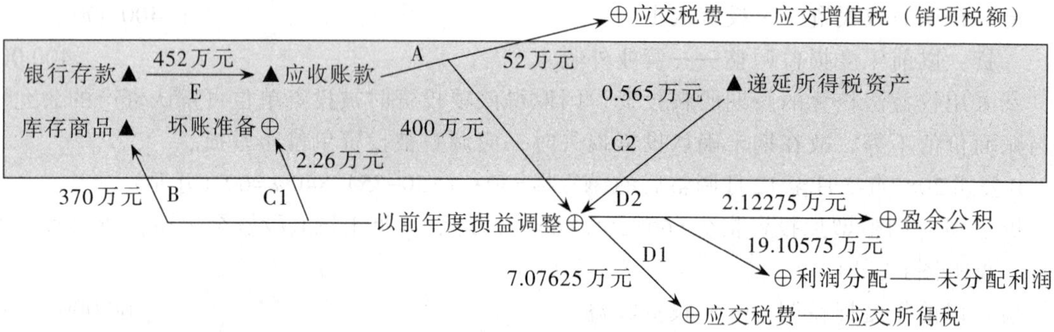

①冲销原确认的收入和费用。（见上图A、B段资金运动）

借：以前年度损益调整——主营业务收入　　4 000 000

　　应交税费——应交增值税（销项税额）　　520 000

　贷：应收账款　　4 520 000

借：库存商品　　3 700 000

　贷：以前年度损益调整——主营业务成本　　3 700 000

②冲销原确认的坏账准备及其确认的递延所得税资产。（见上图C1、C2段资金运动）

借：坏账准备（4 520 000×5‰）　　22 600

　贷：以前年度损益调整——资产减值损失　　22 600

借：以前年度损益调整——所得税费用（22 600×25%）　　5 650

　贷：递延所得税资产　　5 650

③确认以前年度损益调整对应交税费和留存收益的影响。（见上图D1、D2段资金运动）

借：应交税费——应交所得税　　70 762.50

　贷：以前年度损益调整——所得税费用　　70 762.50

借：利润分配——未分配利润　　191 058.75

　　盈余公积　　21 228.75

　贷：以前年度损益调整　　212 287.5

事项（2）

该事项所引起的资金运动如下图所示。

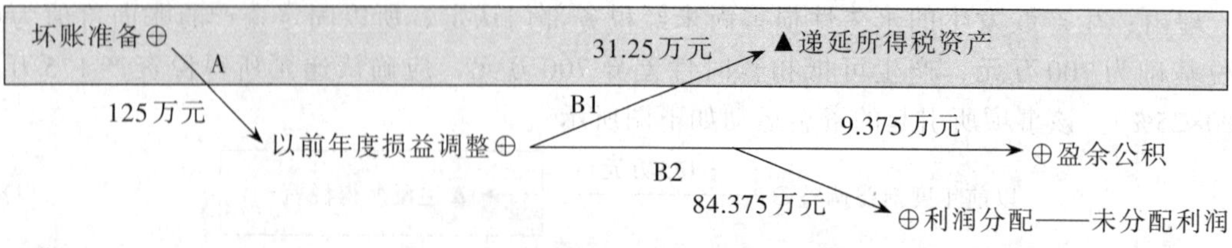

借：以前年度损益调整——资产减值损失（2 500 000×50%）　　1 250 000

　贷：坏账准备　　1 250 000

借：递延所得税资产（1 250 000×25%） 312 500
　贷：以前年度损益调整——所得税费用 312 500
借：利润分配——未分配利润 843 750
　　盈余公积 93 750
　贷：以前年度损益调整 937 500

事项（4）

该事项所引起的资金运动如下图所示。

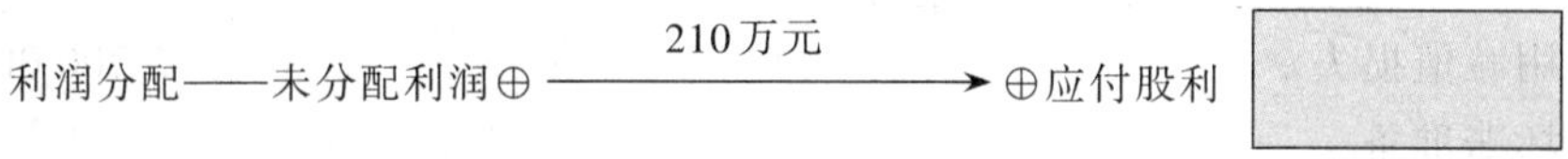

借：应付股利 2 100 000
　贷：利润分配——未分配利润 2 100 000

**20×7年度资产负债表日后期间，乙公司分配现金股利210万元，属于非调整事项，但乙公司错误地将其调整了20×7年度资产负债表，所以该事项属于资产负债表日后期间发现的前期差错，故作为调整事项进行处理。至于法定盈余公积的提取可调整，也可不调整。

三、知识点：非调整事项的会计处理

1.【单项选择题】答案：B

解析：选项A，应先通过“以前年度损益调整”科目核算；选项C，资产负债表日后事项，已经作为调整事项调整财务报表相关项目的，除法律、法规以及其他会计准则另有规定外，不需要在财务报表附注中进行披露；选项D，对于日后期间董事会方案中的现金股利方案属于非调整事项的，公司应将该事项在报告年度财务报告附注中加以说明，但不能调整报告年度财务报表相关项目的金额。

2.【单项选择题】答案：C

解析：选项C，已作为日后调整事项调整了报告年度的相关项目，无须在报告附注中进行披露。

3.【多项选择题】答案：ABD

解析：选项C，向社会公众发行公司债券属于资产负债表日后非调整事项。

4.【多项选择题】答案：ABCD

解析：资产负债表日后事项准则要求在报表附注中披露“重要的资产负债表日后非调整事项的性质、内容及其对财务状况和经营成果的影响”。

5.【业务题】答案：

（1）该或有事项涉及多个项目，最佳估计数应按照各种可能结果及相关概率计算确定。

20×6年应计提的产品“三包”服务费用 =50 000×0.5%×20%+50 000×2%×4%+50 000×5%×1%=115（万元）

甲公司20×6年12月31日与产品“三包”服务有关的预计负债的年末余额 =60−45+115=130（万元）

（2）事项（2）属于资产负债表日后非调整事项。

理由：20×7年1月20日甲公司得知丁公司所在地区于20×7年1月18日发生自然灾害，

导致丁公司发生重大经济损失，无法支付货款1 200万元的60%，这个自然灾害是在20×7年发生的，甲公司在日后期间得知，在资产负债表日及之前并不存在，所以属于资产负债表日后非调整事项。

会计处理：对于预计无法偿还的部分，应当确认坏账准备，直接计入20×7年当期损益。其资金运动如下图所示。

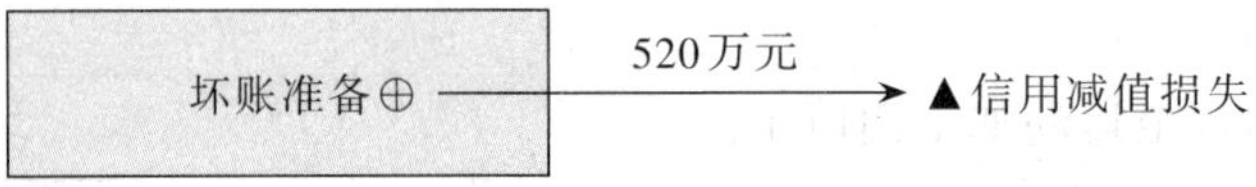

借：信用减值损失　　　　　　　　　　　　　　5 200 000

　贷：坏账准备　　　　　　　　　　　　　　　　　5 200 000

事项（3）属于资产负债表日后调整事项。

理由：该未决诉讼发生在20×6年，甲公司在20×6年年末确认了预计负债975万元，20×7年2月10日，甲公司和丙公司达成了和解，确定了最终支付的金额，20×6年的财务报表于20×7年2月28日对外报出，是在日后期间确定了最终支付的金额，所以属于资产负债表日后调整事项。其所引起的资金运动如下图所示。

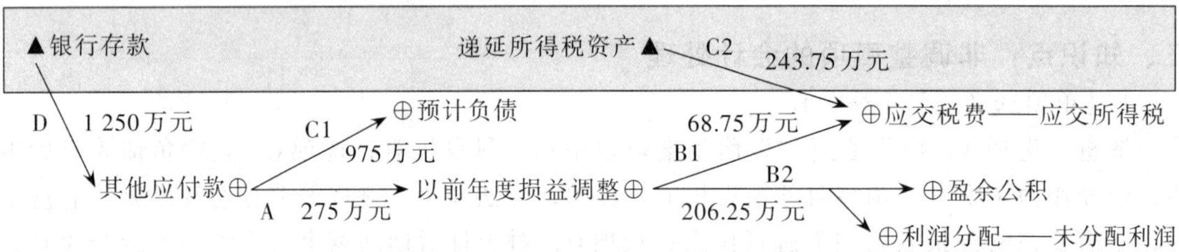

调整20×6年留存收益的金额=-（950+300-975）×75%=-206.25（万元）

第七章　股份支付

一、知识点：股份支付概述

【单项选择题】答案：A

解析：授予日是指股份支付协议获得批准的日期，即授予日为20×5年11月30日。可行权日是指可行权条件得到满足、职工或其他方具有从企业取得权益工具或现金权利的日期，即可行权日为20×8年12月31日。从授予日至可行权日的时段，是可行权条件得到满足的期间，因此称为“等待期”，又称“行权限制期”，所以等待期为20×5年11月30日至20×8年12月31日，选项A正确。

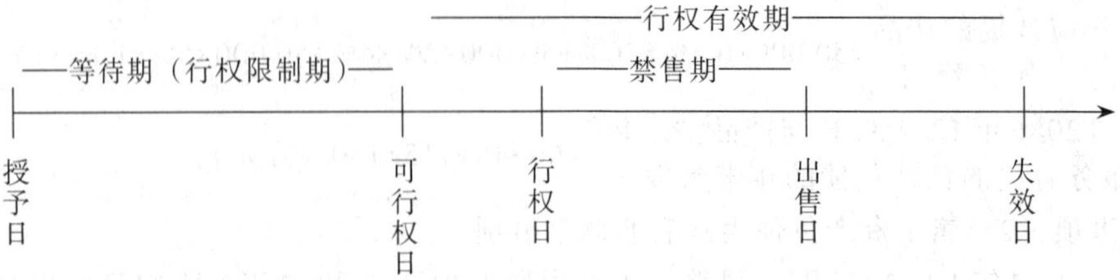

典型的股份支付交易环节示意图

二、知识点：股份支付的确认和计量

1.【单项选择题】答案：A

解析：股份支付中，可行权条件分为市场条件与非市场条件，只要满足所有非市场条件，企业就应当确认已取得的服务，无须考虑市场条件是否满足，选项A正确，选项B错误；可行权条件分为服务期限条件和业绩条件，在满足服务期限条件的同时应满足其他非市场条件，企业才能确认成本费用，选项C错误；在等待期内，业绩条件为非市场条件的，如果后续信息表明需要调整对可行权情况的估计，应对前期估计进行修改，选项D错误。

2.【单项选择题】答案：C

解析：除了立即可行权的股份支付外，无论是以权益结算的股份支付还是以现金结算的股份支付，在授予日均不需要进行会计处理，选项A不正确；对于以权益结算的股份支付，应当按照授予日权益工具的公允价值计入成本费用和资本公积，选项B不正确；对于以权益结算的股份支付，在可行权日之后不再对已确认的成本费用和所有者权益总额进行调整，选项C正确，选项D不正确。

3.【单项选择题】答案：B

解析：在取消或结算时支付给职工的所有款项均应作为权益的回购处理，回购支付的金额高于该权益工具在回购日公允价值的部分计入当期费用（管理费用），选项B错误。

4.【单项选择题】答案：C

解析：结算企业以集团内的其他企业（即其他子公司）的权益工具结算的股份支付，实质上是结算企业先将集团内其他企业（子公司）的权益工具购进，用于行权，因此应作为以现金结算的股份支付进行处理，选项C不正确。

5.【单项选择题】答案：B

解析：以权益结算的股份支付最常用的工具有两类：限制性股票和股票期权，选项B正确；以现金结算的股份支付最常用的工具有两类：模拟股票和现金股票增值权，选项A不正确，选项C、D最终支付的是现金，不属于以权益结算的股份支付，选项C、D不正确。

6.【单项选择题】答案：C

解析：选项C，市场条件和非可行权条件是否得到满足，不影响企业每期对可行权情况的估计。另外，市场条件虽不影响对可行权情况的估计，但是影响授予日权益工具的公允价值。

7.【单项选择题】答案：B

解析：对于以权益结算的股份支付，应当按照授予日权益工具的公允价值计入成本费用和资本公积（其他资本公积）。

8.【单项选择题】答案：B

解析：资产负债表日，后续信息表明可行权权益工具的数量与以前估计不同的，应当进行调整，并在可行权日（而不是行权日）调整至实际可行权的权益工具数量。

9.【多项选择题】答案：ACD

解析：选项B是错误的。除非是立即可行权的，无论是以权益工具进行结算还是以现金进行结算，都不需要在授予日进行任何会计处理，只需要在资产负债表日进行相应的会计处理。另外，其金额应该以授予日该期权的公允价值为基础进行确认与计量。

10.【多项选择题】答案：ACD

解析：如果造成第二个资产负债表日确认的金额大幅度减少的原因是离职的管理层很多，其影响也应该延续到第三个资产负债表日，而事实上第三个资产负债表日确认的金额不仅没有受其影响，还大幅度增加。因此选项B是错误的。资金运动A段的流量主要取决于以下几个因素：授予日期权的公允价值、授予期权的人员数量变动和授予期间等。在这三个方面，造成第二个资产负债表日数量大幅度变化的原因应该与授予期间相关（如授予期间发生变动，由2年变为3年等）。

11.【多项选择题】答案：ABCD

解析：这四个选项都是对图中所反映的以现金结算的股份支付的恰当描述。

12.【多项选择题】答案：BC

解析：以权益结算的股份支付最常用的工具有两类：限制性股票和股票期权。以现金结算的股份支付最常用的工具有两类：模拟股票和现金股票增值权。

13.【多项选择题】答案：ABD

解析：附市场条件的股份支付，只要满足非市场条件，就应确认相关成本费用，选项C错误。

14.【多项选择题】答案：ABC

解析：以内在价值计量的已授予权益工具进行结算的，结算支付的款项高于该权益工具在回购日内在价值的部分，计入当期损益，选项D错误。

15.【多项选择题】答案：ACD

解析：选项A属于市场条件；选项C属于服务期限条件；选项D不属于可行权条件。

16.【多项选择题】答案：ABC

解析：企业应当分别以下情况，确认导致股份支付公允价值总额升高以及其他对职工有利的修改的影响：

（1）如果修改增加了所授予的权益工具的公允价值，企业应按照权益工具公允价值的增加相应地确认取得服务的增加。权益工具公允价值的增加，是指修改前后的权益工具在修改日的公允价值之间的差额。

（2）如果修改增加了所授予的权益工具的数量，企业应将增加的权益工具的公允价值相应地确认为取得服务的增加。

（3）如果企业按照有利于职工的方式修改可行权条件，如缩短等待期、变更或取消业绩条件（非市场条件），企业在处理可行权条件时，应当考虑修改后的可行权条件。

因此，选项A、B和C正确。

17.【多项选择题】答案：CD

解析：可行权条件包括服务期限条件和业绩条件，其中业绩条件包括市场条件（比如股价增长率）和非市场条件（销售指标、利润指标的实现情况等）。

18.【多项选择题】答案：ABC

解析：在取消或结算时支付给职工的所有款项均应作为权益的回购处理，回购支付的金额高于该权益工具在回购日公允价值的部分，计入当期损益，所以选项D是错误的。

三、知识点：股份支付的应用举例

1.【单项选择题】答案：D

解析：该事项所引起的资金运动如下图所示。

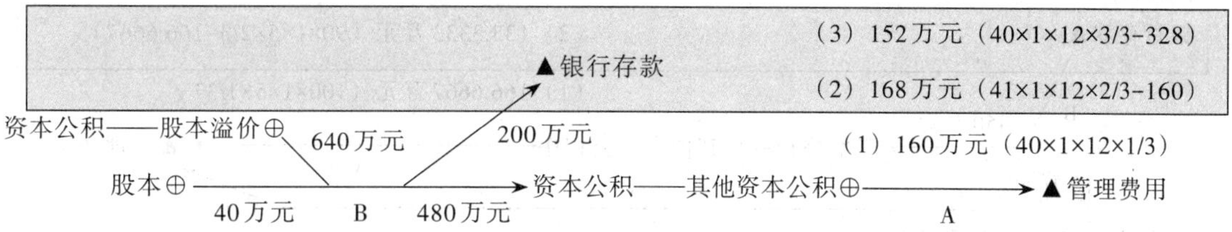

2.【单项选择题】答案：B

解析：该事项所引起的资金运动如下图所示。

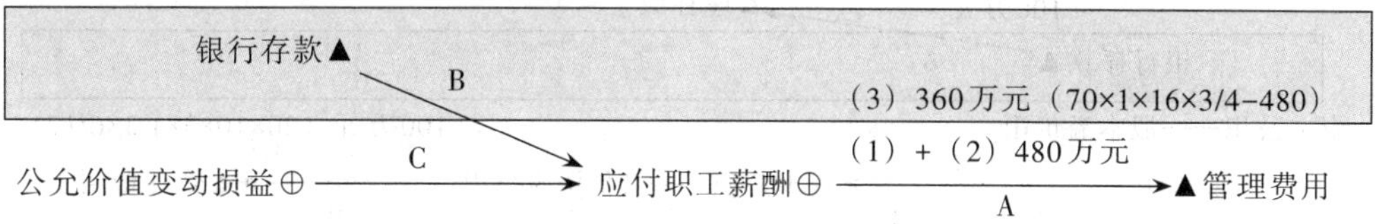

3.【单项选择题】答案：B

解析：该事项所引起的资金运动如下图所示。

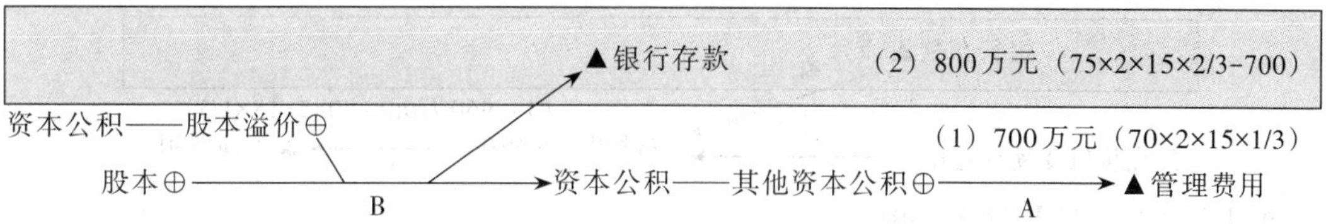

4.【单项选择题】答案：D

解析：20×9年1月1日甲公司修改了权益工具的公允价值，由于是对职工的有利修改，由15元改为18元，增加的3元应在后续授予日后2年内进行分摊。其资金运动如下图所示。

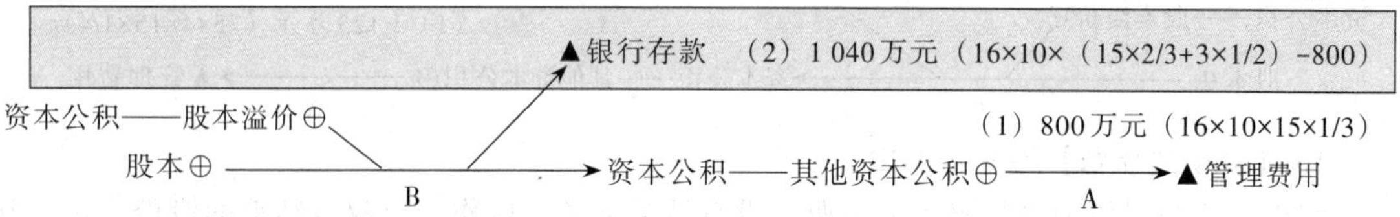

5.【单项选择题】答案：B

解析：企业以减少股份支付总额的方式或者其他不利于职工的方式修改条款和条件，企业仍应继续对取得的服务进行会计处理，如同该变更从未发生。所以本题中在计算20×8年年末的成本费用时依然采用原确定的期权在授予日的公允价值计算。该事项所引起的资金运动如下图所示。

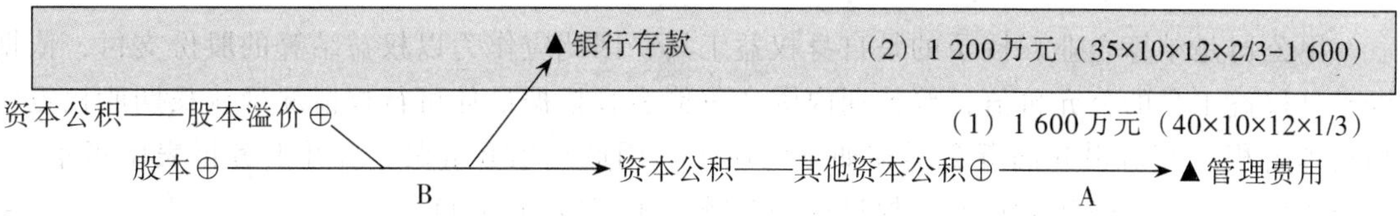

6.【单项选择题】答案：C

解析：因取消股份支付计划，应按原计划全额确认本年度的相关费用150万元，因补偿现金超过原股份支付计划10万元，需调增管理费用10万元。其资金运动如下图所示。

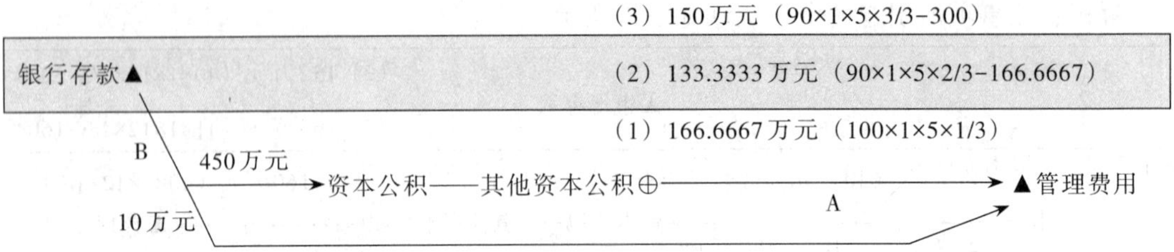

7.【单项选择题】答案：B

解析：该事项所引起的资金运动如下图所示。

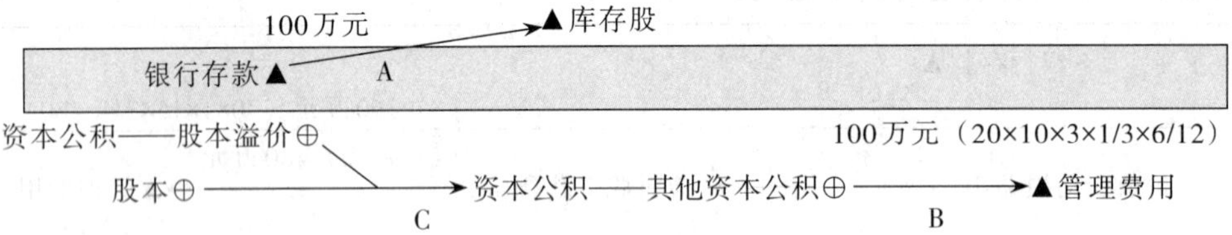

8.【单项选择题】答案：A

解析：该事项所引起的资金运动如下图所示。

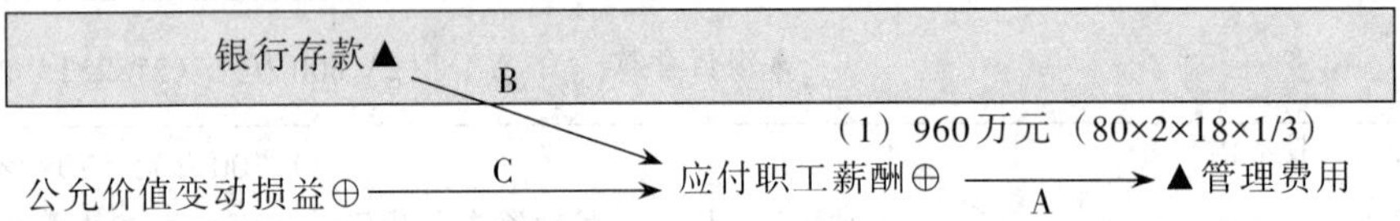

9.【多项选择题】答案：BD

解析：该事项所引起的资金运动如下图所示。

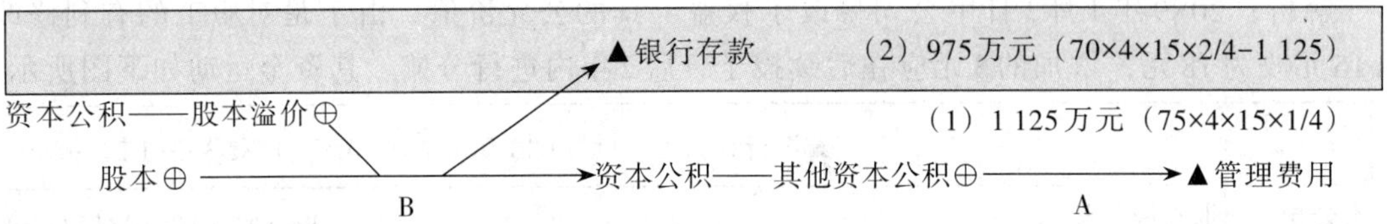

10.【多项选择题】答案：ACD

解析：乙公司作为接受服务的企业，没有结算义务，应作为以权益结算的股份支付，其引起的资金运动如下图所示。因此选项A、D是对的。

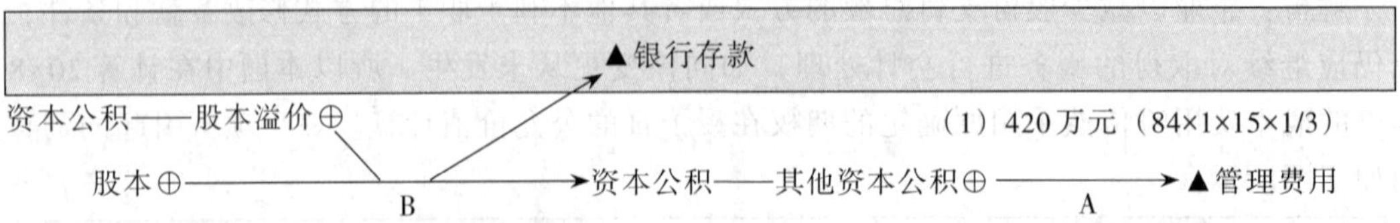

甲公司是结算企业，授予的是自身权益工具，因此应作为以权益结算的股份支付，依据授予日权益工具的公允价值，等待期内资产负债表日根据最佳可行权情况确认长期股权投资和资本公积，其所引起的资金运动如下图所示。因此选项B错误。合并财务报表中抵销后，因该股份支付协议确认的长期股权投资的金额为0，选项C正确。

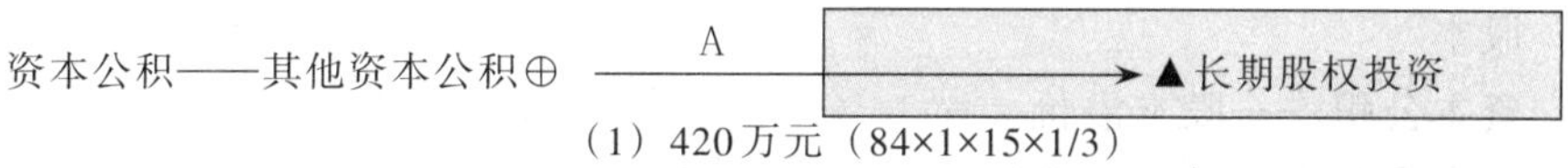

11.【多项选择题】答案：ABD

解析：其所引起的资金运动如下图所示。

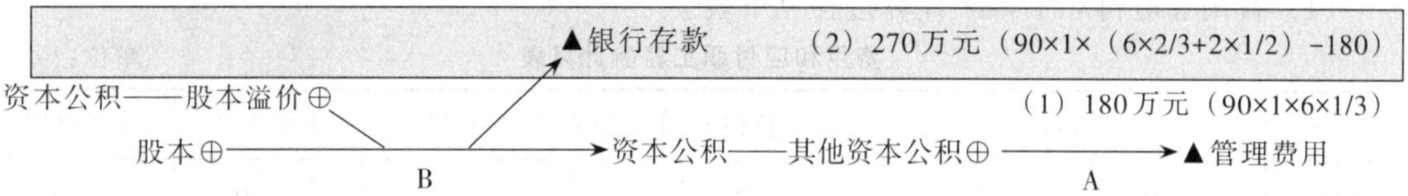

12.【多项选择题】答案：ACD

解析：其资金运动如下图所示。职工行权时，所有者权益的变化为0。

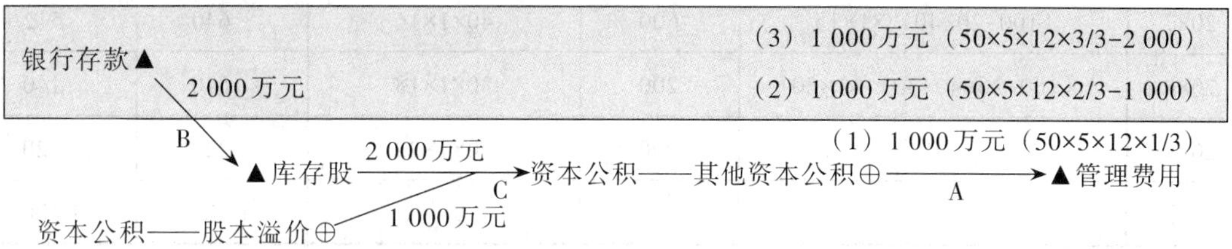

13.【多项选择题】答案：BCD

解析：该事项所引起的资金运动如下图所示。

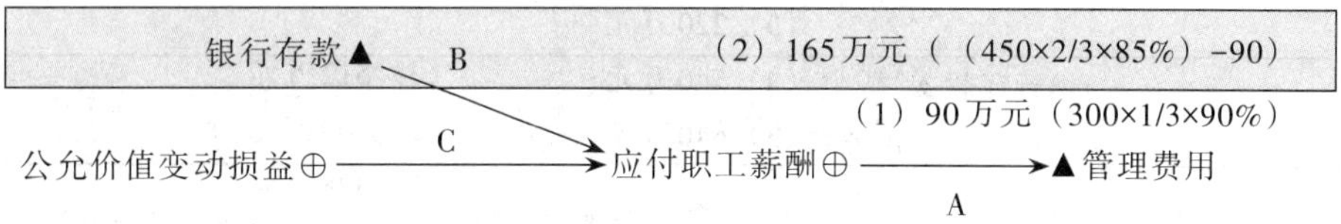

14.【业务题】答案：

（1）该股份支付的授予日为20×3年1月2日。

20×3年应确认与股份支付有关的费用=50×4×5+50×4×5÷2+50×4×5÷3=1 833.33（万元）

其所引起的资金运动如下图A段运动中（1）所示。

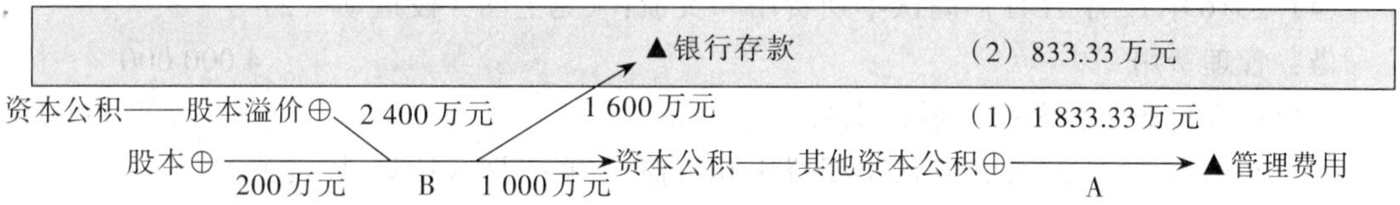

借：管理费用　　18 333 300

　贷：资本公积——其他资本公积　　18 333 300

20×4年应确认与股份支付有关的费用=50×4×5÷2+50×4×5÷3=833.33（万元）

其所引起的资金运动如上图A段运动中（2）所示。

借：管理费用　　8 333 300

　贷：资本公积——其他资本公积　　8 333 300

（2）20×4年行权所引起的资金运动见上图B段运动。

借：银行存款　　16 000 000

　　资本公积——其他资本公积　　10 000 000

贷：股本　　2 000 000

　　资本公积——股本溢价　　24 000 000

（3）20×3年每股基本收益=12 000÷5 000=2.4（元）

15.【业务题】答案：

（1）费用和应付职工薪酬计算过程见下表。

费用和应付职工薪酬计算表　　单位：万元

年末	负债计算	负债	应支付现金计算	支付现金	当期费用
20×5	（100–18）×1×12×1/3	328	0	0	328
20×6	（100–22）×1×14×2/3	728	0	0	400
20×7	（100–20–40）×1×15	600	40×1×16	640	512
20×8	（100–20–40–30）×1×20	200	30×1×18	540	140
20×9	0	0	10×1×22	220	20
总额				1 400	1 400

（2）20×5年1月1日，授予日不进行账务处理。

（3）20×5年12月31日，确认本期费用和负债：（见下图A段运动（1））

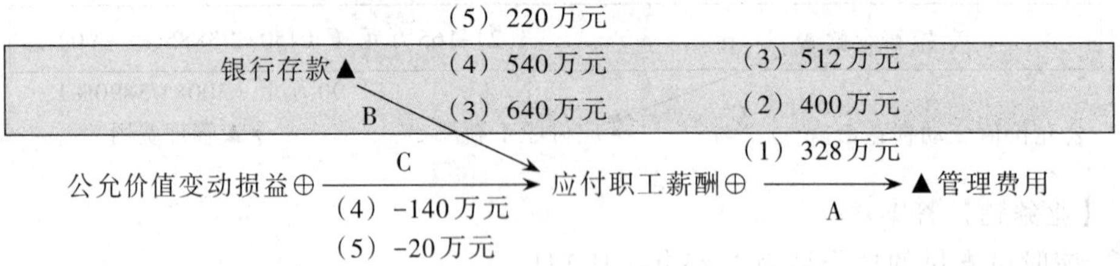

借：管理费用　　3 280 000

　贷：应付职工薪酬——股份支付　　3 280 000

（4）20×6年12月31日，确认本期费用和负债：（见上图A段运动（2））

借：管理费用　　4 000 000

　贷：应付职工薪酬——股份支付　　4 000 000

（5）20×7年12月31日，确认本期费用和负债：（见上图A段运动（3））

借：管理费用　　5 120 000

　贷：应付职工薪酬——股份支付　　5 120 000

以银行存款支付40人的股权增值权640万元：（见上图B段运动（3））

借：应付职工薪酬——股份支付　　6 400 000

　贷：银行存款　　6 400 000

（6）20×8年12月31日，调整应付职工薪酬价值：（见上图C段运动（4））

借：公允价值变动损益　　1 400 000

　贷：应付职工薪酬——股份支付　　1 400 000

以银行存款支付30人的股权增值权540万元：（见上图B段运动（4））

借：应付职工薪酬——股份支付　　5 400 000

　贷：银行存款　　5 400 000

（7）20×9年12月31日，调整应付职工薪酬价值：（见上图C段运动（5））

借：公允价值变动损益　　200 000

　贷：应付职工薪酬——股份支付　　200 000

以银行存款支付10人的股权增值权220万元：（见上图中B段运动（5））

借：应付职工薪酬——股份支付　　220 000

　贷：银行存款　　220 000

16.【业务题】答案：

（1）甲公司20×8年回购股票所引起的资金运动见下图A段运动。

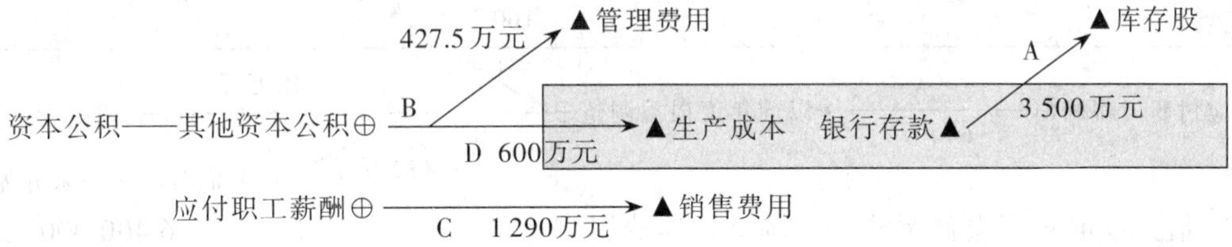

借：库存股　　35 000 000

　贷：银行存款　　35 000 000

（2）甲公司对管理人员的股份支付属于以权益结算的股份支付，因为甲公司与其管理人员是以自身权益工具进行结算的，企业为获得服务而以股份或其他权益工具作为对价进行结算的交易属于以权益结算的股份支付。

其应确认的成本费用=20×（1−5%）×10×9×1/3×9/12=427.5（万元）

其所引起的资金运动见上图B段运动。

借：管理费用　　4 275 000

　贷：资本公积——其他资本公积　　4 275 000

甲公司对销售人员的股份支付属于以现金结算的股份支付，因为甲公司授予其销售人员现金股票增值权，将来会以现金与销售人员进行结算。企业为获得服务而承担的以股份或其他权益工具为基础计算的交付现金或其他资产的义务的交易属于以现金结算的股份支付。

其应确认的成本费用=（50−7）×5×12×1/2=1 290（万元）

其所引起的资金运动见上图C段运动。

借：销售费用　　12 900 000

　贷：应付职工薪酬——股份支付　　12 900 000

（3）甲公司应确认的成本费用=200×2×8×1/4×9/12=600（万元）

其所引起的资金运动见上图D段运动。

借：生产成本　　6 000 000

　贷：资本公积——其他资本公积　　6 000 000

（4）甲公司发行在外普通股加权平均数=5 000−600×9/12=4 550（万股）

甲公司基本每股收益=12 000÷4 550=2.64（元）

甲公司因股票期权调整增加的普通股股数=200×2−200×2×5/10（行权价/实际价）=200（万股）

甲公司稀释每股收益=12 000÷（4 550+200×9/12）=2.55（元）

17.【业务题】答案：

（1）

①甲公司在授予日的处理正确。以现金结算的股份支付，除了立即可行权的股份支付外，在授予日不进行会计处理。

②甲公司在12月31日的会计处理不正确。应当按照资产负债表日权益工具的公允价值12元计算应确认成本费用金额。

“应付职工薪酬”项目的发生额=（100−20）×20×12×1/5=3 840（万元）。因此应补提640万元。其所引起的资金运动如下图所示。

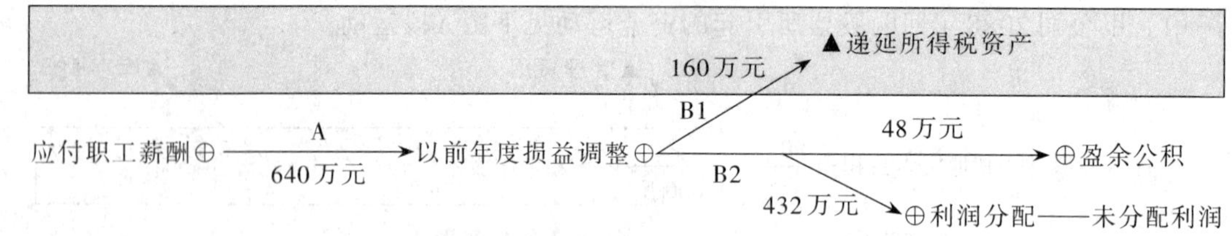

借：以前年度损益调整——调整管理费用　　6 400 000

　贷：应付职工薪酬　　6 400 000

借：递延所得税资产　　1 600 000

　贷：以前年度损益调整——调整所得税费用　　1 600 000

借：盈余公积　　480 000

　　利润分配——未分配利润　　4 320 000

　贷：以前年度损益调整　　4 800 000

（2）甲公司的会计处理不正确。对于使用寿命不确定的无形资产，会计上可以不进行摊销，但每年年末应该进行减值测试。但税法是有使用寿命规定的，因此其账面价值与计税基础不同，应当进行处理。

无形资产账面价值=2 000万元，无形资产计税基础=2 000−2 000÷10=1 800（万元）。资产的账面价值大于计税基础，甲公司应确认递延所得税负债。其所引起的资金运动如下图所示。

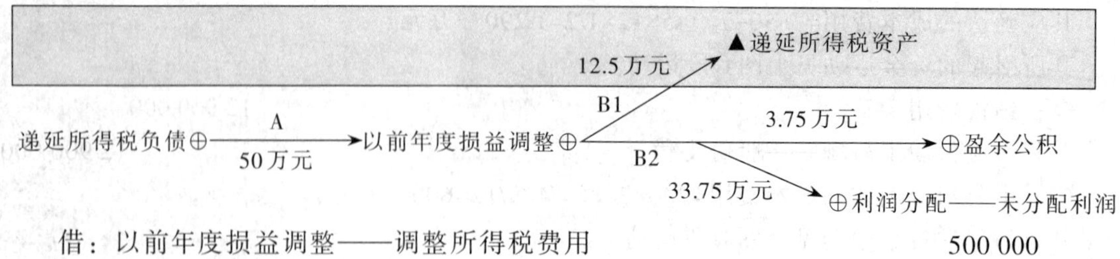

借：以前年度损益调整——调整所得税费用　　500 000

　贷：递延所得税负债　　500 000

借：递延所得税资产　　125 000

　贷：以前年度损益调整　　125 000

借：盈余公积　　37 500

　　利润分配——未分配利润　　337 500

贷：以前年度损益调整　　375 000

（3）甲公司的会计处理不正确。甲公司取得乙公司80%的股权，为非同一控制下的企业合并，支付对价的公允价值5 000万元大于乙公司可辨认净资产公允价值的份额3 200万元，形成企业合并商誉1 800万元。因此乙资产组是包括商誉的，甲公司应该对包括商誉的乙资产组至少每年年末进行减值测试。其减值金额首先应当分摊至资产组中的商誉价值。

首先，不包括商誉的资产组账面价值=3 500万元，小于其可收回金额4 000万元，可辨认净资产没有发生减值；

其次，包括完全商誉的资产组账面价值=3 500+（5 000−4 000×80%）÷80%=5 750（万元）

资产组的可收回金额为4 000万元，因此包括商誉的资产组应当确认减值损失准备1 750万元。合并财务报表中商誉减值金额=1 750×80%=1 400（万元）。该减值所引起的资金运动如下图所示。

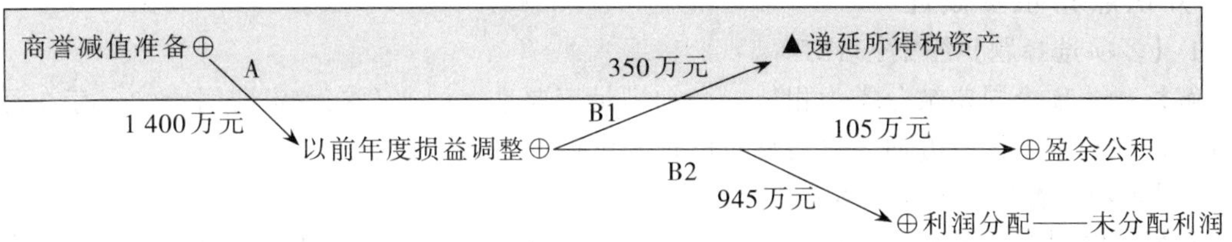

借：以前年度损益调整——调整资产减值损失　　14 000 000

　贷：商誉减值准备　　14 000 000

借：递延所得税资产　　3 500 000

　贷：以前年度损益调整——调整所得税费用　　3 500 000

借：盈余公积　　1 050 000

　　利润分配——未分配利润　　9 450 000

　贷：以前年度损益调整　　10 500 000

（4）甲公司的会计处理不正确。

因为甲公司存在与客户的远期安排而负有回购义务，且回购价大于原售价，因此应视为融资交易处理，将收到的客户款项确认为一项金融负债，且将回购价大于原售价的差额，在回购期间确认为利息费用。其更正所引起的资金运动如下图所示。

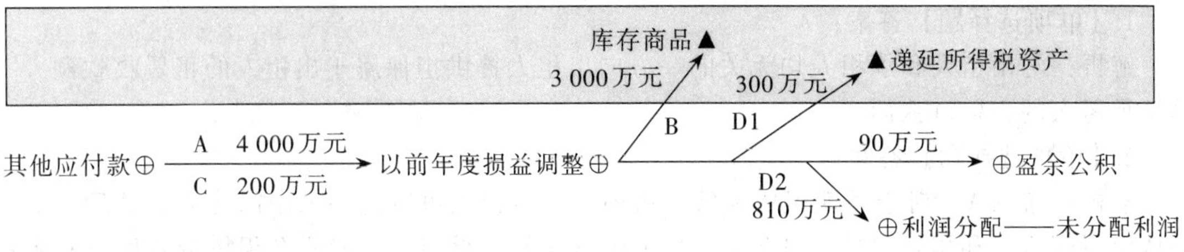

借：以前年度损益调整——调整主营业务收入　　40 000 000

　贷：其他应付款　　40 000 000

借：库存商品　　30 000 000

　贷：以前年度损益调整——调整主营业务成本　　30 000 000

借：以前年度损益调整——调整财务费用（（2 000 000×25-2 000 000×20）÷5）
2 000 000
贷：其他应付款 2 000 000
借：递延所得税资产 3 000 000
贷：以前年度损益调整——调整所得税费用 3 000 000
借：盈余公积 900 000
利润分配——未分配利润 8 100 000
贷：以前年度损益调整 9 000 000

第八章 租赁会计

一、知识点：租赁概述

1.【多项选择题】答案：ABD

解析：一项合同要被分类为租赁，必须满足三要素：（1）存在一定期间；（2）存在已识别资产；（3）资产供应方向客户转移对已识别资产使用权的控制。

2.【多项选择题】答案：AB

解析：同时符合下列条件时，表明资产供应方拥有资产的实质性替换权：（1）资产供应方拥有在整个使用期间替换资产的实际能力；（2）资产供应方通过行使替换资产的权利将获得经济利益，即替换资产的预期经济利益将超过替换资产所需成本。

3.【多项选择题】答案：BCD

解析：选项A，发生承租人可控范围内的重大事件或变化，且影响承租人是否合理确定将行使相应选择权的，承租人应当对其是否合理确定将行使续租选择权、购买选择权或不行使终止租赁选择权进行重新评估，并根据重新评估结果修改租赁期。

4.【判断题】答案：错

解析：在租赁合同中，“一定期间”也可以表述为已识别资产的使用量，例如，某项设备的产出量。

二、知识点：承租人会计处理

1.【单项选择题】答案：A

解析：与出租人和承租人均无关的一方向出租人提供担保属于出租人的租赁收款额，不属于承租人的租赁付款额。

2.【单项选择题】答案：C

解析：选项A，对于短期租赁和低价值租赁，承租人可以选择采用简化方法处理，即不确认使用权资产和租赁负债；选项B，对于租赁业务，承租人一般应在租赁期开始日对租赁确认使用权资产和租赁负债，不需要区分经营租赁业务和融资租赁业务；选项D，租赁负债应当按照租赁期开始日尚未支付的租赁付款额的现值进行初始计量。

3.【单项选择题】答案：A

解析：承租人的租赁付款额=100×8+70+20=890（万元）

4.【单项选择题】答案：D

解析：甲公司取得的该项使用权资产入账价值=50×2.6243+10×0.8163+3=142.38（万元）

该项业务所引起的资金运动如下图所示。

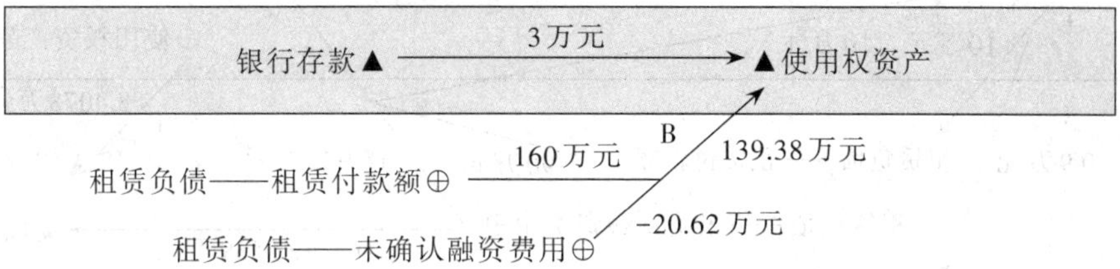

5.【多项选择题】答案：ABC

解析：选项D是错误的。对于承租人预计发生的这些成本支出，应以其现值金额计入使用权资产成本。

6.【多项选择题】答案：ACD

解析：选项B是错误的。由于题目已知租赁期为10年，每年租金5万元，而租赁负债——租赁付款额的金额为45万元，是按9年计算的，再结合B段运动中的5万元银行存款可知，该租赁协议中的租金支付方式应该是每年年初支付租金5万元。

7.【多项选择题】答案：ABCD

解析：这四个选项都是对该图中资金运动所反映的业务的恰当描述。

8.【多项选择题】答案：ABC

解析：选项D是错误的。甲公司的折现率为5%。其他三个选项都是对业务的恰当描述。

9.【多项选择题】答案：ABD

解析：选项C是错误的。结合资金运动A段、B1段和B2段可知，第四年年初租赁负债的折现金额为28.9218万元（（50-11.4）-（5-1.93）-（5-1.7765）-（5-1.6153））。

10.【多项选择题】答案：ABCD

解析：这四个选项都是对该图中资金运动所反映的业务的恰当描述。

11.【多项选择题】答案：ABC

解析：购买选择权的行权价格计入承租人租赁付款额的前提条件是承租人合理确定将要行使该选择权。

12.【多项选择题】答案：ABD

解析：承租人对使用权资产进行初始计量时，存在租赁激励的，应扣除已享受的租赁激励相关金额，尚未享受的租赁激励金额不应该扣除。

13.【业务题】答案：

（1）在租赁期开始日，确认租赁负债和使用权资产：

在租赁期开始日，甲公司支付第一年的租金10万元，并以剩余9年租金按5%的年利率折现后的现值计量租赁负债。

租赁负债=10×（P/A，5%，9）=71.078（万元）

未确认融资费用=10×9-71.078=18.922（万元）

甲公司使用权资产的初始成本=71.078+10+4-1=84.078（万元）

甲公司取得使用权资产所引起的资金运动见下图A、B、C段运动。

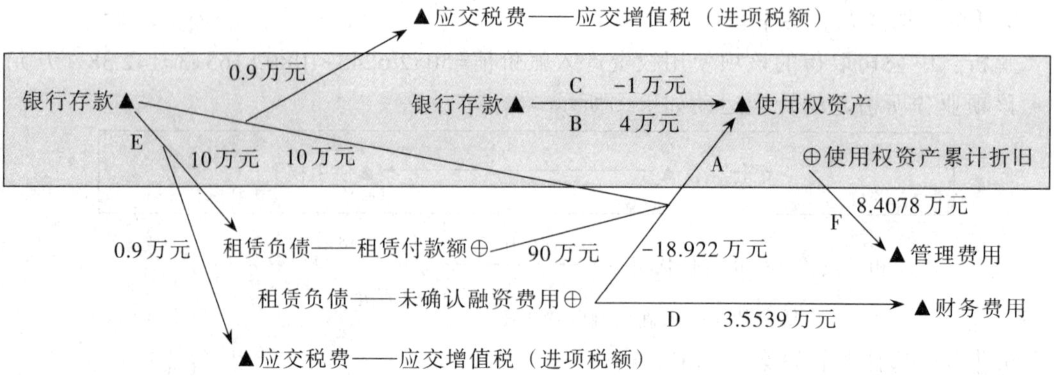

借：使用权资产　810 780
　租赁负债——未确认融资费用　189 220
　应交税费——应交增值税（进项税额）　9 000
　贷：租赁负债——租赁付款额　900 000
　　银行存款　109 000

借：使用权资产　40 000
　贷：银行存款　40 000

借：银行存款　10 000
　贷：使用权资产　10 000

（2）分期摊销租赁负债中未确认融资费用，见下表。

未确认融资费用分期摊销表

单位：元

年度	租赁负债年初金额	本期利息费用	未确认融资费用	现金总流出	租赁负债本期付现	租赁负债年末余额
	①	②=①×5%	③=上期③−②	④	⑤=④−②	⑥=①−⑤
承租日	710 780	—	189 220	—	—	—
1	710 780	35 539	153 681	100 000	64 461	646 319
2	646 319	32 316	121 365	100 000	67 684	578 635
3	578 635	28 932	92 433	100 000	71 068	507 567
4	507 567	25 378	67 055	100 000	74 622	432 945
5	432 945	21 647	45 408	100 000	78 353	354 592
6	354 592	17 730	27 678	100 000	82 270	272 322
7	272 322	13 616	14 062	100 000	86 384	185 938
8	185 938	9 297	4 765	100 000	90 703	95 235
9	95 235	4 765*	4 765	100 000	95 235	0
合计		189 220	—	900 000	710 780	—

注：*第9年的利息费用4 765=100 000−95 235。为避免小数点误差，倒算出来的。

（3）各年年末业务处理：分摊本期应承担的未确认融资费用（见上图中D段，本图中只列示了第1年的资金流量）、支付租赁款项及增值税（见上图中E段）和提取使用权资产累计折旧（见上图中F段）。其具体会计分录见下表。

各年年末业务处理表

单位：元

<table>
<tr><th>年末业务</th><th>会计分录</th><th>第1年</th><th>第2年</th><th>第3～8年</th><th>第9年</th></tr>
<tr><td rowspan="2">分摊未确认融资费用（D）</td><td>借：财务费用</td><td rowspan="2">35 539</td><td rowspan="2">32 316</td><td rowspan="2">略</td><td rowspan="2">4 765</td></tr>
<tr><td>贷：租赁负债——未确认融资费用</td></tr>
<tr><td rowspan="3">支付租赁款项和增值税（E）</td><td>借：租赁负债——租赁付款额</td><td colspan="4">100 000</td></tr>
<tr><td>借：应交税费——应交增值税（进项税额）</td><td colspan="4">9 000</td></tr>
<tr><td>贷：银行存款</td><td colspan="4">109 000</td></tr>
<tr><td rowspan="2">提取折旧费（F）</td><td>借：管理费用</td><td rowspan="2" colspan="4">84 078</td></tr>
<tr><td>贷：使用权资产累计折旧</td></tr>
</table>

三、知识点：出租人会计处理

1.【单项选择题】答案：A

解析：甲公司应收取的租金总额=90+120×3=450（万元），甲公司20×8年应确认的租金收入=450÷4÷12×6=56.25（万元）

2.【单项选择题】答案：D

解析：甲公司租赁期开始日应确认的应收融资租赁款=20×10+30+10+5=245（万元）

3.【单项选择题】答案：D

解析：出租人取得与经营租赁有关的未计入租赁收款额的可变租赁付款额，应该在实际发生时计入当期损益。

4.【多项选择题】答案：ABCD

解析：上述四个选项都是对该图资金运动所反映的经济业务的恰当描述。

5.【多项选择题】答案：ABCD

解析：上述四个选项都是对该图资金运动所反映的经济业务的恰当描述。

6.【多项选择题】答案：ABC

解析：选项D，从图中可知，A1段流量（70万元）和A2段流量（1万元）之和刚好等于A3段流量（92万元）和A4段流量（–21万元）之和，这不是一种巧合，而是一种必然。A1段和A2段流量之和就是应收融资租赁款的现值，以A3段流量所代表的租赁收款额抵减应收融资租赁款现值，就可以得出“应收融资租赁款——未实现融资收益”账户，即A4段的流量。

7.【多项选择题】答案：AC

解析：选项B，可以推测出第一年年初（而不是年末）甲公司应收融资租赁款现值为71万元。选项D，甲出租人第三年年初的应收融资租赁款的现值为51.3656万元（71–（15–

5.5522）-（15-4.8134）)，其中“应收融资租赁款——租赁收款额”账户为62万元，“应收融资租赁款——未实现融资收益”账户为-10.6344万元。

8.【多项选择题】答案：ABD

解析：选项C，因为需要考虑可变租金、购买选择权、终止租赁选择权的罚款以及承租人向出租人所进行的余值担保，所以在第一年年初，甲公司应收融资租赁款现值为71万元，“应收融资租赁款——租赁收款额”金额不少于90万元，“应收融资租赁款——未实现融资收益”金额不少于19万元。

9.【多项选择题】答案：AC

解析：选项B，承租人在租赁时发生的初始直接费用应当在发生时计入使用权资产的初始成本；选项D，对于租赁业务，承租人不应当区分融资租赁和经营租赁进行处理。

10.【业务题】答案：

（1）判断租赁类型。

本题存在优惠购买选择权，优惠购买价50 000元远低于行使选择权日租赁资产的公允价值100 000元，因此在20×3年12月31日就可合理确定甲公司将会行使这种选择权。另外，租赁期5年，占租赁开始日租赁资产使用寿命的90%以上（占租赁资产使用寿命的大部分）。同时，乙公司综合考虑其他各种情形和迹象，认为该租赁实质上转移了与该项设备所有权有关的几乎全部风险和报酬，因此将这项租赁认定为融资租赁。

（2）确定租赁收款额。

①承租人的固定付款额为考虑扣除租赁激励后的金额。

（200 000-10 000）×5=950 000（元）

②取决于指数或比率的可变租赁付款额。该款项在初始计量时根据租赁期开始日的指数或比率确定，因此在租赁期开始日不做考虑。

③承租人购买选择权的行权价格。租赁期届满时，甲公司享有优惠购买该机器的选择权，购买价为50 000元（不含增值税），估计该日租赁资产的公允价值为100 000元。优惠购买价50 000元远低于行使选择权日租赁资产的公允价值，因此在20×3年12月31日就可合理确定甲公司将会行使这种选择权。租赁付款额中应包括承租人购买选择权的行权价格50 000元。

④终止租赁的罚款。虽然甲公司享有终止租赁选择权，但若终止租赁，甲公司需支付的款项为剩余租赁期间的固定租金支付金额，可以合理确定甲公司不会行使终止租赁选择权。

⑤由承租人向出租人提供的担保余值：甲公司向乙公司提供的担保余值为0。

综上所述，租赁收款额=950 000+50 000=1 000 000（元）

⑥确认租赁投资总额。

租赁投资总额=在融资租赁下出租人应收的租赁收款额+未担保余值

=1 000 000+0=1 000 000（元）

租赁投资净额=租赁资产在租赁期开始日公允价值（800 000）+出租人发生的租赁初始直接费用（20 000）=820 000（元）

未实现融资收益=租赁投资总额-租赁投资净额=1 000 000-820 000=180 000（元）

（3）计算租赁内含利率。

租赁内含利率是使租赁投资总额的现值（即租赁投资净额）等于租赁资产在租赁期开始日的公允价值与出租人的初始直接费用之和的利率，即：

190 000×（P/A，r，5）+50 000×（P/F，r，5）=820 000（元）

计算得到租赁的内含利率为6.77%。

（4）20×4年1月1日，乙公司出租租赁资产初始业务所引起的资金运动如下图A段所示。

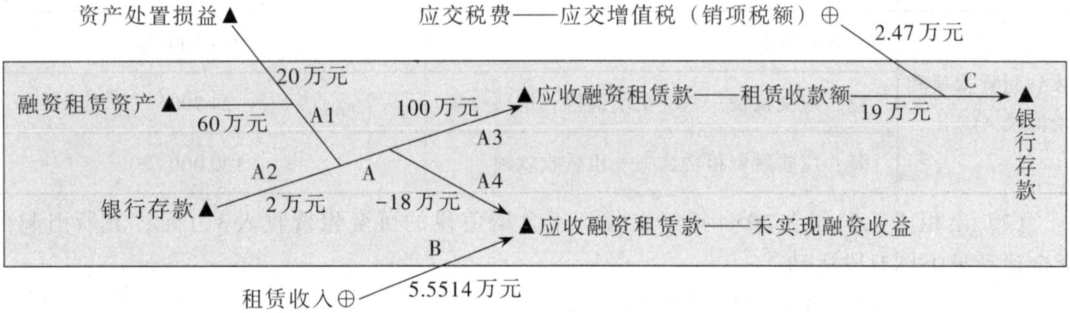

借：应收融资租赁款——租赁收款额　1 000 000

　贷：银行存款　20 000

　　融资租赁资产　600 000

　　资产处置损益　200 000

　　应收融资租赁款——未实现融资收益　180 000

（5）计算租赁期内各期的租赁收入（见下表）。

未实现融资收益分期确认表

单位：元

年度	应收融资租赁款年初金额	本期租赁收入	未实现融资收益	现金总流入	应收融资租赁款本期收现	应收融资租赁款年末余额
	①	②=①×6.77%	③=上期③-②	④	⑤=④-②	⑥=①-⑤
出租日	820 000	—	180 000	—	—	—
1	820 000	55 514	124 486	190 000	134 486	685 514
2	685 514	46 409	78 077	190 000	143 591	541 923
3	541 923	36 688	41 389	190 000	153 312	388 611
4	388 611	26 309	15 080	190 000	163 691	224 920
5	224 920	15 080*	0	190 000	174 920	50 000
合计	—	180 000	—	950 000	770 000	50 000

注：*为避免小数点误差，第5年的租赁收入是倒算出来的，即未实现融资收益余额。

（6）每年年末业务处理：分期确认本期租赁收入（见上图B段，上图只标明了第1年应确认的租金收入）、收到租赁款项及增值税（见上图C段）。

各年年末业务处理表 单位：元

年末业务	会计分录	第1年	第2年	第3年	第4年	第5年
确认租赁收入（B）	借：应收融资租赁款——未实现融资收益 贷：租赁收入	55 514	46 409	36 688	26 309	15 080
收到租赁款项和增值税（C）	借：银行存款	214 700				
	贷：应交税费——应交增值税（销项税额）	24 700				
	贷：应收融资租赁款——租赁收款额	190 000				

（7）出租人乙公司在20×4年年末收到不含增值税的可变租赁收入3万元，其所引起的资金运动见下图D段运动。

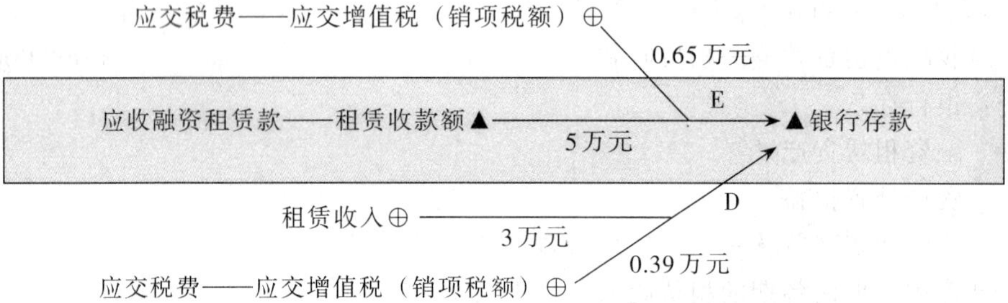

借：银行存款 33 900

　贷：租赁收入 30 000

　　　应交税费——应交增值税（销项税额） 3 900

（8）出租人乙公司在租赁期满日出售该资产所引起的资金运动见上图E段运动。

借：银行存款 56 500

　贷：应收融资租赁款——租赁收款额 50 000

　　　应交税费——应交增值税（销项税额） 6 500

四、知识点：特殊租赁业务的会计处理

1.【多项选择题】答案：AD

解析：选项B，构成融资租赁的，生产商或经销商出租人在租赁期开始日应当按照租赁资产公允价值与租赁收款额按市场利率折现的现值两者孰低确认收入，因此主营业务收入确认270万元并不能判断该产品的公允价值就是270万元。选项C，构成融资租赁的，生产商或经销商出租人按照租赁资产账面价值扣除未担保余值的现值后的余额结转销售成本，由于图中并没有看到确认未担保余值，因此可以推断，其未担保余值金额为0。

2.【多项选择题】答案：ABD

解析：选项C，资金运动C1段反映，甲公司在3年的租赁期内的租赁收入逐年下降，其

原因在于每年年末甲公司都会收到租赁收款额100万元（该金额扣除本期确认的租赁收入后的余额，就是应收融资租赁款本期收回的本金金额），从而导致下年年初的应收融资租赁款的现值逐年减少，第2年年初现值减少85.2564万元（100万元-14.7436万元），第3年年初现值减少89.9119万元（100万元-10.0881万元）。

3.【多项选择题】答案：ABCD

解析：这四个选项都是对该图资金运动所反映的经济业务的恰当描述。

4.【多项选择题】答案：ABCD

解析：这四个选项都是对该图资金运动所反映的经济业务的恰当描述。

5.【多项选择题】答案：ABCD

解析：这四个选项都是对该图所反映的售后租回初始业务的恰当描述。

6.【多项选择题】答案：ABCD

解析：这四个选项都是对甲公司第一年年末售后租回业务的恰当描述。

7.【多项选择题】答案：BCD

解析：选项A，从图中可知，乙公司的出租业务应划分为经营租赁业务。

8.【多项选择题】答案：ABD

解析：选项C，卖方兼承租人应当仅就转让至买方兼出租人的权利确认相关利得或损失。由于是售后租回，使用权资产所对应的原资产部分使用权的控制权一直掌握在卖方兼承租人手中，因此卖方兼承租人不应该确认其对应部分的资产处置损益，应将原确认的这部分资产处置损益予以冲销。

9.【多项选择题】答案：ABCD

解析：这四个选项都是对业务的恰当描述。

10.【多项选择题】答案：ABCD

解析：这四个选项都是对业务的恰当描述。

11.【多项选择题】答案：AB

解析：选项C，生产商或经销商出租人进行融资租赁所发生的成本不属于初始直接费用，不计入租赁投资净额，而是直接作为销售费用计入当期损益。选项D，生产商或经销商出租人在租赁期开始日应当按照租赁资产公允价值与租赁收款额按市场利率折现的现值两者孰低确认收入；当租赁收款额的现值较低时，租赁内含利率就等于市场利率；当租赁资产公允价值较低时，出租人在计算租赁收入时就不能按市场利率进行，而是需要重新计算租赁内含利率。

12.【多项选择题】答案：ABCD

解析：这四个选项都是对转租赁划分为融资租赁业务的恰当描述。

13.【多项选择题】答案：ABCD

解析：这四个选项都是对转租赁划分为经营租赁业务的恰当描述。

14.【业务题】答案：

（1）出租人出租日发生租赁业务的处理：

第一步，判断租赁类型。本例中租赁期满乙公司可以远低于租赁到期日租赁资产公允价值的金额购买租赁资产，甲公司认为可以合理确定乙公司将行使购买选择权，综合考虑其他因素，与该项资产所有权有关的几乎所有风险和报酬已实质转移给乙公司，因此甲公司将该租赁认定为融资租赁。

第二步，根据孰低原则，确定收入金额。

租赁收款额=租金×期数+购买价格=1 200 000×4+100 000=4 900 000（元）

租赁收款额现值=1 200 000×（P/A，5%，4）+100 000×（P/F，5%，4）=4 337 470（元）

按照租赁资产公允价值4 200 000元与租赁收款额按市场利率折算的现值4 337 470元两者孰低的原则，确认收入为4 200 000元。

第三步，计算租赁资产账面价值扣除未担保余值的现值后的余额，确定销售成本金额。

销售成本=账面价值-未担保余值的现值=3 000 000-0=3 000 000（元）

出租人出租日发生租赁业务所引起的资金运动如下图中A段运动所示。其中A1段运动反映收入的确认，A2段运动反映销售成本的结转。

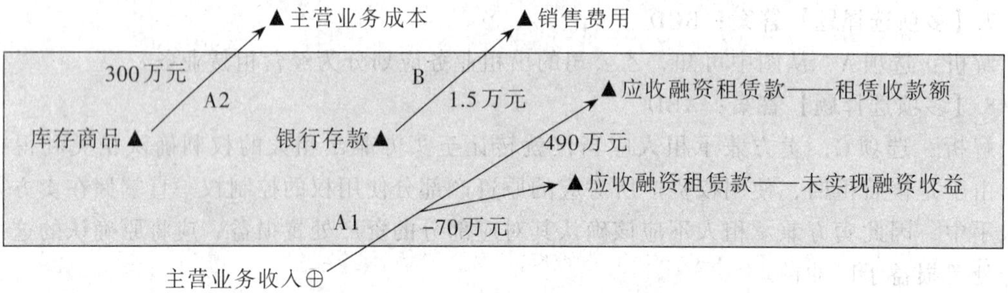

借：应收融资租赁款——租赁收款额　　4 900 000
　贷：主营业务收入　　4 200 000
　　应收融资租赁款——未实现融资收益　　700 000
借：主营业务成本　　3 000 000
　贷：库存商品　　3 000 000

企业发生了15 000元相关支出，该支出类似于销售费用。其所引起的资金运动如上图中B段运动所示。

借：销售费用　　15 000
贷：银行存款　　15 000

（2）计算租赁期内各期的租赁收入。

由于甲公司在确定营业收入和租赁投资净额（即应收融资租赁款）时，是基于租赁资产的公允价值的，因此甲公司需要根据租赁收款额、未担保余值和租赁资产公允价值重新计算租赁内含利率，即：

1 200 000×（P/A，r，4）+100 000×（P/F，r，4）=4 200 000（元）

计算得出，r=6.39%。

计算租赁期内各期应确认的融资收益见下表。

（3）每年年末业务处理：分期确认本期租赁收入（见下图C1段运动）、收到租赁款项及增值税（见下图C2段运动）。

未实现融资收益分期确认表

单位：元

年度	应收融资租赁款年初余额	本期租赁收入	未实现融资收益	现金总流入	应收融资租赁款本期收现	应收融资租赁款年末余额
	①	②=①×6.39%	③=上期③-②	④	⑤=④-②	⑥=①-⑤
出租日	4 200 000	—	700 000	—	—	—
1	4 200 000	268 380	431 620	1 200 000	931 620	3 268 380
2	3 268 380	208 849	222 771	1 200 000	991 151	2 277 229
3	2 277 229	145 515	77 256	1 200 000	1 054 485	1 222 744
4	1 222 744	77 256*	0	1 200 000	1 122 744	100 000
	—	—	—	100 000	—	0
合计	—	700 000	—	4 900 000	4 100 000	100 000

注：*为避免小数点误差，第4年的租赁收入是倒算出来的，即未实现融资收益余额。

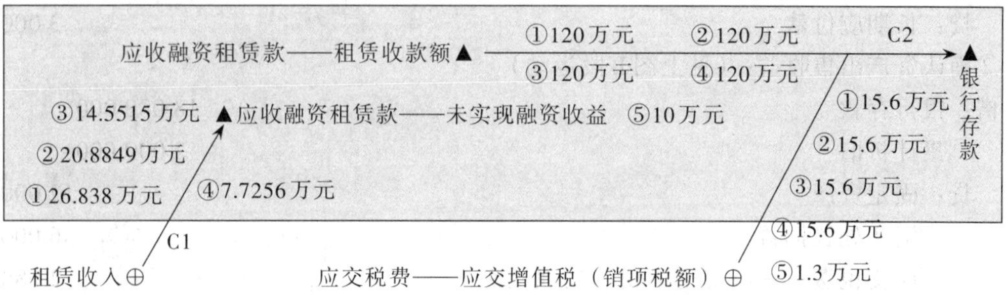

其具体会计分录见下表。

各年年末业务处理表

单位：元

年末	会计分录	①第1年	②第2年	③第3年	④第4年
确认租赁收入（C1）	借：应收融资租赁款——未实现融资收益	268 380	208 849	145 515	77 256
	贷：租赁收入				
收到租赁款项和增值税（C2）	借：银行存款	1 356 000			
	贷：应交税费——应交增值税（销项税额）	156 000			
	贷：应收融资租赁款——租赁收款额	1 200 000			
租赁到期出售（C2）	借：银行存款				113 000
	贷：应交税费——应交增值税（销项税额）				13 000
	贷：应收融资租赁款——租赁收款额				100 000

15.【业务题】答案：

甲公司业务资金运动分析与会计处理：

（1）在租赁期开始日，甲公司对该交易的会计处理如下：

①将超额售价3 000 000元确认为乙公司向甲公司提供的额外贷款。（见下图A段运动）

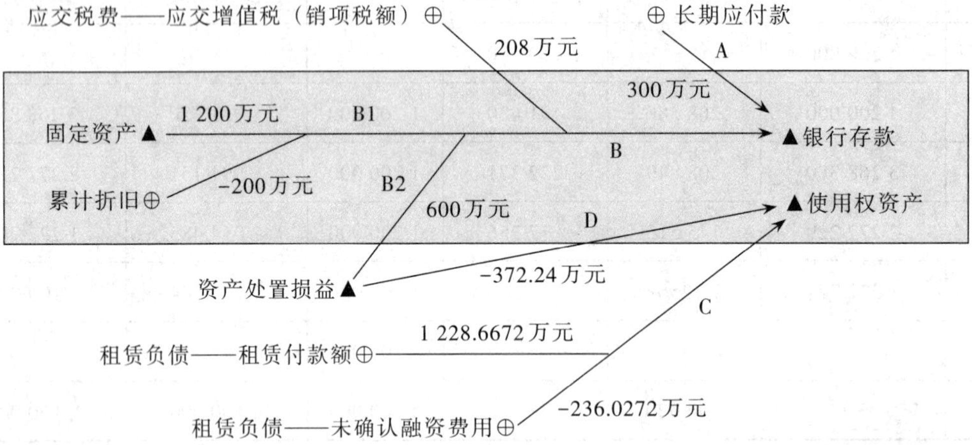

借：银行存款　　3 000 000

　贷：长期应付款　　3 000 000

②确认资产出售收益：（见上图B段运动）

借：银行存款　　18 080 000

　　累计折旧　　2 000 000

　贷：固定资产　　12 000 000

　　　资产处置损益　　6 000 000

　　　应交税费——应交增值税（销项税额）　　2 080 000

③确认租赁负债和使用权资产：

年付款额现值=2 000 000×（P/A，5%，8）=12 926 400（元）

其中3 000 000元与额外融资相关，剩下的9 926 400元即为租赁付款额现值（该金额即为租赁负债和使用权资产的金额）。

额外融资年付款额=2 000 000×（3 000 000÷12 926 400）=464 166（元）

租赁相关年付款额=2 000 000−464 166=1 535 834（元）

总的“租赁负债——租赁付款额”=1 535 834×8=12 286 672（元）

由此可知，“租赁负债——未确认融资费用”账户=12 286 672−9 926 400=2 360 272（元）。（见上图C段运动）

借：使用权资产　　9 926 400

　　租赁负债——未确认融资费用　　2 360 272

　贷：租赁负债——租赁付款额　　12 286 672

④冲销未实现的资产处置损益，调整使用权资产账面价值：

由于是售后租回，使用权资产所对应的原固定资产部分使用权的控制权一直掌握在甲公司手中，因此甲企业不应该确认其对应部分的资产处置损益，应将原确认的这部分资产处置损益予以冲销。

计算该部分与转让至乙公司的权利相关的利得：

与该建筑物使用权相关的利得=6 000 000×（9 926 400÷16 000 000）=3 722 400（元）

该部分资产处置损益应予以冲销。（见上图D段运动）

借：资产处置损益　　3 722 400

　贷：使用权资产　　3 722 400

这样，最终“资产处置损益”项目的金额=6 000 000−3 722 400=2 277 600（元）。

（2）甲公司每年年末确认租赁所产生的财务费用。

①超额借款每期财务费用确认（见下表）。

超额借款每期财务费用确认表（保留整数）

单位：元

年度	长期应付款 年初余额	本期 财务费用	现金总流出	长期应付款 本金偿还额	长期应付款 年末余额
	①	②=①×5%	③	④=③−②	⑤=①−④
1	3 000 000	150 000	464 166	314 166	2 685 834
2	2 685 834	134 292	464 166	329 874	2 355 960
3	2 355 960	117 798	464 166	346 368	2 009 592
4	2 009 592	100 480	464 166	363 686	1 645 906
5	1 645 906	82 295	464 166	381 871	1 264 035
6	1 264 035	63 202	464 166	400 964	863 071
7	863 071	43 154	464 166	421 012	442 059
8	442 059	22 107*	464 166	442 059	0

注：*为避免小数点误差，第8年的财务费用是倒算出来的，即：464 166−442 059=22 107（元）。

②租金支出中未确认融资费用分期摊销（见下表）。

未确认融资费用每期摊销表（保留整数）

单位：元

年度	租赁负债 年初余额	本期 财务费用	未摊销 融资费用	现金总流出	租赁负债 本期付现	租赁负债 年末余额
	①	②=①×5%	③=上期③−②	④	⑤=④−②	⑥=①−⑤
承租日	9 926 400	—	2 360 272	—	—	—
1	9 926 400	496 320	1 863 952	1 535 834	1 039 514	8 886 886
2	8 886 886	444 344	1 419 608	1 535 834	1 091 490	7 795 396
3	7 795 396	389 770	1 029 838	1 535 834	1 146 064	6 649 332

续表

年度	租赁负债年初余额	本期财务费用	未摊销融资费用	现金总流出	租赁负债本期付现	租赁负债年末余额
4	6 649 332	332 467	697 371	1 535 834	1 203 367	5 445 965
5	5 445 965	272 298	425 073	1 535 834	1 263 536	4 182 429
6	4 182 429	209 121	215 952	1 535 834	1 326 713	2 855 716
7	2 855 716	142 786	73 166	1 535 834	1 393 048	1 462 668
8	1 462 668	73 166*	0	1 535 834	1 462 668	0
合计	—	2 360 272	0	12 286 672	9 926 400	0

注：*为避免小数点误差，第8年的财务费用是倒算出来的，即：1 535 834-1 462 668=73 166（元）。

（3）甲公司第1年年末财务费用的确认、租金的支付。

①超额借款应确认的利息费用：（见下图E1段运动）

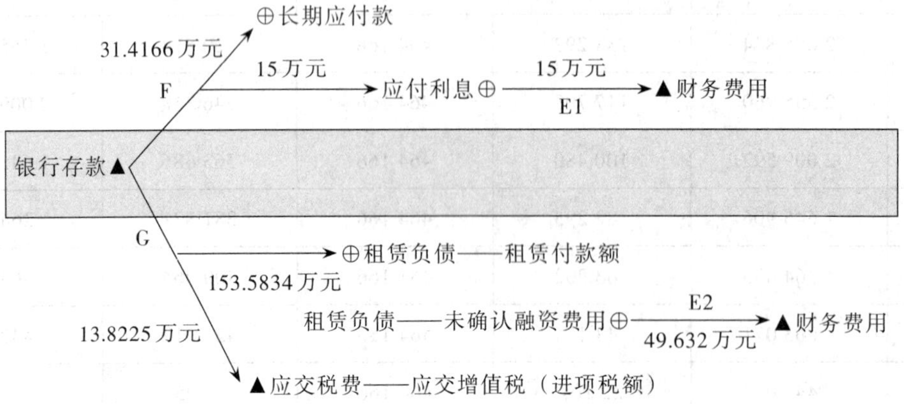

借：财务费用　150 000

　贷：应付利息　150 000

②确认租金中本期应承担的融资费用：（见上图E2段运动）

借：财务费用　496 320

　贷：租赁负债——未确认融资费用　496 320

③支付超额售价中所包括的长期应付款及应付利息：（见上图F段运动）

借：长期应付款　314 166

　　应付利息　150 000

　贷：银行存款　464 166

④支付租金及增值税，增值税税率9%：（见上图G段运动）

借：租赁负债——租赁付款额　1 535 834

　　应交税费——应交增值税（进项税额）　138 225

　贷：银行存款　1 674 059

其他各年的业务处理略。

乙企业业务处理分析：

(1) 综合考虑租赁期占该建筑物剩余使用年限的比例等因素，乙公司将该建筑物的租赁分类为经营租赁。

在租赁期开始日，该业务所引起的资金运动如下图A段运动所示。

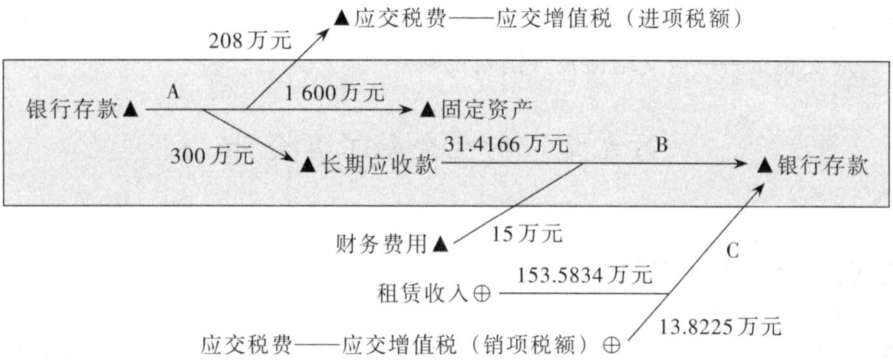

借：固定资产——建筑物　16 000 000

　　长期应收款　3 000 000

　　应交税费——应交增值税（进项税额）　2 080 000

　贷：银行存款　21 080 000

(2) 租赁期开始日之后，乙公司第一年年末确认利息收入、收取租金。

乙公司将从甲公司处收到的年收款额2 000 000元中的1 535 834元作为租赁收款额进行会计处理，剩下的464 166元作为与超额借款有关的项目进行处理。

①超额买价中包含的长期应收款中利息收入的确认与款项的收回：（见上图B段运动）

超额借款每期利息收入确认表（保留整数）　　　　单位：元

年度	长期应收款年初余额	本期利息收入	现金总流入	长期应收款本金收回额	长期应收款年末余额
	①	②=①×5%	③	④=③-②	⑤=①-④
1	3 000 000	150 000	464 166	314 166	2 685 834
2	2 685 834	134 292	464 166	329 874	2 355 960
3	2 355 960	117 798	464 166	346 368	2 009 592
4	2 009 592	100 480	464 166	363 686	1 645 906
5	1 645 906	82 295	464 166	381 871	1 264 035
6	1 264 035	63 202	464 166	400 964	863 071
7	863 071	43 154	464 166	421 012	442 059
8	442 059	22 107*	464 166	442 059	0

注：*为避免小数点误差，第8年的财务费用是倒算出来的，即，464 166-442 059=22 107（元）。

借：银行存款　464 166
　贷：财务费用　150 000
　　长期应收款　314 166

②收到租金及增值税，增值税税率9%：（见上图C段运动）

借：银行存款　1 674 059
　贷：租赁收入　1 535 834
　　应交税费——应交增值税（销项税额）　138 225

第九章　衍生金融工具会计

一、知识点：衍生金融工具

1.【单项选择题】答案：C

解析：进行衍生金融工具交易的双方风险和收益并不一定对称。如果采用远期合约、期货合约或互换合约，这些衍生金融工具的交易双方的风险和报酬相对称，都负有在将来某一日期按照一定条件进行交易的义务。如果是采用期权合约或期权合约的变形如认股权证、可转换债券、利率上限、利率下限等，交易双方的风险和报酬不对称，只有合约的买方有选择是否履约的权利。

2.【多项选择题】答案：ABC

解析：选项D是错误的，远期合约到期日的结算可根据合约中规定的条款进行实物交割，也可以通过净现金结算（净额结算）。

3.【多项选择题】答案：ABCD

解析：这四个选项都是对期货交易的恰当描述。

4.【多项选择题】答案：ABD

解析：选项C，在目前的国际市场上，期权主要以美式期权为主。

5.【多项选择题】答案：AB

解析：选项C、D，认购权证又称为看涨期权，或买权；认沽权证又称为看跌期权，或卖权。

6.【多项选择题】答案：ABCD

解析：这四个选项都是对期权费的恰当描述。

7.【多项选择题】答案：ABC

解析：选项D，对于认沽权证而言，其价内、价外的含义与认购权证正好相反。

8.【多项选择题】答案：ABCD

解析：这四个选项都是对期权时间价值的恰当描述。

9.【多项选择题】答案：ABCD

解析：这四个选项都是对互换合约的恰当描述。

10.【多项选择题】答案：ACD

解析：选项B，对于远期合约来说，应于承诺日确认为资产或负债，而不是等到交割实际发生日才予以确认。

11.【多项选择题】答案：ABCD

解析：这四个选项都是对嵌入式衍生金融工具的恰当描述。

12.【判断题】答案：对

解析：期货合约就是标准化的远期合约。

13.【判断题】答案：错

解析：金融商品主要包括外汇、有息金融资产（如抵押存款证、中长期政府债券、国库券、商业票据、大额定期存单等）、股票和黄金。在这些金融商品中只有黄金是实物形态，其他的均属于非实物形态。

14.【判断题】答案：错

解析：期货交易最终进行实物交割的比例很小。这是因为期货交易一般都是为了规避风险或者进行投机，因此绝大多数合约在到期前都会择机转手平仓。而远期合约在未到期之前不能随意转手，必须按照规定在到期日进行交割。

15.【判断题】答案：错

解析：如果期权的内在价值为0，则说明期权价值处于价平或价外。也就是说，当期权的内在价值位于价平和价外时，其内在价值都为0。

16.【判断题】答案：对

解析：在货币互换中，本金在互换交易有效期内交换两次：一次是在互换开始时交换；另一次是在互换结束时交换。

17.【业务题】答案：

（1）20×8年5月1日，购买看涨期权：（见下图A段运动）

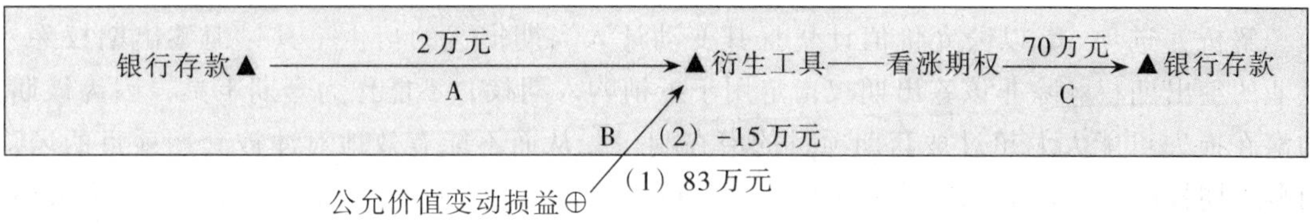

借：衍生工具——看涨期权 20 000

贷：银行存款 20 000

（2）20×8年12月31日，确认看涨期权的公允价值变动：（见上图B段（1）运动）

借：衍生工具——看涨期权 830 000

贷：公允价值变动损益 830 000

（3）20×9年6月30日，确认看涨期权的公允价值变动：（见上图B段（2）运动）

借：公允价值变动损益 150 000

贷：衍生工具——看涨期权 150 000

同日，乙公司按净额结算期权合约：（见上图C段运动）

借：银行存款 700 000

贷：衍生工具——看涨期权 700 000

二、知识点：套期会计概述

1.【多项选择题】答案：ACD

解析：选项A，属于固定换浮动，利率变动影响公允价值变动，是对公允价值变动风险进行套期；选项B，属于浮动换固定，是对未来现金流量变动风险进行套期；选项C是尚未确认的确定承诺，选项D是已确认资产，均属于公允价值套期。

2.【多项选择题】答案：CD

解析：选项A和选项B为预期交易，属于现金流量套期。

3.【多项选择题】答案：ABD

解析：公允价值套期，是指对已确认的资产或负债、尚未确认的确定承诺，或者上述项目组成部分的公允价值变动风险敞口进行的套期。对极有可能发生的预期交易进行的套期属于现金流量套期。

4.【多项选择题】答案：ABCD

解析：这四个选项都是对业务的恰当描述。

5.【判断题】答案：对

解析：该描述是对公允价值套期的本质反映。

6.【判断题】答案：对

解析：该描述是对现金流量套期的恰当描述。

三、知识点：套期项目与被套期项目

1.【多项选择题】答案：BCD

解析：选项A，以公允价值计量且其变动计入当期损益的衍生工具，但签出期权除外。企业的签出期权（除非该签出期权指定用于抵销购入期权）不能作为套期工具，因为该期权的潜在损失可能大大超过被套期项目的潜在利得，从而不能有效地对冲被套期项目的风险。而购入期权的一方可能承担的最大损失就是期权费，但可能拥有的利得通常等于或大大超过被套期项目的潜在损失，可被用来有效对冲被套期项目的风险，因此购入期权的一方可以将购入的期权作为套期工具。

2.【多项选择题】答案：ABC

解析：选项D，对于期权，企业可以将期权的内在价值和时间价值分开，只将期权的内在价值变动指定为套期工具。

3.【多项选择题】答案：ABCD

解析：这四个选项都是对业务的恰当描述。

4.【多项选择题】答案：ABCD

解析：这四个选项都是对业务的恰当描述。

5.【多项选择题】答案：ABC

解析：选项D，企业的一般经营风险（如固定资产毁损风险、亏损风险等）不能作为被套期风险，因为这些风险不能被具体识别和单独计量。

6.【多项选择题】答案：ABCD

解析：这四个选项都是对集团层面套期会计的恰当描述。

四、知识点：套期关系评估

1.【单项选择题】答案：D

解析：终止套期会计可能影响套期关系的整体或其中一部分，在仅影响其中一部分时，剩余未受影响的部分仍适用套期会计，选项D正确。

2.【单项选择题】答案：D

解析：企业应当终止确认金融资产的情形包括：（1）企业以不附追索权方式出售金融资产；（2）企业将金融资产出售，同时与买入方签订协议，在约定期限结束时按当日该金融资产的公允价值回购；（3）企业将金融资产出售，同时与买入方签订看跌期权合约（即买入方有权将该金融资产返售给企业），但从合约条款判断，该看跌期权是一项重大价外期权（即期权合约条款的设计使得金融资产的买方极小可能到期行权）。

选项D，与买入方签订看跌期权合约属于重大价内期权，表明企业并未将金融资产所有权上几乎所有的风险和报酬转移给买入方，所以不应当终止确认相关金融资产。

3.【单项选择题】答案：B

解析：企业应当将符合条件的金融工具整体指定为套期工具，但有例外情形，选项A错误；对于远期合同，企业可以将远期合同的远期要素和即期要素分开，只将即期要素的价值变动指定为套期工具，选项C错误；企业可以将套期工具的一定比例指定为套期工具，但不可以将套期工具剩余期限内某一时段的公允价值变动部分指定为套期工具，选项D错误。

4.【多项选择题】答案：ABD

解析：套期关系再平衡，是指对已经存在的套期关系中被套期项目或套期工具的数量进行调整，以使套期比率重新符合套期有效性要求，不是调整金额，选项C错误。

5.【多项选择题】答案：ABC

解析：在被套期项目和套期工具经济关系产生的价值变动中，信用风险的影响不能占主导地位。

6.【多项选择题】答案：ABD

解析：选项C，套期关系由于套期比率的原因而不再符合套期有效性要求，但指定该套期关系的风险管理目标没有改变的，企业应当首先进行套期关系再平衡，然后评估套期关系是否满足准则所规定的应用套期会计方法的条件，而不是直接终止套期会计。

7.【判断题】答案：错

解析：套期工具的公允价值或现金流量变动大于或小于被套期项目的公允价值或现金流量变动的部分为套期无效部分。

五、知识点：套期业务的会计处理

1.【多项选择题】答案：ABCD

解析：这四个选项都是对套期业务的恰当说明。

2.【多项选择题】答案：ACD

解析：选项B，虽然C1段运动中主营业务收入只有109万元，但C2段运动中主营业务成本也由原来的100万元变为99万元，将C1段和C2段结合起来看，企业的净收益最终是没有减少的。

3.【多项选择题】答案：ABCD

解析：这四个选项都是对该图资金运动所反映的套期业务的恰当描述。

4.【多项选择题】答案：ABD

解析：选项C，资金运动E3段反映将原计在“其他综合收益——公允价值变动”账户上的累计金额30万元转为企业的留存收益，导致企业的所有者权益增加30万元。

5.【多项选择题】答案：ABCD

解析：这四个项目都是对该图所反映的经济业务的恰当描述。

6.【多项选择题】答案：ABD

解析：选项C，资金运动C1段反映结束该商品期货合同，收到银行存款3.5万元；同时将套期储备3.5万元转入主营业务收入，从而导致主营业务收入增加3.5万元。

7.【多项选择题】答案：ABC

解析：选项D，纵观整个资金运动流程可知，该套期属于公允价值套期。一般来说，公允价值套期需要单独设置“套期损益”项目来进行套期处理，而现金流量套期一般应设置“其他综合收益——套期储备”项目来进行套期处理。

8.【多项选择题】答案：ABC

解析：选项D，纵观整个资金运动流程可知，该套期属于现金流量套期。一般来说，公允价值套期需要单独设置“套期损益”项目来进行套期处理，而现金流量套期一般应设置“其他综合收益——套期储备”项目来进行套期处理。

9.【多项选择题】答案：ABCD

解析：这四个选项都是对该资金运动所反映的套期业务的恰当描述。

10.【多项选择题】答案：ABC

解析：选项D，从该图中可知，与预期销售相关的套期收益100万元在收入实现的当期就通过净敞口套期损益计入了当期损益。但与预期购买相关的套期损失120万元则是先计入所购固定资产的成本，然后在该固定资产5年使用寿命内分期分量通过折旧以净敞口套期损益的形式计入各年损益。所以D是错误的。

11.【多项选择题】答案：ABCD

解析：这四个选项都是对图中资金运动所反映的期权时间价值业务处理的恰当描述。

12.【多项选择题】答案：ABCD

解析：这四个选项都是对业务的恰当描述。

13.【多项选择题】答案：ABC

解析：选项D，被套期项目为以公允价值计量的金融资产（或其组成部分）的，在对其因被套期风险敞口形成的利得或损失进行处理时，其账面价值不需要调整，因为其本身已经采用公允价值计量。

14.【业务题】答案：

（1）20×9年1月1日，甲公司指定钼存货为被套期项目：（见下图中A段运动）

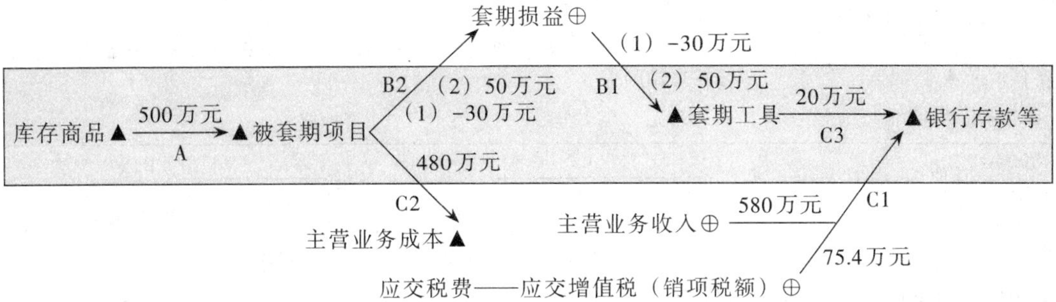

借：被套期项目——库存商品钼　　5 000 000

　贷：库存商品——钼　　5 000 000

20×9年1月1日，被指定为套期工具的钼期货合同的公允价值为0，不进行账务处理。

（2）20×9年1月31日，甲公司确认套期工具公允价值变动：（见上图中B1段（1）运动）

借：套期损益　　300 000

　贷：套期工具——钼期货合同　　300 000

甲公司确认被套期项目公允价值变动：（见上图中B2段（1）运动）

借：被套期项目——库存商品钼　　300 000

　贷：套期损益　　300 000

（3）20×9年2月28日，甲公司确认套期工具公允价值变动：（见上图B1段（2）运动）

借：套期工具——钼期货合同　　500 000

　贷：套期损益　　500 000

甲公司确认被套期项目公允价值变动：（见上图B2段（2）运动）

借：套期损益　　500 000

　贷：被套期项目——库存商品钼　　500 000

（4）20×9年2月28日，甲公司确认钼存货销售收入：（见上图C1段运动）

借：银行存款等　　6 554 000

　贷：主营业务收入　　5 800 000

　　　应交税费——应交增值税（销项税额）　　754 000

结转钼存货销售成本：（见上图C2段运动）

借：主营业务成本　　4 800 000

　贷：被套期项目——库存商品钼　　4 800 000

结算钼期货合同：（见上图C3段运动）

借：银行存款　　200 000

　贷：套期工具——钼期货合同　　200 000

15.【业务题】答案：

（1）20×9年1月1日，甲公司不进行账务处理，但需编制指定文档。

（2）20×9年1月31日，确认现金流量套期储备：（见下图A段（1）运动）

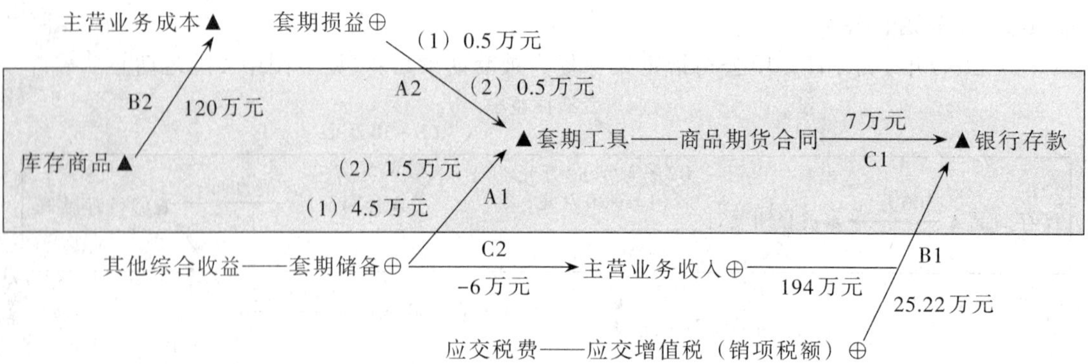

借：套期工具——商品期货合同　　50 000

　贷：其他综合收益——套期储备　　45 000

　　　套期损益　　5 000

（3）20×9年2月28日，确认现金流量套期储备：（见上图A段（2）运动）

借：套期工具——商品期货合同　　20 000

　贷：其他综合收益——套期储备　　15 000

　　　套期损益　　5 000

（4）20×9年2月28日，确认商品的销售收入：（见上图B1段运动）

借：银行存款　　2 192 200

　贷：主营业务收入　　1 940 000

　　　应交税费——应交增值税（销项税额）　　252 200

同时结转所售产品成本120万元：（见上图B2段运动）

借：主营业务成本　　1 200 000

　贷：库存商品　　1 200 000

（5）20×9年2月28日，结算商品期货合同：（见上图C1段运动）

借：银行存款　　70 000

　贷：套期工具——商品期货合同　　70 000

将现金流量套期储备金额转出，调整主营业务收入：（见上图C2段运动）

借：其他综合收益——套期储备　　60 000

　贷：主营业务收入　　60 000

16.【业务题】答案：

（1）20×8年10月1日，外汇远期合同的公允价值为0，不进行账务处理。

（2）20×8年12月31日，确认外汇远期合同的公允价值下跌：（见下图A段（1）运动）

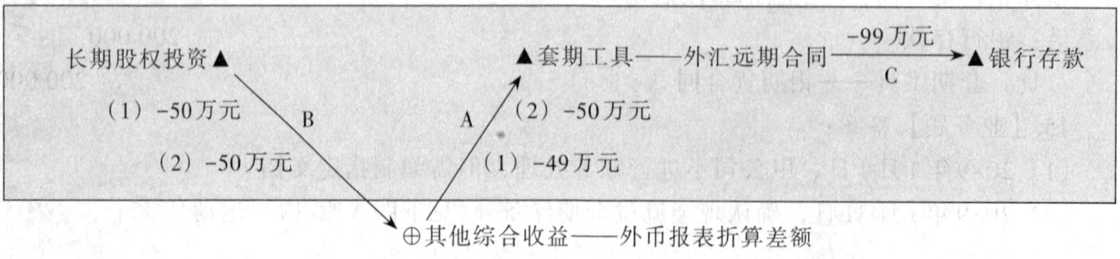

借：其他综合收益——外币报表折算差额　　490 000

　贷：套期工具——外汇远期合同　　490 000

确认对子公司净投资的汇兑损益：（见上图B段（1）运动）

汇兑收益=（6.75-6.70）×1 000=50（万元人民币）

借：长期股权投资　　500 000

　贷：其他综合收益——外币报表折算差额　　500 000

（3）20×9年3月31日，确认外汇远期合同的公允价值下跌：（见上图中A段（2）运动）

借：其他综合收益——外币报表折算差额　　500 000

　贷：套期工具——外汇远期合同　　500 000

确认对子公司净投资的汇兑损益：（见上图中B段（2）运动）

汇兑收益=（6.80-6.75）×1 000=50（万元人民币）

借：长期股权投资　　500 000

　贷：其他综合收益——外币报表折算差额　　500 000

结算外汇远期合同：（见上图中C段运动）

借：套期工具——外汇远期合同　　990 000

　贷：银行存款　　990 000

17.【业务题】答案：

（1）20×9年1月1日，外汇远期合同公允价值为0，无须进行账务处理。

（2）20×9年12月31日，确认套期工具公允价值变动：（见下图A段运动）

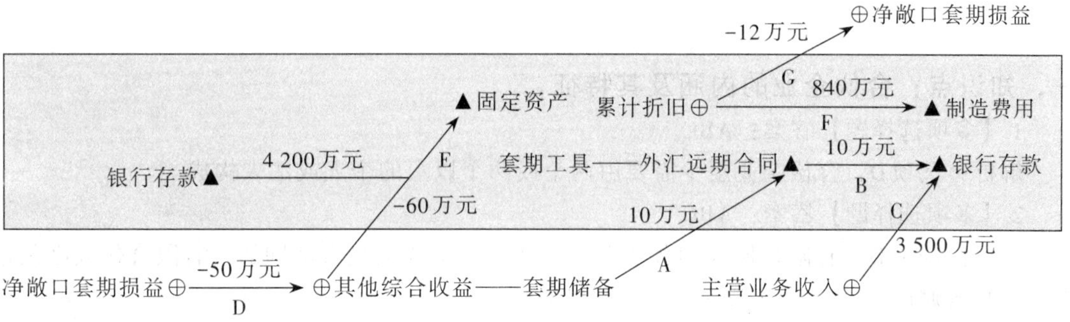

借：套期工具——外汇远期合同　　100 000

　贷：其他综合收益——套期储备　　100 000

（3）20×9年12月31日，结算外汇远期合同：（见上图B段运动）

借：银行存款　　100 000

　贷：套期工具——外汇远期合同　　100 000

（4）20×9年12月31日，确认销售收入：（见上图C段运动）

借：银行存款　　35 000 000

　贷：主营业务收入　　35 000 000

（5）20×9年12月31日，将套期工具累计收益中对应预期销售的部分-500 000元人民币（5 000 000×（6.90-7.00））从其他综合收益中转出，并将其计入净敞口套期损益：（见上图

D段运动）

借：净敞口套期损益　　500 000

　贷：其他综合收益——套期储备　　500 000

（6）20×9年12月31日，购进固定资产，并将套期工具的累计收益中对应预期采购的部分-600 000元人民币（6 000 000×（6.90-7.00））从其他综合收益中转出，并将其冲减固定资产的初始确认金额：（见上图E段运动）

借：固定资产　　41 400 000

　　其他综合收益——套期储备　　600 000

　贷：银行存款　　42 000 000

（7）后续第2年至第6年，基于固定资产采购价格（不含套期调整）每年计提折旧8 400 000元人民币（42 000 000÷5）：（见上图F段运动）

借：制造费用——折旧费用　　8 400 000

　贷：累计折旧　　8 400 000

（8）将套期调整在固定资产折旧期间进行摊销=-600 000÷5=-120 000（元人民币），并将其计入净敞口套期损益：（见上图G段运动）

借：累计折旧　　120 000

　贷：净敞口套期损益　　120 000

第十章　合伙企业会计

一、知识点：合伙企业的内涵及其特征

1.【多项选择题】答案：ABC

解析：选项D，合伙企业至少需要由两个或两个以上的个人或法人构成。

2.【多项选择题】答案：ABC

解析：选项D，有限合伙人和普通合伙人在出资形式上是有区别的。有限合伙人必须以现金或其他财产出资，不得以劳务或信用出资。

3.【多项选择题】答案：ABD

解析：选项C，合伙企业不属于所得税纳税主体。

二、知识点：合伙企业会计的特点

1.【多项选择题】答案：BCD

解析：选项A，合伙企业设立时，非现金资产的公允价值由所有合伙人协商确定，所涉及的金额在合伙协议中载明。

2.【多项选择题】答案：ABC

解析：选项D，合伙企业不需要设置“资本公积”账户。

3.【多项选择题】答案：ABCD

解析：这四个选项都是对合伙企业会计核算的正确描述。

三、知识点：合伙企业设立及经营的会计处理

1.【业务题】答案：

（1）按甲、乙实际投入资本进行会计处理，具体业务资金运动如下图所示：

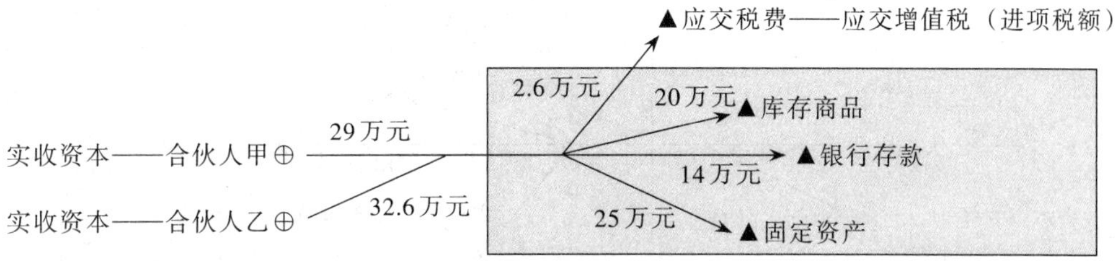

借：固定资产——设备　50 000
　　　　　——建筑物　200 000
　　银行存款　140 000
　　库存商品　200 000
　　应交税费——应交增值税（进项税额）　26 000
　贷：实收资本——合伙人甲　290 000
　　　　　　——合伙人乙　326 000

（2）甲、乙两人在合伙资本中各占50%，按红利法进行会计处理，具体业务资金运动如下图所示：

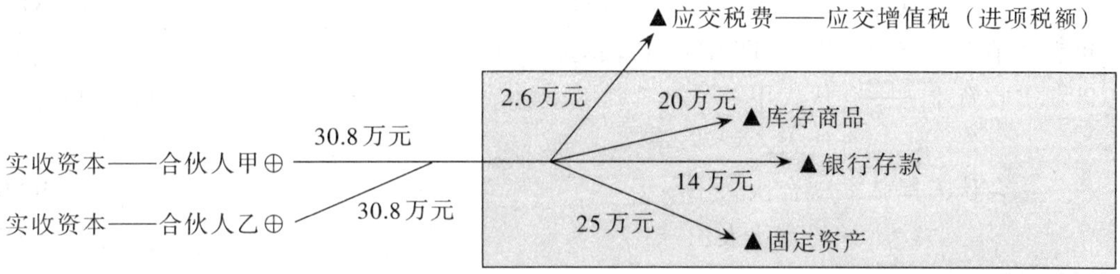

借：固定资产——设备　50 000
　　　　　——建筑物　200 000
　　银行存款　140 000
　　库存商品　200 000
　　应交税费——应交增值税（进项税额）　26 000
　贷：实收资本——合伙人甲　308 000
　　　　　　——合伙人乙　308 000

（3）甲、乙两人在合伙资本中各占50%，按商誉法进行会计处理，具体业务资金运动如下图所示：

借：固定资产——设备　50 000
　　　　　——建筑物　200 000
　　银行存款　140 000
　　库存商品　200 000

借：应交税费——应交增值税（进项税额）　26 000
　　商誉　36 000
　贷：实收资本——合伙人甲　326 000
　　　　　　——合伙人乙　326 000

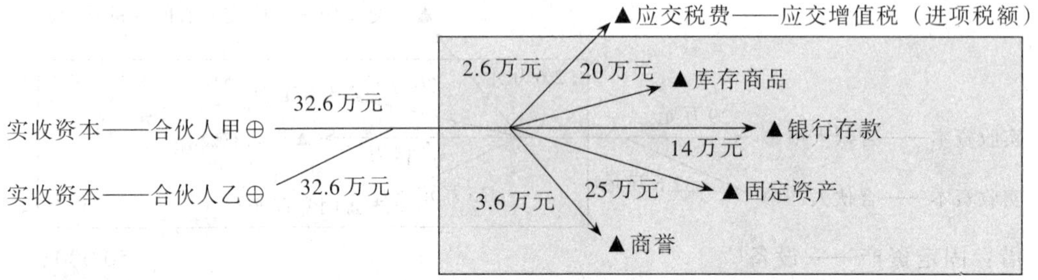

2.【业务题】答案（1）：

每月提款：（见下图A段运动）

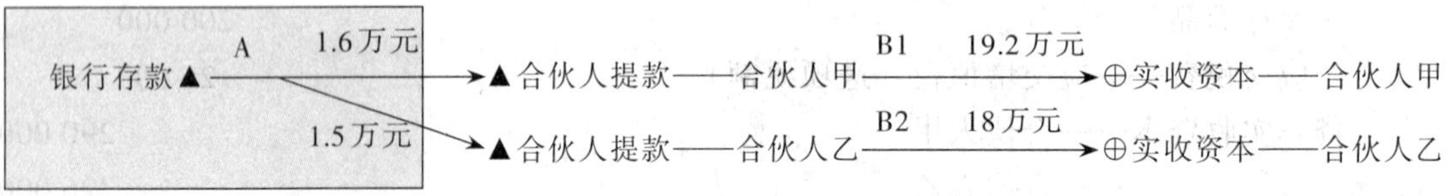

借：合伙人提款——合伙人甲　16 000
　　　　　　　——合伙人乙　15 000
　贷：银行存款　31 000

年底冲销实收资本：（见上图B1、B2段运动）

借：实收资本——合伙人甲　192 000
　　　　　　——合伙人乙　180 000
　贷：合伙人提款——合伙人甲　192 000
　　　　　　　　——合伙人乙　180 000

答案（2）：

借款给合伙人：（见下图A段运动）

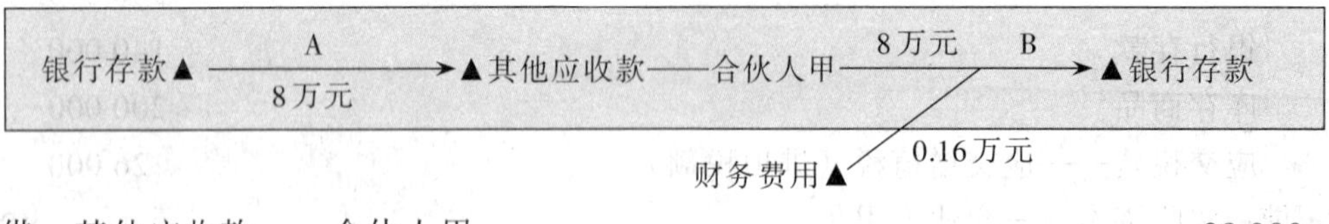

借：其他应收款——合伙人甲　80 000
　贷：银行存款　80 000

到期收回本息时：（见上图B段运动）

借：银行存款　81 600
　贷：其他应收款——合伙人甲　80 000
　　　财务费用　1 600

答案（3）：

向合伙人借款：（见下图A段运动）

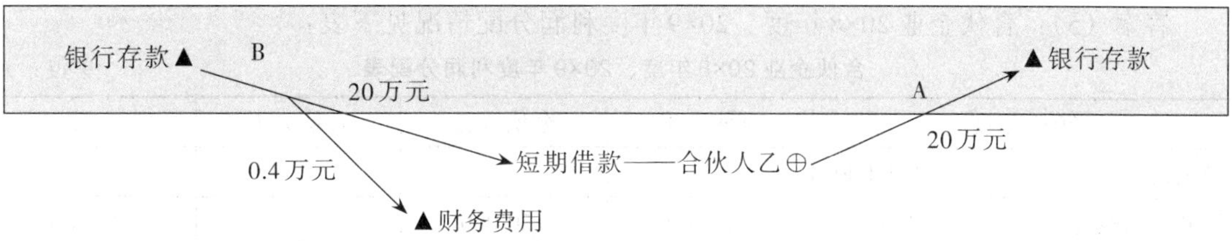

借：银行存款　　200 000

　贷：短期借款——合伙人乙　　200 000

到期还本付息时：（见上图B段运动）

借：短期借款——合伙人乙　　200 000

　　财务费用　　4 000

　贷：银行存款　　204 000

答案（4）：

①根据上述资料编制合伙人实收资本变动表，具体情况见下表。

②20×9年12月31日，合伙企业将本年实现的净利润在甲、乙合伙人之间进行分配：（见下图A段运动）

合伙人实收资本变动表

单位：元

经济事项	合伙人甲（60%）	合伙人乙（40%）	合计
期初资本余额（20×9年1月1日）	600 000	400 000	1 000 000
加：增资	100 000	—	100 000
减：减资	—	（60 000）	（60 000）
提款	（140 000）	（20 000）	（160 000）
投入资本净额	560 000	320 000	880 000
加：本期净利润	480 000	320 000	800 000
期末资本余额（20×9年12月31日）	1 040 000	640 000	1 680 000

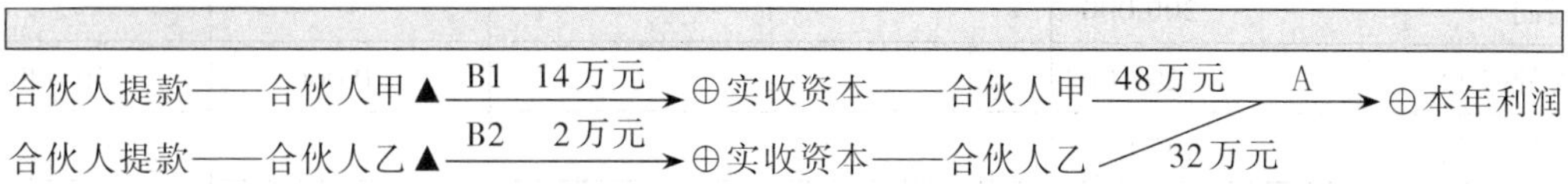

借：本年利润　　800 000

　贷：实收资本——合伙人甲　　480 000

　　　　　　——合伙人乙　　320 000

③将合伙人提款转入权益资本账户：（见上图B1、B2段运动）

借：实收资本——合伙人甲　　140 000

　　　　　——合伙人乙　　20 000

　贷：合伙人提款——合伙人甲　　140 000

　　　　　　　——合伙人乙　　20 000

答案（5）：合伙企业20×8年度、20×9年度利润分配情况见下表：

合伙企业20×8年度、20×9年度利润分配表

单位：元

20×8年度		合伙人甲	合伙人乙	合伙人丙	合计
净利润	810 000				
甲和乙的薪金	（240 000）	120 000	120 000		240 000
可分配的利润	570 000				
三人平均分配		190 000	190 000	190 000	570 000
净利润的分配		310 000	310 000	190 000	810 000
20×9年度		合伙人甲	合伙人乙	合伙人丙	合计
净利润	180 000				
甲和乙的薪金	（240 000）	120 000	120 000		240 000
可分配的利润	（60 000）				
三人平均分配		（20 000）	（20 000）	（20 000）	（60 000）
净利润的分配		100 000	100 000	（20 000）	180 000

答案（6）：合伙企业20×8年度、20×9年度利润分配情况见下表：

合伙企业20×8年度、20×9年度利润分配表

单位：元

20×8年度		合伙人甲	合伙人乙	合伙人丙	合计
净利润	800 000				
给丙的红利	（80 000）			80 000	80 000
可分配的利润	720 000				
甲和乙的薪金	（240 000）	120 000	120 000		240 000
可分配的利润	480 000				
三人平均分配		160 000	160 000	160 000	480 000
净利润的分配		280 000	280 000	240 000	800 000
20×9年度		合伙人甲	合伙人乙	合伙人丙	合计
净利润	200 000				
给丙的红利	（20 000）			20 000	20 000
可分配的利润	180 000				
甲和乙的薪金	（240 000）	120 000	120 000		240 000
可分配的利润	（60 000）				
三人平均分配		（20 000）	（20 000）	（20 000）	（60 000）
净利润的分配		100 000	100 000	0	200 000

四、知识点：合伙权益的变动会计处理

1.【业务题】答案：

（1）资金运动如下图所示：

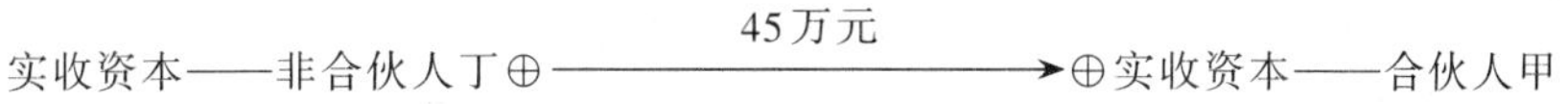

借：实收资本——合伙人甲　　450 000

　贷：实收资本——非合伙人丁　　450 000

（2）资金运动如下图所示：

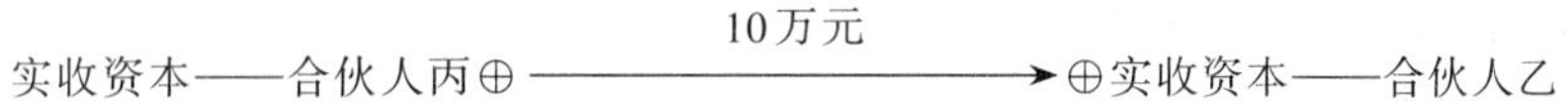

借：实收资本——合伙人乙　　100 000

　贷：实收资本——合伙人丙　　100 000

2.【业务题】答案：

（1）采用红利法

①丙直接支付两人各100 000元入伙。丙对新合伙企业的资本和损益享有50%的权益，甲、乙分别享有新合伙企业的损益的25%（资金运动如下图所示）。

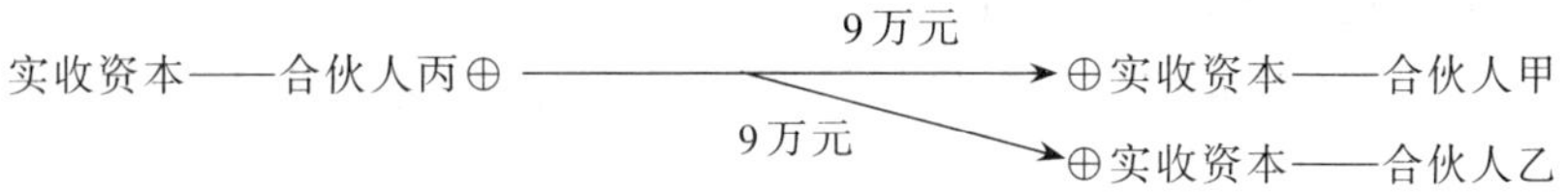

借：实收资本——合伙人甲　　90 000

　　　　　　——合伙人乙　　90 000

　贷：实收资本——合伙人丙　　180 000

由于甲、乙将等额的资本和等额的利润分配权转让给丙，则丙所付出的200 000元要平均分配，才显公平。因此甲、乙两人各得到货币资金100 000元。

由甲、乙、丙三人新成立的合伙企业的资本账户余额具体见下表。

新合伙企业甲、乙、丙资本账户余额表　　金额单位：元

合伙人	账面价值	转（受）让资本	转（受）让后的资本	占有比例
甲	200 000	（90 000）	110 000	30.6%
乙	160 000	（90 000）	70 000	19.4%
丙	—	180 000	180 000	50.0%
合计	360 000	0	360 000	100%

在上表中，甲、乙合伙人的损益分配权虽然都是25%，但两人的资本余额比例却不相等，分别是30.6%和19.4%。

②丙直接支付两人共计200 000元入伙。丙对新合伙企业的资本和损益享有50%的权益，甲、乙分别享有新合伙企业的资本和损益的25%。

如甲、乙、丙三人在设立新合伙企业时，希望各合伙人在合伙企业中的资本余额比例和损益分配比例均对等，即分别为25%、25%和50%，则丙所支付的200 000元款项，甲应分

得110 000元（100 000+10 000），乙应分得90 000元（100 000-10 000）。从上表的“转（受）让后的资本”来看，应减少合伙人甲的资本20 000元，应增加合伙人乙的资本20 000元，最后甲、乙的资本余额都为90 000元，资金运动如下图所示。

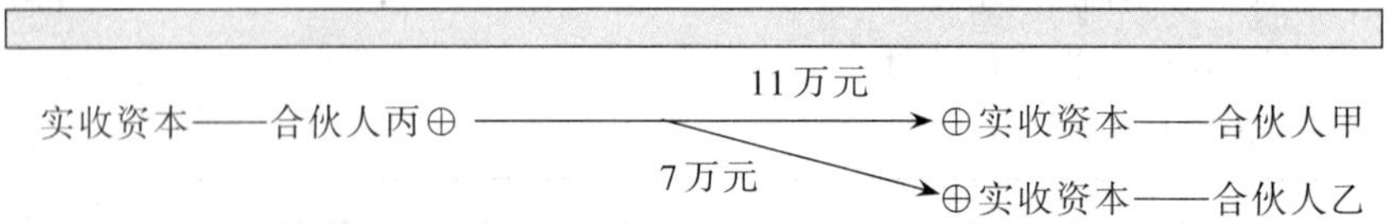

借：实收资本——合伙人甲　　110 000
　　　　　　——合伙人乙　　70 000
　贷：实收资本——合伙人丙　　180 000

这样，新设的合伙企业中，甲、乙、丙三人的资本余额比例和合伙企业的损益分配比例就完全一致了，其比例分别为25%、25%和50%。

（2）采用商誉法

①丙直接支付两人各100 000元入伙。丙对新合伙企业的资本和损益享有50%的权益，甲、乙分别享有新合伙企业的损益的25%。

商誉=200 000÷50%-360 000=40 000（元）

该商誉应在甲、乙之间按合伙损益分配比例进行分配，其所引起的资金运动见下图中A段运动。

借：商誉　　40 000
　贷：实收资本——合伙人甲　　20 000
　　　　　　　——合伙人乙　　20 000

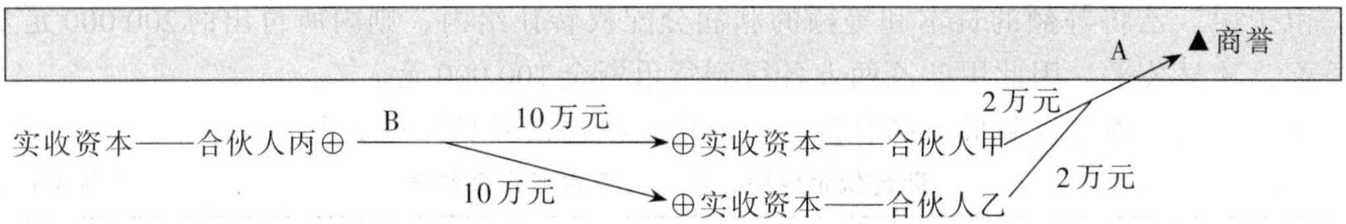

然后确认新合伙人的合伙权益，其所引起的资金运动见上图中B段运动。

借：实收资本——合伙人甲　　100 000
　　　　　　——合伙人乙　　100 000
　贷：实收资本——合伙人丙　　200 000

由甲、乙、丙三人新成立的合伙企业的资本账户余额具体见下表。

新合伙企业甲、乙、丙资本账户余额表　　金额单位：元

合伙人	原账面价值	商誉	转（受）让资本	转（受）让后的资本	占有比例
甲	200 000	20 000	（100 000）	120 000	30%
乙	160 000	20 000	（100 000）	80 000	20%
丙	—	—	200 000	200 000	50%
合计	360 000	40 000	0	400 000	100%

在上表中，甲、乙合伙人的损益分配权虽然都是25%，但两人的资本余额比例却不相等，分别是30%和20%。

②丙直接支付两人共计200 000元入伙。丙对新合伙企业的资本和损益享有50%的权益，甲、乙分别享有新合伙企业的资本和损益的25%。

如甲、乙、丙三人在新设合伙企业时，希望各合伙人在合伙企业中的资本余额比例和损益分配比例均对等，即分别为25%、25%和50%，则丙所支付的200 000元款项，甲应分得110 000元（100 000+10 000），乙应分得90 000元（100 000−10 000）。从上表的“转（受）让后的资本”来看，应减少合伙人甲的资本20 000元，应增加合伙人乙的资本20 000元，最后甲、乙的资本余额都为100 000元。其所引起的资金运动见下图中B段运动。

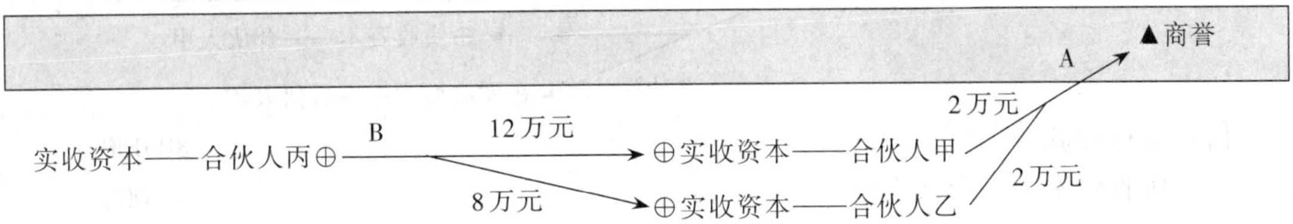

这样，新设的合伙企业中，甲、乙、丙三人的资本余额比例和合伙企业的损益分配比例就完全一致了，其比例分别为25%、25%和50%。

3.【业务题】答案：

（1）按红利法进行相关会计处理：

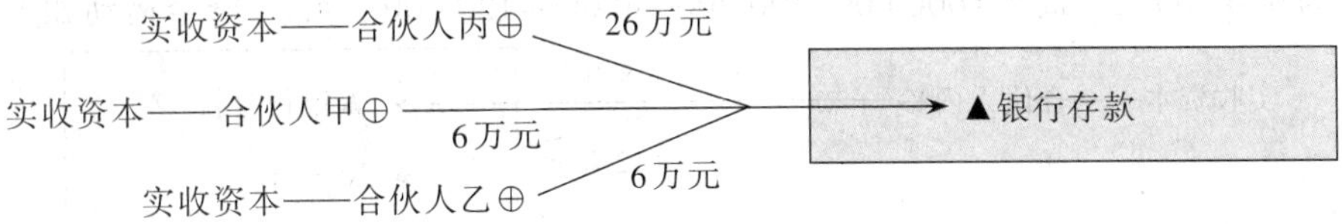

借：银行存款　　380 000

　贷：实收资本——合伙人甲　　60 000

　　　　　　　——合伙人乙　　60 000

　　　　　　　——合伙人丙　　260 000

（2）按商誉法进行相关会计处理：

既然丙愿意以380 000元的投资取得合伙企业1/3的资本，则表明原合伙企业有未记录的商誉，未记录的商誉的价值取决于丙的投资额。

新合伙企业的总资产价值=380 000÷（1/3）=1 140 000（元）

商誉=1 140 000−400 000−380 000=360 000（元）。该金额在原合伙人之间按原合伙协议约定的损益分配比例进行分配。

该商誉所引起的资金运动见下图中A段运动。

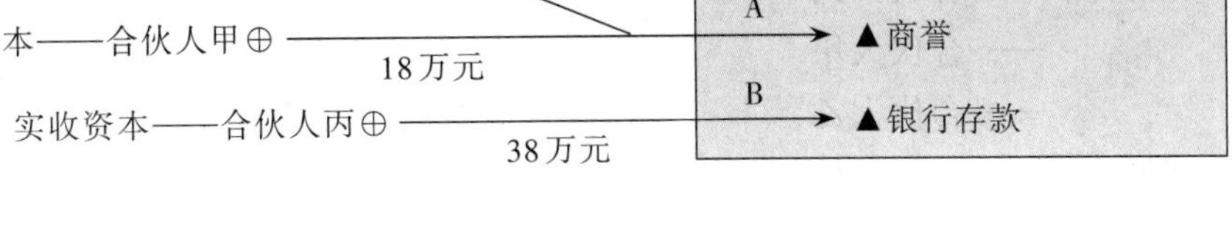

借：商誉　　360 000

　贷：实收资本——合伙人甲　　180 000

　　　　　　——合伙人乙　　180 000

其后确认丙投资者的入伙，其所引起的资金运动见上图中B段运动。

借：银行存款　　380 000

　贷：实收资本——合伙人丙　　380 000

4.【业务题】答案：

（1）按红利法进行相关会计处理，资金运动如下图所示：

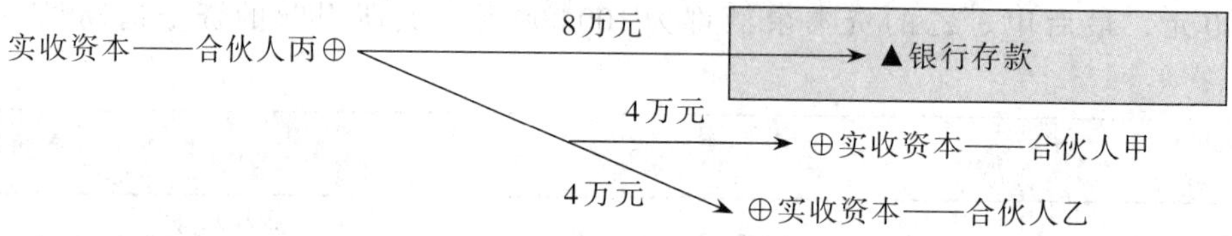

借：银行存款　　80 000

　　实收资本——合伙人甲　　40 000

　　　　　　——合伙人乙　　40 000

　贷：实收资本——合伙人丙　　160 000

（2）按商誉法进行相关会计处理：

原合伙人合伙资本为400 000元，占新合伙企业资本的2/3，由此可以推断出新合伙企业的总资本为600 000元。商誉=600 000－400 000－80 000=120 000（元）。资金运动如下图所示。

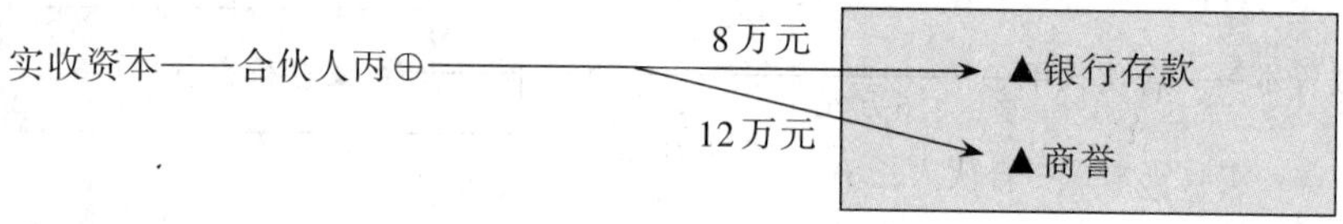

借：银行存款　　80 000

　　商誉　　120 000

　贷：实收资本——合伙人丙　　200 000

5.【业务题】答案：

（1）丙在合伙权益的最后清偿中共得款368 000元。

①采用红利法处理。

在红利法下，合伙企业给合伙人丙的超额付款48 000元，应由甲、乙按照损益分配比例4∶2的相对比例进行分配，即甲承担32 000元，乙承担16 000元。资金运动如下图所示。

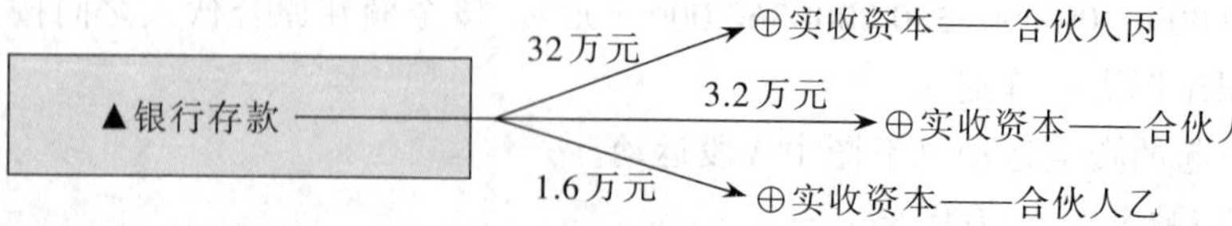

借：实收资本——合伙人丙　　320 000

　　　　　　——合伙人甲　　32 000

　　　　　　——合伙人乙　　16 000

贷：银行存款　　368 000

②采用商誉法处理。

在部分商誉确认时，将合伙企业给付合伙人丙的超额付款部分48 000元确认为商誉。资金运动如下图所示。

借：商誉　　48 000

实收资本——合伙人丙　　320 000

贷：银行存款　　368 000

在全部确认商誉时，首先需要计算商誉，即商誉=退伙人权益增值部分÷退伙人损益分配比例，即120 000元（48 000÷40%）。然后按照损益分配比例确认该笔商誉。商誉的确认所引起的资金运动见下图中A段运动。

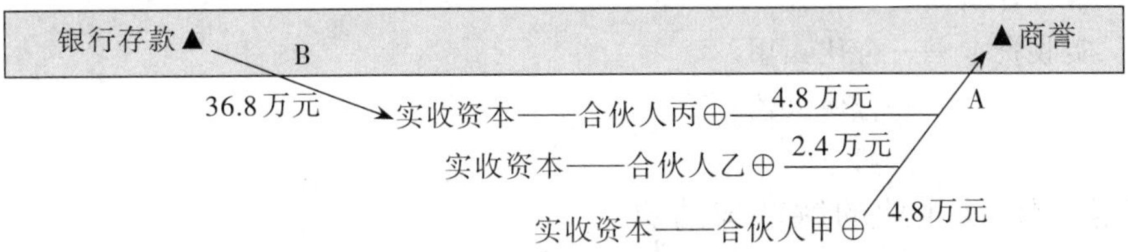

借：商誉　　120 000

贷：实收资本——合伙人甲　　48 000

——合伙人乙　　24 000

——合伙人丙　　48 000

合伙人丙退伙引起的资金运动见上图中B段运动。

借：实收资本——合伙人丙　　368 000

贷：银行存款　　368 000

（2）丙在合伙权益的最后清偿中共得款288 000元。

①假设是存货高估。

如减少的32 000元表明合伙企业的存货被高估，其高估的金额为80 000元，即32 000÷40%。在此情况下，应指明何种资产被高估，并将其降为公允价值。

首先合伙企业需要冲减存货被高估的价值，其所引起的资金运动见下图中A段运动。

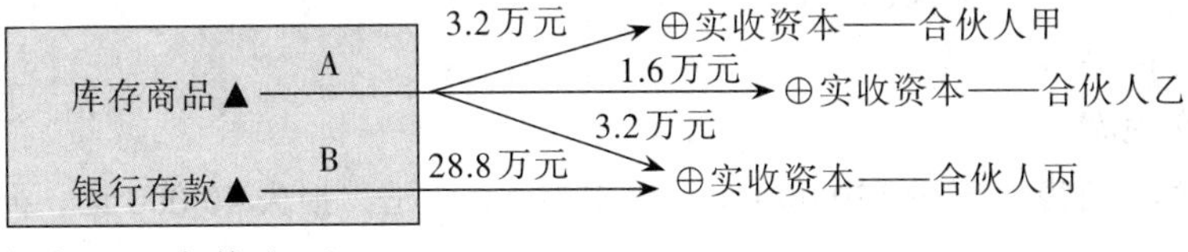

借：实收资本——合伙人丙　　32 000

——合伙人甲　　32 000

——合伙人乙　　16 000

贷：库存商品　　80 000

其次退还合伙人丙的权益金额，其所引起的资金运动见上图中B段运动。

借：实收资本——合伙人丙　　288 000

　贷：银行存款　　288 000

②假设是合伙人丙急于退伙而愿意折价处理。

若有证据表明，折价付款是由于合伙人丙急于退出企业，不愿意进行繁杂的资产重估，而愿意放弃一部分资产，则该差额32 000元应该在甲、乙之间按合伙协议损益分配的相对比例进行分配，即甲分得21 334元、乙分得10 666元。资金运动如下图所示。

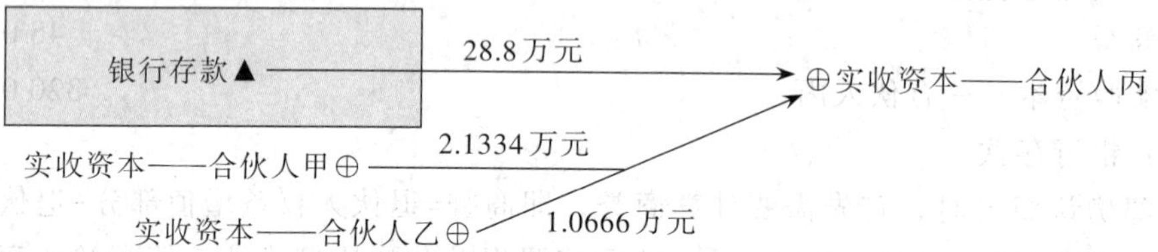

借：实收资本——合伙人丙　　320 000

　贷：银行存款　　288 000

　　实收资本——合伙人甲　　21 334

　　　　　　——合伙人乙　　10 666

五、知识点：合伙企业的解散与清算

1.【业务题】答案：

（1）存货销售，售价100 000元，成本120 000元，损失20 000元。征收率3%。（见下图A段运动）

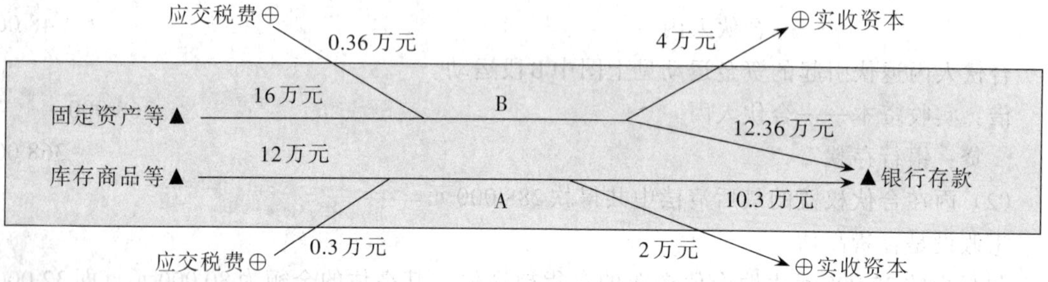

借：银行存款　　103 000

　　实收资本——合伙人甲　　14 000

　　　　　　——合伙人乙　　6 000

　贷：库存商品等　　120 000

　　应交税费　　3 000

（2）固定资产销售，售价120 000元，成本160 000元，损失40 000元。征收率3%。（见上图B段运动）

借：银行存款　　123 600

　　实收资本——合伙人甲　　28 000

　　　　　　——合伙人乙　　12 000

贷：固定资产等　　160 000

　　应交税费　　3 600

（3）应收账款收回88 000元，成本120 000元，损失32 000元。（见下图C段运动）

借：银行存款　　88 000

　　实收资本——合伙人甲　　22 400

　　　　　　——合伙人乙　　9 600

　贷：应收账款等　　120 000

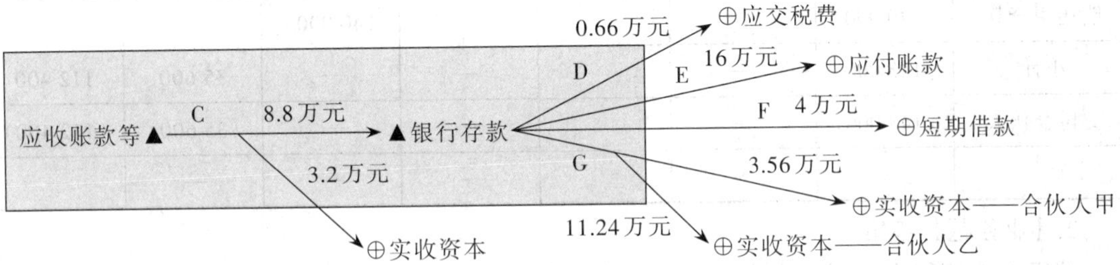

（4）缴纳应交增值税6 600元：（见上图D段运动）

借：应交税费　　6 600

　贷：银行存款　　6 600

（5）清偿非合伙人债务160 000元：（见上图E段运动）

借：应付账款　　160 000

　贷：银行存款　　160 000

（6）清偿向合伙人甲借入的借款：（见上图F段运动）

借：短期借款——合伙人甲　　40 000

　贷：银行存款　　40 000

（7）将剩余货币资金分配给甲、乙合伙人，结算合伙清算：（见上图G段运动）

借：实收资本——合伙人甲　　35 600

　　　　　　——合伙人乙　　112 400

　贷：银行存款　　148 000

其合伙企业清算表见下表。

合伙企业清算表

单位：元

项目	货币资金	非现金资产	应交税费	优先债务	甲的贷款	甲的资本	乙的资本
20×9年1月1日	40 000	400 000		160 000	40 000	100 000	140 000
出售存货	103 000	（120 000）	3 000	—	—	（14 000）	（6 000）
小计	143 000	280 000	3 000	160 000	40 000	86 000	134 000
出售固定资产	123 600	（160 000）	3 600			（28 000）	（12 000）
小计	266 600	120 000	6 600	160 000	40 000	58 000	122 000
应收账款收回	88 000	（120 000）				（22 400）	（9 600）
小计	354 600	—	6 600	160 000	40 000	35 600	112 400

续表

项目	货币资金	非现金资产	应交税费	优先债务	甲的贷款	甲的资本	乙的资本
缴纳税金	（6 600）		（6 600）				
小计	348 000	—	—	160 000	40 000	35 600	112 400
偿还债务	（160 000）	—		（160 000）			
小计	188 000	—		—	40 000	35 600	112 400
偿还甲贷款	（40 000）				（40 000）		
小计	148 000	—		—	—	35 600	112 400
支付合伙人	（148 000）	—		—	—	（35 600）	（112 400）
	—	—		—	—	—	—

2.【业务题】答案：

若甲有偿债能力，则甲应支付12 000元给合伙企业，以冲销其资本账户的借方余额。甲所支付的12 000元将使合伙企业的货币资金达到112 000元，以便在最后清算时，分配给乙和丙。

若甲无能力偿还，这12 000元的损失将按照损益分配的相对比例由乙和丙分担，其中乙承担8 000元，丙承担4 000元。此时，合伙企业只需将货币资金100 000元分配给乙56 000元，分配给丙44 000元，合伙企业便宣告结束。

当“实收资本——合伙人”账户为借方余额的合伙人对合伙企业有一笔贷款时，该贷款余额应该与资本账户的借方余额相抵销，直至该资本账户的借方余额为0。

3.【业务题】答案：

此时，即使应付给合伙人甲的短期借款比合伙人乙和丙的资本有较为优先的清偿顺序，也不能清偿。这笔贷款应该与“实收资本——合伙人甲”账户的借方余额相抵销，使得合伙人甲欠合伙企业的金额为12 000元。

若甲有偿债能力，则甲偿付12 000元后，乙和丙可以收到相当于其资本账户余额的金额。这和先偿付贷款20 000元，再从甲的个人财产中收取32 000元，所得到的结果一样。

若甲无能力偿还，情况就可能完全不同。甲的资本账户抵销贷款项目后损失的12 000元将按照损益分配的相对比例由乙和丙分担，其中乙承担8 000元，丙承担4 000元；此时，合伙企业只需将货币资金100 000元分配给乙56 000元，分配给丙44 000元。

4.【业务题】答案：

从表中数据可知，如乙和丙分别把其所欠合伙企业的款项付清，则合伙企业的货币资金就为20 800元。该金额刚好可以偿还债务16 000元和退还合伙人甲的资本金4 800元。

如果在合伙人乙和丙付清其欠款之前，债权人向合伙人甲要求清偿其债权并获得了全数清偿，则合伙人甲的资本权益就由原来的4 800元增加到20 800元，合伙人甲就具备了对合伙人乙和丙的追偿权。等收到乙和丙交来的欠款后，合伙企业再将其退还给合伙人甲。

5.【业务题】答案：

由于甲的个人财产不足以清偿其个人债务，乙的个人财产仅仅够清偿其个人债务，所以合伙企业的债权只能从合伙人丙那里得到清偿，合伙人丙偿还了16 000元的合伙企业债务。该债务的偿还也导致合伙人丙的资本余额变为：−12 800+16 000=3 200（元）。

由于乙已经没有资产偿还合伙企业中的资本亏损数8 000元，该亏损数应该由甲和丙按照清算日的资本余额比例来分别承担。

甲承担的损失=8 000×（28 800÷40 000）=5 760（元）

丙承担的损失=8 000×（11 200÷40 000）=2 240（元）

在分担乙的损失后，甲的资本余额为：4 800−5 760=−960（元）；丙的资本余额为：3 200−2 2 40=960（元）。由此可知，合伙人甲还需向丙合伙人支付960元，该金额即为合伙人丙应得到的补偿。但由于甲合伙人已资不抵债，该欠款合伙人甲无法偿还，进而导致合伙人丙无法收到这笔补偿款。

6.【业务题】答案：

合伙企业安全清偿表见下表：

合伙企业安全清偿表

单位：元

项目	可能损失	合伙人甲权益（损益分配50%）	合伙人乙权益（损益分配30%）	合伙人丙权益（损益分配20%）
合伙人权益（资本±贷款余额）		200 000	240 000	520 000
非现金资产可能发生的损失	640 000	（320 000）	（192 000）	（128 000）
小计		（120 000）	48 000	392 000
或有事项可能产生的损失	40 000	（20 000）	（12 000）	（8 000）
小计		（140 000）	36 000	384 000
因合伙人甲可能产生的损失		140 000	（84 000）	（56 000）
小计		0	（48 000）	328 000
因合伙人乙可能产生的损失			48 000	（48 000）
可安全清偿金额			0	280 000

从上表可知，280 000元可安全分配给合伙人丙，而不能安全清偿给合伙人甲和乙。

7.【业务题】答案：

（1）确定合伙人易受伤害程度。

首先，应确定各合伙人的权益余额，然后，将合伙人权益除以其损益分配比例，以确定每个合伙人所能吸收而不致使其权益小于0的最大损失。甲、乙、丙三人易受伤害程度的排序见下表。

甲、乙、丙合伙人易受伤害程度排序表

合伙人	合伙人权益（元）	损益分配率	吸收损失程度（元）	易受伤害程度（从易到难）
甲	2 720 000	50%	5 440 000	1
乙	2 880 000	30%	9 600 000	3
丙	1 280 000	20%	6 400 000	2

从上表可知，由易受伤害程度排序可知，合伙人甲最容易受到伤害，因为金额越小越易受到伤害。当整个合伙企业清算损失达到9 600 000元之前，合伙人乙的权益足以吸收他应负担的损失。

（2）假定损失的吸收。

甲、乙、丙合伙企业假定损失吸收表见下表。

甲、乙、丙合伙企业假定损失吸收表

单位：元

项目	合伙人甲（50%）	合伙人乙（30%）	合伙人丙（20%）	合计
清算前权益	2 720 000	2 880 000	1 280 000	6 880 000
吸收甲的假定损失	（2 720 000）	（1 632 000）	（1 088 000）	（5 440 000）
余额	0	1 248 000	192 000	1 440 000
吸收丙的假定损失		（288 000）	（192 000）	（480 000）
余额		960 000	0	960 000

（3）现金分配计划。

合伙人乙应先分得960 000元。由假定损失吸收表编制甲、乙、丙合伙企业的现金分配计划，具体见下表。

甲、乙、丙合伙企业现金分配计划

序号	金额（元）	优先债务	乙贷款	甲	乙	丙
1	4 000 000	100%				
2	160 000		100%			
3	800 000				100%	
4	480 000				60%	40%
其余	剩余金额			50%	30%	20%

第十一章　清算会计

一、知识点：清算会计概述

1.【多项选择题】答案：ABCD

解析：这四个选项都是对普通清算和破产清算区别的恰当描述。

2.【多项选择题】答案：ABCD

解析：这四个选项都是对业务的恰当描述。

3.【多项选择题】答案：ABCD

解析：这四个选项都是对清算会计的恰当描述。

4.【判断题】答案：错

解析：在全面清查企业财产、债权和债务后，首先应将清算财产用于支付企业清算期间为开展清算工作所支出的全部费用，对支付清算费用后的剩余财产，应依照下列顺序逐项清偿企业的债务：（1）支付应付未付的职工工资、劳动保险费等；（2）缴纳所欠税款；（3）清偿其他各项无担保债务。

5.【判断题】答案：对

解析：该描述所表达的内容非常正确。

6.【判断题】答案：错

解析：自愿清算和行政清算的企业，仍是独立的主体，清算组只是一个代理机构，其业务活动是一种代理行为；但在破产清算中，企业被宣告破产后失去了法人资格，会计主体的地位也不复存在。

二、知识点：破产清算的会计处理

【业务题】答案：

（1）清算资产负债表的编制。

①在破产宣告日，将原债务人的账户余额结转。

a.假设应付账款中有200万元、其他应付款中有100万元属于共益债务，应将其转入“应付共益债务”项目：（见下图A1段运动）

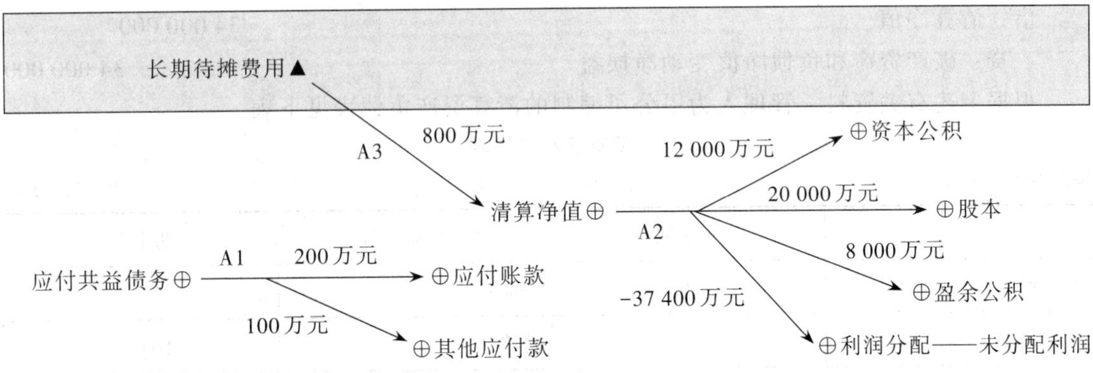

借：应付账款　　2 000 000

　　其他应付款　　1 000 000

　贷：应付共益债务　　3 000 000

b.将股本、资本公积、盈余公积、未分配利润转入“清算净值”：（见上图A2段运动）

借：股本　　200 000 000

　　资本公积　　120 000 000

　　盈余公积　　80 000 000

贷：利润分配——未分配利润　　374 000 000

清算净值　　26 000 000

c.将长期待摊费用等项目转入“清算净值”账户：(见上图A3段运动)

借：清算净值　　8 000 000

贷：长期待摊费用　　8 000 000

②在破产宣告日，将原债务人的账户余额进行调整。

管理人根据甲公司账面价值与清算价值对照表，调整相关项目的余额：(见下图B1段运动)

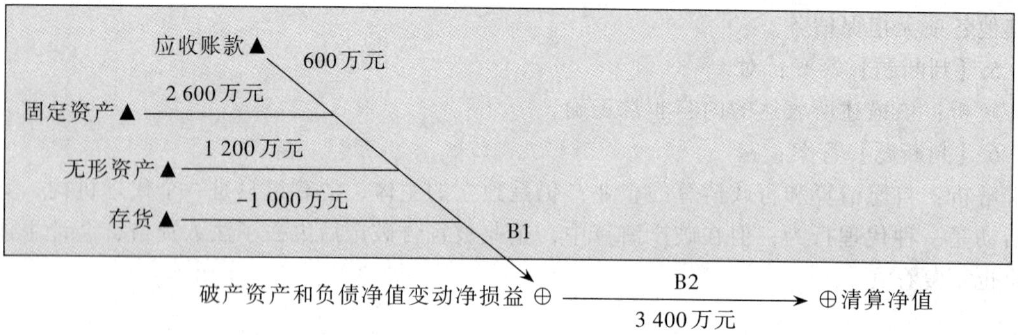

借：存货　　10 000 000

破产资产和负债净值变动净损益　　34 000 000

贷：应收账款　　6 000 000

固定资产　　26 000 000

无形资产　　12 000 000

将破产资产和负债净值变动净损益转入清算净值：(见上图B2段运动)

借：清算净值　　34 000 000

贷：破产资产和负债净值变动净损益　　34 000 000

根据上述有关资料，管理人为甲公司编制的清算资产负债表见下表。

清算资产负债表

编制单位：甲公司　　20×9年3月31日　　单位：万元

资产	期末数	负债及清算净值	期末数
货币资金	600	负债：	
应收票据		借款	10 000
应收账款	4 400	应付票据	6 000
其他应收款		应付账款	12 800
预付账款		预收账款	
存货	11 000	其他应付款	1 300
金融资产投资	1 400	应付债券	

续表

资产	期末数	负债及清算净值	期末数
长期股权投资		应付破产费用	
投资性房地产		应付共益债务	300
固定资产	14 400	应付职工薪酬	2 600
在建工程		应交税费	400
无形资产		负债合计	33 400
		清算净值	-1 600
资产总计	31 800	负债及清算净值总计	31 800

（2）变现、清算业务的会计处理。

假设甲公司自20×9年4月份起进行清算，当月发生的业务及会计处理如下：

①确认甲企业职工遣散安置费1 400万元：（见下图C1段运动）

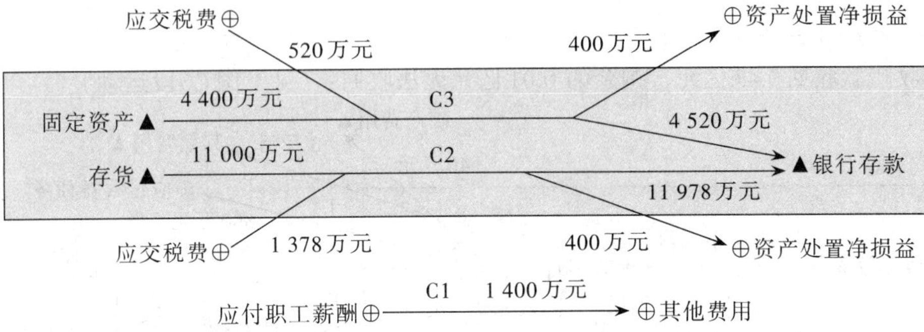

借：其他费用　　14 000 000

　贷：应付职工薪酬　　14 000 000

②全部存货出售得款10 600万元（不含增值税），增值税税率13%，款项已收存银行：（见上图C2段运动）

借：银行存款　　119 780 000

　　资产处置净损益　　4 000 000

　贷：库存商品（存货）　　110 000 000

　　　应交税费　　13 780 000

③设备清算净值为0.44亿元，出售得到0.4亿元，不含增值税，增值税税率13%。款项已存入银行：（见上图C3段运动）

借：银行存款　　45 200 000

　　资产处置净损益　　4 000 000

　贷：固定资产——设备　　44 000 000

　　　应交税费　　5 200 000

④房屋清算净值为1亿元，出售价款为0.9亿元（不含增值税），增值税税率13%：（见下图C4段运动）

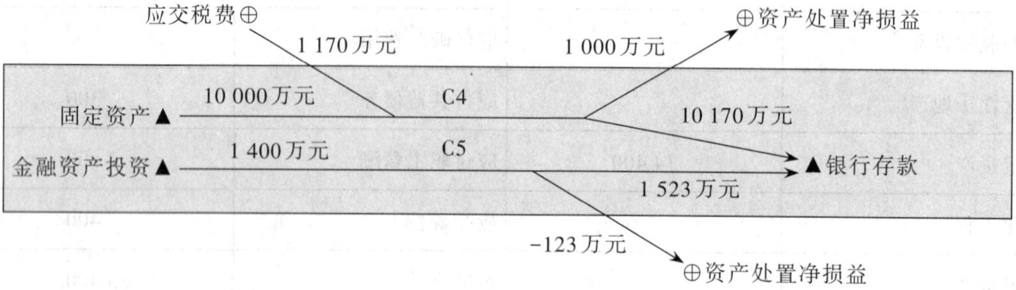

借：银行存款 101 700 000

　　资产处置净损益 10 000 000

　贷：固定资产——房屋 100 000 000

　　　应交税费 11 700 000

⑤处置交易性金融资产，取得银行存款0.1523亿元：（见上图C5段运动）

借：银行存款 15 230 000

　贷：金融资产投资 14 000 000

　　　资产处置净损益 1 230 000

⑥应收账款收回0.43亿元，剩余的0.01亿元无法收回：（见下图C6段运动）

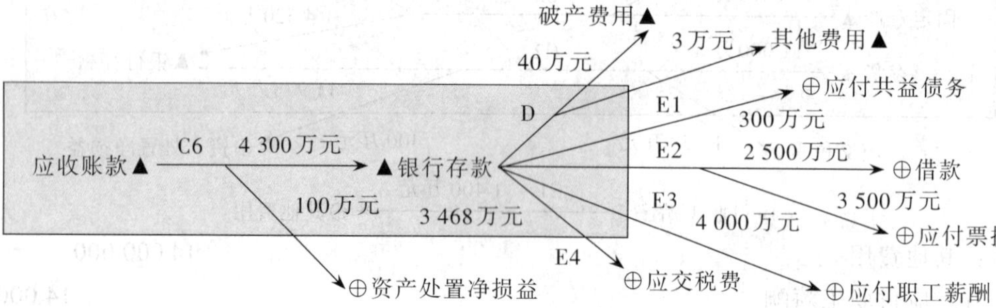

借：银行存款 43 000 000

　　资产处置净损益 1 000 000

　贷：应收账款 44 000 000

⑦支付清算期间管理人薪酬280 000元、诉讼费100 000元、审计评估费20 000元，同时支付财产保管费6 000元、设备设施维护费24 000元：（见上图中D段运动）

借：其他费用 30 000

　　破产费用 400 000

　贷：银行存款 430 000

⑧支付应付共益债务：（见上图E1段运动）

借：应付共益债务 3 000 000

　贷：银行存款 3 000 000

假设借款中有2 500万元的工商银行借款有担保，应付票据中应付乙企业的票据3 500万

元有担保。企业以银行存款支付该有担保债务：（见上图E2段运动）

借：借款——工商银行　　25 000 000

　　应付票据——乙企业　　35 000 000

　贷：银行存款　　6 000 000

支付应付职工薪酬：（见上图E3段运动）

借：应付职工薪酬　　40 000 000

　贷：银行存款　　40 000 000

缴纳税金：（见上图E4段运动）

借：应交税费　　34 680 000

　贷：银行存款　　34 680 000

⑨债务人总的货币资金为3.3091亿元，偿还优先债务1.3811亿元，剩余货币资金为1.928亿元，债务人的剩余负债有：借款0.75亿元、应付票据0.25亿元、应付账款1.28亿元、其他应付款0.13亿元，共计2.41亿元。该债务都属于普通债务，权利都一样，按比例偿还。其偿还比例=1.928÷2.41×100%=80%。（见下图F段运动）

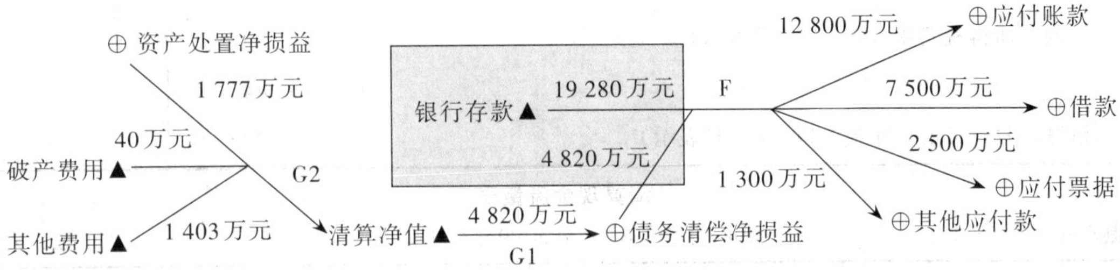

借：借款　　75 000 000

　　应付票据　　25 000 000

　　应付账款　　128 000 000

　　其他应付款　　13 000 000

　贷：银行存款　　192 800 000

　　　债务清偿净损益　　48 200 000

⑩将清算期间的资产处置净损益、债务清偿净损益、破产费用和其他费用结转至清算净值：（见上图G段运动）

借：债务清偿净损益　　48 200 000

　贷：清算净值　　48 200 000

借：清算净值　　32 200 000

　贷：破产费用　　400 000

　　　其他费用　　14 030 000

　　　资产处置净损益　　17 770 000

（3）编制相关报表。

根据规定，管理人编制清算利润表、清算现金流量表和债务清偿表（假如破产程序终结时间为20×9年9月30日），其具体见下表。

清算利润表

编制单位：甲公司　　20×9年3月31日至20×9年9月30日　　单位：万元

项目	本期数	累计数
一、清算收益（清算损失以“-”号表示）		
（一）资产处置净收益（净损失以“-”号表示）	-1 777	
（二）债务清偿净收益（净损失以“-”号表示）	4 820	
（三）破产资产和负债净值变动净收益（净损失以“-”号表示）	-3 400	
（四）其他收益	—	
小计	-357	
二、清算费用		
（一）破产费用（以“-”号表示）	-40	
（二）共益债务支出（以“-”号表示）		
（三）其他费用（以“-”号表示）	-1 403	
（四）所得税费用（以“-”号表示）		
小计	-1 443	
三、清算净收益（清算净损失以“-”号表示）	-1 800	

清算现金流量表

编制单位：甲公司　　20×9年3月31日至20×9年9月30日　　单位：万元

项目	本期数	累计数
一、期初货币资金余额	600	
二、清算现金流入		
（一）处置资产收到的现金净额	32 491	
（二）收到的其他现金	—	
清算现金流入小计	32 491	
三、清算现金流出		
（一）清偿债务支付的现金	25 280	
（二）支付破产费用的现金	40	
（三）支付共益债务的现金	300	
（四）支付税费的现金	3 468	
（五）支付的其他现金	4 003	
清算现金流出小计	33 091	
四、期末货币资金余额	0	

债务清偿表

编制单位：甲公司　　20×9年9月30日　　金额单位：万元

债务项目	期末金额	经法院确认的金额	清偿比例	实际需清偿金额	已清偿金额	尚未清偿金额
	①	②	③	④=②×③	⑤	⑥=④-⑤
有担保的债务：						
××银行	2 500	2 500	100%	2 500	2 500	0
××企业	3 500	3 500	100%	3 500	3 500	0
⋮						
小计	6 000	6 000		6 000	6 000	0
普通债务：						
第一顺序：劳动债务						
其中：应付职工薪酬	4 000	4 000	100%	4 000	4 000	0
⋮						
第二顺序：国家税款债务						
其中：应交税费	3 468	3 468	100%	3 468	3 468	0
⋮						
第三顺序：普通债务						
其中：借款						
——××银行	7 500	7 500	80%	6 000	6 000	0
——××企业						
应付债务工具						
——××银行						
——××企业						
应付票据	2 500	2 500	80%	2 000	2 000	0
应付款项	14 100	14 100	80%	11 280	11 280	0
——××银行						
——××企业						
小计	31 568	31 568		26 748	26 748	0
合计	37 568	37 568		32 748	32 748	0

业财合一 · 流程管控

业财合一·流程管控系列教材

《会计学原理》(第二版)	施先旺　龚翔　主编	2021年8月出版
《会计学原理习题与解析》(第二版)	施先旺　常法亮　主编	2021年12月出版
《中级财务会计》(第二版)	施先旺　季华　主编	2021年9月出版
《中级财务会计习题与解析》	施先旺　张汨红　主编	2019年10月出版
《高级财务会计》	施先旺　马荣贵　主编	2020年3月出版
《高级财务会计习题与解析》	施先旺　李盈超　主编	2020年7月出版
《初级会计实务》(会计资格考试辅导教材)	施先旺　尚俊　主编	2020年11月出版
《初级会计实务习题与解析》(会计资格考试辅导教材)	施先旺　张娇姝　主编	2020年12月出版

《非盈利企业会计》	拟出版
《非盈利企业会计习题与解析》	拟出版
《会计学》	拟出版
《会计学习题与解析》	拟出版
《会计与税法差异分析》	拟出版
《会计与税法差异分析习题与解析》	拟出版
《中级会计实务》(会计资格考试辅导教材)	拟出版
《中级会计实务习题与解析》(会计资格考试辅导教材)	拟出版
《会计》(CPA考试辅导教材)	拟出版
《会计习题与解析》(CPA考试辅导教材)	拟出版
《会计》(注册税务师考试辅导教材)	拟出版
《会计习题与解析》(注册税务师考试辅导教材)	拟出版